이집트, 요르단, 이스라엘, 튀르키예, 이라크 등
이슬람 선교를 위한 필독서

성지답사와 이슬람
단기선교 안내서

소기천 편저

◆ 머리말

 성지답사의 목적은 무엇일까? 이번 『성지답사와 이슬람 단기선교 안내서』를 통하여 이집트, 요르단, 이스라엘, 튀르키예, 이라크의 다양한 성지와 이슬람의 상황에 대해서 조금이나마 눈을 뜬다면 난공불락과 같은 이슬람권 선교가 새로운 사명자들에 의해서 성취되는 목적이 이루어질 것이다.

 이슬람권 선교에 있어서 중요한 것은 이슬람을 이해하는 것이다. 이슬람에 대한 공격적인 선교의 방향성보다는 그들의 문화를 인정하며 조심스럽게 나아가야 한다. 이집트와 같은 이슬람권에서 이슬람 교도에게 전도하여 결신자를 얻는 것은 평생 가도 불가능하고, 혹시 결신자를 얻는다고 해도 비밀리에 모든 일을 진행해야 한다. 결신자를 본국에 보고하는 일이 이집트 사회에 알려지게 되면, 그는 명예살인을 당할 위험에 직면하게 된다.

 이집트와 이스라엘 사이에는 고대로부터 많은 교류가 있었다. 곧 티그리스와 유프라테스 강 유역으로부터 나일 강 유역으로 이어지는 초승달 형태의 비옥한 토지는 고대문명의 발상지이다. 이스라엘은 바로 이들 강대국의 틈바구니에 끼인 채로 이집트와 바빌로니아와 페르시아의 지배를 받으면서 약소국의 삶을 이어왔다.

이스라엘이 이집트에 신세를 지는 이야기는 창세기 12 : 10~20에 나올 정도로 오랜 역사를 지닌다. 기근을 피해 이집트에 내려간 아브라함이 자기 아내를 누이라고 속인 사건은 고대 중동 세계에서 친족 중 혼인 관계가 빈번했던 상황을 그대로 반영해 준다. 창세기 46장에는 야곱의 가족이 기근을 피하여 이집트로 내려가는 사건이 나온다. 처음에는 이집트의 총리인 요셉의 도움을 받았지만, 출애굽기 1장에 의하면 요셉을 모르는 세대가 전개되면서 이스라엘 백성이 이집트에서 종살이하는 비극으로 치닫는다. 그 후 모세를 세우신 하나님께서 이스라엘의 신음하는 소리와 고통을 들으시고 60만이라는 '많은 무리'(수많은 잡족, 참고 출 12 : 37-38)를 인도하여 내신다.

열왕기하 15장과 18~19장을 보면, 앗수르 왕 산헤립(기원전 704-681 재위)이 예루살렘을 침공하여 전투를 벌인 장면이 나오는데, 이것이 라기스 부조로 남아 있다. 이때 유다 왕 히스기야가 솔로몬 성전문의 금과 모든 기둥에 입힌 금을 벗겨 앗수르 왕에게 바치는 일이 일어나는데(왕하 1 : 16), 이러한 사실을 입증하는 부조가 발견되어 고고학자의 눈길을 끈다.

이 사건보다 훨씬 오래전인 기원전 1700년경에 힉소스가 이집트를 공격하여 영토를 남방까지 넓혔는데, 그때 힉소스인의 축성기법이 이스라엘 땅인 라기스에 고스란히 남아 있다. 이러한 라기스 성벽은 람세스 2세가 힉소스인을 물리치면서 전선을 라기스까지 밀어낸 것을 반영한다. 곧 힉소스 왕조는 이집트의 하류 나일 삼각주인 아바리스와 테베에 수도를 세우고 이집트의 상류인 아부 심벨까지 통치한 적이 있는 막강한 권력을 휘둘렀지만, 모세가 이스라엘 백성을 인도해 냈던 람세스 2세의 시기에는 궁지에 몰려 북쪽 이스라엘 땅인 라기스까지 밀려 한동안 대치하다가 역사 속으로 사라졌다.

이스라엘 왕조와 힉소스 왕조가 맞붙은 치열한 전투의 내용이 라기스의 부조와 아부 심벨 대신전의 부조에 그대로 반영되어 있다. 특히 아부 심벨에 그려진 부조는 람세스 2세가 라기스 전투의 승리 장면을 묘사하고 있는 승전비와 같다.

    이러한 이스라엘과 이집트, 앗수르와 이스라엘의 역사, 그리고 힉소스와 이집트 사이의 치열한 전투의 현장이 바로 우리가 찾아가는 성지이다. 그래서 성지에 가면 이스라엘의 라기스 전투에서 앗수르 왕 산헤립에게 조공을 바친 이스라엘의 부끄러운 역사뿐만 아니라, 남의 땅에서 전쟁을 벌인 힉소스 왕조와 람세스 2세의 치열한 대치를 부조를 통하여 해석해 내야 한다. 이 점에서 이스라엘에 있는 라기스의 부조만 볼 것이 아니라, 람세스 2세의 승전비와도 같은 부조를 보기 위해서 이집트의 상류에 있는 아부 심벨의 대신전도 반드시 찾아가야 한다. 현재 라기스의 부조는 대영박물관에 보존되어 있기에 진본을 보기 위해서는 영국에 가야 하지만, 아부 심벨 대신전의 부조는 아스완 댐을 막으면서 생긴 거대한 인공호수로 인하여 침몰 위기에 놓인 것을 유네스코가 67m 언덕 위에 거대한 신전 산을 송두리째 옮겨 놓아 아스완에서 400km 떨어진 곳에 있으니 이 또한 반드시 찾아가서 눈으로 확인할 필요가 있다.

라기스 전투는 많은 것을 말해 준다. 그 무엇보다 이스라엘과 이집트의 관계에 대해 새로운 것을 조명해 준다. 현재 이스라엘은 유대인이, 그리고 이집트는 무슬림이 다수를 차지하고 있다. 그러므로 무슬림과 유대인을 이해하는 선교가 필요하다. 두 나라가 고대로부터 오랜 역사적 배경 속에서 교류해 왔지만, 지금은 유대교와 이슬람교로 나뉜 채 서로의 종교를 굳게 지키고 있다. 우리는 성지답사라는 명목으로 이 두 나라를 찾아갈 때 유대교와 이슬람교에 관한 이해를 근본적으로 다르게 해야 한다. 두 나라는 아브라함의 후손이지만, 하나는 약속의 자녀인 이삭의 후예로, 다른 하나는 이스마엘의 후예로 살아가고 있다. 이렇게 살아온 그들의 역사는 평행선을 긋고 있다. 이 사이에 선교사들이 들어가서 예수의 복음을 전한다는 것은 결코 쉬운 일이 아니다.

유대교와 이슬람교가 다르다고 해서 무작정 손을 놓고 기다릴 수 없기에, 우선 선교사들은 그들을 잘 이해하고 새로운 관계가 형성되도록 노력해야 한다. 유대교 3천 년의 역사와 이슬람교의 1,500년의 역사 그 중간에 있는 기독교의 지난 2천 년의 역사는 유대인과 무슬림에게 엄청난 변화를 만들어 왔다. 때를 더 기다리면 하나님의 위대한 역사가 펼쳐질 것이다.

다음은 남쪽 이집트와 마찬가지로 이스라엘과 지대한 영향을 주고받은 나라인 동쪽 요르단에 관한 선교 전략을 생각해 보고자 한다. 출이집트 여정은 이집트에서 요르단으로 이어지기 때문이다. 요르단 역시 코로나19로 인해 외국인의 입국을 철저하게 금지하고 있어서 새로운 선교 전략을 마련해야 한다.

중동과 중앙아시아의 이슬람 57개국은 부담스럽다고 해서 멀리해야 할 대상이 아니다. 복음의 불모지가 아니라 이미 과거에 복음이 확장되고 꽃을 피웠던 지역이기에, 복음의 그루터기가 남아 있는 지역이다. 또한 아랍 이슬람권을 바라보는 한국 기독교인 중 대다수는 아랍에 대한 거부감과 함께 이스라엘에 대한 친근감을 표시한다. 이스라엘은 하나님께서 택하신 선민이고, 아랍은 그렇지 않다는 확신을 가지고 있다. 이삭 후손(이스라엘)과 이스마엘 후손(무슬림) 사이의 갈등이 전 세계 분쟁과 갈등의 중심이라고 흔히 말한다. 그러나 이러한 주장은 성경적 근거가 부족하다. 이삭의 후손과 이스마엘의 후손은 유대교와 이슬람교의 뿌리가 된 것이 아니다. 이런 이해는 복음보다는 혈통주의에 바탕을 둔 측면이 있다. 더구나 문명충돌론적인 이슬람선교관이 있다. '저들이 복음을 몰라서 저렇게 폭탄을 터뜨리고 자살 공격을 하고 테러를 하는 것이다. 저들에게 복음이 필요하다.' 이런 생각은 이슬람선교를 하기에 앞서 가장 먼저 넘어야 할 편견이다(김동문, "중동 선교의 학문적 접근에 대한 반성",『선교와 신학』vol. 20, 2007, 48-49, 51쪽).

요르단 원주민 상당수는 야곱 후손의 후예, 즉 이삭의 후예이다. 성경을 통해서나 역사를 통해 알 수 있는 것처럼 모압과 암몬, 그리고 에돔 족속은 물론 므낫세 지파와 갓 지파와 르우벤 지파가 요르단 땅을 분배받았다. 그리고 역사를 거듭하면서 그 땅에서 살아왔다. 이들도 야곱의 후손이지만, 지금은 다수가 이슬람을 종교로 받아들인 무슬림이 되었다.

사탄은 이슬람 교도가 복음에 문을 열지 않도록 많은 장벽을 세워 놓았다. 역사를 통틀어 정치적, 민족적 장애물이 기독교인과 무슬림 사이에 만들어졌다. 특히 11세기와 13세기의 로마 천주교에 의한 십자군 전쟁이 깊고도 지속적인 쓰라린 상처들을 남겨 놓아서 더욱 상처를 곪게 하였다.

다음의 제안들이 효과가 있을지도 모른다. 먼저, 하나님께 그분이 누구이신지 고백하며 경배하라. 그분의 큰 사랑과 자비, 동정에 감사하라. 하나님의 주권과 권위를 고백하라. 둘째로, 세계 전체의 교회, 특히 이슬람국가에 있는 교회를 위하여 기도하라. 그곳에 있는 성도들을 위하여 힘과 용기, 결단력, 담대함, 안전을 주시도록 기도하라. 셋째로, 잃어버린 자를 위하여 기도하라. 무슬림이 꿈과 환상을 통하여 주님께 돌아오고 있다. 무슬림의 핵심 지도자들에게 하나님께서 임재하셔서 그들이 진실로 예수가 누구인지 알 수 있도록 기도하라. 혼란에 빠져 있는 나라들과 다양한 분쟁 속에 있는 많은 수의 피난민을 위하여 자비를 구하라. 라마단(람잔) 기간 동안, 이슬람 세계를 위하여 기도하고 있는 다른 수백만의 기독교인은 동참하라. 의로운 자들의 충만한 기도는 큰 도움이 된다는 사실을 기억하라!

무슬림이 무슬림인 까닭은 이슬람이 진리이기 때문이 아니라, 이슬람이 부여하는 결속력이 매개되어 사회가 결합되고, 또 거기에 정치적인 힘이 더해졌기 때문이라는 사실을 기억할 필요가 있다. 이슬람 세계 안팎에서 만나는 여러 모양의 무슬림을 인격적으로 만나게 될 때 진정한 만남과 나눔과 사귐이 가능할 것이다. 요르단은 구약과 신약의 무대가 되었던 기독교의 성지이며, 지금은 중동선교의 중심지로서 우리의 관심이 집중되고 있다.

빈 곳이 없을 정도로 빼곡하게 들어선 요르단의 수도인 암몬에 예수께서 베푸시는 은혜의 복음이 전파되기를 간절히 기도한다.

다음은 요르단, 이집트, 튀르키예, 이라크 등의 아랍권 국가들이 집중적으로 견제하는 이스라엘에서 어떻게 선교해야 하는지 신구약의 성지와 관련된 내용과 연결 지어서 다루고자 한다. 현재 중동의 많은 국가가 이스라엘과 관계 개선을 원한다.

'이스라엘' 하면 누구나 떠올리는 예루살렘 성전은 오늘날 새 이스라엘을 구현한 교회에 살아 있다. 바벨론 포로로 잡혀갔다가 고레스 칙령으로 풀려난 느헤미야와 학개가 재건한 것이 예루살렘 성벽이다. 이제 솔로몬과 헤롯의 성전이 있던 황금 돔과 통곡의 벽은 유대교와 이슬람이 갈등하고 대결하는 장소가 아니라, 나귀를 타고 평화의 왕으로 예루살렘에 입성하신 예수께서 메시야가 되신다는 평화의 복음을 선포한 기독교의 역할로 화해를 이루는 장소가 되기를 고대한다.

골란 고원은 6일 전쟁이 벌어진 1967년 이스라엘군에 의해 점령되었으며, 1981년 12월에 이스라엘은 골란 고원의 점령지를 일방적으로 병합했다. 그 지명은 성경에 나오는 바산 지방의 도피처인 골란 성에서 유래한다 (신 4 : 43, 수 20 : 8). 지리적으로 골란은 서쪽으로는 요단 강과 갈릴리 호수, 북쪽으로는 헤르몬 산(아랍어로는 앗샤이크 산), 동쪽으로는 간헐천인 알루카드 강(야르무크 강의 북쪽에서 남쪽으로 흐르는 지류), 남쪽으로는 야르무크 강이 경계를 이룬다. 그러나 정치적으로는 경계선이 달라져 이스라엘이 갈릴리 호수의 연안 전체를 차지하며, 1967년 6월 10일에 결정된 이스라엘-시리아 휴전선과 1974년 5월 31일에 체결된 군(軍)의 분할협정으로 수정된 휴전선 때문에 동쪽 경계선은 불규칙하다. 요단 강의 수원 가까이에 있던 성읍인 골란 고원과 빌립보 가이사랴는 이스라엘이 6일 전쟁으로 요르단으로부터 빼앗았지만, 아직도 돌려주기 곤란한 지역이다.

하스모니아 왕 알렉산더 얀나이우스(기원전 103-76년 재위)의 정복지에는 요단 강 동쪽 팔레스타인의 거주지 대부분이 포함되었으며, 현대의 골란에 해당하는 지역에는 가울라니티스라는 그리스어 지명이 붙어 있다. 헬레니즘 시대의 도시들에 있던 수많은 고대 유대교 회당의 유적은 예루살렘 성전의 파괴 후 유대인이 이곳에서 살았음을 입증해 준다. 이 지방에서는 6세기에 가산 왕국이 세력을 펴고 북쪽의 비잔틴제국과 남쪽의 유목민 사이에서 완충국 역할을 했다. 그 수도는 바니야스(그리스어로 파네아스)로, 현재의 알쿠나이티라 주의 주도인 알쿠나이티라의 북서쪽, 요단 강의 발원지 부근에 있었다.

텔단은 단 지파가 분배받은 지역으로, 단 지파가 정복하기 전에는 라이스 또는 레센이라고 불리었다. 단은 분열왕국 시대에 북이스라엘의 여로보암이 벧엘과 이곳에 금송아지를 만들어 경배했던 사건이 있었던 곳으로, 우상숭배의 죄를 책망받을 때마다 자주 언급되었던 성읍이었다(암 8 : 14, 왕하 10 : 29). 이곳은 유다 왕 아사의 요청으로 북이스라엘을 공격한 아람 왕 벤하닷에 의해 파괴되었다. 성경에서 통일왕국 시대의 단을 이스라엘의 북쪽 경계로 언급할 만큼 지정학적으로 중요한 지역이었다.

빌립보 가이사랴는 예루살렘 북쪽에서 40마일 떨어져 있고, 갈릴리 호수 북쪽에서 20마일 떨어진 헤르몬 산 속에 있는 성 데가볼리 지방의 중심부에 있는 도시 중 하나이다. 빌립보 가이사랴는 다메섹 남서쪽 약 80km 떨어진 곳으로, 헤르몬 산 남쪽의 경사가 심하며 경치 좋은 산간 지방에 있다.

구약시대에는 바알갓(수 11 : 17) 또는 바알 헤르몬(삿 3 : 3)이라 불린 곳이다. 헤롯이 죽은 후 그의 아들인 분봉왕 헤롯 빌립이 화려하게 확장하고 로마 황제 티베리우스(디베료) 가이사를 기념하는 의미에서 가이사랴라 하였고, 이곳을 수도로 정하면서 로마의 황제 이름과 자신의 이름을 더한 빌립보 가이사랴라 칭하였다. 지중해 연안의 가이사랴와 구별하기 위해 빌립보 가이사랴로 명명했다.

이스라엘의 최북단 헤르몬 산의 발치에 자리 잡고 있는 빌립보 가이사랴는 헤롯이 기원전 20년 로마 황제 아우구스도(Augustus)로부터 선물로 얻은 도시로, 헬라 시대에는 바니아스 신인 판(Pan)의 신전이 있었다. 헤르몬 산으로부터 흘러 내려오는 풍부한 물(초당 20㎥)이 이 도시를 적셔 줄 뿐만 아니라 요단 강을 통하여 갈릴리 호수로 모이게 된다.

아그립바 2세는 이 도시를 더 발전시켰으며, 예루살렘을 멸망시킨 티투스 장군은 얼마 동안 이 도시에 머물면서 축제를 벌이기도 하였다. 4~5세기경까지 기독교 공동체가 거주하였으나 7세기 아랍의 침공으로 사라지고 말았다. 아랍인들이 'Paneas'의 헬라어 발음 중 P 발음을 내지 못하여 'Banyas'라고 부르기 시작하면서 굳어지게 되었다.

예수의 신성에 대한 베드로의 유명한 신앙고백에 관련하여 기록된 곳이다. 예수께서 이곳을 방문하였을 때 "사람들이 인자를 누구라 하느냐? 너희는 나를 누구라 하느냐?"라고 물으셨다. 그때 베드로는 "주는 그리스도시요, 살아 계신 하나님의 아들이시니이다."라는 위대한 신앙고백을 했다(마 16 : 13-20, 막 8 : 27-30). 예수께서는 베드로에게 "너는 베드로라 내가 이 반석 위에 내 교회를 세우리니"(마 16 : 18)라고 하셨다.

빌립보 가이사랴의 이방 신인 바니아스(판) 신전 터들

판 신은 그리스 신화에서 다산의 상징으로 등장하는데, 머리에 뿔을 달고 있다. 용천수처럼 솟아나는 바니아스 폭포가 이 지역에 풍요를 가져온다고 하여 많은 이방 신전이 우후죽순처럼 건립된 빌립보 가이사랴에 판(바니아스) 신전이 있었다.

　바니아스 여신을 단지 풍요의 신으로만 여기는 것은 고대 판 신전의 유적지를 단순히 평면적으로만 접근한 견해이다. 판 신을 숭배하는 사람들을 위해 신전과 관계된 많은 공창(신전 창기)이 제사장들과 연결되어 있다. 판 신을 즐겁게 해 주기 위해 동원된 인간의 육체적 쾌락은 많은 공창이 동성애를 통해 지극한 쾌락으로 우상숭배를 극대화하게 만들었다. 그래서 수많은 판 신전 앞에서 공창들의 숙소가 거대하게 자리를 잡고 있었으며, 표어라도 있었던 것처럼 '남성 공창은 남자 광신도에게, 여성 공창은 여성 광신도에게' 성행위를 하는 동성애가 만연하여 빌립보 가이사랴에는 성병이 창궐하였다.

　다음은 안디옥을 거점으로 복음이 지중해와 유럽으로 넘어가는 기폭제가 된 튀르키예에 관한 이야기를 펼쳐 보고자 한다.

　튀르키예의 이스탄불은 비잔티움에서 콘스탄티노플을 거쳐 오늘날의 이슬람식의 이름으로 전해진 것이다. 이것을 중시할 때, 튀르키예의 문화·종교적 심장부는 이스탄불이다. 그런데 이스탄불의 진주는 히포드럼이나 블루 모스크가 아니고, 톱카프 궁전이나 그랜드 바자르는 더더욱 아니다. 누가 뭐라 해도 이스탄불의 중심은 동로마제국의 상징인 성 소피아 교회이다.

　튀르키예는 항상 염원하는 EU(유럽연합)에 가입하기 위해서라도 독재정치를 끝내야 한다. 그 무엇보다 오늘날 모든 이슬람사원인 모스크의 원조 모델이 되고 있는 성 소피아 교회를 원래대로 환원시켜야 한다. 성 소피아 교회 옆에 이레네 교회가 있다. 아직 모스크나 박물관으로 개조하지 않고 그대로 방치되어 있으나, 아마도 겉모습의 웅장함과는 달리 교회의 내부는 처참하게 훼손되었을 것이다. 이 두 교회가 콘스탄티노플의 상징이므로, 세계 교회는 유네스코와 협력하여 신속하게 재건하여야 한다.

급진이슬람 원리주의자들은 성 소피아 교회를 박물관으로 용도를 바꾼 것을 넘어서 이슬람사원으로 개조하기 위해 메카를 향한 기도처를 만들어 놓고, 투박하게 합판으로 급조하여 알라를 숭배하는 문구를 내걸어서 아름다운 교회를 흉측하게 바꾸어 버렸다. 오스만 투르크가 지배하던 지난 500년 동안 교회 기물을 훼손하고 십자가를 제거하고 아름다운 성화와 교회 지붕에 회칠을 함으로써 이슬람교는 회교 혹은 회회교라는 악명까지 얻었다.

아시아와 유럽을 잇는 요충지인 보스포루스 해협에서 바라본 성 소피아 교회

튀르키예는 성 소피아 교회에 자행한 문화재 훼손을 세계인 앞에 사죄하고, 속히 본래의 모습으로 되돌려 놓아야 한다. 한국에 천 년이 넘는 고찰이 아직도 건재한 것처럼, 이스탄불의 그리스도인들이 성 소피아 교회에서 예배할 수 있도록 종교의 자유를 보장해 주어야 한다.

현재 세계 학계는 성 소피아 교회 재건을 위한 학술모임을 정기적으로 가지고 있다. 이미 성 소피아 교회를 복원하기 위한 마스터플랜을 세우고 모금을 한 상태이다. 세계 교회는 튀르키예를 설득하여 무슬림이 서방 세계에서 포교의 자유를 누리는 것처럼, 튀르키예 안에서 기독교인이 종교의 자유를 누릴 수 있도록 보장해야 한다.

튀르키예 사역에서 가장 힘든 지역은 2023년 2월에 대지진이 강타한 곳으로, 시리아 난민이 가장 많은 튀르키예 동남부인 아브라함의 유적지가 있는 산르우르파 지역 인근과 쿠르드 난민 사역을 위한 노아의 방주가 머문 아라랏 산 인근 지역인 이라크 국경지대이다. 이 두 곳에는 많은 한인 선교사의 사역지가 있지만, 선교사를 파송한 한국의 관심이 덜 미치는 경우가 많아서 선교사들이 거룩한 사명감 하나만을 가지고 생명의 위협을 무릅쓰고 희생적인 사역을 감당하는 경우가 많다.

튀르키예와 한국은 역사적으로 오래전부터 교류했고 형제 나라로 인식하고 있다. 튀르키예는 6·25전쟁에 참가하여 형제 나라의 고통에 동참한 것을 큰 기쁨으로 생각하고 있다. 이러한 형제 나라의 관계를 지속해서 유지하고 발전시켜서 효과적으로 무슬림선교를 감당해야 한다.

소련연방의 붕괴로 인한 독립국 중 투르크메니스탄을 비롯해 카자흐스탄, 우즈베키스탄 등에서 튀르크족이 주종을 이루는 국가들과 기타 중앙아시아에 산재한 2억에 가까운 튀르크족을 위한 선교훈련센터를 이스탄불에 세워 한인 선교사가 그곳에서 훈련에 동참하고 있다.

이슬람주의자라는 이름으로 알려진 이슬람급진파는 서구인을 가리켜 '십자군'이라고 부르며 무슬림에게 그에 맞서 싸우는 전 세계적인 규모의 지하드에 가담할 것을 촉구하고 있다. 세계인은 민간항공기가 무기가 된 9·11테러를 통해 이슬람의 잔혹성에 큰 충격을 받았다.

이슬람공화국인 튀르키예나 요르단 혹은 이집트에 성지순례를 하면서 호텔에 들어가면 각 방에 메카를 표시하는 화살표를 발견할 수 있다. 원래 꾸란에는 하루에 다섯 번 기도하라는 내용이 없음에도 불구하고, 이슬

원리주의는 오행과 육신으로 무슬림을 옥죄고 있다. 이런 계율은 무함마드의 가르침보다는 무슬림을 통제하기 위한 무지막지한 수단이다. 메카를 순례하는 무슬림이 악마를 쫓는다면서 마귀 돌기둥을 향해 돌을 던지는 것이 '하지'의 절정이다. 코로나19로 인해 1,500년 만에 처음으로 하지 숭배를 하지 못하도록 사우디아라비아가 국경을 봉쇄하였으나, 몰려드는 인파로 방어선이 뚫렸다고 한다.

세계를 강타한 코로나19로 인해 튀르키예의 성지순례도 중단되고, 튀르키예의 무슬림도 세계로 활보하는 길이 막힌 것은 하나님의 놀라운 섭리이다. 앞으로도 극단적인 이슬람 원리주의는 현재 적절한 시기에 정치화될 수 있는 고도의 이슬람 움마공동체를 창조할 목적으로, 세계 곳곳에서 이슬람 교육과 문화 활동을 통해 이슬람 운동을 전개해 나갈 것이다. 이때 세계 교회는 성 소피아 교회의 재건을 위해 힘을 모아야 한다.

기독교 선교에서 중요한 과제 중 하나가 기독교와 타 종교의 만남과 대화라는 사실을 고려해야 하지만, 한국교회는 튀르키예에서 바람직한 선교 활동을 이루어 나가기 위하여 성 소피아 교회를 재건하는 일에 왜 적극적으로 관심을 가져야 하는지 고민해야 한다. 다원주의 사회에서 한국교회가 복음을 증거한다는 것은 교회 존재의 의미와 관련된 것이고, 만남과 대화를 통해서 예수 그리스도의 복음을 증거하는 것은 선교적 과제이며 새로운 도전이기도 하기 때문이다.

다음은 이슬람 세력 중에서 가장 완고하고 극단적인 경향을 보이는 이라크에 대해서 알아보고, 박해와 순교 그리고 숨도 쉬기 어려운 상황에서도 멈추지 않고 계속되는 이라크에 관한 세계 교회의 선교 전략을 알아보고자 한다.

이란과 미국이 이라크 영토 안에서 여러 가지 긴장 관계를 고조시켜 오던 와중에, 미국이 2020년 1월 솔레이마니를 바그다드 공항에서 드론 공격으로 암살했다. 그 이후로 이란이 후원하는 민병대와 무장단체들이 이라크 주둔 미군 부대나 수도 바그다드의 경비가 삼엄한 그린 존 안에 있는 미 대사관을 공격했다.

석유가 풍부한 이라크가 빈곤 국가로 전락된 이유는 부정부패 때문이다. 이라크 의회에서 시아파가 다수를 차지한 뒤에는 이란의 내정간섭이 계속되고 있다. 이라크 총리인 알 카디미가 자국을 이란에서 구해 내려면, 많은 위험을 감수해야 한다. 2005년 레바논이 시리아의 섭정(위싸야)에서 벗어나려다가 많은 사람이 죽임을 당했다. 그때도 이라크가 이란의 섭정에서 벗어나려면 정신 차려야 한다고 수니파는 경고하였다. 미국과 이란의 관계가 악화된 이후 이라크와 미국 간의 긴장이 점점 높아지는 때에 트럼프는 이라크 내의 미군 감축을 선언했다.

이렇게 변화된 상황에서 이라크선교에 어떤 인식의 전환이 필요할까? 첫째, 이라크를 사랑하는 마음으로 그들을 용납하는 화해를 위한 선교적 자세가 필요하다. 둘째, 이라크가 우리의 이웃이라는 의식을 가지고 대화해야 한다. 셋째, 그리스도인의 삶을 통하여 증거해야 한다. 넷째, 종교가 아닌 인간을 상대로 해야 한다. 전도는 일종의 인격적인 대화, 관심, 우정, 사랑, 이해 등으로 나타나는 것이기 때문이다. 다섯째, 복음이 이해되도록 선포하고 설득시키는 것이다. 그러기 위해서는 이슬람에 대한 사전 지식이 있어야 한다.

요나가 니느웨의 성문으로 들어가 복음을 전파한 이후, 현재까지 이라크 내의 기독교인은 3%에 지나지 않는다. 알 카디미는 종전에 IS 점령지였던 북부 전체를 돌아보면서 각 지역 부족장과 국내 피난민 시설, 주민 대표 등을 일일이 만났다. IS는 2014년 이라크에서 한창 맹위를 떨치고 있을 때 국토의 거의 3분의 1을 점령하고 있었다. 알 카디미는 주택, 이민, 난민, 경제, 문화, 국방 등의 관련 부처 모든 장관을 대동하고 지방 순방에 나섰다. 이라크의 IS 점령시대는 2017년 이라크군 토벌 때문에 끝이 났지만, 점령지역의 재건과 복구는 지역 갈등과 지방의 특수 사정에 따라서 매우 느리게, 때로는 후퇴와 번복을 되풀이하면서 진행되었다.

유가 하락과 경제 위기 속에서 이라크도 코로나19까지 겹쳐 어려웠다. 알 카디미가 방문한 모술의 상가는 파괴되고 봉쇄령이 내려졌다. 알 카디미는 IS의 아부 바크르 알바그다디가 최초로 이슬람 칼리파왕국을 선포했던 알 누리 모스크도 방문했고, 알후리아 다리와 박물관의 코로나19 봉쇄 해체식에도 참석했다. 이라크에는 아직 5,000명의 미군 병력이 이라크 군대에 대한 훈련 및 군사고문 역할과 테러단체인 IS와의 전투를 후방지원하고 있다. 세계 은행은 이라크의 재건사업과 전염병 방역 자금으로 차관을 제공했다.

이라크에 꼭 필요한 선교사역은 무엇일까? 전염병이 확산되는 상황은 이라크에 새로운 선교의 거점을 확보하게 해 주고, 집중선교를 통해 효율성을 갖게 해 줄 수 있다. 서구 선교사가 선교정책에 큰 영향을 미친 것이 있다면 선교기지 중심의 선교였다. 선교기지는 행정이나 관리 측면에서 베이스캠프의 역할을 의미하지 않는다. 필자는 이라크에서 선교사가 거주하는 장소에 교회, 학교, 의료시설을 지어서 원주민의 필요를 채워 주다가 자연스럽게 기독교 소도시로 발전해 나가는 것을 새롭게 제안한다.

기독교 소도시의 운영체계에는 사회복지원, 기술교육원, 유치원, 한국문화원, 선교사 훈련원, 언어 훈련원 등의 다양한 선교사역이 포함된다. 필자가 제안하는 기독교 소도시의 목적은 현지인에게 자연스럽게 일상생활에 필요한 다양한 운영체계를 경험하게 하여 자기도 모르는 사이에 기독교에 노출되게 하는 전략이다. 이슬람이 문화의 옷을 입고 접근한다면, 이라크선교는 현지인이 필요로 하는 기독교 소도시로 친화적으로 접근해야 한다.

20세기에 들어와서 세계 선교에 새로운 빛을 던져 준 각성이 있다면, 평신도 선교사 운동이다. 헨드릭 크레머는 두 가지 동기로 평신도에 대한 각성이 일어나게 되었다고 지적한다. 하나는 급속도로 팽창해 나가는 현대 구조 안에서 평신도가 지닌 증인으로서의 큰 잠재력을 활용하고자 하는 노력이고, 다른 하나는 에큐메니칼 운동이다. 허버트 케인은 『세계를 품은 그리스도인 왜 되어야 하는가?』(죠이선교회, 1990)를 통해 세계를 바라보며 선교적 삶을 살 것을 촉구하였다. 선교사가 아니더라도 복음을 위해 수고하고, 다양한 측면에서 업적을 남긴 평신도가 많다. 평신도는 선교의 큰 자산이다. 성직자 선교사와 평신도 선교사가 함께 선교하면서 평신도가 성직자와 관계를 설정하는 것이 중요하다. 즉, 평신도는 고유한 직무를 하면서 성직자가 하는 일을 삼가고, 성직자를 통해 현장에서 신학 지도를 받고, 기독교 교리에서 벗어난 일을 삼가고, 각 교단의 명문화된 평신도의 규정을 엄격하게 따라야 한다.

평신도 선교사는 선교사의 윤리를 지키고, 자신의 전문직에 충실하며, 선교사 간의 네트워크를 구성하고, 단기선교 활동을 돕는다. 또한 비거주 선교사를 돕고, 자신의 경건생활에 힘쓰며, 단체 사역에 적응해야 한다. 이 외에도 멀티미디어를 통한 선교와 방송, 인터넷 선교 활동에도 힘을 쏟아야 한다.

코로나19로 인해 한산한 중동의 도심거리

중동지역의 복음화를 위해 이라크는 하나님의 나라를 확장하는 데 중요한 요충지이다. 이라크선교는 하나님의 지혜(엡 5 : 15-17)로 임해야 한다. 하나님 나라의 선교만이 이라크를 살린다. 미국도, 이란도 이라크 지도자들의 마음에 들지 않고, 중동의 아랍국가도 이라크 국민이 신뢰하지 않는 상황에서 누가 이라크에 도움을 줄 수 있을까? 전쟁으로 지친 이라크인의 마음에 누가 감동과 신뢰를 줄까? 우리 국민이 열사의 현장에서 코로나19와 싸우면서 마지막까지 이라크에 머물다가 2020년 7월 말에 특별기편으로 귀국한 일이 있었다. 그때 매스컴은 건설 현장의 거의 모든 한국인 근로자가 확진자가 되었다고 보도한 바 있다. 이런 뉴스를 통해 이라크선교에 대한 희망을 본다.

전염병에 걸려도 마지막까지 지키다가 이라크를 떠나는 한국인을 이라크 의료진은 눈물로 배웅했다. 이역만리 타향에서 악조건도 마다하지 않고 생명의 위협까지 불사하고 이라크의 재건을 위해 피땀을 흘린 헌신과 수고가 이라크인의 마음을 녹인 것이다. 바로 이것이다. 선교는 헌신과 희생이다. 건설 현장에 있던 한국인의 모습이 선교사가 지녀야 할 마음가짐이다. 중국 우한 시에 코로나19가 기하급수적으로 퍼져서 천만 도시가 폐쇄되고 한국인이 전세기를 타고 급거 귀국하는 사태가 벌어졌지만, 선교사는 전염병이 창궐한 도시에서 그동안 양육하던 생명을 두고 올 수 없어서 그대로 남았다. 이것이 예수의 마음을 품은 선교이다.

한 영혼을 품고 생명을 사랑하는 것이 선교이다. 선교사는 선교지에 가서 몸과 마음과 영혼을 동화해야 현지인의 마음을 얻고 그 영혼을 구원할 수 있다. 예수께서는 하늘 영광의 보좌를 버리고 낮고 천한 인생을 찾아오신 구세주이시다. 영혼 구원은 한없이 낮아져 자신을 죽일 때, 그때 비로소 닫힌 영혼의 문이 열리는 전율을 체험하게 된다. 살아 계신 하나님께서 이라크선교의 문을 활짝 여실 것이다. 그 길이 이란과 미국을 통해서든지 혹은 이집트 콥트 교인을 통해서든지 아니면 열사의 현장에서 수고하는 우리 교민을 통해서든지 머지않아 열릴 것이다. 그날을 위해 기도하고 준비하면 하나님께서 이라크선교의 문을 열어 주실 것이다.

이슬람권을 선교하기 위해서는 다른 무엇보다 무함마드와 이슬람 세계를 이해하는 것이 절실히 필요하다. 이슬람선교를 하려면 이슬람교는 악하지만, 그 악한 영에 이용당하고 있는 이슬람 교도들에 대해 하나님께서 사랑하시는 백성이라는 열린 마음을 가져야 한다. 이슬람 세계를 이해하고 사랑하며 무슬림과의 친밀한 대화를 하고 끈질긴 삶을 통해 지속적인 관계를 해야 간신히 평생 겨우 9~10명에게 기독교 복음을 전할 수 있다.

기독교의 유적지인 데린쿠유를 찾은 4명의 무슬림 청년이 밝고 여유롭다.

무슬림들의 경전인 꾸란을 이해하는 것은 무엇보다 중요하다. 이것은 이슬람 세계를 이해하고 선교하는 데 필요하다. 이슬람교 경전인 꾸란이 어떻게 만들어졌고, 어떤 내용으로 구성되어 있으며, 무슬림은 어떻게 종교생활을 하는지 살펴봄으로써 이슬람 세계를 이해하고 이슬람선교를 하는 데 큰 도움이 되기 때문이다.

이슬람의 수많은 종파에 대해서 알아보는 것도 중요하다. 이슬람의 대표적인 종파로는 수니파와 시아파가 있는데, 오늘날 세계 이슬람 분쟁에서 이 두 종파가 목숨을 걸고 피비린내 나는 싸움을 하고 있어 이슬람은 자기 종파의 이익집단이고 군사 이기주의 집단이라는 오명을 벗지 못하고 있다. 이 두 종파 외에도 많은 종파가 서로 물어뜯고 있다. 2023년 3월에 수십 년간 외교 관계를 단절한 사우디아라비아와 이란이 화해하기로 하였지만, 과연 수니파와 시아파 사이에 평화가 올지는 더 지켜볼 일이다.

사분오열된 이슬람 종파의 난맥상은 수니파를 종주국으로 하는 사우디아라비아와 시아파를 종주국으로 하는 이란으로 나뉘어, 오늘날 이슬람은 각 종파의 이익과 이기주의를 위해 서로 테러를 일삼고 죽이지 못하여 안달하는 형국으로 치닫고 있다. 이러한 이슬람의 혼란한 모습은 중세 시대에 엉뚱하게 예루살렘을 독차지하려는 각축전으로 변질되어, 로마 천주교에 의한 십자군 전쟁을 불러오는 계기가 되었다.

이런 이슬람 각 종파의 갈등과 테러의 소용돌이 속에서 예루살렘 성지까지 모독을 당하여 성지를 되찾고자 들불처럼 일어난 성지 탈환 운동과 그 과정에서 거의 2세기 가까이 지속된 로마 천주교의 십자군 전쟁에 관하여도 살펴보고자 한다.

거의 2세기에 걸친 로마 천주교의 십자군 원정은 당시 유럽의 전반적인 경제 성장의 표현이며, 로마 천주교의 팽창력을 보여 주는 증거였다. 한편 유럽 내부에서 이전에는 사람이 살지 않았던 지역을 개척하는 일에 상응하여, 다른 한편 유럽 외부에서 이슬람 혹은 분파적인 로마 천주교인이 살던 땅을 식민지화 하려는 욕망의 실현이 십자군 원정으로 진행되었다.

오늘의 이슬람권 선교는 투쟁적이고 제국주의적인 로마 천주교의 '십자군 정신'이 아니라, 사랑과 용서와 화해와 일치를 위한 '십자가의 정신'으로 선교하는 것이 그 어느 때보다도 절실히 요청된다. 십자군 전쟁은 결코 거룩한 전쟁이 아니었다. 십자군 전쟁을 뼛속 깊이 기억하고 있는 무슬림은 서구를 향하여 원한을 가지고 보복을 계속한다. 무슬림의 성전(지하드)도 이 점에서 결코 거룩한 전쟁이 아니다.

오스만 투르크의 500년 지배로 건설된 이스탄불에는 온갖 박해 속에서도 동방교회의 대주교 저택이 남아 있고, 지금도 예배를 드리고 있다.

현재 가장 어렵고 힘든 선교 지역 중 하나는 이슬람 지역이다. 특히 아프가니스탄에서 일어난 샘물교회 단기선교단의 피랍 사건과 박형규 목사의 순교로 인해 일어난 한국 모든 선교사의 철수 사건은 과거의 선교를 돌아보게 함과 동시에 앞으로의 무슬림 선교에 대해 더 철저한 준비와 연구를 요청한다.

무슬림에게 실제적인 도움을 주기 위해서 이슬람권에 대한 단기선교를 어떻게 이해할 것인지, 다시 말해서 이슬람을 향한 효과적인 선교 전략이 무엇인지 구체적으로 열거하면서 하나씩 살펴보고자 한다.

세계화의 추세로 이슬람권도 빠르게 변하고 있다. 그중 하나는 해외여행을 하는 무슬림 인구의 증가이다. 많은 무슬림이 유럽이나 동남아 지역으로 휴가를 떠난다. 사우디아라비아에 사는 부자들은 여름 휴가지로 스위스를 선호한다. 그들은 1~2달씩 그곳에서 긴 휴가를 보낸다. 재정적인 문제로 유럽에 가지 못하는 무슬림은 말레이시아나 싱가포르로 휴가를 간다. 대개 이 나라들은 이미 복음을 받아들여서 전도가 자유로운 지역이다. 무슬림을 위한 단기선교를 계획한다면 여러 위험과 부담감을 지닌 이슬람권 국가로 가는 것보다, 이런 지역으로 가는 것도 좋다. 제3국에서 행해지는 선교이기 때문에 훨씬 다양한 방법을 통해 그들에게 복음을 제시할 수 있고, 현지 선교사의 사역에 부담을 주지도 않을 것이다.

이슬람권의 변화로 인한 선교 현장의 다양화는 더욱 나은 이해와 그에 따른 전문성을 가진 선교 전략을 요구한다. 전통적인 선교에서 벗어나 시대의 변화를 포용할 수 있는 발상의 전환이 필요해진 것이다. 전통적인 선교방법을 벗어나 보다 창의적인 접근이 요구되는 시점이다. 단기선교가 전략적으로 긴 안목을 가지고 창의적인 방법으로 이루어진다면, 이슬람권에서 주님의 교회가 세워지는 날이 머지않을 것이다.

한반도를 거점으로 세계 이슬람화를 꿈꾸는 이슬람에 대비하는 전략도 시급하다. 1976년 한남동에 중앙성원이 세워진 이래로 파주, 부평, 안산, 포천, 안양, 광주, 전주, 부산을 비롯한 9곳과 인천, 대구, 마천, 마석, 김포 등 50~60여 개의 임시 사원을 비롯해 30여 년 동안 소규모 기도처(마스지드)까지 모두 300여 개의 이슬람 교두보가 세워졌다. 이들은 한국의 엘리트들을 우선 공략하고 있다. 이들은 각 대학에 침투해서 정치, 경제, 사회,

문화, 교육 등 모든 분야의 박사학위를 가진 고급 인력들을 양산해 사회와 정부의 각 분야를 점령하여 한국의 헌법을 바꾸어 최종적으로 한국을 이슬람국가로 만드는 것을 최종목표로 하고 있다.

이슬람은 한국의 혼란한 정치 상황을 틈타 한국 내에 점차 정치 세력을 강화할 방안을 모색하고 있다. 혼란스러운 정치적 현실로 인해 취약해진 한국의 각 분야에 알게 모르게 접근하여 쉽게 국회에 진출할 수 있다. 그렇게 되면 이슬람이 입법권을 쥐게 되기 때문에 이슬람의 음식법인 할랄이라든가 이슬람법인 샤리아에 우호적인 법안들이 다수 제정될 수 있다. 더구나 대한민국 헌법 1조를 개정하여 명실상부한 이슬람국가를 선언할 수 있다. 이 점을 소홀히 여겨서는 안 되고, 다양한 채널을 통하여 이슬람의 정치 세력화를 막아야 한다.

이제 한국교회와 한국 사회는 깨어서 무서운 이슬람의 실체를 정확하게 진단하고, 더 이상 이 땅에 이슬람이 확대되지 못하도록 다각적인 대책을 세워야 한다.

이 책을 출판하면서 감사한 일이 있다. 두 번에 걸쳐 장로회신학대학교 성지연구원장을 맡으면서 지난 40년 동안 장로회신학대학교가 한국교회를 섬기며 성지답사의 기준과 근거를 만들어 온 많은 자료를 정리할 필요를 느끼고 있었던 터에, 『한국장로신문』에 "한국교회와 이슬람"이란 연재를 진행하면서 정리할 수 있도록 도움을 주신 장현희 장로님께 감사를 드린다. 또한 1998년부터 26년이 지난 지금까지 번역서만 세 권을 출판하였는데, 이번에 구성모 장로님의 추천으로 박창원 사장님과 정현선 국장님을 통해서 한국장로교출판사에서 편저를 출판할 수 있게 된 것을 너무나도 기쁘게 생각하며, 깊은 감사를 드린다. 특히 몇 번에 걸친 까다로운 교정 작업에서 수고를 아끼지 않으신 한국장로교출판사 직원 여러분에게 감사를 드리며, 마지막으로 성지연구원 간사인 김정화, 공가은 전도사님과 박사 조교 황하연 목사님, 근로학생으로 수고한 허민과 지예린에게도 감사를 드린다.

아무쪼록 이 책이 성지답사를 가면서 피할 수 없는 이슬람선교에 대한 관심을 더 기울이고, 단순한 단기선교이지만 현장이 주는 도전을 조금이나마 이해하고 성지를 찾아가는 모든 교회와 목회자와 신학생과 평신도와 일반인에게 도움이 되기를 간절히 바란다.

마지막으로 이 책에 필요한 내용을 장로회신학대학교의 성지연구원이 지난 40년 동안 진행한 성지답사의 자료집을 참고하였기에, 필자를 이 책의 편저자로 소개하는 것을 독자들에게 알리면서, 두 번이나 원장으로 성지연구원과 예루살렘 성지연구소를 섬길 수 있는 특권을 누린 것에 감사드린다.

2023년 3월
소기천 교수

◆ 추천사

저는 지난 2019년에 안식년을 맞아 2달 동안 예루살렘에 있는 장로회신학대학교의 예루살렘 성지연구소에서 머물며 이스라엘에 있는 여러 성지를 다니면서 그곳과 관련된 성경을 읽으며 은혜의 시간을 보낸 적이 있습니다. 그런데 그때 성경 이외에 성지와 관련된 문화, 역사, 고고학적인 배경 등을 알려 주는 자료가 절실하게 필요하다는 사실을 깨닫게 되었습니다. 물론 성지와 관련된 2~3권의 책을 참고하였지만, 책 대부분이 지도와 간단한 설명을 곁들인 관광용이어서 크게 도움이 되지 않았습니다. 그런데 이번에 이집트, 요르단, 이스라엘, 튀르키예, 이라크의 다양한 성지와 각 성지에 대한 성경적, 신학적, 고고학적 배경, 그리고 히브리 문화와 이슬람 문화 등에 대해서 자세히 안내하는 『성지답사와 이슬람 단기선교 안내서』가 출판되어서 얼마나 반가운지 모르겠습니다. 이 안내서가 성지를 답사하는 한국교회의 수많은 성도와 이슬람선교를 위해 노력하고 있는 많은 교회에 실질적인 길잡이가 될 줄로 믿고 기쁨과 감사의 마음으로 이 책을 추천합니다.

— 주안장로교회 **주승중 위임목사**

성서학자로서의 평생을 연구하신 소기천 교수님은 선교신학자들과 꾸준히 교류하며 선교학적 연구를 동시에 진행해 온 분입니다. 그동안의 성지순례를 인솔한 경험을 단기선교를 떠나는 사람들을 위해 읽기 쉬운 글로 준비해 주셨습니다. 특히 이 책은 오늘날의 무슬림을 향한 선교에서 공격적인 접근을 지양하면서도 그리스도의 사랑을 나누는 일을 멈추지 말아야 한다는 것을 강조함으로써 이슬람선교를 균형적 관점으로 조명하고 있습니다. 아는 만큼 더 잘 볼 수 있다는 말이 있습니다. 이 책을 성지순례를 떠나는 그리스도인들에게, 혹은 중동지역으로 단기선교를 떠나는 그리스도인들에게 현장 방문 전의 필독서로 적극적으로 추천합니다.

— 장로회신학대학교 선교학과/세계선교학회 회장, **박보경** 교수

   초기 교회의 사도들과 성도들을 통해 역동적인 성령의 역사가 나타났던 이집트, 요르단, 이스라엘, 튀르키예, 이라크의 성지와 단기선교에 대한 안내서가 나오게 됨에 감사를 드립니다. 『성지답사와 이슬람 단기선교 안내서』는 단순한 성지순례에 관한 안내를 넘어 주님의 지상명령과 연계된 중동의 이슬람선교를 위해 성지를 새롭게 바라볼 수 있는 안목을 키워 주는 데 많은 도움을 줄 것입니다. 지난 40년 동안 한국교회의 성지답사에 관하여 학문적인 표준을 제시해 온 성지연구원의 성실한 노력에 감사를 드립니다.

— 포항기쁨의교회 생선아카데미원장 **박진석** 위임목사

본 서는 오랫동안 성지순례와 성지답사를 이끌어 왔던 경험과 통찰이 녹아 들어 있는 소중한 책입니다. 특히 이슬람권 선교를 돕기 위한 성지답사를 목적으로 하고 있기에 더욱 그렇습니다. 이슬람에 대한 이해와 더불어 이슬람권 국가들의 역사와 문화를 고고학적이면서도 성서학적인 시각에서 집중 분석함으로써 이슬람권 선교에 도움을 주고자 하는 본 서의 일독을 권합니다.

— 호남신학대학교 **강성열** 교수

성지답사 및 이슬람 문화 이해와 이슬람선교를 위한 고고학적, 역사적, 문화적, 성경적, 신학적인 배경지식과 학술적인 내용을 포함한 유적지의 구체적인 사진을 곁들인 아주 유익한 보배 같은 책이 출판되었습니다. 성지순례를 가기 전에 미리 공부한 만큼 성경이 입체적으로 보이기에 이 책을 적극적으로 추천합니다.

— 동산교회 **이성득** 위임목사

한국교회처럼 성지답사와 이슬람권 단기선교를 많이 가는 나라는 그 유례를 찾아보기 어렵습니다. 『성지답사와 이슬람 단기선교 안내서』가 출판된 것으로도 아름다운 일인데, 소기천 교수님과 함께라면 정통한 성지순례와 단기선교가 될 것이라 확신하기에 이 책을 적극적으로 추천합니다.

― 오성교회 **이수갑 목사**

   기독교인이면 누구나 성경을 읽으면서 성경에 나오는 성지 방문을 소원합니다. 그런데 막상 성지에 가 보면 이스라엘뿐만 아니라 이집트와 요르단, 레바논과 시리아 등 성경에 나오는 지역들 대부분도 선교지임을 알 수 있습니다. 그러므로 기독교인들에게 성지순례는 단순히 성지에서 은혜를 누리며 감사하는 것 이상으로 복음 선교의 사명을 고취하는 여행이 되어야 할 줄로 압니다. 무엇보다 역사적 배경 가운데 이제는 선교지가 되어 버린 중동지역을 선교지로 인식하고 이슬람권 단기선교를 생각하기 위해서는 이슬람에 대한 이해가 선행되어야 할 줄로 압니다. 이번 소기천 교수님의 저서『성지답사와 이슬람 단기선교 안내서』는 이러한 필요에 부응하는 내용으로 구성되어 있어, 성지순례를 계획하고 있는 기독교인들이 성지로 출발하기 전에 꼭 읽어야 할 책이라고 생각됩니다. 이에 소기천 교수님의 노고에 감사드리며 여러분께 이 책을 추천합니다.

― 아신대학교 **소윤정 교수**

/Contents/

머리말   3

추천사   26
(주승중, 박보경, 박진석, 강성열, 이성득, 이수갑, 소윤정)

1부 **이집트**   33

2부 **요르단**   53

3부 **이스라엘 I**   83

4부 **이스라엘 II**   113

5부 **이스라엘 III**   149

6부 **튀르키예**   181

7부 **이라크**   219

8부 인간 무함마드	247
9부 꾸란	267
10부 이슬람 종파	283
11부 로마 천주교의 십자군 전쟁	305
12부 이슬람권 단기선교	329
13부 한반도를 덮친 이슬람의 실태	351
14부 한반도 이슬람 대비 전략	383

마무리말   413

1부

이집트
Egypt

1부
이집트

1. 콥트 기독교가 흘린 순교의 피
이집트에 현존하는 가장 오래된 기독교 교단

아랍공화국 중에서 가장 찬란한 문명국인 이집트를 알면 기독교 최고 교단인 콥트 기독교가 어떻게 1,500년 동안 무슬림과 공존하며 온갖 박해 속에서도 복음 전도의 사명을 다하고 있는지를 알게 될 것이다.

세계 4대 문명의 하나인 고대 이집트 문명이 시작된 것은 기원전 3000년경으로, 나일 강을 중심으로 발생했다. 흔히 '이집트' 하면 떠올리게 되는 조세르 왕의 지푸라기 벽돌로 만든 계단식 피라미드나 쿠푸 왕의 화강암으로 만든 웅장한 대피라미드, 스핑크스, 아부 심벨 혹은 투탕카멘의 황금 마스크 등은 고대 이집트의 유적으로 지금부터 5,000년 전 파라오(바로 왕)의 부귀영화와 신에 대한 신앙심, 그리고 이집트인의 생활상을 엿볼 수 있는 중요한 문화유산이다. 그중에서 이집트 전역에 널리 흩어져 있는 람세스 2세는 모세 시대의 바로인데, 90세 넘게 장수한 덕분에 유적지를 스스로 많이 세워서 알렉산드리아로부터 아스완과 아부 심벨까지 산재해 있다.

이집트문명은 나일 강에서 발생했다. 이집트에 가면 아직도 5천 년의 숨결을 곳곳에서 느끼게 된다. 모세 시대의 람세스 2세가 자랑한 유적지는 아부 심벨에 있으나, 현대에 이르러 홍수를 막기 위한 목적으로 상류의 아스완 댐을 지으면서 아부 심벨이 침몰 위기에 놓이자, 유네스코가 산봉우리 전체를 67m 언덕 위로 옮겨 놓았다.

 이집트의 매력은 여기에서 그치지 않는다. 아시아와 아프리카의 두 개 대륙을 연결하는 교통의 요충지인 이집트는 지중해와 홍해에 둘러싸여 있어 지리적으로나 역사적으로 중요한 교두보 역할을 하였다. 관광산업과 마찬가지로 이집트의 주요 수입원인 수에즈 운하도 아시아와 중동의 여러 배가 유럽으로 향할 때 거쳐 가는 중심점이다. 이것은 무엇을 의미하는가? 이집트가 이슬람의 머리로서 정치적, 군사적인 면에서 아랍국들을 선도하는 자리에 있다는 것이다.

 홍해 인근의 관광지인 후루가다 건너편에 모세가 십계를 받은 곳으로 알려진 시나이 반도 남단에 있는 호렙(시내) 산은 유대교, 기독교, 이슬람교의 성지이다. 세계 각국에서 모여든 사람들은 모세의 궤적을 더듬으며 눈물을 흘린다. 지금도 그곳에는 마치 구약성경과 같은 광경이 펼쳐지고 있으며, 하늘 가득 떠 있는 수많은 별자리가 환상적인 분위기를 자아내고 있다. 예수께서 어린 시절에 가족과 함께 피난 가신 곳도 바로 이곳 이집트 올드 카이로의 아시우트 주변이다. 바벨론 성이 있던 고대 로마 시대에는 이곳이 나일 강에 배를 대던 항구도시였다. 베드로전서 5 : 13에 나오는 '바벨론 문에 있는 교회'는 바로 콥트교회이다. 이집트에 교회를 세운 마가의 초청으로 옛 카이로를 방문했던 베드로가 한때 바울의 선교 동역자인 실루아노(실라)에게서 바울의 선교지에 관한 문제점을 듣고 그것을 해결하기 위하여 지금의 튀르키예 북부지역에 보낸 서신이 바로 베드로전·후서이다.

1971년 9월에 결성된 아랍공화국의 연방인 리비아와 시리아처럼 이집트는 아주 독특한 나라이다. 이집트에 대한 일반적인 현황을 살펴보면 다음과 같다. 면적은 1억 14만 5천ha로 세계 28위(2016년 국토교통부)에 해당하며, 인구는 1억 7,269만 892명으로 세계 14위(2023년 추계)이다. GDP는 4,163달러로 세계 111위(2022년)에 해당한다. 연령 구조는 0~14세가 36%, 15~64세가 60%, 65세 이상이 4%로 동남아시아와 비교하기에는 차이가 있지만, 여전히 젊은 나라이다. 이집트의 주요 도시는 카이로(수도)이며, 알렉산드리아, 로제타, 이스마일리아, 룩소, 카르나크, 에드프, 아스완, 아부심벨 등은 유명 유적지이고, 이외에 성지로 포함된 멤피스, 헬리오폴리스(온), 수에즈(홍해), 델타(고센 땅), 올드 카이로(아기 예수 피난교회) 등은 순례객의 주요 답사지이다.

이집트의 언어는 주로 아랍어지만, 예수의 시대에는 고대 이집트어인 콥트어를 사용하였다. 지역에 따라 영어와 불어도 사용한다. 이집트는 이집트인(Egyptians), 베두인족(Bedouins), 베르베르인(Berbers)으로 구성된 함족이 99%를 차지하고, 그 이외에 그리스인, 아스완 지역의 누비안, 아르메니아인 등의 소수민족이 있다. 교육은 중학교까지 의무교육 9년이지만, 문맹률

이 약 50%에 미칠 정도로 국민 중 절반이 글을 읽을 줄 모른다.

이집트 1파운드(£E)는 한국 돈으로 43원(2023년 1월 기준)이다. 카이로를 비롯한 내륙은 아열대 기후이고, 지중해 연안은 해양성 기후이다. 이집트 상형문자에는 '비'를 뜻하는 단어가 없을 정도로 건조한 사막기후이다. 시차는 우리나라보다 7시간 늦다(여름에 일광 조절시간을 시행할 때는 6시간의 시차). 이슬람 기도일은 매주 금요일이다. 그래서 공공기관의 근무시간은 토요일에서 목요일까지 9~14시이다. 관광지나 유적지 또한 오후 4시에 문을 닫는다.

7세기에 아라비아 반도를 무력으로 통일하고 쿠라이시 부족의 거점인 메카 지역의 부족신인 알라가 유일신으로 둔갑한 후에 람세스 2세의 기념물이 전역에 가장 많던 이집트의 유적지는 파괴되고, 콥트 기독교는 무함마드 군대에게 공격을 당하면서 유럽의 기독교를 공격하기 위한 이슬람의 거점지역으로 전락하게 된다. 그러나 지난 1,500년 동안 이집트의 콥트 기독교는 무너지지 않았다. 아랍공화국에서 기독교인의 비율이 가장 많은 이집트는 그 어느 나라보다 무슬림선교의 중요한 거점지역이다.

2. 태양신-기독교-이슬람으로 이어진 종교
이집트의 콥트 기독교가 직면한 순교와 박해의 역사

5,000년에 걸친 이집트 역사는 시대에 따라 종교가 바뀌었다. 고대 이집트 시대에는 태양신을 섬기던 종교가 꽃을 피우고, 그레코-로만 시대 말기에는 현존하는 가장 오래된 기독교 교단인 콥트 기독교가 번영한다. 그러다가 이슬람교가 아랍군과 함께 전파되면서 이집트는 이슬람국가가 된다. 이슬람교는 현재 이집트의 국교로 정해져 오늘날까지 내려오고 있다.

고대 이집트의 종교는 다신교로, 수많은 신을 섬겼다. 신왕국시대의 이크나톤 왕(기원전 1379-1362 재위) 시기에는 아톤 신을 숭배하기 위하여 종교 개혁을 통해서 일시적으로 일신교가 된 적도 있으나, 그 후 다시 다신교로 되돌아가 고대 이집트의 기본적인 종교는 변하지 않았다. 국가의 최고신은 고대왕국 시대부터 변함없이 태양신인 라 신이었다. 잠시 테베의 수호신이던 아몬 라 신이라 하여 국가의 최고신이 바뀌었던 시기도 있었다. 그 후 그레코-로만 시대에 세라피스와 이시스와 오시리스 신을 중심으로 하는 고대 이집트 종교와 그리스와 로마의 종교가 혼합되었다. 그러다가 로마제국의 기독교 공인에 따라 콥트 기독교가 전국적으로 전파되었다.

이집트는 이슬람교가 85.4%를 차지하고 있으며 기독교는 약 14.2%로 집계되지만, 공식적으로는 9%를 차지하고 있다. 이 기독교 가운데서 개신교가 0.85%, 로마 천주교가 0.32%, 콥트 기독교가 13%를 차지하고 있는 것으로 보고 있다.

이집트에서의 기독교에 대한 박해는 1980년대 이후 더욱 심해졌다. 종교 차별법의 엄격한 적용, 교회의 파괴, 이슬람교로 개종시키기 위해 사용하는 뇌물 등은 모두 기독교인의 사기를 떨어뜨리는 방법이다. 기독교로 개종한 이슬람 교도는 투옥되고, 어떤 사람은 명예살인까지 당한다. 어느 해에는 신앙 때문에 투옥된 기독교인이 235명일 만큼 여전히 박해가 심하다. 이슬람은 무슬림에게 모든 기독교인을 쓸어버릴 것을 공공연히 권고한다.

기독교는 콥트교회에 속한 소수파로 지난 몇십 년 동안 무슬림의 박해와 교회 파괴로 인해 성장하지 못했다. 1973년 이후 갱신 운동 덕분에 일부 청년이 주께 나아오고 있으며, 오순절 교단과 복음주의 교단이 성장을 보인다. 그러나 복음주의 교회의 2/3 정도가 목회자가 없어 그 성장이 둔화되고 있는 형편이다. 그동안 한국에서 직항으로 성지답사를 갈 정도였는데, 2020년 코로나19로 인해 한국인의 입국이 금지되었지만 현재는 여행 유의 지역으로 성지답사가 재개되었다. 앞으로 하나님의 방법으로 새로운 전략을 수립하고, 이슬람선교에 헌신하는 사역자들이 많이 나와야 할 것이다.

이집트의 이슬람은 주로 수니파에 속해 있다. 이런 무슬림 사회에 현존하는 가장 오래된 교단은 콥트 기독교이지만, 실제로는 기독교인의 숫자가 콥트 기독교, 로마 천주교, 복음주의 등의 순서이다. 이슬람 사회에서 자신을 기독교인이라고 밝히기를 꺼리는 현상을 볼 때 숨어 있는 성도가 더 있을 것으로 추정된다.

독일 기자 마틴 모세바흐의 저서 『21 : 콥트 순교자들의 땅에 다녀오다』(순교자의 소리, 2019)에 의하면, 지금도 순교당하고 있는 콥트 기독교인의 숫자가 많다. 이 책은 IS에 의해 참수당한 오렌지 죄수복을 입은 콥트 기독교인의 이야기로 시작하면서 "이들의 순교 신앙은 3세기 테베군 학살부터 이어졌다."라고 언급한다. 7세기 무함마드 군대의 이집트 침공으로 4백만의 콥트 기독교인이 순교를 당한 이후에도 아직 이집트에는 순교의 피가 계속 이어지고 있다. 콥트 기독교인이 흘린 순교의 피는 전혀 헛되지 않을 것이다. 여기에 코로나19까지 닥친 지금, 이집트에서 사역하는 선교사들은 얼마나 힘들까?

'이집트의 종교' 하면 이슬람교가 떠오르기 마련이다. 그러나 일찍이 기독교가 전해 내려온 곳이 이집트이다. 기독교 세계의 중심지 역할을 한 적이 있을 정도로 기독교가 번영했던 이집트의 선교를 위해 먼저 콥트교회를 알아야 한다.

콥트교회란 이집트를 중심으로 하는 고대 기독교의 정통교회로, 오늘날 지구상에 존재하는 가장 오래된 고대 교단이다. '콥트'라고 하는 단어의 어원은 그리스인이 고대 이집트어로 이집트를 나타내는 단어인 아이깁토스(Aigyptos)가 와전되어 붙여진 것에서 유래한다. 40년경에 이집트에 복음을 전한 성 마가에 의해 알렉산드리아를 시작으로 카이로에 콥트 기독교가 전래되었다.

2세기에는 델타 지역(고센 지방)으로부터 상(上) 이집트까지 거의 이집트 전역으로 확대되어 다수의 이집트인이 콥트 교도가 되었다. 당시의 알렉산드리아는 로마, 에베소, 안디옥 등과 어깨를 나란히 하는 고대 기독교의 중심지였다. 그러나 알렉산드리아의 기독교는 단성론자(예수의 인성보다 신성을 존중한다.) 때문에 451년의 칼케돈 공의회에서 이단이라는 선고를 받게 된다. 이런 이단 논쟁에도 불구하고, 2천 년 동안 콥트 기독교는 정통교회라는 지위를 한 번도 잃어버린 적이 없다.

올드 카이로에 가면 계단이 높아서 공중교회로 불리는 콥트교회가 있다. 매년 그리스와 러시아의 동방정교회가 총회로 모일 정도로 콥트 정교회는 2천 년 동안 정통성을 유지해 오고 있다.

3. 순교와 박해를 견딘 콥트교회의 전통
모든 수도원의 효시가 된 이집트 사막

콥트교회는 소수 기독교인에 의해 유지되지만, 확고한 그들의 정신은 사막의 영성이 가득한 콥트 수도원에 나타나 있다. 특히 나일 강에서 멀리 떨어진 사막에 있는 성 안토니우스 수도원은 이 땅에 현존하는 모든 수도원의 효시라고 할 수 있는데, 콥트교회의 혼 그 자체이다. 그곳은 고대 기독교의 정신을 엄격하게 지키고 그 신념을 단련하는 수련 장소이다. 특히 사막의 수도원인 성 안토니우스 수도원은 '말로만 듣던 수도사들이 바로 이들이구나.' 하는 것을 실감하게 한다. 또한 성 마카리우스 수도원에는 세례 요한과 선지자 엘리사의 유골이 있다. 여러 명의 성자와 감독의 사진과 그림이 즐비하고 콥트 교도가 자주 찾는 영적 안식처이다. 모세의 시내 산 초입에 있는 성 카테리나 수도원도 성지 답사객이 자주 찾는 곳으로 널리 알려져 있다. 거기서 현존하는 최고의 시내 산 사본이 성경 전권으로 발견되기도 하였다.

콥트 교단은 따로 교황을 세워서 독립적인 길을 걷고 있었으나 7세기에 무함마드의 후예가 이끄는 아랍군대가 무자비하게 이집트를 정복하고 400만의 콥트 교인들을 살해하는 비극이 일어나자 이슬람을 받아들인 배교자가 속출하게 됨으로써, 콥트교의 세력은 오늘날과 같은 열악한 상황으로 쇠퇴하게 된다. 콥트 교도는 로마 황제 디오클레티아누스 시대에도 테베군에게 박해를 받아 많은 이들이 순교하였는데, 이를 기념하기 위하여 지금도 디오클레티아누스가 즉위한 284년을 원년으로 사용하는 콥트력은 태양력과 구별되어 콥트 교도 사이에서 순교력(殉敎曆)으로 불린다. 이를 통해 콥트 기독교는 순교의 피 위에 서 있다고 볼 수 있다.

이슬람 교도와 콥트 교도는 가족을 기반으로 하는 공동체 속에서 생활하므로 결혼도 같은 신앙인들끼리만 하는 것이 일반적이다. 이슬람교에서는 상대방이 이교도라 할지라도 이슬람으로 개종할 사람이라면 결혼할 수 있으나, 콥트 기독교에서는 상상조차 할 수 없다. 이런 연유로 콥트 교도는 선택할 수 있는 결혼 상대가 극히 제한된다. 결혼자금에 대해서 콥트 기독교는 이슬람교와 비슷하지만, 결혼식은 교회에서만 행해지며 참가한 성직자들이 1인당 30~40분씩 설교를 돌아가면서 하여 매우 긴 의식이 되는 경우가 많다.

장례식도 교회에서 거행되며, 매장 절차는 고대 이집트로부터 내려온 관습을 아직도 따른다. 예를 들면, 시체는 방부제를 주입한 뒤에 미라처럼 백색 붕대로 칭칭 감아서 관에 넣는다. 콥트 교도는 일생에 통과하여야 할 몇 가지 독특한 의식이 있다. 우선 아기가 태어나면 유아세례를 주고, 콥트 계통의 이름을 지어 주기 때문에 이집트에서는 이름을 보면 그 사람이 콥트 교도인지, 무슬림인지 한눈에 알 수 있다. 콥트 교도는 한쪽 팔목 안쪽에 십자가 모양을 새겨 넣는다. 이것은 산양 젖에 담가 놓았던 바늘로 피부에 십자가 모양을 문신하는 것인데, 예수께서 십자가에 달리실 때 겪었던 고통을 직접 느끼면서 콥트 교도임을 자각하기 위한 것이다. 2~3일이 지나면 십자가 모양으로 문신한 부분은 양 젖과 피의 혼합작용으로 검푸르게 되며 상처가 아문다. 위생상의 이유로 포경수술도 하나, 유대인처럼 종교적인 의미는 거의 없다.

콥트교회는 초기부터 변하지 않고 내려오는 것이 많다. 생활방식이나 종교관은 대부분 성경에 기초하고 있다. 사도행전 1장에서 맛디아를 선출하는 것처럼, 콥트교회의 교황 선출은 모든 성도가 투표하여 후보 10명을 정한다. 다음에는 5,000명의 콥트 교도가 투표에 참가하여 후보를 2명으로 좁힌다. 최종결정은 하늘의 뜻을 따라 예배를 드리고 난 후 어린이에게 제비뽑기를 시켜서 결정한다. 이러한 방법 때문에 콥트교회의 교황 세누다

3세처럼 첫 번째 선거에서 1위를 차지하지 못하였지만 교황의 지위에 오르기도 한다.

콥트교회는 동방정교회의 전통을 따르지만, 기독교는 서방교회인 로마 천주교의 전통에 따라 축제날을 정하고 있다. 콥트 교도와 마찬가지로 동방정교회의 크리스마스는 1월 7일이며, 로마 천주교와 마찬가지로 서방교회의 크리스마스는 12월 25일이다.

이집트 콥트 교단의 교황인 타와드로스 2세는 부활절을 4월 두 번째나 세 번째 주일로 정하여 세계 교회와 함께 부활의 기쁨을 누리는 놀라운 합의를 이루어 냈다. 이로써 콥트 교도에게 가장 중요한 행사는 부활절이 되었다. 부활절을 앞두고 40일의 사순절 기간에 부분 금식을 한다. 고기와 달걀은 금지되지만 생선과 야채는 먹어도 되며, 식사는 평상시처럼 한다. 부활절 직전의 고난주일에는 어린이들이 야자 잎의 표피를 벗겨 내어 그것으로 열심히 장신구를 짜서 완성한 십자가나 물고기, 집 모양의 세공품을 교회로 가져가서 서로 축복해 준다. 이 장신구들은 이듬해 부활절까지 일 년 내내 각 가정에 장식된다.

올드 카이로에서 콥트 교도가 예배를 마친 후에 예배당 뒤에서 맨발로 서서 말씀을 읽으며 고요히 묵상하는 모습이 경건하다.

일제와 한국전쟁으로 많은 순교자를 배출한 한국교회는 동병상련의 아픔을 가진 콥트교회와 협력을 강화하여 이집트 선교의 교두보를 마련할 필요가 있다. 한국교회처럼 성탄절과 부활절을 중시하는 교회도 드물다. 이 점에서 콥트교회와 한국교회는 통하는 점이 많기에 동방정교회의 원형인 콥트 교단과의 긴밀한 협력은 이집트 선교의 전기를 마련할 수 있을 것이다.

4. 이슬람은 타 종교를 인정하지 않는다
기독교에 적대적인 이집트 정부는 시대에 맞게 변화해야!

이집트는 이슬람국가로서 이슬람교 외의 다른 종교를 인정하지 않는다. 그러나 이러한 이집트의 종교 탄압에 대항하는 일이 점차 나타나고 있다.

한국선교연구원의 *Compass Direct News*(2007년 11월)에 따르면, 이집트 경찰이 3개월 동안 갇혀 있던 두 명의 콥트 교인을 2007년 11월 5일 석방했다고 중동기독교연합회(Middle East Christian Association)가 알려 왔다. 하지만 압수된 그들의 성경과 같은 개인 물건들은 돌려주지 않았다.

61세의 아델 파우지 팔타스(Adel Fawzy Faltas)와 25세의 피터 아잣(Peter Ezzat)은 이슬람을 모독하고 국가 위상을 훼손했다는 혐의로 수감되었다. 팔타스는 2007년 8월 7일 이슬람에서 기독교로 개종한 한 이집트인을 인터뷰한 혐의로 경찰에 체포되었다. 팔타스가 체포되던 날 비밀경찰국(State Security Investigation)의 요원 30명과 사복경찰이 그의 집으로 몰려왔다. 팔타스는 14일 동안 의자도 없이 겨우 누울 수 있는 독방에 갇혀 있었다.

아잣이 체포된 날, 10여 명의 군인과 5명의 정부 당국자가 그의 집 현관을 부수고 들어와 기관총을 그의 얼굴에 들이댔다. 군인과 당국자는 아잣의 눈을 가리고, 손을 묶은 후에 집을 수색하여 컴퓨터와 사진기, 휴대전화,

CD, 오디오 테이프 등을 압수해 갔다.

아잣과 팔타스는 캐나다에 본부를 두고 있는 인권단체인 MECA의 일을 하여 이집트 정부가 민감하게 여기고 있는 주제들을 다루어 왔다. 산부인과 의사인 팔타스는 MECA의 창립자인 나데르 파우지(Nader Fawzy)와 인터넷상에서 이집트의 문제에 관해 대화를 주고받는 기회를 얻었고, 그 이후 이집트에서 MECA 소속 활동가로 일할 것을 결심하였다. 그 후 팔타스는 이집트에서 일어나고 있는 문제를 집중적으로 조명하였다.

2007년 7월 MECA의 변호사는 2000년 1월 이집트의 마을 엘 코쉐(el-Kosheh)에서 무슬림 폭도가 기독교 마을을 공격하여 최소 21명의 콥트 교도가 순교를 당하고, 18명이 부상을 입었으며, 수백 채의 기독교인 주택이 파괴된 사건에 대한 소송을 시작하였다.

MECA 운동가들은 이슬람에서 기독교로 개종한 후 자신이 기독교인이라는 사실을 인정해 달라고 정부를 상대로 소송을 낸 한 콥트 교도에 대한 사건을 세상에 알리기 시작하였다. 팔타스는 이 사건을 진행하며 기독교로 개종한 모하메드 아흐메드 헤가지(Mohammed Ahmed Hegazy)를 인터뷰했다가 이집트 당국에 의해 체포된 것이었다. 팔타스가 체포된 이후 개종자 헤가지는 살인 위협을 받고 은신해 있는 것으로 알려졌다.

이슬람을 버린 배교 행위는 이집트에서 아주 민감한 문제로서, 이집트 헌법에 담겨 있는 이슬람식 법 조항인 샤리아에 따라 명예살인까지 할 수 있다. 샤리아법을 근거로 이집트 당국은 이집트의 소수 종교 단체인 콥트 교도의 목소리를 전하는 운동가들을 종종 체포하곤 하였다.

팔타스와 아잣이 이집트 정부에 의해 체포된 이후 MECA의 구명운동 노력으로 이 사건이 국제사회에 알려졌고, 이집트 정부가 이들을 석방하기에 이르렀다. 팔타스는 이 사건을 계기로 이집트 정부가 MECA에 대한 태도를 바꾸어 법적으로 공식 단체로 인정하고, 더 나은 대우를 해 주기를 희망한다. 현재 콥트교회에 적대적인 이집트 정부의 태도가 시대에 맞게 긍정적으로 바뀌도록 기도할 필요성이 제기되고 있다. 2011년에 아랍공화국을 휩쓸던 재스민 혁명이 실패로 돌아간 이후에 이집트는 비상사태를 강화하고 콥트 교인을 통제하고 있다. 세계 교회가 이집트에서 일어나는 일을 예의주시하며 기도하고, 복음의 문이 활짝 열려 순교자들의 피가 헛되지 않도록 모든 지원을 아끼지 말아야 한다. 2020년 코로나19로 인해 이집트가 통제되는 상황에서 콥트 교도는 더욱 힘든 박해 상황에 내몰리고 있다.

이집트는 태양신인 라 신을 섬기다가 이슬람국가가 되었지만, 피라미드를 보기 위하여 전 세계의 관광객이 해마다 1,500만 명이 찾았는데, 2011년 재스민 혁명 이후에 오히려 극단주의 이슬람이 판을 쳐서 관광객이 600만 명 이하로 급감하였다. 그러나 전 세계를 강타한 코로나19로 인해 여행 금지 조치가 내려져 이집트와 한반도를 거점으로 한 이슬람의 포교에 치명상을 입혔고, 이슬람 가짜 난민 유입도 전적으로 막혔다. 하나님의 섭리는 놀랍기 그지없다.

이집트 카이로 기자의 피라미드 주위에 많은 관광객이 몰린다. 낙타와 말을 동원한 호객꾼이 장사진을 이루는 풍경이 흥미롭다.

5. 아직도 참수하는 스핑크스의 저주를 풀라
이집트에서 더욱 기대되는 한국인 복음 전도자의 역할

　스핑크스는 그리스 신화에서 수수께끼를 내서 맞히지 못하면 그 자리에서 목을 졸라 죽인 잔인한 괴물로 묘사된다. "아침에는 다리가 4개이고, 점심에는 2개, 저녁에는 3개는 무엇인가?" 오이디푸스는 인간이라고 대답하여 죽음을 면했다. 그 대신에 스핑크스는 수치심을 이기지 못해 돌로 변했다. 기자의 스핑크스를 자세히 보면 목이 잘려 있다. 원래는 자칼이었는데, 누군가 그 목을 자르고 사람의 머리를 붙여 놓은 것일까? '목 졸라 죽이는 자'라는 뜻의 스핑크스는 그 말의 저주대로 자신의 목이 잘린 것일까? 여하튼 상체는 사람, 하체는 사자, 날개가 달린 스핑크스는 괴물이다. 그런데 지금도 이슬람에서는 스핑크스의 저주가 계속되고 있다.

　이집트에서 사상 초유의 일이 일어났다. 무함마드 아흐마드 하게지라고 불리는 이집트인이 종교를 이슬람에서 기독교로 바꾸어 달라는 법적 소송을 냈기 때문이다. 9년 전 이미 개종했고, 25세 때 기독교로 개종한 여인과도 결혼했지만, 호적과 신분은 여전히 무슬림으로 남아 있다. 아이가 태어나자 이 부부는 자녀를 기독교인으로 등록하길 원했다. 하지만 법적으로 무슬림이기 때문에 자녀의 종교 역시 기독교로 등록할 수가 없었다. 이슬람국가인 이집트에서 이런 소송이 접수됐다는 사실 자체만으로도 사회적 파장이 적지 않다.

　이집트가 조금씩 변하고 있다. 전도 행위 자체는 엄격히 금지되고 있지만 인터넷과 스마트폰의 발달로 지구촌의 여러 가지 소식을 접하게 되면서 가치관도 조금씩 변하고 있다. 특히 젊은이들 사이에서 종교에 관한 논쟁이 활발하다.

　카스르 엘 도바라 복음주의 교회는 이를 기회로 여기며 출판과 방송 매체를 동원한 사회 방송망을 이용하여 복음을 전하고 있다. 개인 전도는 못하지만 다양한 복음 전달 수단을 활용한 '복음의 가랑비' 전략으로 이집트에서 무슬림의 영혼을 적시기 시작했다. 이집트 인구 중 40~60만 명이 헤로인과 코카인에 중독되어 있다. 이집트에서 콥트교회가 마약과 에이즈 사역을 활발히 펼치고 있는 것도 이 때문이다.

허샴 카멜은 이집트에서 나서 자랐지만, 현재 미국 LA 템플시티에서 교회와 선교단체를 이끌었다. 그는 압델마시 타드로스와 함께 아프간에서 납치된 샘물교회 사태 이후 서구와 중동 기독교와 이슬람교가 충돌하는 회오리 속을 오가며 이슬람권 목사가 되었다. 카멜이 담임을 맡은 아랍 복음주의 교회에는 이집트인을 비롯해 이라크, 시리아, 팔레스타인, 모잠비크 등 중동과 아프리카 출신 기독교인 200여 명이 출석하고 있다. "아프가니스탄에서 순교한 배형규 목사를 존경합니다. 저희뿐 아니라 모든 이슬람 지역 크리스천도 같은 심정일 것입니다. 위험한 환경을 무릅쓰고 아프가니스탄 사람들을 도우러 갔으니까요. 우리 교회도 교인들이 모여 세 시간 동안 인질들을 위해 특별기도 모임을 했습니다"(Korea Daily, 2004). 이렇게 그들은 아프가니스탄을 돕는 일이 계속되어야 한다고 강조했다. 그렇지 않으면 가난과 수십 년간의 전쟁으로 인해 갈기갈기 영혼이 찢긴 아프가니스탄이 쓰러져 갈 게 분명하다. 그들은 한국교회가 병원과 고아원과 학교를 지어 준 덕분에 희망의 싹이 죽지 않고 자라는 것에 고마워했다.

"옳은 일을 한 것입니다. 크리스천으로서는 물론이고 지구촌의 주민으로서도 마찬가지입니다. 다만 훈련이 필요할 뿐이죠. 그런 척박한 환경 가운데 어찌 대처하고 무엇을 해야 좋은지 좀 더 배우고 떠났으면 하는 아쉬움이 남습니다"(Korea Daily, 2004). 이렇게 말하는 카멜은 꾸란을 꿰뚫고 있다. 꾸란의 잘못된 내용을 소개하고 기독교와 비교하는 책을 내기도 했고, 미국과 중동지역을 돌며 이슬람 문화를 비판하는 세미나를 열고 있다.

꾸란 앞부분에는 예수를 비하하는 내용도 있고, 뒤로 갈수록 폭력적으로 바뀌어 '이교도의 목을 치라'는 구호가 자주 나온다. 이런 꾸란은 스핑크스의 저주를 되새기게 한다. 알카에다처럼 과격한 무슬림 세력은 기독교인을 무더기로 참수하여 세계 평화를 위협하고 있다.

"복음의 사도였던 바울도 기독교를 박해하던 사람이었죠. 소경이 됐던 바울이 그랬던 것같이 오사마 빈라덴에게도 예수를 전했다면 그의 눈이 뜨였을 것입니다. 크리스천은 먼저 울어야 합니다. 무슬림이 예수의 사랑을 알도록 해야 합니다"(Korea Daily, 2004). 이렇게 말하면서 카멜은 한인의 역할이 크다고 덧붙였다. 크리스천을 서구의 침략 세력과 동일시하는 이슬람권에서 백인이 아닌 한인이야말로 정치적 선입견을 떠나 무슬림이 만날 수 있는 기독교인이라고 강조한다. 중동지역에서 환영받는 한국교회의 헌신을 통해 상호 이해와 화해의 기틀이 자리 잡을 수 있다. 코로나19로 인해 고립된 이집트의 콥트교회가 가중된 박해를 이기고 새로운 선교 시대를 맞이하기를 기도한다.

올드 카이로에 있는 콥트어와 아랍어 성경은 지난 1,500년 동안 콥트 기독교가 이슬람의 박해 속에서도 신앙을 잃지 않고 굳세게 살아왔음을 보여 준다.

6. 이집트선교의 새로운 전략
콥트교회를 이단으로 보는 생각부터 바꿔야

　이슬람 교도들인 예멘인의 가짜 난민 신청이 심각한 사회문제로 대두되었다. 그런데 과거에 기독교로 개종 후 이슬람 교도에게 박해를 받던 이브라힘이라는 이집트인이 대한민국 법원으로부터 진짜 난민 자격을 인정받은 적이 있다. 하지만 그가 한국에서 난민으로 인정받기까지는 법무부 장관을 상대로 한 소송을 거쳐야 했다. 그가 한국에 입국한 후 난민 신청을 했지만, 근거 불충분과 진술에 일관성이 없다는 이유로 난민 신청을 거부당했기 때문이다.

　이집트의 두 명의 10대 소녀는 샤리아법에 의한 강제 개종에 반발하여 법정투쟁에 나서고 있다. 이만 말라크 아예트와 올파트 말라크 아예트는 17살과 18살 난 자매이다. 이들은 콥트 교도인 어머니 밑에서 기독교인으로 자라났다. 1986년에 이들의 아버지는 이슬람으로 개종하여 두 딸과 아내를 버리고 이슬람 여성과 결혼했다. 그리고 2002년 11월에 사망했다.

　그런데 아버지는 죽기 전에 자신이 낳은 딸들의 종교를 이슬람으로 바꿔 버렸다. 물론 당사자의 동의를 받지 않았다. 이집트에서는 종교가 이슬람일 경우에 신분증에 무슬림으로 표기되지만, 다른 종교를 믿는 사람은 종교란에 아무것도 표기되지 않는다. 따라서 그 사람의 신분증을 보면 종교가 이슬람인지 아닌지 확인할 수 있다. 이들 자매는 나이가 들어서 처음으로 발급된 신분증을 보고서야 자신들이 이슬람 신자로 등록된 것을 알게 되었고, 이를 정정해 달라는 소송을 제기한 것이다.

　이 사건을 맡은 콥트 교도인 나기브 가브리엘은 "이 자매는 이슬람에 대해 배운 일도 없고, 이슬람사원에 가 본 적도 없으며, 이슬람 종교의식에 단 한 번도 참석한 일이 없다. 어떻게 이들이 이슬람 신자인가?"(『매일선교소식』 2004년 11월 12일자)라고 반문하고 있다.

사도행전 13장에서 안디옥 교회는 바울과 바나바를 이방인 선교사로 파송하여 이방인을 향한 하나님의 사랑을 보여 준다. 15장에서는 예루살렘 공의회에서 이방인들에게 할례와 같은 무거운 짐을 지우지 않기로 한다. 이것은 이방인 선교의 원동력이 되었다. 바울은 가는 곳마다 교회를 설립하고 현지 지도자를 양성하여 교회를 살피게 하였다. 이방인 스스로가 교회를 책임지고 부흥시키는 역할을 할 수 있게 하였다. 바울은 이를 위해서 유대 지도자와 논쟁을 벌이기도 하였다. 그들의 잘못된 선교관과 생각들이 이방인에게 복음이 전해지는 데 방해가 된 것이다. 이를 이집트의 선교 현장에 적용해 본다면 다음과 같은 선교 전략을 추구할 수 있다.

이집트 선교 현장에서 많은 이집트인이 스스로 기독교인이 되기를 원하며, 그것을 위해 투쟁하고 있다. 선교사들이 아무리 복음을 전해도 명예살인이 존재하는 어려운 박해의 상황 속에서 예수를 믿는다는 것은 극히 어려운 일이다. 하지만 이집트인 교회 지도자가 스스로 이러한 운동을 펼쳐 나간다면 그 파급효과는 매우 크다. 이 일을 위해 헌신된 교회 지도자 대부분이 콥트 교도이다. 그러므로 헌신된 콥트 교도와의 연대를 통해서 교회 지도자를 양성하는 것이 중요하다. 이런 일을 위해 선행되어야 할 것이 콥트교회와 기독교의 연대이다.

기독교는 각자 선교를 추구하려는 욕심을 버리고, 에큐메니칼 정신을 가지고 콥트교회와 연합해야 한다. 이를 통해 이집트 안에 더욱 큰 영적 각성과 부흥의 역사가 이루어질 것이다. 무엇보다 선교사가 추방되고 많은 지역에 목회자가 파송되지 못한다고 할지라도, 헌신된 교회 지도자를 통해서 이집트교회가 스스로 일어나며 성장하는 기반이 마련되어야 할 것이다.

콥트교회와의 연합을 위해 선교사들에게 선행되어야 할 것이 있다. 그것은 콥트교회에 대한 온전한 이해이다. 선교사가 러시아에 가서 선교하면서

"동방정교회가 이단입니까?"라고 묻는다면, "러시아정교회도 이단이다."라고 말하는 사람이 많을 것이다. 그것은 동방정교회에 대한 온전한 이해가 없기 때문이다. 이집트에서도 이와 같은 일이 일어날 수 있다. 콥트교회에 관한 바른 이해가 없다면 선교사는 먼저 기독교의 교리와 정책을 콥트교회로 옮기려고 노력할 것이고, 이로 인해서 교회의 연합은 이루어질 수 없게 된다. 그러므로 먼저 선교사가 콥트교회를 하나의 정통교회로 인정하고 그들의 교리와 정책에 대한 올바른 이해와 관심을 가지고 나아간다면 서로 연합할 수 있게 될 것이다. 가장 중요한 것은 선교사의 열린 마음과 콥트교회와 연합을 추구하려는 노력이다.

올드 카이로의 바벨론 문은 베드로전서 5 : 13의 '바벨론 문에 있는 교회'를 의미한다. 이슬람의 히잡과는 다른 흰 너울을 쓴 두 소녀가 경건한 모습으로 콥트교회에 예배를 드리러 과거 나일 강의 항구도시였던 고대 바벨론 성문 안으로 들어가고 있다.

2부

요르단
Jordan

2부
요르단

◆

1. 중동지역 유일의 비산유국, 요르단
신구약의 중요한 유적지가 많음에도 불구하고 소홀히 취급되는 성지

　우리에게 중동은 산유국인 부자 지역이고, 사막 위에서 땀 흘리며 일하는 한국 근로자와 한국 건설 회사가 가지고 있던 관심이 전부였을지도 모른다. 그러나 9·11 테러 사건은 우리의 관심사를 산유국인 중동보다는 목록에 없었던 이슬람을 상위에 올려놓았고, 김선일 피살사건은 이슬람의 잔혹성을 주목하는 계기가 되었다. 아프가니스탄에서 샘물교회의 자원봉사단 23명의 피랍과 배형규 목사(제주영락교회 출신 통합교단 선교사)의 순교 사건은 이슬람의 폭력성에 대한 관심을 한층 고조시켰다.

　이슬람은 세계 주요 종교 중 하나로 최근의 통계를 살펴보면 약 16억의 무슬림이 전 세계에 분포되어 있는데, 이 숫자는 이미 로마 천주교를 능가한 숫자이고, 21억의 기독교를 위협하는 수치이다. 이런 상황에서 전 세계의 매스컴과 언론사, 심지어 UN도 오일 머니에 장악되어 신문과 TV를 통하여 이슬람을 우호적으로 소개하고 있다.

이슬람공화국 중 가장 우호적인 나라로 요르단을 꼽는다. 그래서 이스라엘 다음으로 많이 찾는 성지인 요르단에 관심을 두는 것은 당연하다. 그러나 중동의 한 국가로서 모세가 죽은 느보 산이 있고, 엘리사와 엘리야의 고향인 마하나임이 있으며, 출애굽의 대장정 가운데 가장 많은 기간 체류했던 모압 평지가 있고, 예수께서 세례를 받으신 요단 강이 있는 구약과 신약시대 그리고 기독교의 성지로서 성경에 등장하는 지명 중에 무려 96곳이 이 지역에 있음에도 불구하고, 요르단은 성지로서의 대접을 제대로 받지 못하고 있다. 그러나 인구의 90%가 무슬림이지만 유대인과 기독교인에게 우호적이기에, 요르단은 이슬람선교에서 중요하다.

대부분 '성지' 하면 이스라엘을 떠올리지만, 이슬람선교의 요충지로서 요르단은 새로운 관심의 대상이 되기에 충분하다. 한국세계선교협의회(KWMA)에 따르면 현재 중앙아시아, 중동, 북아프리카 등 이슬람 지역에서 활동하는 한인 선교사는 2010년 통계에서 전체 20,840명의 2.5%인 809명으로 해마다 급감하고 있다. 요즈음 들어 활발히 진행되고 있는 무슬림에 의한 이슬람교 포교도 간과할 수 없기에 이슬람선교는 날로 열악해지고 있는 상황이다.

이에 반하여 오일 머니의 풍부한 지원을 받으면서 전략적으로 우리나라 대학에 침투해 들어오는 이슬람의 포교를 이제는 방심할 수 없는 시점에 이르렀다. 이슬람의 경우 표면적으로 정치와 종교가 분리된 듯 보여도 자세히 들여다보면 하나라는 것을 생각하면, 이미 정치, 경제, 문화적으로 우리나라에 상당한 영향력을 미치고 있다고 볼 수 있다.

여기서 요르단이 이슬람선교의 중심지가 될 수 있는 이유와 요르단에 대한 일반적 이해를 살펴본 다음에 역사적 고찰을 하고, 이슬람선교에 대한 전망과 중동선교의 전략적 거점인 요르단을 평가해 보고, 요르단 선교를 위한 기도 제목을 나누고자 한다.

현재 요르단 왕국의 영토는 구약시대의 에돔(사해 남부)과 모압(사해 동부)과 암몬(요단 강 동편) 왕국들이 차지하고 있던 땅들을 모두 포함하는 지역으로, 북쪽 야르묵 강에서부터 남쪽 아카바 만에 이르기까지 요단 강과 사해와 남방(아라바)을 가운데 두고 이스라엘과 국경을 이루고 있다. 성경의 많은 배경을 이루는 요르단의 영토는 남한보다 조금 작다. 제2차 세계대전 이후 1946년에 정식으로 독립국가가 되었고, 1949년부터 팔레스타인과 합병하여 요르단 하세미트 왕국이라는 국호로 불리기 시작하였다. 모든 중동 국가가 오일 머니를 바탕으로 부를 축적하지만, 요르단은 아랍공화국 중에서 유일하게 비산유국이다.

이스라엘, 시리아, 이라크, 사우디아라비아, 이집트 등의 사이에 자리 잡은 작은 나라인 요르단은 1918년까지 튀르키예의 일부였다. 요르단은 1952년 후세인을 군주로 하는 법제군주국이 되면서 영국으로부터 독립했다. 걸프전과 이라크에 대한 규제는 비참한 경제적 희생과 불안정한 정치 상황을 초래했다. 걸프전 이후 많은 요르단 사람이 이슬람의 진실성을 의심하게 되어 전례 없이 많은 무슬림이 기독교로 돌아서게 되었다.

46년간의 적대관계 이후 1994년 10월 요르단과 이스라엘이 미국의 중재로 평화협정에 서명했지만, 여전히 두 나라는 상극이다. 서로의 필요 때문에 평화협정에 서명했을 뿐이지, 중동이 뜨거워질 때마다 요르단은 피는 물보다 진하다는 것을 입증하듯이 항상 이스라엘에 등을 돌렸다. 아무리 중동지역에서 요르단이 친서방정책을 표방해도, 아직까지 선교는 자유롭지 못하여 수십 년간 요르단에서 정착한 선교사들이 추방되고 있는 것이 현실이다. 그러므로 성지여행 중에 요르단 가이드나 운전사가 친절하게 대해 준다고 해서 개인 전도를 하는 행동은 금물이다. 그들은 경제적인 이유로 친서방정책을 추진하는 것뿐이다.

요단 강에 있는 예수의 세례 터는 요르단 국경지 쪽의 원형을 그대로 보존하고 있는데, 과거에 강물이 넘쳐 들어온 것을 모자이크로 확인할 수 있다.

2. 요르단의 빈약한 선교적 상황
난민 사역과 일대일의 은밀한 공동체생활이 대부분인 선교사의 일상

공식 국가명인 요르단 왕국은 1946년 영국으로부터 독립하여 1952년 헌법을 제정한 입헌군주국이다. 후세인이 1999년 2월까지 통치하였고, 현재는 그의 아들인 압둘라가 통치하고 있다. 석유를 비롯한 부존자원은 거의 없지만 중동평화협상의 중재자 역할을 한 대가로 서방 국가들로부터 경제적 지원을 받으면서 비교적 개방된 사회를 유지하고 있으며, 4개의 국립대학과 14개의 사립대학이 있다.

전체 인구는 2023년 기준 10,461,743명이고, 인구의 92% 이상이 무슬림이며, 화폐단위는 '디나르'(1디나르=1.41달러)이고, 아랍 국가들 중 교육 수준이 가장 높을 뿐만 아니라 물가도 가장 높다. 시차는 한국보다 7시간 늦고, 수도 암만의 경우 평균 기온은 섭씨 8~9도(1월과 2월) 정도이다. 주요 종족그룹은 팔레스타인 아랍인이고, 요르단인은 30~40% 정도에 불과하다. 그래서 이스라엘과 맞닿아 있는 3개의 국경 검문소에는 요르단을 오가면서 생업을 이어 가고 있는 팔레스타인 아랍인들과 성지답사의 인파가 겹쳐서 항

상 붐빈다.

요르단은 모계 중심인 이스라엘과 달리 철저한 부계 중심이며, 전통적으로 명예를 중요하게 여기고, 부족의 한 구성원에게 피해를 주면 그 부족의 전원에게 피해를 준 것과 같이 여긴다. 흔히 아랍인이 집으로 초대하면 손님을 진심으로 좋아하는 것으로 오해하는 경우가 있다. 그러나 아랍 문화에서 수치와 명예는 양면성을 갖는다. 외국인이나 나그네를 대접하지 않으면 그것은 수치이므로 명예를 지키려면 좋든 아니든 손님을 초대해야 한다. 또한 요르단인은 손을 더럽히기 싫어한다. 그래서 외국인 회사가 요르단인을 고용하려고 해도 마땅한 사람이 없어서 이집트인, 수단인, 필리핀인 등을 고용한다.

요르단의 기독교는 전체 인구의 6%에 해당한다. 요르단 기독교인의 대부분은 팔레스타인 아랍인으로, 아랍 무슬림들의 문화적 관습과 가치를 공유하며 매일 같이 공부하고 일하며 사회활동을 한다. 요르단은 헌법에서 종교의 자유를 보장하고 있지만, 현실은 자유롭게 복음을 전할 수 있는 사회적 분위기가 아니다. 요르단에서 기독교인은 집단으로 마다바에 모여 살았기에 과거에는 이름만 보고도 기독교인인지 무슬림인지 알아낼 수 있었다.

19세기 요르단의 기독교인은 무슬림에 비해 상대적으로 사회적 지위가 높아 지도층으로 군림했다. 그러나 무슬림이 점차 고등교육을 받으면서 요직을 두루 차지하게 되었고, 1970년대 말과 1980년대를 거쳐 이슬람 근본주의자 세력이 성장하는 계기로 작용했다. 1995년 기독교인은 민주화운동을 통해 후세인 국왕으로부터 기독교 단체의 허가를 받아 내기도 했지만 여전히 기독교의 세력은 약한 실정이며, 기독교인의 절반에 해당하는 숫자가 동방정교회 신자로 예루살렘 교구에 속하여 헬라어와 아랍어로 예배를 드린다(『빛과 소금』 2004년 11월).

요르단에서 무슬림 전도는 과거 팔레스타인 난민을 중심으로 시작된 사역인데, 이제는 주로 국경 지역에서 이루어지는 시리아 난민 사역인 텐트 제작과 우정 전도가 중요한 방식이다. 대부분의 선교사역에 비자 발급이 금지되었고, 가까스로 여행사나 개인 사업을 통해 입국한 경우도 직업이나 지인을 잃게 될까 봐 복음 증거의 기회를 놓치는 경우가 많기에 한국인 선교사들에게 새로운 선교 패러다임이 요청된다.

요르단의 복음주의 교회들은 하나로 뭉치기 어려워 교단 간에 연합과 일치 운동은 거의 없다. 성도들은 10% 정도가 십일조를 하고, 주일예배만 참여하는 교인이 많아서 영성훈련과 제자훈련이 미약하다. 요르단에서 사역할 일은 많고, 그 일을 감당할 깊은 영성과 전문성을 갖춘 선교사는 적다. 요르단의 5개 교단의 신앙노선을 보면 침례교단과 복음주의 자유 교단은 칼빈주의를, 나사렛 교단과 하나님의 성회는 알미니안주의를 택하고, 얼라이언스 교단은 칼빈주의와 알미니안주의가 섞여 있다.

그런데도 요르단은 선교의 전략 지역이라 다른 아랍 국가와 비교하면 비교적 자유로운 분위기에서 무슬림들과 대화할 수 있다. 그러나 선교사가 무슬림들에게 개종을 강요하게 되면 추방당하고, 신학교에 입학한 개종자는 모두 퇴학당한다. 요르단에서 수십 년간 괄목할 만하게 신학교 사역을 하던 어느 선교사가 추방되어 이집트에서 사역하게 된 것이 그 사례이다. 요르단 신학교에는 목회학과 신학 석사과정과 중동지역으로 사역자를 보내기 위한 신학 연장 교육 프로그램(TEE) 과정도 있다. 요르단에서 이루어지는 주요 사역으로는 교수 사역, 교회학교 사역, 베두인족 사역, 구제 사역, 의료 사역, 아랍교회를 돕는 사역, 팔레스타인과 시리아 난민 사역 등이 있다.

현재 요르단에는 무슬림과 일대일 양육과 대화와 공동체 거주를 통해 은밀하게 복음을 전하는 한국인 목회자와 평신도 전문인 선교사가 많다. 드러내지 않고 하다 보니 많은 제약이 있어 한국교회의 특별한 관심과 기도와 후원이 절실하다.

요르단에서 기독교 인구가 가장 많은 곳인 마다바의 교회 바닥에서 모자이크로 장식된 세계 최대의 성지 지도가 발굴되어 많은 순례객의 발길이 이어진다.

3. 요르단의 지형적 특징
세계 5대 문명의 발상지에 접해 있는 요르단

요르단의 지형적 특징을 살펴보자. 보통 요르단을 작렬하는 태양 아래 사막이 끝없이 전개되는 중동지역의 한 나라쯤으로 생각하거나 모세가 38년간 헤매었던 모압 평지 정도로 알고 있는 경우가 많다. 이런 나라에 사계절이 있고 겨울에는 눈도 내린다고 하면 모두 깜짝 놀란다.

요르단의 기후와 풍토는 남북으로 연결된 철도를 기준으로 서부지역과 동부지역으로 나뉜다. 요르단을 남북으로 관통하는 헤자즈(Hejaz는 사우디아라비아의 서부지역인 메디나와 메카 지역을 말함.) 철도와 성경에 나오는 왕의 대로 위의 고속도로는 지리적, 자연적 경계선에 따라 건설된 것이다. 서부지역은 11월에 시작하여 이듬해 3월까지 계속되는 우기로 인해 강우량이 적지 않기 때문에 비록 산악지대일지라도 이듬해 4월까지는 꽤 풍부한 초지가 조성되고, 평야 지역은 비옥한 데다 상대적으로 물이 풍부하여 중동지역에서 예외적으로 정착 영농이 가능한 곳이다. 이스라엘의 국경 지역에 대지구대(The Great Rift Valley)라고 불리는 서부의 천연지형은 아프리카의 말라위에서 시작하여 동부 아프리카와 이집트의 나일 계곡과 홍해를 거쳐 요르단과 이스라엘 사이의 아라바 계곡과 사해를 지나 레바논의 베카 계곡에 이르는 이른바 지구의 지각판이 벌어져서 생긴 대협곡이다(이시호, 『중근동 기독교 성지』, <예영커뮤니케이션, 1997>, 215-216, 301-302쪽 참조).

동부지역은 연간 강수량이 20~30mm에 불과한 아라바 계곡과 네게브 사막과 마찬가지로 강우량이 극히 적어 척박하다. 요르단 영토의 2/3인 동부지역은 풀 한 포기 자라지 않는 사막지대이다 보니 키 작은 덤불이 듬성듬성 자라는 현무암과 사암 지층의 황량한 평원이 펼쳐지는 지대로, 사람이 살기에 적합하지 않다. 예부터 양과 낙타를 치며 유목생활을 하는 베두인족이 이 넓은 지역의 주인 노릇을 하고 있다.

남부지역은 이집트 국경에 시내 광야와 홍해가 가로막고 있고, 야르묵 강이 깊은 협곡을 이루고 있어 시리아와 천연의 국경선을 이루고 있다. 이처럼 요르단은 동서남북에 천연의 국경선을 두고 이웃 나라와 격리되어 있어서 예부터 메소포타미아 문명, 나일 강 문명, 유대 문명, 기독교 문명, 이슬람 문명 등과 같은 세계 5대 문명의 교차지역에 자리 잡고 있으면서도 별다른 역할을 하지 못하고 주변 지역으로 머물러 왔다.

요르단은 중동사에서 큰 역할을 한 적이 없지만, 에돔족은 현 와디 하사

(세렛 강) 남쪽의 세일 산 주변에 살던 호리족을 몰아내고 그 땅을 기업으로 삼아 왕국을 세웠고, 모압족은 세렛 강과 와디 무지브(아르논 강) 사이의 땅을 차지하였다. 아르논 강의 북쪽 땅은 원래 암몬족의 땅이었으나 모세의 출애굽 전후의 시기에 시리아 사막에서 일어난 아모리족이 지금의 요르단 북부까지 남하하여 길르앗 땅은 물론 얍복 강 남쪽의 메다바 지역도 정복하여 당시 아모리족의 시혼 왕이 지배하고 있었다. 그 결과 암몬족의 영토는 모세의 대장정이 있었던 시기에는 라밧 암몬(현 암만) 주변에서 얍복 강에 이르는 지역으로 위축되어 있었다.

요르단에 구약과 신약시대의 성지들이 많이 있다. 밧세바의 남편인 우리아가 전사한 곳인 수도 암만은 거라사의 광인이 예수께 치유를 받은 기적을 간직하고 있는 데가볼리(열 개의 도시) 중의 한 도시이다. 모세가 묻혀 있는 것으로 알려진 느보 산, 사해 남쪽에는 소돔의 멸망을 피해 도망가던 롯의 유적이 있는 여리고의 남동쪽, 요단 강 동쪽의 와디 카라르, 남쪽의 엘리야의 승천 터와 예수의 세례 터가 있는 베다니, 사해 옆으로 헤롯이 세례 요한을 참수하던 무카위르인 마케루스, 나바테아인이 살았을 것으로 추정되는 페트라 유적지 등은 반드시 가야 할 성지이다.

그러나 요르단 성지를 가는 것도 중요하지만, 무턱대고 가는 것은 아무 의미가 없다. 성경 속의 장소가 살아서 영혼에 심금을 울리면서 다가올 때, 말씀을 깨닫고 삶을 역동적으로 바꾸는 계기가 된다. 수천 년 전이나 지금이나 별다른 변화 없이 험난한 지형 그대로 척박한 땅에 내던져진 베두인족이나 요르단인은 지난 1,500년 동안 이슬람 문화와 정치의 현장 속에 있다. 이들이 물밀듯이 찾아오는 기독교의 성지 답사객을 어떠한 눈으로 바라볼까? 요르단도 기독교인이 주류를 이루고 있는 성지 관광객을 단순히 돈벌이의 수단으로만 여기는 것이 현실이다.

요단 강에서 싯딤 골짜기를 따라 정상으로 올라가는 길에 느보 산이 보이고, 그 주변에 모세기념교회와 구리 뱀으로 형상화된 십자가가 보인다.

4. 전통적인 성경상의 유적지인 암만
모세 5경을 헬라어로 번역한 필라델포스가 세운 성

요르단의 수도 암만은 이슬람으로 말하자면 하심(Hashemite) 왕국의 수도이다. 하심은 자칭 예언자인 무함마드의 딸 파티마가 낳은 두 아들 중 장남인 하산의 직계 후손으로, 원래 무함마드의 적통이기 때문에 이슬람의 제1성지인 헤자즈 지방(사우디아라비아의 서부지역)의 메카와 메디나를 담당하는 샤리프였다. 금세기 초에 리야드에 본거지를 둔 사우디 왕가와 이슬람의 유산을 둘러싼 권력투쟁에서 패하여 헤자즈에 대한 지배권을 상실하고 이곳 요르단에서 명맥을 유지하게 되었다. 하심 왕가의 수장인 후세인 이븐 알리는 1차 세계대전 직전에 영국과 협조하여 5세기에 걸친 오스만 투르크의 지배를 종식하기 위한 아랍인 반란을 이끌었기에 종전 후 보상으로 세 아들이 시리아, 이라크, 요르단 등에서 왕국을 수립하게 된다. 둘째 아들 압둘라는 1921년에 수도인 암만에서 요르단 왕국을 창건하였다(이시호,『중근동 기독교 성지』, 223-227쪽 참조).

암만은 산악지대에서 이주해 온 원주민과 얼마 안 되는 베두인이 천막생활을 하는 사막 변방의 황무지에 불과했는데, 인구 800만의 대도시로 성장하였다. 암만은 구약시대의 라못 암몬과 정확하게 일치하는 것으로 보아 아주 오랜 역사가 있다. 암몬족은 아브라함의 조카 롯의 후손으로 첫째 딸의 후손이 모압족이고, 둘째 딸의 후손은 벤아미 곧 암몬족이다. 모압족은 자기 조상의 출생 동굴이 자리한 사피를 포함하여 세렛 강에서 메드바까지 차지하였고, 암몬족은 주전 1200년경 이곳 암만을 수도로 하여 북쪽의 얍복 강까지 차지하였다.

이들의 영토는 아모리족 또는 아람족의 남하와 같은 지역 정세의 변화에 따라 그 판도에도 변화가 적지 않았다. 두 족속은 같은 롯의 자손이기 때문에 서로 적대하지 않았으나, 아브라함의 자손인 히브리 쪽과는 사사시대 이래 약 6백여 년간 끊임없는 적대관계를 유지하게 된다. 혈통 면에서 아브라함과 롯의 부친 하란은 형제간이며, 데라의 후손이다.

우리아가 전사한 곳으로 유명한 암몬 성은 다윗 시대에 동쪽으로 통일왕국을 건설한 국경의 끝이며, 필라델포스가 세운 헤라클레스 신전이 웅장한 자태로 남아 있다.

암몬 성의 칼라이아 산 언덕에 이집트 프톨레마이오스 왕조의 2대 필라델포스(기원전 309-246)가 헬라 도시를 건설하고, 필라델피아로 개명 후에 헤라클레스 신전을 세운 곳이 바로 옛 암몬 왕국의 중심지이다. 필라델포스는 부친 프톨레마이오스 1세와 함께 프톨레마이오스 왕조에서 가장 뛰어난 군주로, 자신은 전혀 예상치 못했지만 후에 기독교가 전 세계로 전파되는 데 결정적인 역할을 한 인물이다. 필라델포스가 기원전 3세기에 이집트에 있는 유대인들을 위해 모세 5경을 히브리어에서 헬라어로 번역하면서 기독교가 팔레스타인에서 전 세계로 전파되었다. 이것이 70인역이다.

암만에서 12km 떨어진 와디 시르 계곡에는 토비아의 옛 왕궁 유적이 남아 있다. 토비아는 페르시아의 고레스가 바빌로니아에 잡혀와 있던 이스라엘 포로들을 귀국시키고 예루살렘 성전을 재건하게 했을 때 이를 방해했던 암몬족이다. 이스라엘이 이 지역의 강자로 등장할까 우려하여 사마리아의 산발랏과 협조하여 예루살렘 성을 건설하는 일을 저지했지만, 느헤미야가 동원령을 내려 52일 만에 성을 재건하여 그의 기도를 무산시켰다. 637년에 무슬림이 이 지역을 정복한 후 오랜 아랍화 과정을 거치면서 그 인종적 실체를 상실하였기 때문에 지금의 요르단인이 과연 역사적으로 암몬족의 후손이냐는 것에 대해서는 의문점이 많다. 모세의 예언과 같이 에돔족은 이스라엘 총회에 다시 참가하였으나, 암몬족은 모압족과 함께 느부갓네살에 의해 멸망한 후 역사 속으로 사라졌다.

모세가 약속의 땅을 바라보고(신 34:1) 죽은 느보 산이 정확하게 어느 산인지 알 수 없으나, 메다바에서 7km 떨어진 곳으로 추정된다. 느보 산은 해발 835m로 요르단 고원에 높이 솟아 있고 가나안 땅을 한눈에 볼 수 있는데, 서쪽으로 요단 계곡 쪽을 내려다보면 사해와 여리고가 가까이 보이며, 맑은 날씨에는 베들레헴, 심지어 헤로디움과 예루살렘과 감람 산까지 맨눈으로 볼 수 있다. 느보 산은 아랍어로는 시야가로 비잔틴 시대에 요새화된 무카야트를 '느보'라고 부른 기록도 있지만, 4세기에 모세를 기억하며 교회가 세워지게 되었다.

암만은 모세 5경을 남긴 모세가 죽은 느보 산에서 가까운 곳이기에 성지로 아주 중요한 장소이다. 요르단을 갈 때마다 모세를 기억하는 일은 중요하다. 느보 산에서 모압 평지를 내려다볼 때, 눈앞에 펼쳐진 가나안 땅에 들어가지 못하고 눈을 감은 모세를 신명기 34장은 그가 죽을 때 "눈이 흐리지 아니하였고 기력이 쇠하지 아니하였더라"라고 하였으니, 그의 마음이 어떠했을까? 그런데 그가 묻힌 곳이 어딘지 아직 모르고, 또 모세 5경을 번역한 필라델포스가 세운 암몬 성이 이슬람이 극성을 부리는 곳이 되었으니 모세는 죽어서도 마음이 편치 않을 것이다.

5. 요단 강 동쪽, 길르앗 산지, 야셀, 요단 강
모압 평지 서쪽 요단 강이 흐르는 곳에 있는 예수의 세례 터

세례 요한이 설교하고 세례를 준 유적지가 1996년 이래 요단 강가의 건천인 와디를 따라 발굴되었다. 성경의 증거, 물론 비잔틴과 중세 작가들의 증언, 동방정교회의 지역 전승, 최근의 발굴 결과 등은 세례 요한의 사역과 예수께서 세례를 받은 장소가 요단 강, 즉 현재 요르단 왕국에 속한 요단 강 인근에 있음을 알려 준다. 요한복음 1 : 28의 '요단 강 건너편'은 강의 동쪽을 말한다. 요한복음 10 : 40의 '요단 강 저편'이라는 말과 요한이 처음으로 세례를 베풀었던 곳도 모압 평지의 서쪽 끝 곧 성경상의 요단 강 동쪽이다.

세례 요한이 최후를 보낸 마케루스(현 무카위르)는 메드바에서 왕의 대로를 따라 남쪽으로 45km 떨어진 리브(모세가 시혼 왕의 군대를 격파했던 성경 상의 야하스)에서 사해 쪽으로 꺾어 20km 가면 나온다. 마케루스의 산 정상에 헤롯의 여름 궁전이 있고, 그곳 동굴 감옥은 세례 요한이 갇혀 있다가 참수당한 사건으로 인해서 너무나도 유명한 곳이다.

길르앗은 아모리족이 모세에 의해 정복되어 므낫세의 장남 마길의 후손에게 기업으로 주어진 곳이다. 요단 강 인근의 이 지역은 그리스와 로마의 우상을 받아들인 지역이기 때문에 유대인이 겪었던 혹독한 박해를 받지 않고 평화와 번영을 누린 곳이다. 유적지 내의 박물관은 규모가 작지만, 석기 시대 이래로 헬레니즘, 로마, 비잔틴 시대 등을 거치면서 우마이야와 오스만 투르크의 이슬람 유물까지도 갖추고 있어 중근동 문명사를 한눈에 볼 수 있다. 이 도시는 페르시아군이 고토 회복을 기다리던 유대인의 지원을 받아 이 지역을 위협하면서 로마의 동부 국경지대로 변화했고, 카라반 무역이 쇠퇴하여 퇴락의 길로 들어섰다가 칭기즈칸이 이끈 몽골 군대에 의해 유린당하면서 오늘날까지 완전히 폐허로 버려져 있다.

엘리야의 고향은 디셉이요, 엘리사의 고향은 아벨므홀라이고, 마하나임은 야곱이 하나님의 사자를 만난 곳이며 다윗과 압살롬 부자간의 싸움에서 압살롬이 상수리나무에 걸려 죽은 곳이다. 이들 성경의 지역은 모두 길르앗 산지에 자리 잡고 있다. 길르앗은 얍복 강에서 야르묵 강 사이의 산지를 말하고, 예로부터 이곳에는 대부분 건강하게 삶을 영위하기에 의사가 필요 없을 정도로(창 37 : 25) 각종 향료와 약재가 풍부하게(렘 8 : 22) 나는 것으로 알려져 있다.

살트는 암만에서 요단 계곡 평야의 데이르 알라 인근 약 30km 떨어진 발카 지방의 도청 소재지로, 갓 지파의 기업인 성경 상의 야셀이다. 야셀은 메드바와 헤스본과 함께 모압왕국의 영지지만, 아모리족의 시혼 왕이 차지하던 것을 모세가 정복한 후에, 여호수아는 요르단 산악지대인 야셀에서 마하나임까지를, 요단 계곡인 모압과의 경계인 베트님라에서 갈릴리 호수 끝까지를 갓 지파에게 기업으로 배정했다. 다윗이 야셀에서 2천 7백 명의 뛰어난 능력을 가진 자들을 뽑아 요단 강 동편의 르우벤과 므낫세 지파를 다스리게(대상 26:31-32) 한 곳이다. 야셀은 구약시대에 요단 동편의 지배 가문이 살았던 행정구역이었으며, 신약시대에 헤로데 안티파스가 베레아 지방의 행정수도로 삼고 오스만 투르크 치하에서 요단 강 동쪽의 첫째 도시의 지위를 누렸다.

요단 강의 서쪽 평야는 여리고 평야이고, 동쪽 평야는 모압 평야이다. 그 평야 너머 서쪽으로는 유대 광야의 높은 산맥들이 가로막고, 높은 요단 강 동쪽의 산맥들이 가로막고 있다. 이스라엘 건국 초기 운동인 키부츠에서 보는 것처럼 이스라엘은 일찍부터 과학 영농에 눈을 뜨고 기술이 훨씬 앞섰던 까닭에 요단 강물을 독점하다시피 이용해 왔다. 이러한 사정으로 요르단은 야르묵 강에서 물을 끌어다 사해 주변까지 70km의 운하를 건설하여 요단 계곡 평야에 농업용수를 공급하고 있다.

제라시는 1878년 오스만제국 아래에서 코카서스 산맥 주위에 살던 코카서스인이 이주해 와서 오늘의 모습을 갖추게 된다. 일찍 이주민이 살았던 전통 때문인지 제라시 인근 요르단에서 가장 큰 팔레스타인 난민촌을 중심으로 기독교 사역과 교회 공동체가 뿌리를 내리고, 현재는 시리아 국경에서 난민 사역으로 지역을 옮겨서 선교가 이어진다.

요르단 선교는 간단하지 않기에 쉬운 것이 하나도 없다. 아랍공화국이란 특수한 환경에서 이슬람이 문화와 정치를 1,500년 동안 장악하고 있는 현실에서 요르단 선교의 가장 강력한 무기는 기도이다. 라마단 절기의 마지막 날이 기도의 날이기도 하다. 이때 무슬림에게 성령께서 임재하여 인터넷과 스마트폰으로 복음서를 읽도록 영감을 주심으로 오랜 저주의 사슬을 끊고 기독교인으로 개종하는 놀라운 역사가 실제로 일어나고 있다. 기도와 성령의 능력만이 요르단에 굳게 닫힌 복음의 문을 열 수 있다.

요르단 쪽 원형이 잘 보존된 예수의 세례 터가 한산한 것과는 달리 건너편 이스라엘 쪽에 꾸며진 관광지에는 인파가 많다.

6. 요단 강 계곡의 평야지대와 펠라 유적지
공생애 말기에 예수께서 하신 예언이 이루어진 곳

요단 평야는 지리학적으로 아시아 지각판과 아프리카 지각판이 접하여 생긴 대지구대 가운데로 흐르는 요단 강은 계곡 평야를 동서로 가르며 북쪽의 갈릴리 호수에서 남쪽 사해로 흐르는데, 길이는 104km에 불과하나 이 요단 강 연안은 구약성경의 많은 부분에서 중요한 지역이다.

요단 평야는 이스라엘의 벧산과 요르단의 펠라에서부터 점차 동서의 폭이 넓어지기 시작하여 무려 20km에 달하며, 남으로 내려오면서 완만한 경사를 이루다 사해 부근에서는 세계에서 가장 낮은 바다 수면보다 400m 아래로까지 내려간다. 이러한 지형 조건으로 아열대성 기후와 일조량이 풍부하고 강우량이 연간 380mm에 이른다. 와디에서 계곡의 평야로 흘러드는 수량도 풍부하여 여리고의 고고학적 발굴이 보여 주는 것처럼, 선사시대 이래로 인류의 가장 오랜 정착 영농이 이루어졌던 곳이다. 오늘날에도 연간 3모작의 영농이 가능하여 향후 국가적 관개사업이 완성되는 날에는 이곳 평야가 350만의 인구가 모이는 요르단 왕국의 곡창지대의 역할을 감당하게 될 것으로 기대된다.

얍복 강이 요단 평야로 흘러드는 하구인 데이르 알라에 들어서면 길가에 높이 200m의 텔이 있는데, 네덜란드의 라이덴 대학의 고고학적 발굴에 의해 성경상의 숙곳(Succoth)으로 판명되었다. 철기시대에는 텔 위에 신전이 세워졌으며, 실로 짠 옷감을 사용하고 흙벽돌로 집을 짓고 무늬를 넣은 토기를 사용했다. 쿠프르는 유대인 마을을, 데이르는 기독교인 마을을, 베트는 무슬림 마을을 지칭하는데, 데이르가 붙여진 것으로 보아 숙곳이라는 유대인의 마을이 후에 데이르 알라라는 기독교인의 마을로 바뀌었음을 알 수 있다. 브누엘은 데이르 알라에서 약 7km 정도 강이 S자형으로 흐르는 곳에 100m 정도 높이의 동산과 그보다 조금 더 높은 서산인 브누엘이 있는데, 야곱이 하나님과 씨름한 후에 북이스라엘은 요단 강 동쪽의 정치적 중심지가 된다. 기원전 924년 이집트의 파라오 시삭(Shishak)이 이스라엘에 원정하자 이스라엘 왕 여로보암은 수도를 세겜에서 브누엘로 이전한 바 있다.

66년 유대 반란이 일어나 로마군의 토벌 작전이 시작되었을 때 예수께서 하신 예언(눅 21 : 20-24)에 따라 예루살렘에 살던 기독교인이 피난했다고 전해진 펠라는 셀루시드 왕조의 안티오쿠스 3세가 시리아와 팔레스타인을 정복한 후 적극적인 헬라화 정책을 펴서 화려한 헬라 도시를 건설하고, 헬라화를 정착시켜 자치도시로 역사상에 등장하게 된다. 예루살렘의 기독교인은 왜 요단 강을 건너 이곳 펠라로 피난한 것일까?

펠라가 1세기 전후로 절정기에 달한 데가볼리의 첫째 도시였다는 기록에 의하면, 펠라는 데가볼리 자치도시 중에서 정치적으로나 경제적으로 중심 역할을 했다. 기독교 초기시대부터 유대교를 추종하던 이단인 에비온파뿐만 아니라 나자린파가 거주했다는 기록으로 보아, 60년대에 이미 기독교인이 살고 있었던 이곳은 데가볼리에서 예루살렘과 가까운 거리로 기독교인이 피난하기에 적합했을 것이다. 예루살렘의 기독교인과 유대인이 인종적으로는 같은 유대인이나 유대인으로부터 박해를 받았다는 점에서 하스몬 왕조하에서 박해를 받았던 이곳 주민은 기독교인에 대해 동병상련의 상황에 있었다.

예루살렘의 기독교인은 예수께서 예언하신 대로 멸망의 징조가 나타나자 이곳으로 피난하여 유대인에게 내려진 하나님의 엄한 심판에서 벗어나게 된다. 이로 보면 유대의 초기 기독교인은 스데반의 순교 때 즈음하여 처음 큰 박해가 일어난 것을 계기로 흩어진 데 이어 1차 유대 반란을 계기로 다시 펠라를 비롯한 이웃 지역으로 흩어지게 되었다. 그러나 펠라는 중요한 기독교의 유적지임에도, 아직도 재건되지 못하고 그냥 폐허로 버려져 있다.

펠라는 예수께서 하신 예언을 상기시킨다. 말세의 징조가 나타나면 믿는 자들이 박해를 피해 흩어지는 일이 일어나는데, 이런 극단적인 상황이 복음 전도의 문을 새로운 지역으로 열어 놓는다. 지금 요르단에 복음의 문이 굳게 닫혀 있지만, 하나님의 섭리 가운데 놀라운 구원의 문이 새롭게 준비되고 있다. 이 일을 위해 교회는 항상 깨어서 기도하고, 이슬람권에 구름 떼와 같이 많은 선교사가 헌신하여 사역하는 날이 오기를 준비해야 한다. 아브라함이 갈 바를 알지 못하고 하나님의 인도를 따라 고향을 떠난 것처럼, 독자 중에 단 한 사람이라도 주님의 음성을 듣고 요르단으로 가서 복음

전도에 헌신할 수 있기를 바란다. 앗시리아가 이스라엘을 침공할 때 남은 자가 펠라 지역을 거쳐 암몬 성에 도착하여 뿌리를 내린 흔적을 기억하라. 하나님께서는 지금도 당신을 통하여 위대한 일을 계획하신다.

암몬 성에서 발굴된 기원전 8세기의 유물은 앗시리아가 이스라엘을 침공할 때의 것으로, 구약성경과 연결되는 아주 소중한 유물이다.

7. 에돔 땅인 페트라는 나바티안의 유적지
아카바만에서 와디럼을 잇는 곳으로, 오바댜의 예언대로 멸망한 곳

에돔은 이삭의 장자요, 야곱의 형인 에서의 후손이 살았던 곳이다. 에서는 장자권을 빼앗긴 후 헤브론을 떠나 요르단 남부 세일 산으로 이주했으며, 그 후손이 가문을 일으켜 모세의 출이집트 당시에는 지금의 페트라 유적지가 있던 세일 산의 셀라에 수도를 두고, 와디 하사(옛 세렛 강)에서 아카

바 만에 이르는 지역을 지배하고 있었다. 마침 모세가 이스라엘 자손의 출애굽을 이끌어 가나안 땅으로 돌아갈 때 이곳 에돔 땅에 이른다. 초기 구약 시대의 에돔 족속이 살았던 세일 산, 그리고 한때 그들이 수도로 삼았던 셀라, 에돔 족속이 이스라엘 남부지방으로 대량 이주한 뒤 계승하여 왕국을 세우고 한때 다메섹까지 지배했던 나바테아인의 수도가 "백 투 더 퓨처"라는 영화로도 제작되어 유명한 관광지가 된 페트라이다.

오바댜의 예언대로 멸망한 페트라는 아라비아에서 베이다, 아라바 계곡을 건너 에서의 본고향 헤브론을 거쳐 가자항에 이르는 트랜스 아라비아 길인 아카바에서 다메섹으로 올라가는 왕의 대로와 교차하는 길목이다. 양대 무역로가 교차하는 이곳은 국제무역의 중계지로 경제적 번영을 누리고, 대상들이 이끄는 말, 낙타와 같은 짐승들이 쉬는 오아시스의 역할을 하였다. 아라바 계곡 동편의 광산에서 구리를 캐는 기술을 호리족에게서 물려받은 까닭에 대상들에게 통관세를 징수하는 일 외에도 구리를 판매해 일찍부터 부를 축적하여 이스라엘 자손이 유목민으로 광야를 떠돌 때 이들은 이미 부강한 왕국을 유지했지만, 모세가 무리를 끌고 왕의 대로를 통과시켜 주도록 요청했을 때 이를 거부하고 왕이 백성을 끌고 나와 국경 통과를 저지하였다. 그들은 조상 에서가 야곱에게 장자권을 빼앗겨 아브라함과 이삭의 정통을 잇지 못하게 된 것에 대한 한이 맺혀 있었기 때문이다.

반면 이스라엘 자손은 이들의 비협조로 에돔왕국 주변 광야를 헤매며 38년 동안 온갖 고난을 겪어야 했던 까닭에 가나안 땅에 나라를 세운 후 에돔족에 대해 끊임없는 정복전쟁과 적대행위를 하게 된다. 다윗은 통일왕국을 건설할 때 에돔족을 정벌하여 그 족속의 2/3에 해당하는 1만 8천 명을 죽이고 나머지는 노예로 삼다시피 했으며, 솔로몬은 파이난이나 에시온 게벨/에일랏 유적에서 볼 수 있는 바와 같이 와디 아라바에 매장된 풍부한 구리광을 에돔족의 강제 노동으로 채광하여 부국강병을 꾀했다.

아카바는 현재 이스라엘의 휴양도시이자 항구도시인 에일랏의 요르단 쪽 항구로, 이집트의 누웨이바 항구에서 고속 페리를 타고 홍해를 거슬러 올라가면 약 2시간 정도 걸리는 곳에 있다. 이 항구의 동남쪽으로 반도가 해안을 이루고, 남쪽으로는 미디안 땅(아라비아 사막)이 뻗어 있다. 얌수프(홍해, '갈대바다')라는 용어는 나일 강 삼각주의 호수 중 하나, 혹은 수에즈 만과 아카바 만, 심지어는 홍해 전체를 가리킬 수도 있다. 성경의 기록에 따르면, 에시온 게벨/에일랏은 출애굽 여정에서 이스라엘 백성이 두 번에 걸쳐 진을 쳤던 지역(민 33:34-35, 신 2:8)이며, 솔로몬 때는 인근에 구리 광산이 있었고, 항구는 국제 무역항으로 발전하였다(왕상 9:26; 대하 8:17). 이 도시는 주전 10세기 말엽부터 군사기지로 사용되었는데, 이집트의 시삭 왕에 의해 파괴되었다가 아사 왕 때 에돔을 점령하면서 유다 땅으로 회복되어 여호사밧 왕이 다시 복구하여 해상 무역을 재개하였으며(왕상 22:48), 주전 6세기까지 홍해를 통한 해상 무역의 중심지로 그 전성기를 이루었다.

신약시대에 헤롯 왕조는 에돔족의 헤롯 가문이 세운 왕조이다. 유대인이 바벨론에 포로로 잡혀간 이후 에돔족은 기업이었던 세일 산을 떠나 점차 유다왕국의 헤브론 남쪽으로 이동하여 이곳을 이두메로 부른다. 헤롯 왕조에 앞선 하스모니아 왕조 때 이미 에돔족의 본고장인 세일 산에는 아랍계의 나바테아인의 왕국이 확고하게 자리 잡고 있었다. 에돔족이 모두 세일 산을 떠난 것이 아니었고, 이두메와 나바타는 국경을 접하며 인종적으로나 문화적으로 밀접한 교류가 있었다. 이두메 출신인 헤롯은 유대인이 아니기에 이방인의 열등감 속에서 로마 황제의 후원을 계속 유지하기 위해 엄청난 건축물을 만들어 황제에게 헌정하고, 그 대가로 유대 왕의 지위를 공고히 하려 하였다. 그러나 마침내 그의 권좌는 무너지고 출신지인 이두메는 폐허로 가득하게 되었다. 나바테아인이 하늘 높은 줄 모르고 쌓아 올린 부귀영화도 오바댜의 예언대로 페트라에 남겨진 찬란한 유적지 뒤로 자취를 감추었다.

　인생은 허망하다. 죽으면 모든 것이 물거품으로 사라지는데, 마지막까지 재물을 놓지 못해서 야단법석이다. 주머니에 돈이 있을 때 이슬람의 횡포에도 굴하지 않고 꿋꿋하게 맨주먹으로 요르단에서 빈민 사역과 난민 사역에 헌신하는 선교사들을 후원하면 어떨까?

페트라는 에돔의 후예들이 높은 곳에 거주하며 하늘 높은 줄 모르고 교만했던 것을 일깨운 오바댜 선지자의 예언을 상기시키는 나바테아인의 원래 거주지였다.

8. 중동 선교의 거점 지역인 요르단
하나님의 도우심이 절실했던 출애굽한 백성이 지냈던 광야

　출애굽기에서 신명기까지의 구절을 종합해 보면 모세는 시나이 반도의 가데스 바네아에서 약 2년을 보낸 후 아라바 계곡을 건너 호르 산에 도착해 형 아론을 묻었다. 에돔 왕이 왕의 대로로 가는 길을 거부하자, 모세는 홍해 길로 돌아서 아카바 곁을 지나 에돔 땅을 둘러 모압 앞 해 돋는 편 광야에서 진을 쳤다. 이스라엘 백성이 세렛 골짜기를 건널 때는 가데스 바네아에서 진을 친 지 38년이 지났다. 이를 보아 이스라엘의 자손은 38년간 세렛 강 남쪽의 광야에서 지낸 것이 되는데, 그러면 그 광야는 어느 지역을 말하는가? 아라바 계곡과 네게브 사막인가? 룸 계곡과 카락 동편의 요르단 사막지대인가? 성경을 보면 모세가 이끈 이스라엘 백성은 호르 산에서 홍해 길을 따라 아카바로 갔다가 에돔 땅을 둘러 갔다고 했지 다시 홍해 길로 되돌아왔다는 기록은 없다. 여기서 놋뱀 사건은 중요한 단서가 된다. 즉, 구리가 나고 대장간이 있는 곳이 바로 호르 산 인근 엘롯 지역이다.

'모압 앞 해 돋는 편 광야'라는 표현은 모압왕국의 동쪽 요르단 광야를 가리킨다. 당시 이스라엘은 2백만 이상의 대규모 숫자였다. 최소한의 생존 수단이 확보되어야 한다. 그렇다면 동부의 요르단 광야밖에 없다. 이 광야에서는 간혹 샘물이 나는 오아시스 마을이 나타난다. 성경기록이나 고고학적 발굴에 의하면 이 지역은 당시 에돔족이나 모압족 혹은 암몬족이 살지 않았으며, 이스라엘의 2백만이 이들과 충돌하지 않고도 38년간 살기에 충분한 공간이 될 수 있었다. 이스라엘 자손들이 세렛 골짜기에 닿기까지 38년간을 지낸 광야는 네게브 사막의 신 광야도, 아라바 계곡의 사막지대도 아닌 지금의 와디 하사 이남의 비교적 오아시스가 많이 산재해 있는 마안 지역과 와디럼 사막지대일 가능성이 크다.

우리는 아브라함을 통해서 무슬림을 향한 선교사역의 자세를 배울 수 있어야 한다. 이스마엘을 얻은 하갈은 사라를 멸시하였고(창 16 : 4), 사라가 약속의 자녀 이삭을 얻었을 때 이스마엘은 이삭을 희롱하였다(창 21 : 9). 이로 인해 아브라함의 가정에 불화가 생기자 하나님은 평화롭게 살도록 여종과 이스마엘을 내쫓으셨다. 아브라함으로부터 버림받았던 이스마엘은 장성하여 광야에서 거하며 활 쏘는 자가 되었다(창 21 : 20).

　이 사건은 수천 년 이후 중동지역에서 엄청난 민족 간의 갈등 요인으로 작용하게 된다. 무슬림과 유대인 사이의 정치·군사적인 투쟁과 무슬림과 기독교인 사이의 종교적인 갈등이 바로 그것이다. 아브라함은 조카 롯과의 문제가 생겼을 때도 서로 재산 때문에 싸우지 않기 위해 조카에게 먼저 좋은 땅을 택하라고 양보할 정도로 평화를 사랑하는 자였다.

　아브라함은 하나님의 약속에 대한 믿음으로 의롭게 된다는 것을 보여 주었다. 예수께서 이 땅에 오셔서 인류의 죄를 위해 십자가에서 보혈을 흘려 죗값을 치르셨을 때 죄로 인해 생긴 모든 적개심이 사라지고 모든 민족이 서로 화평을 누리게 된 것이다. 아들 이삭을 번제로 드리라고 했을 때 아브라함은 하나님의 아픈 마음을 경험한 사람이었다. 하나님께서 독자 이삭 대신 어린 양을 준비하셨다는 것을 알았을 때 그는 얼마나 기뻐했을까? 모든 민족이 하나님께서 준비하신 어린 양의 피로 죽음에서 구원받고 서로 화평을 누리며 살 것을 믿음으로 바라보며 그는 진정 기뻐했을 것이다.

　무슬림에게 있어서 구원의 장애물처럼 그들의 영혼을 덮고 있는 수많은 수건이 예수 그리스도의 보혈과 성령이 주시는 사랑과 진리 안에서 완전히 벗겨져야 진정한 구원과 회복의 역사가 이슬람권에서 이루어질 것이다. 이것은 온전히 기독교인의 자세와 삶에 달린 것이지, 이슬람에 무력으로 응징하거나 정치적 타협과 설득으로 이루어지는 것이 아니다.

　모세가 이스라엘 백성을 이끌고 무려 38년 동안이나 머물던 요르단 땅은 광야의 영성이 아직도 생생하게 미치는 곳이다. 신명기 8장의 말씀처럼 광야는 하나님의 도우심 없이는 살 수 없는 곳이다. 예수께서도 시험산에서 40일 동안 밤낮으로 금식하시며 기도하신 후에 마귀의 시험을 신명기의 말씀으로 물리치셨다. 마귀를 이기는 능력은 하나님의 말씀밖에 없다. 무슬림의 마음과 영혼을 울리는 하나님의 말씀을 전하기 위해서 우리는 하나님께 간절히 기도할 뿐, 지금으로서는 우리가 할 수 있는 일이 많이 없다. 요르단 국경지대에서 펼쳐지는 난민 캠프 사역을 통해 작은 희망을 무슬림에게 보내고 있지만, 하나님께서 요르단을 구원하실 숨겨진 놀라운 역사는 따로 준비되어 있을 것이다.

요르단의 광야는 사람이든 짐승이든 생존하기 힘든 곳이지만, 이런 척박한 와디럼 아래에 엄청난 물이 저장되어 있어 원주민들이 물을 쉽게 구한다는 사실이 놀랍다.

9. 요르단을 통해 본 이슬람선교의 전망
왜 무슬림이 복음을 받아들이나?

이제 요르단의 이슬람교는 우리가 무시해 버릴 수 있는 저편에 있는 동방의 종교만은 아니다. 요르단의 무슬림에 대한 편견을 버려야 한다.

사도 바울은 율법에 갇혀 복음에 마음의 문을 닫은 유대인이 구원받기 위해서는 얼굴에서 수건이 벗겨져야 한다고 말하고 있다(고후 3 : 14-18). 이 수건은 율법으로 굳어진 완고한 마음이다. 이 수건이 동일하게 무슬림에게도 존재하고 있기에 예수 그리스도 안에서 벗겨져야 한다. 무슬림이 기독교에 대해 완고해진 이유는 히브리서의 '쓴 뿌리'라는 표현에서 찾아볼 수 있다(히 12 : 15). 바로 거절감이다. 이슬람교는 아브라함의 거절, 유대인의 거절, 기독교인의 거절 등으로 이어지면서 오늘날까지 저주 아래 있다. 이 거절감은 이들의 마음을 상하게 하였고, 상한 마음속에서 쓴 뿌리가 자라게 하였으며, 그 속에서 모든 악한 영들이 일하게 만들어 주었다. 무슬림의 이 수건들이 벗겨지게 하는 데는 무슬림을 향한 기독교인의 사랑과 기도, 그리고 성령의 능력 외에 다른 방법은 없다.

지금까지 이슬람권 선교사역이 너무 힘들고 열매도 없고 복음전도의 문이 열리지 않을 것으로 생각해 왔다면, 이제 그 생각이 잘못되었다는 것을 인정하면서 새로운 이슬람권 선교사역을 모색해야 할 것이다. 진정으로 닫혀 있는 것은 이슬람의 문이 아니라 바로 기독교인의 사랑의 문이라는 것을 자각하고 변화를 추구해야 한다.

매년 기독교인의 증가 수가 무슬림의 증가 수보다 높고, 그중 기독교 신자의 증가 수가 가장 높다는 조사결과가 발표되어 주목된다.

풀러의 상호문화연구(Intercultural Studies)에 의해 "왜 무슬림이 복음을 받아들이나?"라는 주제로 열린 조사가 이슬람 주요 국가 30개국과 50여 인종 가운데 개종한 무슬림 750명을 대상으로 진행된 적이 있다. 무슬림이 기독교로 개종한 이유는 크게 3가지로 나뉘는데, 가장 많은 응답자가 "기독교의 삶과 그들의 교리가 일치하는 것을 보았기 때문"이라고 답했다. 두 번째로는 "하나님의 능력"이 꼽혔다. 기도 응답이나 치유를 통해 드러나는 하나님의 초자연적 개입이 무슬림을 변화시키는 주원인인 것으로 드러났다. 세 번째로는 "꾸란의 교리에 대한 불만족"이다. 기독교로 개종한 한 무슬림은 "하나님의 사랑보다 심판을 강조하며, 이슬람법을 강요하기 위한 수단으로 폭력조차 마다하지 않는 꾸란의 교리 아래서는 행복을 누릴 수 없었다."고 말했다.

　이런 각성과 움직임은 현재 무슬림 사이에서 활발히 일어나고 있다. 이란은 1979년 호이메니 혁명 이후 복음에 관심을 두게 되었으며, 파키스탄의 경우 대통령이 이슬람법인 샤리아를 국가 법률로 제정하려는 조짐을 보이던 시기에 이슬람으로부터 기독교로의 개종이 오히려 늘기 시작했다. 아프간은 탈레반 무장세력 지배 시기(1994-2001)에 개방적 성향이 늘었다. 한 가지 주목할 점은 기독교로 개종한 무슬림 4명 중 1명 이상(27%)이 꿈과 환상을 보았다고 전한다는 것이다. 이들 중 40%는 개종 시기에 맞춰 환상이나 꿈을 꿨으며, 다른 45%는 개종 후 환상이나 꿈을 꿨다고 말했다.

　한국교회는 기독교의 복음을 올바르게 전하면서도, 21세기 문명과 타문화를 인정하는 사역을 해야 한다. 배타적이고 독선적인 태도는 타 문화 현장에서 더는 용납되지 않는다. 21세기 선교는 있는 그대로 살 수 있는 관계를 창조하는 방식이다. 그들이 사는 방식에서 관계를 형성하며 복음을 전하는 태도가 필요하다. 선교는 이상이 아니라 현실이어야 한다. 대부분의 이슬람 세계에서는 기독교 선교가 불법이다. 이런 곳에 교회를 세울 수 없다. 그러나 복음전도나 성경을 말하지 않아도 어려운 이웃을 말없이 도우면, 자연스럽게 교회는 세워지게 된다. 이슬람 지역에서는 눈에 띄는 행동과 의복을 입지 말고 겸손히 행동해야 한다. 이미 세계는 다원화되었다. 다원화된 세계에서 단원적 사고를 버리고 다원화된 문화에 대한 이해를 통해 새로운 선교적 접근방법이 시도되어야 한다. 그렇다고 기독교의 특수성을 포기하라는 말이 아니다. 바울의 고백처럼 유대인을 얻기 위해 유대인처럼, 이방인을 얻기 위해 이방인처럼 되어야 한다는 말을 깊이 새겨야 한다.

　다음의 기도 제목은 요르단 현지 선교사들이 보내 온 기도요청서이다.

이 기도에 동참하게 될 때 마침내 요르단에도 복음의 문이 활짝 열리게 될 것이다.

- 이슬람 극단주의가 자라나는 가운데서도 종교적 자유가 남아 있게 되도록
- 방송 선교에서 장기적 열매가 맺히도록
- 비자가 연장되어 교회에서 재정뿐 아니라 기도로 그들을 도울 수 있도록
- 선교사들이 겸손과 하나님의 기름 부음으로 섬겨, 하나님께서 건강하고 안전하며 강하게 지켜 주시도록
- 하나님께서 무슬림 앞에 예수님을 드러내서 그들이 복음을 깨닫도록(고전 2:4-5)
- 하나님께서 잃어버린 양인 무슬림에 대한 사랑을 베푸시길!

암몬 성에서 발굴된 물고기 화석은 태고에 이곳이 바다였다는 사실을 보여 준다. 지금은 이슬람이 90% 이상을 차지하지만 언젠가는 복음의 물결이 가득한 날이 올 것이다.

3부

이스라엘 I
Israel

3부
이스라엘 I

♦

1. 중동의 화약고인 이스라엘의 신구약성지
요르단, 튀르키예, 이라크 등과 함께 중동선교에서 핵심적인 나라

지구상 최대 화약고인 이스라엘(ישראל)에 관한 연구를 통해 신구약의 성지를 둘러보면서 이슬람 선교 전략을 제안하고자 한다. 물론 이스라엘에 관한 연구이기에 자연스럽게 유대인 선교와 이방인 선교의 전략도 언급할 것이다. 2020년 9월 15일 백악관에서 이스라엘의 네타냐후와 미국의 트럼프 사이에서 '아브라함 협정'이 체결된 이후, 2021년 1월 20일에 임기를 시작한 바이든 행정부도 예외적으로 아브라함 협정을 계승하기로 했다.

이스라엘과 중동국가 중에서 친미 성향이 강한 요르단이 하늘을 개방하는 항공 협정에 서명한 후에 아랍에미리트(UAE)에서 바레인과 모로코까지 비행이 허용된 것이다. 이제 걸프 지역 국가와 아시아, 유럽, 아프리카, 북미 지역까지 비행시간이 대폭 감축되어 연료 낭비와 공해를 줄일 수 있게 된 것이다. 이 일로 유럽의 항공 교통 통제 기관인 유로컨트롤(Eurocontrol)이 가장 큰 수혜자가 되었다. 앞으로 친미 성향이 강한 사우디아라비아와 이

스라엘 간의 국교 정상화도 이루어질 것이다. 이런 희망적인 뉴스는 향후 이스라엘 성지답사를 쉽게 하는 계기가 될 것이며, 코로나19가 극복되면 이스라엘 여행이 훨씬 수월해질 전망이다.

이스라엘과 메시야의 상징인 올리브나무

　　이스라엘의 상징인 감람나무 올리브는 이새의 줄기에서 메시야로 오시는 예수말씀복음서 Q(Q는 독일어 'Quelle'의 첫 글자로, 마태복음과 누가복음의 공통 자료인 예수 말씀을 뜻한다.)에 유일하게 등장하는 단어인 '나자라' 예수를 의미한다. 이스라엘은 중동 서쪽의 지중해 연안의 국가로 아시아 서단부에 위치한다. 이스라엘과 인접한 나라로는 요르단, 팔레스타인, 이집트, 레바논, 시리아 등이 있다. 국토(20,770㎢)는 우리나라의 호남권 전체 면적 수준이다. 인구는 약 920만 명으로 서울보다 적고, 팔레스타인 인구까지 포함하면 1,400만 명이다.

이스라엘은 '하나님과 겨루어 이김'(창 32 : 28)이라는 뜻이지만, 이 세상에서 하나님과 겨루어 이길 자는 없다. 인터넷상에 재미있는 정보가 있다. 이스라엘을 히브리어로 분해하면, 이스라 + 엘에서 '이스라'는 '주도하다, 이기다, 다스리다'를 뜻하는 히브리어 '사라'의 3인칭 평서형 또는 기원형이다. '엘'은 하나님의 이름이다. 둘을 합치면, '하나님이 주도하다, 하나님이 이기다, 하나님이 다스리다'가 되고, 또한 '하나님이 주도하기를, 이기기를, 다스리기를'이 된다.

이스라엘의 대지구대인 요단 계곡(Jordan Rift)은 헤르몬 산에서 홍해까지 483km의 대협곡인 단층지대이다. 폭이 16km 가량 되는 넓고 깊은 계곡으로, 그 중간에 있는 사해는 해수면 -400m라 내륙에서 가장 낮은 지점이다. 대지구대의 양쪽 산들은 경사가 급하며, 900m까지 솟아 요단 계곡을 중심으로 요단 서쪽과 요단 동쪽(요단 건너편)으로 구분된다.

요단 골짜기(Jordan Valley)는 갈릴리 호수와 사해 사이의 약 110km이고, 폭은 평균 16km이다. 요단 골짜기는 산 사이의 요단 평야를 말하는데, V자형 계곡이 아닌 평평한 땅이다. 요단 강은 요단 골짜기의 중앙을 구불구불 흐르는 사행천으로 320km의 길이지만, 얕아서 배가 다닐 수 없다. 요단 강의 지류로 동쪽에 요르단의 야르묵 강과 얍복 강이 있고, 우기에만 서쪽에서 흐르는 와디 하롯과 디르자가 있다.

요단 계곡 이스라엘의 최남단인 에일랏 만까지의 협곡을 아라바라고 부르는데, 길이는 184km이다. 아라바는 사막이지만 오아시스가 나타나기도 한다. 출이집트한 이스라엘 백성들이 불평하여 불뱀(민 21 : 4-9)에 물린 사건과 레위 욧바다를 지날 때 레위 지파를 구별하여 여호와의 언약궤를 메고 섬기게 한 사건도 있다(신 10 : 7-8). 아라바에는 풍부한 구리 자원이 있어 고대 이집트의 왕들이 팀나에서 구리를 캐내어 가져갔다. 솔로몬도 팀나에서 구리를 채취하였고, 주변 나라와의 무역을 위해 에일랏(에시온 게벨)을 항구로 개발하였는데 아라바의 가장 남쪽에 위치한다. 성경의 요단 골짜기도 아라바이다(삼하 2 : 29, 4 : 7, 왕하 25 : 4).

이스라엘이 아랍에미리트, 바레인, 요르단, 모로코, 사우디아라비아 등과 협정을 맺으면서 그동안 적대적이던 아랍공화국과 가까워져 중동선교의 전망이 점차 밝아지고 있다. 이라크를 다루게 되면, 이라크선교의 교두보를 이란이라고 언급할 수 있다. 그러나 중동지역 전체를 놓고 볼 때 아랍선교의 교두보로 어느 나라가 최적인지 쉽게 판단할 수 없지만, 신구약성경이 기록된 땅인 이스라엘은 앞에서 언급한 이집트, 요르단 등과 함께 중동선교에서 핵심적인 나라이다. 이스라엘과 유대인 선교를 위해 전 세계가 예루살렘의 회복까지 염두에 두고 기도한 덕분에 이스라엘 안에서 복음을 듣는 일이 활발하게 일어나고 있다.

이스라엘 인구 중 현재 아랍인이 21%에 해당하고 2035년에는 23%에 도달할 것으로 보이는데, 이스라엘에서 무슬림은 상당히 소외된 상태이기에 이들에게 관심을 두고 복음을 전하는 일이 시급하다. 지난 23년 동안 김홍근 선교사가 이스라엘에서 아랍인과 유대인을 위한 선교를 하였지만, 인터콥의 공격적인 선교 활동으로 신분이 노출되어 현재는 독일에서 교회 개척과 신학교 사역을 하면서 아랍인과 유대인 선교를 지원하고 있다.

2. 이슬람과 유대인 선교

버려진 사해가 아니라 생명의 바다인 염해

2023년 기준으로 이스라엘의 인구는 9,001,610명이다. 1948년 독립 당시에 전 세계 유대인 1,150만 명 중 6%가 이스라엘 거주한 것에 비하면 아직도 이스라엘의 인구는 미미하다. 이스라엘에 거주하는 무슬림 인구는

20.9%로, 2035년에는 아랍 인구 260만 명(이스라엘 대비 전체 인구의 23%) 중 무슬림 인구가 230만 명이 될 것으로 보인다고 한다. 2035년까지 무슬림의 인구증가율이 유대인보다 높은 수준을 유지하다가 유대인의 인구증가율을 따라잡게 될 것이다. 이스라엘의 종교 분포는 기독교(2.0%), 드루즈교(1.6%), 기타(4.0%) 등이다.

사해는 버려진 바다일까? 사해 혹은 염해(Dead Sea 혹은 Salt Sea)는 창세기 14 : 1~3에서 시날 왕 아므라벨과 엘라살 왕 아리옥과 엘람 왕 그돌라오멜과 고임 왕 디달이 소돔 왕 베라와 고모라 왕 비르사와 아드마 왕 시납과 스보임 왕 세메벨과 벨라 곧 소알 왕과 싸울 때, 이들이 다 싯딤 골짜기 인근에 모인 사건에서 처음 등장한다. 여호수아 3 : 16에 의하면, 법궤를 멘 제사장들이 먼저 요단 강에 발을 담글 때 위에서부터 흘러내리던 물이 그쳐서 사르단에서 멀리 있는 아담 성읍 변두리에 쌓이고 아라바 인근의 염해로 향하여 흘러간 물이 온전히 끊어져 이스라엘 백성이 여리고를 향하여 건넌 곳이다.

사해 해안가의 예술적인 광경

욥의 고향인 동방이 이 지역이기도 하다. 예루살렘에서 동쪽으로 35km를 가면 사해 북단에 도착하며, 감람 산에서 사해가 보인다. 사해 수면은 지중해 해면보다 398m나 낮으며, 지구에서 가장 낮은 지점이다. 깊은 곳의 수심은 수면에서 400m 아래에 있으며, 사해의 길이는 78km, 폭은 18km, 넓이는 1,015㎢다.

일반 바다의 염분 함유율이 4~8%인 데 반해 아랍어에서 롯의 바다라고도 불리는 사해는 28~33%이다. 성경에서는 소금 바다 즉 염해로 언급되며, 동쪽의 바다라 하여 동해 또는 아라바 해로도 불렸다. 생명이 살기에 적합하지 않은 환경인 사해는 염화, 마그네슘, 나트륨, 칼슘, 포타슘, 브로마이드, 깁숨 등의 천연 광물질이 포함되어 있다. 사해는 히브리어로 소금 바다를 뜻하는 얌하멜라흐(יָם הַמֶּלַח)이다. 고대로부터 사람들이 사해 주변의 돌에서 소금을 캐내어 사용했으며, 지금도 베두인들은 원시적인 방법으로 소금을 얻고 있다.

목회자들이 흔히 요단 강물을 받기만 하고 주지 않아서 소화불량에 걸리고 급기야 물이 썩어서 사해가 되었다고 하지만, 물고기만 없을 뿐이지 사해는 생명을 살리는 강이다. 환자들이 찾아와서 치료를 받는 신기한 물이다. 소문대로 사해는 많은 사람이 와서 치유를 받고 새 생명을 얻어 남은 삶을 감사한 마음으로 살아간다. 성지가 주는 축복이 사해에도 넘친다.

버려지고 저주받은 사해가 축복의 바다로 변모한 것은 생명의 기적을 체험할 수 있기 때문이다. 사해 진흙도 치유 효과가 있어서 온몸에 바르고 사해 물로 씻어내면 각종 질병이 치료되는 사례가 많아서 마사지 크림으로 개발될 정도이다. 옛날 봉이 김선달이 대동강 물을 팔았다는 이야기는 사해 물을 팔아 떼돈을 버는 이스라엘에 견줄 만하다.

중동선교는 무에서 유를 창조하는 것과 같다. 사해가 죽은 바다에서 생명의 신비를 품은 장소로 거듭난 것처럼, 분명히 중동선교의 붐이 새롭게 불어올 것이다. 2020년의 통계에 의하면 코로나19로 국제선이 꽉 막힌 상황에서도 국내의 자생적 이슬람이 6천 명을 넘어섰다고 해서 걱정이지만, 반대로 이것은 이들을 역으로 이용해 이슬람선교 전략을 세울 수 있는 기회이다. 2020년은 이슬람이 한반도를 거점으로 세계 이슬람 포교 전략을 세운 해였다. 다행히도 무슬림 인구 유입이 줄어서 무산되었지만, 국내에 거점을 둔 무슬림이 상당수 늘어났다. 이제 이태원과 안산의 거리를 활보하는 무슬림을 이용하는 전도 전략을 세워야 한다.

UN 산하 196개국 중에서 유대인의 회당이 없는 유일한 나라가 우리나라이다. 그만큼 유대인의 진출이 까다로운 나라여서인지 한국에 오는 이스라엘 대사는 장로회신학대학교를 찾아서 성지연구원이 주최하는 강연에 참여하는 것을 좋아한다. 이것도 좋은 기회이다. 코로나19가 안정된 이후에 2023년 11월부터 예수의 행적(Jesus Trail)과 예수 학교(Jesus School) 프로그램이 시작될 예정이다. 장로회신학대학교와 이스라엘의 우호적인 관계는 계속되고 있다. 향후 한국교회와 이스라엘의 상호 협력과 기독교인과 유대인의 좋은 관계를 통하여 이스라엘 땅에 복음이 울려 퍼지기를 기대한다.

3. 이슬람선교는 구원의 희망에서 시작된다
사해와 엔게디에서 체험하는 하나님의 은혜

사해는 연중 고온이 계속되는 곳으로 섭씨 40도는 보통이다. 사해는 갈릴리 호수에서 흘러 내려오는 요단 강과 주위의 와디로부터 매일 평균 500만 톤의 물을 받아들인다. 그러나 사해가 물을 받기만 하지 내주는 곳이 없는데도 물이 넘치지 않고 일정한 수위를 유지하는 이유는, 이 지역의 기온이 워낙 높아서 들어오는 양만큼 물이 계속 증발하기 때문이다. 사해 표면에서 여름날 하루 동안에 증발하는 물의 양은 사해 수면의 두께로 25cm나 된다.

사해의 물은 무기질을 많이 함유하고 있을 뿐만 아니라, 소금 농도가 약 30%(바닷물 농도의 7배)나 되므로 물에 들어가면 가라앉지 않아 순례객마다 수영을 한다. 엄밀하게 말해서 수영이라기보다는 유영이다. 가만히 있어도 몸이 저절로 뜨니 수영을 못해도 걱정할 필요가 없다. 혹시 수영을 하려고 한다면 큰일난다. 물장구를 치거나 잠수를 해도 안 된다. 눈에 소금물이 들어가면 견딜 수 없기 때문이다. 사해에서는 조용히 배영으로 몸의 중심을 잡고 양쪽 손으로 살며시 노를 젓는 방식으로 유영을 즐겨야 한다. 신문이나 책을 읽는 모습으로 기념사진을 찍기도 한다.

사해의 물은 뿌옇고 미끈거리는데, 그릇에 담아 증발시키면 잔유물이 그릇의 1/4을 채울 정도이다. 사해 남쪽이 북쪽보다 그 농도가 짙어서 색이 더 푸르고 코발트와 옥색으로 아름다우며 소금기둥도 볼 수 있다. 사해는 롯의 처가 소돔을 뒤돌아보다가 소금기둥이 되었다는 곳이기도 하다. 소돔과 사해를 뒤로하고 북상하면 엔게디가 나온다.

엔게디(En-Gedi, 염소의 우물)는 사무엘상 23 : 15~29에서 사울이 유다 산지 아래로 갈 때, 다윗과 그의 일행은 사울을 두려워하여 반대쪽으로 급히 피하려 한 곳이다. 사울이 다윗을 에워싸고 죽이려 하였기 때문이다. 이때 다윗이 엔게디 요새에 머물렀다. 엔게디 골짜기는 사해 서쪽 중앙에 있는 유다 광야의 일부로 사시사철 끊이지 않는 생수가 흘러나오는 오아시스가 있으며, 헤브론의 동쪽이다. 다윗의 이야기에서 '엔게디 광야'(삼상 24 : 1)는 유다 또는 에쉬몬 황무지의 가장 황량한 곳이었다. 다윗이 한때 사울을 피하여 숨었던 엔게디는 벧 아라바(수 15 : 61-62)이며, 자신을 죽이려던 사울의 목숨을 오히려 살려 준 곳이기도 하다(삼상 24장).

엔게디는 모압, 암몬, 에돔 등의 왕이 모여 유다를 치다가 패배한 곳이기도 하다(대하 20 : 3). 술람미 사람은 그 애인을 '엔게디의 고벨화'라 하였으며

(아 1 : 14), 에스겔의 환상에서는 엔게디에서 에네글라임까지 생수로 가득한 사해가 넘침으로 그곳에서 어부들이 고기를 잡기 위해 그물을 칠 것이라 하였다(겔 47 : 10). 오늘날에는 아인지디로 불리며 사해에서 100m 높은 지대에 있고, 헤브론에서 동쪽으로 24km 지점에 있다. 예부터 이곳은 비옥한 땅이었기에 지금도 아열대 식물들이 무성하다.

세계에서 가장 낮은 지대가 사해 연안인데, 그 서쪽 중앙 유대 광야를 엔게디라고 부른다. 엔게디는 이스라엘 역사의 중심이다. 위에서 언급한 바와 같이 다윗이 적의에 찬 사울의 공격을 피해 숨어든 곳이 엔게디이고, 사울을 죽일 수도 있는 상황에서 차원 높은 용서를 실천한 곳도 여기이다. 엔게디에는 다윗을 기념하는 폭포가 있다.

솔로몬은 아가에서 엔게디를 아름다운 포도원이 있는 곳으로 노래했다(아 1 : 14). 엔게디 폭포를 지나 여섯 시간을 걸으면 유대 광야 끝자락인 엔게디 산 정상에 오를 수 있다. 서쪽은 광활한 유대 광야요, 동쪽은 사해가 펼쳐진다. 소유할 것 하나 없는 황폐함은 욕심 없는 평화로움을 안겨 준다. 예수께서 40일간 금식하며 기도하신 곳도, 다윗이 사울의 추격을 피해 도망 다닌 곳도 이런 광야였다.

유대인들이 자주 찾는 사해 인근의 오아시스 엔게디

물 한 모금 얻을 수 없는 메마른 곳이지만, 엔게디는 물이 넘쳐서 사해 인근의 유일한 오아시스이다. 이제는 많은 유대인이 어린아이를 대동하고 찾아오는 관광지일 뿐만 아니라, 역사 교육의 현장이다. 죽은 줄 알았던 사해가 생명의 호수로 변한 것처럼, 절망과 은신의 장소가 희망의 오아시스로 변신한 것이다. 지금도 사해와 엔게디는 아랍 자치 구역에 위치하고 있다. 이슬람이 자치권을 행사하고 있는 지역이지만 이스라엘이 점령하여 통제하고 있는 지역이라 한국인 관광객은 잘 느끼지 못하지만, 사해와 엔게디는 유대인이 출입하는 데 제약이 따르는 A급 금지구역이다. 그러나 한국인 관광객은 자유롭게 드나든다. 이것이 희망이다.

유대인과 무슬림을 위한 선교는 구원을 희망하는 곳에서 시작된다. 사해 인근과 엔게디에서 장사를 하는 유대인들 틈새로 아랍인이 보인다. 아랍인의 자동차 번호판은 유대인과 다르게 노란색이다. 성지 답사객에게 유대인이나 아랍인 운전사에게 전도를 하지 말라고 당부하지만, 열심히 전도를 하는 분들을 보게 된다. 문을 두드리다 보면 구원의 문이 활짝 열릴 것이다. 요즘 아랍인과 유대인 중에 세속화된 이들이 많으니, 그들이 복음을 듣게 될 날이 속히 오기를 기도한다.

4. 유대인의 유적지 마사다의 비잔틴 교회 흔적
지구를 돌고 도는 복음의 서진(西進)

마사다(Masada)는 그 지방 거민이 에쎄베라 부른 거대한 암석산인 천연 요새로, 사해 연안의 유대 사막 동쪽이며 키르벳 쿰란에서 남쪽으로 약 80km 떨어진 지점에 있다. 마사다의 상부 고원은 마름모꼴의 바위로 이루어져 있으며, 그 면적은 44,500평에 이른다. 가파르게 솟아 있는 급경사의 높이는 400m나 된다.

하스몬가의 대제사장 요나단은 마사다를 요새화하였다. 헤롯도 유대에서 권력 다툼을 위해 전쟁을 할 때 자신과 가족의 피난처로 마사다를 요새화하였다. 기원전 37년에 유대 통치자가 된 헤롯은 마사다 요새의 전략적 중요성을 인식하고 이 성을 강화했는데, 그 후 기원전 4년에 헤롯이 사망하고 그의 아들 아켈라오가 기원후 6년에 로마제국으로부터 파면당해 정배를 간 후에는 로마의 작은 수비대가 거하는 주둔지가 되었다. 그로부터 60년 후인 66년에 열심당원의 무리가 로마군을 습격해 무기창고를 탈취하여 당원 모두에게 분배하고, 예루살렘의 로마군을 공격하기까지 했다.

70년에 예루살렘이 로마군에 함락당한 뒤에도 마지막까지 남아 있던 마사다의 유대인들은 플라비우스 실바(Flavius Silva) 장군이 이끄는 로마의 10개 군단과 2년간의 외로운 항전을 했다. 72년 가을과 73년 봄 동안 로마군은 총공격을 가하여 서편 성벽 일부를 파괴하는 데 성공하였다. 이에 항전하는 열심당원들은 이 무너진 성벽을 보수하여 대항하려 했으나 모두 실패하고 로마군에 대항할 희망마저 잃게 되자, 지도자인 엘레아자르 벤 야르(Eleazar Ben Yair)의 주장에 따라 노예가 되는 수치보다는 명예로운 자유인의 죽음을 선택하기로 하고 남녀노소 960명이 모두 자결하였다. 다음날, 로마군이 마사다 성내에 들어갔을 때 2명의 여인과 5명의 어린이밖에 생존자가 없었으며, 성내의 모든 것은 불타버린 뒤였다. 마사다 주변에는 지금도 그 당시의 로마군 공성용 참호 유적이 생생하게 원형 그대로 보존되어 있다(스필버그 감독의 영화 "MASADA" 촬영 때 사용한 병기들과 함께). 마사다는 유대민족이 당시 막강한 로마군과 항쟁하는 데 탁월했던 유대인의 최고 유적이다.

슬픈 역사를 간직한 사해 인근의 마사다에 기원전 37년 헤롯이 적들의 침입을 막기 위해 5.4m의 높은 성벽과 38개의 탑을 만들었다. 설계하던 당시부터 헤롯이 은신처로 여기고 만든 곳이기에 수장고, 곡식 창고, 목욕탕 등은 물론이고 전쟁을 대비한 병기고까지 만들었다.

　헤롯이 죽은 후 로마 주둔군이 마사다를 차지했으나 로마 통치를 반대한 유대인은 엘레아자르 벤 야르를 중심으로 예루살렘에서 도망쳐 마사다로 피난을 오게 되었다. 실바 장군이 이끄는 로마 군사들이 예루살렘에서 유대인 포로를 동원하여 마사다에 토성을 쌓아 은신한 유대인에게 모멸감을 주자, 피비린내 나는 전투 끝에 항복하느니 스스로 자해를 선택하면서 결국 전쟁은 이루어지지 않았다.

　1948년 이스라엘이 건국된 이래로 마사다가 애국심을 고취하는 장소가 되었듯이, 복음은 십자가의 죽음과 박해에도 소멸하지 않고 지구를 돌고 돌아서 유대인의 영혼을 메시야로 오신 예수로 일깨운다. 바로 비잔틴 교회가 그 자리에서 유대인과 이방인에게 강력한 복음을 말하고 있었다.

마사다 유적지에 있는 비잔틴 교회 터

　마사다 유적지에 있는 비잔틴 교회 터와 바닥의 모자이크가 잊혀진 복음 선교의 역사를 말해 준다. 마사다 정상에서 사무엘상 22 : 3~5 말씀을 묵상하면, 하나님의 은혜가 메마른 사막에 강같이 흘러 눈시울을 적신다. 지금도 고등학교를 갓 졸업한 유대인 남녀 군인들이 훈련을 마치고 계급장을 달 때, 구약성경에 등장하는 남방 곧 네게브 사막의 훈련소를 떠나 마사다로 올라와서 "Never Again"이라고 목청껏 부르면서 충성심을 맹세하는 장소이다.

과연 하나님의 군대인 그리스도인은 엔게디와 마사다의 요새에서 어떤 마음가짐을 가져야 할까? 중동선교는 우리를 새롭게 부르고 있다. 복음의 서진(西進)이 지난 2천 년 동안 지구를 한 바퀴 돌아서 이제 한반도에서 이스라엘로 향하고 있다. 사해 인근에서 다윗이 몸을 숨긴 엔게디와 이스라엘 열심당원이 최후를 맞이한 마사다는 분명히 생명을 바치는 이들을 통해 하나님의 나라가 이 땅에 실현될 것이라는 강력한 메시지를 전하고 있다. 유대인은 마사다에서 전멸했지만, 생명을 바친 이들의 영혼은 하늘의 별처럼 빛난다.

마사다에 세워진 비잔틴 교회는 최후를 맞이한 유대인을 항상 기억하고 있다. 비잔틴 교회도 역사의 무대에서 사라졌지만, 마사다를 찾는 기독교인의 발길이 끊임없이 이어진다. 비잔틴 교회 바닥에 있는 모자이크가 선명하다. 그 옛날 복음 전도의 사명이 여기에 있었다고 말하는 듯하다. 이제 누가 그곳을 찾는 유대인과 아랍인에게 복음을 전할 것인가?

5. 현존하는 가장 오래된 성경 필사본
나그 함마디 문서와 함께 20세기 고고학의 백미인 쿰란 문서의 발견

사해 북쪽 서단에서 해변을 끼고 남쪽으로 5㎞쯤 가면 쿰란이라는 고대 거주지에서 서쪽으로 300m 정도 떨어진 곳, 유대 광야의 높은 언덕이 막

시작되는 입구에 이상하게 생긴 동굴 열한 개가 있다. 1947년 5월의 어느 봄날, 베두인 소년이 염소 떼를 돌보다가 잃어버린 한 마리를 찾기 위해 한 동굴 속에 돌멩이를 던졌다가 항아리가 깨지는 소리를 듣고 친구를 불러 동굴 속으로 들어가 보았다. 입구는 좁았지만, 굴은 들어갈수록 넓어졌다. 안은 길이 8.5m, 너비 3m, 높이가 3m나 되는 굴이었다. 한쪽 구석에 항아리들이 질그릇 조각들 사이로 가지런히 놓여 있었다. 높이가 60㎝ 가량 되는 큰 것들이었다. 무하마드와 아메드는 조심스럽게 항아리 뚜껑을 열어 보았다. 시커먼 덩어리들을 꺼내 보니 얇은 양가죽을 꿰매서 이은 두루마리였다. 너비 44㎝, 길이 1~8m가 되는 두루마리들에는 뭔지 모를 글자들이 적혀 있었다.

두 소년은 베두인 족장을 따라 베들레헴으로 갔다. 아메드는 골동품상 한 군데에서 싼값에 두루마리 세 개를 팔고 돌아갔다. 무하마드와 족장은 돈을 더 받을 욕심에 몇 군데를 더 기웃거렸다. 아주 귀한 것이라고 우기는 족장의 말에, 골동품 상인은 알아보고 나서 값을 매기겠다고 했다. 족장과 무하마드는 그 상점에 두루마리 다섯 개를 맡기고 돌아갔다. 골동품 상인은 그 길로 이스라엘의 성 마르코 수도원의 사무엘 대사교를 찾아갔다. 한동안 두루마리를 살펴보던 그는 할 말을 잊은 채 어쩔 줄 몰라 했고, 두루마리에 쓰인 글이 히브리어일 것이라는 말과 함께 5파운드에 사겠다고 했다. 사무엘은 이 두루마리가 어쩌면 구약성경 원본일지도 모른다고 생각했다. 구약성경은 하나님께서 선택한 민족 이스라엘과 맺은 약속으로서, 유대 민족의 역사와 종교를 담고 있다. 유대인이 가장 성스럽게 여기는 구약은 그때까지도 원본이 발견되지 않아서 많은 이들을 안타깝게 하고 있었다. 히브리어로 쓰인 이 두루마리가 구약의 원본일지도 모른다는 흥분 속에서 사무엘은 서둘러 예루살렘에 있는 아메리카 동방 연구소의 트레버 박사를 찾아갔다.

확대경으로 한 자, 한 자 읽어 내려가던 트레버는 어지러운지 잠시 손을 놓고 눈을 지그시 감았다. "아, 하나님! 이것이 꿈이 아니기를! 어떤 은총으로 내가 이 귀중한 것을 보게 되었을까요? 사무엘 대사교님, 이것은 틀림없는 구약성경입니다. 아직 증거가 없을 뿐이지 제 생각에는 구약 원본이 틀림없습니다." 그때까지 1008년에 기록된 레닌그라드 사본이 가장 오래된 구약성경의 사본이었는데, 사해 사본은 그보다 무려 1,100여 년이나 앞선 100년을 전후하여 기록된 것이어서 비상한 관심을 끌게 되었다. 트레버는 한참을 더 살핀 뒤 두루마리 가운데에서 구약성경의 이사야를 찾아냈다. 두 사람은 너무나 기뻐 어찌할 바를 몰랐다. 한참 지나서야 트레버가 목소리를 가다듬으며 말했다. "글씨체로 보아 이것은 그리스도가 태어나기 이전의 것입니다."

지금도 마사다에서 성경을 정성껏 필사하는 랍비

20세기 고고학적 발견의 백미로 꼽히는 1945년 이집트 나일 강 유역에서 발견된 나그함마디 문서와 함께 1947년에 처음 발굴되기 시작한 쿰란 문서는 1956년까지 무려 9년 동안 열 개의 동굴에서 차례로 발견되다가 2019년에 12번째 동굴에서 불탄 채로 발견된 또 하나의 두루마리에 이르기까지 기적적인 발굴이 이어지고 있다. 불탄 두루마리는 언젠가 과학기술이 발전하면 그 속에 남겨진 흔적을 통해 숨은 글자를 복원하는 날이 올 것이다.

　왜 우리는 쿰란 문서에 열광하는가? 성경의 원본이 없는 상황에서 쿰란 문서는 지구상에 존재하는 사본 중에서 가장 오래된 문서이기 때문이다. 기독교는 경전을 중시하는 종교이다. 쿰란 인근에 있는 도서관은 세례 요한과 나자라 예수께서 애논(요 3:23) 인근 베다니의 세례 터(요 1:28; 10:40)에 가셨을 때, 반드시 들러서 친히 읽었을 것으로 여겨지는 그야말로 진귀한 보물창고이다. 지금 그 문서가 예루살렘의 사해 박물관에 보관되어 있다. 성지답사를 가는 순례객마다 쇼핑이나 기념품을 사기 위해 아까운 시간을 낭비하지 말고, 2천 년 전에 쓰인 필사본을 찾아 일부러 발길을 쿰란으로 돌린 세례 요한과 예수를 기억하면서 한국인에게 마치 선비의 갓처럼 보이는 도자기 지붕으로 장식된 쿰란 박물관에 전시된 쿰란 문서를 반드시 보아야 한다. 현존하는 가장 오래된 필사본을 바라보는 순간 하나님의 말씀이 황량한 쿰란 광야를 넘어 유대인의 영혼을 두드리면서 지구를 한 바퀴 돌아 우리에게 전해진 것에 대해 감격하게 될 것이다.

　지금도 '써-Bible' 프로그램으로 성경을 쓰면서 생존(survival)하는 성도가 한국교회에 많다. 성경을 무조건 쓰기보다는, 이제는 나그함마디 문서나 쿰란 문서처럼 역사에 길이 남을 헬라어와 히브리어 성경 사본을 쓰는 일을 목회자와 신학생이 이어 가면 좋을 듯하다. 한지에 쓰든, 쿰란공동체처럼 양피지 두루마리에 쓰든, 초기 기독교인처럼 파피루스에 쓰든 정성껏 심혈을 기울여서 성경을 힘써 기록하자.

6. 쿰란공동체의 정체성을 보여 주는 공동체 규율
이슬람선교를 위해 스마트폰과 인터넷 매체를 활용해야

1949년 중동전쟁이 끝나자 쿰란이 있는 사해 북부지역은 요르단의 땅이 되었다. 그때 예루살렘에 있던 프랑스 학자 드 브오가 사해 일대를 탐험하는 일에 나섰다. 브오는 무하마드와 아메드, 그리고 그곳 베두인을 데리고 두루마리가 발견되었던 벼랑으로 갔다. 브오는 그곳에 에세네파가 살았던 자취가 반드시 남아 있으리라고 믿었다. 그런 엄청난 보물이 단 한 군데 동굴에만 있을 리가 없다고 생각했기 때문이다. 그는 귀중한 것일수록 만일을 대비하여 여기저기 흩어 놓는 법이라고 생각했다. 브오의 짐작은 틀림없었다.

탐험대는 동굴을 열 개나 더 찾아냈고, 그 안에서는 두루마리가 수백 개나 쏟아져 나왔는데, 가장 대표적인 필사본이 쿰란 제4동굴에서 발견된 이사야이다. 현존하는 가장 오래된 사본이다. 그뿐만 아니라, 쿰란공동체의 정체성을 보여 주는 공동체 규율도 발견되었다.

쿰란공동체의 정체성을 보여 주는 공동체 규율

탐험이 계속될수록 놀라운 일들이 벌어졌다. 깊은 땅속에서 옛 도시의 흔적이 나타났다. 두 겹으로 된 성벽 안에는 저수지, 급수시설, 공동묘지 등이 있었다. 이곳이 요세푸스를 비롯한 고대의 역사가가 언급하고 있는 유대교 한 종파의 수도원임이 밝혀진 것이다. 수도원은 원래 성벽으로 둘러싸여 있었으며, 이보다 높은 지점의 계곡에 댐을 건설하여 겨울철의 우기에 흘러 내려오는 빗물이 수로를 따라 수도원의 수장고에 자동으로 모였다.

쿰란공동체는 에세네파가 아니다. 쿰란에서 발굴된 문서인 4QMMT와 관련하여 일련의 학자들(예를 들면, Y. Sussmann과 Lawrence H. Schiffman)은 쿰란공동체를 사두개파와 동일시한다. 최근에 캔스데일(L. Cansdale)은 4QMMT 뿐만 아니라 다른 문서도 사두개파에 속하는 것으로 간주하고 있다. 4QMMT는 쿰란 네 번째 동굴에서 발견된(4Q) 서신을 가리키는데, MMT는 'Miqsat Ma'ase ha-Torah'의 약자로서 '토라에 어울리는 어떤 규율'이라는 뜻의 첫 글자를 모아 놓은 것이다. 학자들은 4QMMT를 쿰란공동체의 기원을 밝혀 줄 수 있는 중요한 단서로 활용하고 있다. 22개의 종교적 율법에 관한 내용을 담고 있는 이 서신 형태의 문서는 1952년에 발견되었고, 그 내용은 1985년에 출판되면서 학자들에게 알려지기 시작하였다(참고로 Elisha Qimron과 John Strugnell의 글을 보라). 4QMMT의 "정결법이 사두개파의 것과 유사하다"(소기천, 『신약여행』〈생명나무, 2014〉). 4QMMT의 저자는 예루살렘에서 온 '어떤 종파'에 대해서 직접적으로 언급하고 있다 : "우리는 주류 사람들(회중)로부터 분리되었다"(4QMMT section C, 1.7).

쿰란공동체는 성경을 필사하기 위해 예루살렘에서 파견된 사두개파의 서기관들이 이룬 공동체이다. 평일에는 근처의 수많은 동굴 속에서 기거하던 수도사들이 안식일에는 쿰란지역으로 내려와 물로 씻는 정결 예식과 사본 필사를 하였다. 공동의 식사를 위한 대형 식당, 주방, 필사실 등이 있었다. 사본 필사의 흔적을 보여 주는 발굴 현장이 키르벳 쿰란이다. 그곳의 중심인 수도원 방 안에는 나무로 만든 큰 책상과 의자가 먼지에 덮여 있었고, 책상 위에는 잉크병과 붓까지 그대로 놓여 있었다. 그동안 발견된 문서들은 모두 그 방에서 쓰인 것이 분명했다. 뒷날 확인해 보니, 잉크병의 잉크와 두루마리 글씨의 잉크가 같다고 밝혀졌다.

공동체 규율이 쿰란공동체의 정체성을 보여 주듯이 성경은 복음과 진리를 수호하는 경전이다. 유대인과 무슬림이 각축을 벌이는 지구의 화약고인 중동지역에 예수의 복음을 담고 있는 신약성경을 히브리어와 아랍어로 번역하여 보급해야 하는 이유가 무엇일까? 성경은 하나님의 말씀이기에 읽는 이들의 마음속에 성령께서 강권적으로 역사하실 것을 믿기 때문이다.

인간은 글을 쓸 줄 안다는 점에서 다른 피조물과 근본적으로 다르다. 특히 하나님의 말씀인 성경을 필사하는 일에 온갖 정성을 다하는 것은 너무나도 귀한 일이다. 20세기 고고학의 백미로 손꼽히는 나그함마디 문서는 1945년에, 쿰란 문서는 1947~1956년에 발견된 놀라운 하나님의 말씀이다. 아무리 하나님의 말씀을 훼손하고 교회를 핍박해도 성령께서 말씀을 통하여 역사하시는 일은 그 누구도 막을 수 없다.

많은 사람이 이슬람의 경전인 꾸란이 성경의 내용을 기초로 하고 있다고 생각하지만, 전혀 아니다. 꾸란은 성경을 왜곡하고 성경의 진리를 반대하며 기독교를 파괴하는 인간의 책에 지나지 않는다. 그러나 성경은 유일무이한 하나님의 말씀이다. 무슬림이 예수를 모독하고 기독교 교리에 불경한 일을 가하지만, 결코 하나님의 섭리를 돌이킬 수 없다. 성경이 전해지고 필사되는 곳에서 하나님의 역사가 일어나고 죽어 가는 영혼이 살아나는 기적이 일어난다. 무슬림은 꾸란을 통해 이싸로 발음하는 예수의 복음을 왜곡하고 있다. 이들에게 올바른 복음을 듣게 하는 최선의 길은 스마트폰이나 인터넷을 통하여 예수를 쉽게 접할 수 있도록 아랍어로 복음을 소개하는 일이다. SNS상에 너무나도 많은 오염된 정보가 넘쳐난다. 이단들의 잘못된 정보가 꾸란 못지않게 영혼을 미혹하는 시대이다. 이제 정통교회가 무슬림

선교에 팔을 걷어붙이고 나서야 할 때이다.

7. 쿰란에 가는 목적은 무엇일까?
중동선교가 필요로 하는 것은 아랍어 성경

사두개파가 주류 사회로부터 분리된 이유는 무엇일까? 그 이유는 그들이 종교적 율법에 대해 다른 견해를 가지고 있었기 때문이다. 큄론(Elisha Qimron)과 스트러그넬(John Strugnell)은 쿰란 문서 중에서 4QMMT에 나타난 율법관이 사두개파의 율법관과 일치한다고 주장하였다. 바리새파의 정적으로 알려진 사두개파는 마카비 혁명(기원전 168-164) 이후에 동료 유대인들로부터 분리되었다. 이러한 상황은 셀루시드 왕조와 안티오쿠스 4세를 거쳐서, 헤롯 왕조에 이르기까지 계속되었다. 그동안에 사두개파는 새로운 상황에 적응하며 그들이 추구하던 원리를 바꾸었지만, 대부분은 유대 주류 사회로부터 분리된 채 그대로 살았다. 이것이 4QMMT의 정황(Sitz im Leben)이다. 학자들은 4QMMT의 연대를 하스모니안 왕조 시대로 잡는다. 이렇게 이해하게 될 때, 쿰란공동체의 기원을 무조건 에세네파에게서 찾으려는 가설은 재고될 수밖에 없다(소기천,『신약여행』).

사두개파가 쿰란에 온 목적이 무엇일까? 성경을 필사하기 위한 서기관들이라는 증거가 쿰란 지역에 많다. 건물마다 성경을 필사하기 전에 물로 몸을 씻는 의식을 행한 목욕탕인 미크베가 있는 것이 그 증거이다. 또한 공동으로 모여서 성경을 필사한 도서관이 있다. 쿰란(와디 쿰란)이란 지역은 사해 인근의 건천으로 둘러싸인 골짜기이다. 창세기 14 : 1~3에 의하면, 싯딤 골짜기 곧 지금의 염해 곧 쿰란에서 전쟁이 있었다. 여호수아 3 : 16에 의하면, 요단 강의 물이 위에서부터 멈추어서 아라바의 바다 염해로 향하여 흘러가서 끊어진 곳도 쿰란 인근 지역이다.

2천 년 넘게 보관된 쿰란 문서가 발견된 항아리들

쿰란에는 양피지로 만든 두루마리와 항아리들이 있다. 양 한 마리의 가죽을 당겨서 만든 양피지는 3장밖에 나오지 않아 무척 비싸다. 박해로 인해 이곳 골짜기(와디 쿰란) 옆에 수로를 만들어 물을 저장하여 사용했으며, 공동체생활을 하며 성경 사본을 쓴 것이 발견되었다. 사해 사본이 발견된 쿰란에서는 일부 유대인이 임박한 종말 사상과 진정한 신앙생활을 위해 금욕과 청빈을 강조하며 공동체생활을 했으며, 마지막 때에 의의 교사가 나올 것이고 최후의 전쟁이 있을 것이라는 사상을 가지고 있었다. 쿰란에서 성전 두루마리가 출토됨으로써 사두개파의 제사장들이 성경을 필사하기 위해 모인 곳으로 여겨진다. 70년대 예루살렘이 로마에 의해 함락되기 직전에 누군가가 문서를 항아리에 담아 숨겼고, 이후 쿰란 유적지는 불타 없어지게 되었다.

우리가 쿰란에 가는 목적은 무엇일까? 요즘은 컴퓨터를 이용해 성경을 필사할 수 있도록 온라인 '써-Bible' 프로그램도 등장하고 있다. 그러나 뭐니 뭐니 해도 성경을 직접 필사하는 작업만큼 감격스러운 것은 없다. 중동지역은 뜨거운 열사의 땅이라 성경을 양피지나 파피루스에 필사하면 천 년 이상 변하지 않고 보존되는 그야말로 영감의 땅이다. 성경을 후대에 전하는 일이야말로 가장 가치 있는 일이다. 결코 만만하지 않은 중동선교에 도움을 줄 수 있는 가장 효과적인 길은 성경을 보내는 일이다. 이슬람이 고의로 왜곡시킨 내용 때문에 아랍어 이싸가 복음서의 예수인 줄 모르고 지나치는 경우가 많다. 이런 안타까운 상황에서 아랍어로 번역된 성경을 무슬림에게 공급할 수 있다면, 중동선교는 저절로 이루어질 것이다.

더구나 구약성경만을 경전으로 여기는 유대인은 메시야로 오신 예수를 거부한 채 2천 년을 지내오고 있다. 이들에게 헬라어에서 히브리어로 번역된 신약성경을 전해 준다면 저절로 복음을 받아들이는 역사가 일어날 것이다. 성령께서 말씀을 통하여 유대인에게 깨달음을 주실 것이기 때문이다. 성지는 영감의 땅이다. 특히 사두개파는 우리가 그들에게 갖고 있는 부활을 부인한 사람들이라는 선입관과는 달리 성경을 필사하고 보존하는 일을 열심히 하였다. 예수께서는 "너희 의가 서기관과 같지 아니하면, 천국에 갈 수 없다."고 말씀하시기도 했다. 사두개파가 성경을 필사하기 위한 노력으로 서기관들을 쿰란으로 보낸 열정을 기억하면서, 우리도 죽기 전에 성경을 헬라어와 히브리어 원전으로 필사해 보아야 하지 않을까?

성지순례는 단순한 여행이 아니라, 영감의 땅인 성지에서 성경의 필사본을 만나는 큰 감동을 느낄 수 있다. 필자는 그동안 성지여행을 하며 헬라어에서 히브리어로 번역된 신약성경을 가져온 적이 있지만, 이제는 파피루스나 양피지를 가져와서 과거 쿰란공동체처럼 성경을 옛날 그대로 필사하고 싶은 마음이 굴뚝같다.

8. 와디 켈트 입구인 여리고의 삭개오는 누구인가?
이슬람의 수쿠크 채권은 빛 좋은 개살구

흔히 여리고 작전이라고 말한다. 견고한 여리고 성의 기생 라합은 여호수아와 갈렙에게 호의를 베풀었다. 그 후 이스라엘 백성이 요단 강을 건너 여리고에 이르렀을 때, 난공불락의 여리고 성을 하루에 한 차례씩 여섯 바퀴를 돌았다. 마지막 날에 일곱 바퀴를 돌고 제사장이 양각 나팔을 불자 한 순간에 무너져 내렸다(수 6 : 1-7). 그러나 라합은 유일하게 구원을 받았기에 나중에 살몬과 결혼하여 보아스를 낳음으로 예수 그리스도의 계보에 오르는 복을 누렸다(마 1 : 5-6).

지구상에서 가장 오래된 성곽 도시가 있는 여리고는 사해 북동쪽 13㎞ 지점인 유다 광야에서 가장 크고 아름다운 오아시스이다. 여리고는 예로부터 키가 10m가 넘는 종려나무가 많아 '종려의 성읍'(신 34 : 3, 삿 3 : 13)으로 불리며, 출이집트 한 이스라엘 백성이 40년의 광야생활을 청산하고 약속의 땅인 '젖과 꿀이 흐르는' 가나안에 첫발을 디딘 성이다. 여리고는 요르단 골짜기(해발 -225m)에 있는 지역 특징 때문에 사계절이 매우 온화한 날씨를 가지고 있다. 헤롯 대왕은 이러한 천혜의 조건을 갖추고 있는 여리고에 겨울 궁전인 사이프러스를 짓고 오랫동안 머물러 지냈으나, 그의 삶은 여기서 끝이 났고 베들레헴 남쪽에 있는 헤로디움에 장사되었다.

여리고에서 시작되는 와디 켈트는 24km로 험난하다. 시편 120~134편이 이곳을 배경으로 하는 '올라가는 노래' 곧 '환난 중에 부르는 노래'요(시 120 : 1), 천지를 지은 여호와께서 시온에서 복을 주신다(시 134 : 3)는 내용이다. 그런데 신약의 여리고는 68~69년에 로마의 군대가 예루살렘을 치러 올라가면서 멸망되었다. 비잔틴 시대에 여리고 근처에는 수많은 수도원이 자리를 잡았으며, 특히 480년 이집트 테베의 요한이 와디 켈트에 자리 잡은 수도원은 유명하다. 요한은 516년에 가이사랴의 주교로 임명되었다가 노년에 이 수도원으로 돌아와서 여생을 보냈다. 525년에 코시바의 게오르기아, 즉 성 조지가 이 수도원에 살게 되면서 그를 기념하여 성 조지 수도원으로 이름이 확정되었다.

여호수아에 의해 점령당한 최초의 성 여리고는 'Tell es-Sultan'이라고 불리는 곳이며(수 5-6장), 가나안 점령의 교두보였다. 예로부터 이 여리고는 순례자들의 통로로서 물과 음식을 얻기에 적절한 곳이었다. 예수께서 예루살렘에서 여리고로 내려가시기도 하였고, 반대로 여리고에서 예루살렘으로 올라가시기도 하였다. 이 길 사이는 유다 광야가 놓여 있어 일반적으로 위험한 길이었다(눅 10:25-37). 강도를 만난 사람의 이야기도 이곳에서 일어났다.

예수께서 지나가시곤 하였던 신약시대의 여리고는 헤롯이 지은 별장이 있는 와디 켈트 입구에 있다. 예수께서는 돌무화과나무에 올라간 세리장 삭개오(눅 19:1-10)와 또 거지 시각장애인 바디매오를 만나 구원하기도 하셨다(막 10:46-52). 예수께서 갈릴리에서 예루살렘으로 올라가시던 중 여리고에 가까이 오셨을 때 디매오의 아들 시각장애인 거지 바디매오가 예수께 심히 소리 질러 말하였다. "다윗의 자손 예수여 나를 불쌍히 여기소서!" 예수께서 이 소리를 듣고 바디매오를 데리고 와서 그 믿음을 보고 눈을 뜨게 해 주셨다. 이 일 후에 예수께서는 여리고로 들어가셨다.

여리고에는 세리장이면서 부자였지만 키가 작은 삭개오가 살았다. 삭개오는 예수를 보고 싶었지만, 사람이 많아 볼 수 없어서 돌무화과나무에 올라갔다. 예수께서 삭개오를 보시고 "내려오라." 하시고 그 집에 들어가셨다. 삭개오는 자기 소유의 절반을 팔아 가난한 자들에게 주고 또 누구에게 토색한 일이 있다면 네 배나 갚겠다고 고백하였다. 예수께서는 구원이 이 집에 이르렀다고 하시며 삭개오도 아브라함의 자손이라고 말씀하셨다.

삭개오가 올라간 돌무화과나무는 너무나도 인상적이다. 흔히 뽕나무로 번역된 구절에 익숙한 독자는 어리둥절할 것이다. 이 시대의 삭개오는 누구일까? 탐욕에 찌들어 있던 삭개오가 예수를 만난 이후의 삶은 극적으로 변화되었다. 무슬림은 이자 수수를 금지하는 꾸란을 따라서 수쿠크 채권을 발행했다. 정말 무슬림이 이자를 받지 않고 돈을 빌려 줄까? 그렇지 않다. 이자 없이 돈을 빌려 준다고 하면서 수수료를 챙긴다. 2년 후에 원금을 돌려받으면서 또 수수료를 뗀다. 이렇게 해서 처음 1년치의 수수료에 덧붙인 후 2년치에 또 수수료 명목으로 돈을 받는다. 만일 돈을 빌리면서 수수료를 낼 돈이 부족하면 면제해 주는 것이 아니라, 당연히 원금에 가산된다. 2년 후에 원금과 수수료에 가산금이 눈덩이처럼 불어나서 막상 돈을 갚으려고 해도 여의치 않으면, 그 모든 것이 원금이 되어 수수료가 가중된다. 이렇게 몇 차례 반복하면 돈을 빌리는 사람은 처음에 아무것도 모르고 이자가 없다고 좋아하다가, 수쿠크 채권에 발목이 잡힌다. 이런 이슬람의 수쿠크 채권방식은 악법이고, 악독 업주가 재산을 증식하는 대표적인 전략이다.

여리고에서 삭개오가 올라간 것으로 전해지는 뽕나무는 돌무화과나무이다.

삭개오는 예수를 만난 이후에 철저하게 주머니를 회개하였다. 웨슬리는 "주머니를 회개하는 것이 진정한 회개"라고 말했다. 무함마드를 신봉하는 이슬람은 이자를 받지 않는다고 위선을 떨면서, 실제로는 '코에 걸면 코걸이, 귀에 걸면 귀걸이' 식으로 엄청난 수수료를 붙여서 원금을 불려 가는 악덕 고리대금업자와 같다. 이슬람은 삭개오처럼 회개해야 한다.

지금 여리고에 얼마나 많은 무슬림이 살아가고 있는가? 시험산 입구와 엘리사의 샘 그리고 여리고 성벽 인근에서 기독교인을 상대로 엄청난 장사를 하면서도, 무슬림은 마음의 문을 꼭꼭 닫고 있다. 여리고의 무슬림이 복음을 받아들이는 날이 속히 오기를 기도한다.

9. 여리고의 엘리사의 샘과 시험산 입구
유대인의 A급 경고지역에서 무슬림 선교가 가능할까?

여리고에 있는 엘리사의 샘(Elisha's Spring)과 관련한 엘리야와 엘리사의 시대에 선지자 학교가 있었다(왕하 2 : 15-19). 열왕기하 2 : 19~22에 의하면, 여리고 성 사람들이 엘리사에게 "이 성읍의 위치는 좋으나 물이 나쁘므로 토산이 익지 못하고 떨어지나이다"라고 말했을 때, 엘리사가 새 그릇에 소금을 담아 가져오라 한 후에 물 근원으로 나아가서 소금을 그 가운데 던지면서 "여호와의 말씀이 내가 이 물을 고쳤으니 이로부터 다시는 죽음이나 열매 맺지 못함이 없을지니라"고 말하니 그 샘의 근원이 고쳐져 오늘에 이르렀다.

여리고는 물이 귀한 사막 한가운데 여러 개의 샘을 가지고 있어 주변의 풀 한 포기 없는 황량한 유다 광야와 환상적인 조화를 이루는 아름다운 성으로, 사람이 거주하여 살기에 최적의 장소이며, 많은 사람이 왕래하는 길목이다. 엘리사의 샘이 일으키는 오아시스의 기적은 여리고를 풍요롭게 해서 온갖 질 좋은 과일이 풍성하다. 성지를 찾는 순례객은 여리고에서 병에 담긴 물, 무화과, 건포도, 대추야자 열매를 산다. 유대인의 농장보다 훨씬 싸기 때문이다.

여리고에 엘리사의 샘물과 같은 기적이 계속해서 일어나기를 기도한다. 한순간에 일어난 기적으로 샘물이 오아시스가 되어 그치지 않고 아직까지 여리고 전역을 비옥하게 만드는 것처럼 '죽음이나 열매 맺지 못함'(왕하 2 : 21)이 없을 것이라는 예언의 말씀이 이제 예수 그리스도께서 생명의 구주로 오신 이후 2천 년이 지났지만, 여리고에서 교회의 흔적이 남아 있는 곳은 시험산 중턱에 있는 수도원뿐이다.

엘리사가 전한 말씀대로 여리고 산의 엘리사의 샘물은 물 맛이 시원하고 좋기로 유명하다. 여리고를 찾는 순례객마다 낮이고 밤이고 엘리사의 샘을 찾아도, 문지기는 반가운 마음으로 환영하며 문을 열어 준다. 여리고에서 1만 년이라는 역사를 지닌 여리고 성벽 유적지 위에서 바라보는 유대 광야는 황혼녘에 서산에 지는 석양과 더불어서 장관을 이룬다. 황량한 모래산이 있는 유대 광야에서 시험산을 조망하며 성만찬을 행하면서 누가복음 22 : 14~20의 말씀을 묵상하는 것도 은혜롭다.

여리고의 폐허 위로 좌측에 시험산 수도원으로 가는 케이블카가 보인다.

요단 강에서 세례를 받으신 후, 예수께서는 시험산(Mount of Temptation)에서 마귀에게 시험을 받으셨다. 예수께서 성령의 충만함을 입어 요단 강에서 돌아오자 광야에서 사십 일 동안 성령에게 이끌리시며 시험을 받으셨다 (마 4 : 1-11 ; 눅 4 : 1-13 ; 막 1 : 12-13). 성경은 예수께서 금식하고 시험받으신 정확한 장소를 말하지 않는다. 여리고의 뒤쪽에 있는 카란 텔을 예수의 첫 번째와 세 번째 시험 장소라고 추측한다. 산꼭대기에서 마귀가 예수께 천하 만국을 보여 주며 시험한 장소이다. 6세기에 예수께서 머물렀다는 산의 동쪽 동굴에 교회가 세워졌다. 이후 13세기에 교회는 폐허가 되고, 1874년에 희랍정교회가 이곳에 수도원을 다시 지었다.

유대인도 찾지 않는 붉은색으로 표시된 A급 경고지역인 여리고를 한국에서 온 순례객은 조금도 두려워하지 않고 기쁨으로 찾아간다. 그 이유가 무엇일까? 유대인은 보험이 되지 않지만, 한국인은 아랍 운전사와 아랍 버스를 전세하였기에 보험이 적용되기 때문이다. 이런 답변이 우스운 측면도 있지만, 사실이다. 레바논의 헤즈볼라 반군들이 이스라엘을 향해 로켓탄을 발사하여도 한국인은 순교를 각오하고 이스라엘을 찾는다. 이런 말을 하면 공연히 불안한 마음에 성지답사를 꺼릴 수도 있겠지만, 전혀 걱정할 필요가 없다. 아랍인은 자신들을 찾는 한국인 관광객을 공격하지 않는다. 더구나 성경의 유적지를 향해서 로켓탄이 날아오는 경우는 단 한 번도 없었다. 성경의 유적지는 안전하다.

아무리 중동선교가 위험하다고 할지라도, 조금도 염려할 필요가 없다. 무슬림이 살아가는 곳을 기독교인이 찾아가는 것이니 주의하고 조심할 필요는 있지만, 사람 사는 곳은 어디나 비슷한 것처럼 정을 붙이면 기대어 살 수 있다. 오랜 시간 같이 얼굴을 맞대고 삶을 나누다 보면, 무슬림과 친구가 되고 예수를 믿는 형제로 변화시킬 수 있다.

유대인의 A급 경고지역인 여리고에서 무슬림선교가 가능할까? 조심스러운 말이지만, 가능하다. 물론 꾸란이 무슬림의 개종 특히 기독교로 개종하는 것을 철저하게 금지하고 있기 때문에 명예살인을 항상 유념해야 한다. 가까스로 무슬림이 예수를 믿게 되더라도 겉으로 드러내서는 안 된다. 결신자도 쉽게 생기지 않는다. 수십 년 동안 관계를 돈독하게 하고 공동체 생활을 해야 겨우 한두 명을 양육할 수 있는 아주 열악한 상황이 무슬림 전도이다. 자칫 잘못하면 신분을 숨기고 여행업이나 농업 혹은 자영업으로 여리고에 뿌리를 내린 선교사도 한순간에 추방될 수 있지만, 그들은 자기들과 수십 년간 긴밀한 관계를 가져왔기 때문에 다 알면서도 모른 채 묵과한다. 그러다 보면 선교사의 주위에서 생명이 잉태되고 싹을 내는 기적과 같은 일이 일어난다.

여리고에 새로 문을 연 오아시스 호텔은 그 규모나 시설 면에서 여리고의 그 어떤 건물보다 뛰어나다. 그 엄청난 규모의 호텔을 가장 자주 이용하는 주 고객은 당연히 한국인 순례객이다. 비용도 저렴하거니와 쾌적한 실내와 풍성한 식탁이 그야말로 최고의 대접을 받는 느낌이다. 육체적으로만 만족할 것이 아니라, 과거 삭개오가 예수를 자기 집에 영접함으로써 누렸던 영적인 축복도 충만하게 채워야 한다. 하나님의 말씀은 엘리사의 예언으로 아직도 살아 있으니, 언젠가는 여리고에도 성령으로 충만한 봄이 도래하여 무슬림에게 예수 그리스도께서 주시는 생명의 축복이 봄꽃처럼 가득하기를 기원한다.

4부
이스라엘 II
Israel

4부
이스라엘 II

1. 아드 폰테스의 시작인 베들레헴
온 땅에 빛을 비추는 성탄절 별로 오신 예수

 예수께서 태어나신 베들레헴으로 가는 길은 여리고에서 유대 광야길로 올라가 목자들의 들판을 지나서 갈 수 있고, 예루살렘에서 아주 오랜 옛날 족장들이 걸어간 족장길을 따라서 갈 수도 있다. 나사렛에서 호적을 등록하러 베들레헴에 올라간 요셉은 해산할 때가 가까운 마리아를 데리고 여리고로 돌아서 가는 길보다는 지름길인 족장길을 따라간 것으로 보인다.

 베들레헴의 중심은 예수탄생기념교회이다. 예수탄생기념교회는 531년 유스티니아누스 황제가 완공한 것이며, 현재까지 보존되어 있다. 누가복음 2 : 1~5에 의하면, 다윗의 집 족속인 요셉은 갈릴리 나사렛 동네에서 유대 베들레헴이라 하는 다윗의 동네로 약혼한 마리아와 함께 호적하러 올라갔다. 그때 마침 마리아는 아직 요셉과 결혼하고 동거하기 전이었지만 이미 성령으로 잉태한 상황이라 해산할 날이 다가오고 있었다.

 요셉과 마리아는 베들레헴에 올라가자마자 여관을 찾았지만 마땅한 거처를 찾지 못해 마구간에 머무는 뜻밖의 상황을 맞이하고, 하나님의 아들이신 예수는 탄생하시어 누추한 말구유에 눕는 일이 벌어진다. 마태복음 2：1~6에 의하면 이 일로 동방의 박사들이 이라크로부터 별을 따라 예수께 경배를 드리러 오자, 헤롯과 온 예루살렘이 듣고 소동하게 되었다. 왕위를 찬탈당하지 않을까 노심초사하면서 너무나도 충격을 받은 헤롯은 모든 대제사장과 백성의 서기관을 모아 "그리스도가 어디서 나겠느냐?"라고 물었고, 그들은 구약의 말씀으로 대답하였다. 요한복음은 7：41~42에서 이런 내용을 언급하면서 베들레헴의 중요성을 암시한다.

이런 성경의 증거에 의하면, 베들레헴은 작은 마을이었지만 마리아와 요셉이 인구조사를 하기 위해 나사렛에서 고향인 베들레헴으로 돌아옴으로써 예수 탄생의 마을이 되었다. 역사적으로 베들레헴은 다윗 왕의 고향(삼상 16：1)이기도 하고, 사무엘이 다윗에게 기름 부은 곳(삼상 16：13)이며, 다윗의 우물(삼하 23：13-17)이 있던 곳이다. 예수의 탄생지로 예언되었고, 그 예언이 성취된 곳(미 5：2, 눅 2：1-5, 마 2：1-18, 요 7：41-42)인 베들레헴은 예루살렘 남쪽 8km 떨어진 곳이며, 감람나무가 많은 해발 700m 목자들의 들판에 있다. 무슬림이 사는 곳 중에서 나사렛과 함께 기독교인의 수가 가장 많은 곳이 베들레헴이다.

베들레헴에 있는 예수탄생기념교회의 출입문은 십자군 시대의 아치형 문으로 처음 건축된 흔적이 그대로 남아 있지만, 그 문을 돌로 막아서 작은 출입구로 만들어 겨우 한 사람이 간신히 몸을 구부려서 들어갈 수 있게 되어 있어서 '겸손의 문'이라는 별명이 붙여질 정도이다. 오스만 투르크 시대에 예루살렘과 베들레헴을 탈환한 아랍군이 말을 타고 위용을 뽐내면서 당당하게 들어갔을 법한데, 왜 이렇게 문을 변경시켰을까? 그 이유는 너무나도 간단하다. 말에서 내려 한쪽에 말을 세워 놓고, 불필요한 무장도 해제하고, 겸손히 무릎을 꿇고 하늘 영광의 보좌를 버리시고 낮고 천한 인생을 찾아오신 나자라 예수를 경배하고 영접해야 한다는 사실을 일깨우기 위해서이다.

베들레헴 예수탄생기념교회의 출입문은 항상 겸손하게 허리를 굽혀야 들어갈 수 있다.

해마다 성탄절이 되면 예수탄생기념교회에서 성탄 축하 예배를 전 세계에 성대하게 생중계할 정도로, 베들레헴은 세상의 모든 성탄절 행사 가운데 가장 손꼽히는 명소이다. 무엇보다도 성탄절 별을 상징하는 14개의 은장색 별이 예수께서 탄생하신 마구간의 바닥에 장식되어 있는데, 이것이 성탄절의 가장 대표적인 상징이 된 사건이 있었다. 바로 크림 반도에서 일어난 전쟁이다. 이 전쟁의 숨은 이야기는 바로 성탄절 별에 연루되어 있었다. 베들레헴에 있던 성탄절 별을 몰래 가져다가 성당의 바닥에 장식하려고 하였지만, 이 별은 누구도 주인이 될 수 없는 은장색 별이다. 그 주인공은 오직 베들레헴에서 탄생하신 아기 예수이시다. 결국, 성탄절 별이 베들레헴의 원래 있던 마구간 자리에 놓이면서 크림 전쟁은 막을 내리게 되었다. 지금도 성탄절 별은 위태롭게 그 자리에 있지만, 인간의 탐욕이 불러온 전쟁을 증언하는 듯 가장자리가 심하게 훼손되었다.

베들레헴의 별은 누구도 혼자 소유하려고 해서는 안 된다. 동방의 한 나라인 이라크에서 별을 따라온 박사들도 아기 예수께서 누우신 곳에 별이 머물자 크게 기뻐하고 기뻐하였다. 거기까지이다. 성탄절 별은 만인을 비추는 별이다. 온 인류를 구원하기 위해 오신 아기 예수의 탄생을 기리는 별을 그 마음에 품은 사람마다 예수의 제자가 되어 어두운 이 땅을 환하게 밝힐 수 있다.

지금도 베들레헴은 로마 천주교와 그리스정교회가 나란히 건물을 소유하고 있다. 베들레헴을 순례한 히에로니무스(제롬)는 성경을 라틴어로 번역하는 놀라운 역사를 이루게 된다. 히브리어로 기록된 구약성경과 헬라어로 기록된 신약성경이 최초로 고대 이집트어인 콥트어로 번역되어 전해지다가 히에로니무스에 의해 라틴어로 번역되어 새로운 시대를 맞이하게 되었다. 그러나 신부들의 1/3도 라틴어를 모르는 상황에서 오랫동안 일부 사람들의 전유물로만 여겨지던 라틴어 성경은 중세의 암울한 천주교의 타락을 불러왔다. 천주교 신부였던 마르틴 루터는 면죄부의 심각성을 문제 삼아 1517년 10월 31일에 종교개혁을 일으키게 되는데, 라틴어 성경을 일반인들이 사용하던 독일어로 번역함으로써 기독교의 본질을 교회의 예전이나 전통이 아니라 예수에게로 되돌리는 놀라운 역사를 이루었다.

예수야말로 복음의 본질이요, 초기 교회로 되돌아가는 '아드 폰테스'이다. 초기 교회로 돌아가자는 말이 있는데, 사도들의 터 위에 세워진 초기 교회가 예수를 증언하고 있다는 점에서 교회의 본질은 예수밖에 없다. 예수에게로 돌아가는 것이 교회를 새롭게 하는 지름길이다.

2. 요나와 베드로와 바울이 꿈을 꾸던 곳
가이사랴와 욥바에서 만나는 유대인 선교와 이방인 선교

사도행전 25 : 1~4에는 베스도가 총독으로 부임한 지 삼 일 후에 가이사랴(Caesarea)에서 예루살렘으로 올라가는 일이 묘사되어 있다. 대제사장들과 유대인 중 높은 사람들이 바울을 고소하여 베스도의 호위로 가이사랴에 감금되어 있던 바울을 예루살렘으로 이송하는 과정에서, 매복하였다가 그를 죽이고자 음모를 꾸미고 있던 터였다. 베스도는 이 같은 음모를 막고 바울이 가이사랴에 잠시 구금되는 것과 자기도 머지않아 이임할 것을 말하는 것으로 일단락된다. 이후에 바울은 가이사랴에서 로마 황제인 가이사에게 상소하게 되고, 로마 시민권을 가졌다는 이유로 백부장이 호위하는 가운데 로마로 가는 험난한 항로에 몸을 맡기게 된다.

헤롯이 세운 가이사랴는 예루살렘으로부터 104km 떨어진 팔레스타인 해안에 있는 로마군의 주둔지였고, 교묘히 친로마 정책을 쓰던 곳이었다. 60m 너비의 방파제는 남쪽 폭풍우에 대비하여 건축되었다. 물의 깊이는 36m로, 완벽한 방어시설로 인공항구와 부두를 건설하는 데 12년이 걸렸다. 이곳에 원형 경기장과 로마의 공학 기술을 말해 주는 급수시설도 있다.

이스라엘의 경제 도시인 텔아비브 인근의 가이사랴에 있는 최대 규모의 로마식 아치형 급수시설

가이사랴에는 총독의 본청과 급수시설을 위해 벽돌로 쌓은 아치가 있었

다. 로마 멸망과 마찬가지로 이런 급수시설은 적의 공격을 받기 쉬운 취약지가 되었다. 66년 반란이 일어나자 모든 유대인은 학살당했다. 바울은 가이사랴에 감금되었다가 유대인의 암살 음모에서 구출되었고, 유대 왕의 마지막 통치자인 아그립바 2세와 베니게도 전시에 이곳에서 피난처를 찾았다. 기원전 22~10년에 세워진 지중해 해변의 항구도시인 헤롯의 건축물은 지금도 웅장하다. 항구와 수로, 원형 경기장 및 도로, 대리석으로 꾸며진 화려한 아우구스투스 신전, 궁전 등은 당시의 건축 기술을 보여 준다. 대극장은 이스라엘에 의해 지금도 공연장으로 사용되고 있다.

로마로 향하는 팔레스타인의 관문으로서 서기 6년 이후인 예수 당시에는 로마의 총독부가 주둔하던 곳이었다(행 12 : 19). 여기에 고넬료라 하는 이달리야(이탈리아) 부대의 백부장은 베드로를 불러 이방인으로서 처음 예수를 믿은 사람이 되었다(행 10 : 1-43). 아울러 바울 선교여행의 기지이기도 하였으며(행 9 : 30, 18 : 22, 21 : 8), 바울이 로마로 호송되기 전 2년 동안(기원전 58-60) 이 도시의 감옥에 갇혀 있기도 했다(행 24 : 27). 로마의 총독 벨릭스는 원래 노예 출신이었지만 자유인이 되어 유대의 총독으로 올 정도로 로마 황제의 신임이 두터웠다. 그를 자유인으로 만들어 준 안토니아는 클라우디우스 황제의 손녀딸이었다. 안토니아가 든든한 후원자이기에 벨릭스는 자기 이름 앞에 안토니우스를 붙이기도 했다. 벨릭스는 헤롯 아그립바 1세의 막내딸인 드루실라와 결혼하여 로마와 유대에서 든든한 기반을 얻기도 하였다. 드루실라는 가이사랴 감옥에 있는 바울을 찾아가서 돈을 바라기도 하였다 (행 24 : 26). 그때 바울은 벨릭스의 후임자 베스도와 아그립바 2세 앞에서 담대하게 변론을 펼치기도 하였다(행 25-26장).

이런 신약의 역사에 앞서서 가이사랴 인근의 욥바 항구는 요나의 이야기로 유명하다. 요나는 니느웨로 가라는 하나님의 명령에 불순종하여 다시스로 가는 배를 타기 위해 욥바로 내려왔다. 그래서인지 욥바 인근에는 물고기 모양의 기념물이 즐비하다. 어찌 보면 욥바는 불순종의 항구이다. 그러나 베드로는 처음에 꿈에 보자기에 싸여 하늘로부터 내려오는 부정한 것을 환상으로 보고서 더욱 마음의 문을 굳게 닫았지만, 거듭된 하나님의 명령에 순종하여 이방인 백부장인 고넬료에게 복음을 전하게 된다.

 욥바의 두 인물, 곧 구약 요나서의 요나와 신약 복음서와 사도행전과 베드로전후서의 베드로는 각각 유대인 선교와 이방인 선교의 상징적인 인물이다. 요나든, 베드로든 유대인으로 태어났기에 당연히 유대인 선교에 몸을 담았던 구약의 선지자요, 신약의 사도이다. 그런데 하나님의 부르심 앞에서 날 때부터 몸담고 있던 유대적 환경을 벗어나서 이방인에게 복음을 전하는 영적인 지도자로 바뀌게 된 것이다.

 물론 요나는 불순종하여 다시스로 가는 배를 타고 가다가 풍랑을 만났고, 제비뽑기를 당하여 바다에 던져져 물고기 배 속에 3일 동안 갇혔다. 그러다가 니느웨 해안가에 토해져서 하는 수 없이 3일 길로 다니며 니느웨 백성에게 복음을 전하였다. 욥바의 무두장이 시몬의 집에 머물던 베드로는 거듭되는 환상에 더는 불순종할 수 없어서 고넬료가 보낸 사람을 따라 가이사랴로 가서 이방인 백부장에게 복음을 전하였다.

 이 두 가지 사건은 상황과 줄거리가 사뭇 다르지만, 목적은 동일하다. 곧 하나님의 명령에 순종하여 유대인의 경계를 넘어서 이방인에게 복음을 전하게 되었다는 사실이다. 순례객은 욥바에서 많은 유대인과 이방인이 뒤섞여 살아가는 현장을 목격하게 된다. 이미 유대인과 이방인의 삶의 현장은 구분이 없다. 물론 이스라엘에서 유대인이 지배적인 역할을 감당하고 있고, 이방인인 무슬림은 아직도 그 아래 종속된 상태로 살아간다. 그러나 복음은 유대인이나 이방인이나 구분이 없다. 모두 하나님의 백성이요, 누구나 하나님의 사랑을 받아야 하는 대상이다.

 요나와 베드로와 견줄 수 있는 또 다른 인물이 바울이다. 바울은 마지막

생사의 갈림길에서 가이사랴 감옥에 갇혀 있었다. 바울은 베냐민 지파로 태어나 유대교에 열심이 남달랐다. 당대의 최고 랍비인 가말리엘의 문하생이기도 했던 바울이 다메섹 도상에서 부활하신 그리스도를 만나게 됨으로써 이방인의 사도로 변하여, 27년 동안 지중해 지역을 다니면서 교회를 개척하다가 마지막에 로마를 거쳐 서바나로 가려는 꿈을 가지고 있었다.

이것은 다시스로 가려는 요나의 꿈과 다를 것이 없다. 그러나 차이점도 분명하다. 요나는 하나님의 명령에 불순종하여 다시스로 가려고 했지만, 바울은 하나님의 명령에 순종하여 그보다 먼저 가서 복음을 전한 베드로의 동생인 야고보가 순교한 서바나로 가려고 한 것이다. 성 야고보는 스페인어로 산티아고이며, 그가 순교한 무덤이 있는 '산티아고 가는 길'의 종착지인 콤포스텔라 교회이다. 복음은 이런 선각자들에 의해 유대인의 경계를 넘어서 유대인과 무슬림과 이방인에게로 나아간 것이다.

3. 고대로부터 현대에 이르기까지 최대 격전지
솔로몬과 요시야의 유적지이기도 한 므깃도(Tel Megiddo)

열왕기상 9:15~19에 의하면, 므깃도는 솔로몬이 건축한 강력한 북방요새이다. 솔로몬은 여호와의 성전과 자기 왕궁과 밀로와 예루살렘 성과 하솔과 므깃도와 게셀을 건축하려 하였다. 전에 이집트 바로가 올라와서 게셀을 탈취하여 불사르고 그 성읍에 사는 가나안 사람을 죽이고 그 성읍을 솔로몬의 아내인 자기 딸에게 예물로 주었다. 솔로몬은 게셀과 아래 벧호론을 건축하고, 또 바알랏과 그 땅의 들에 있는 다드몰과 자기에게 있는 모든 국고성과 병거성들과 마병의 성들을 건축하였다. 또 예루살렘과 레바논과 그가 다스리는 온 땅에 건축하였다.

열왕기하 23 : 28~30에 의하면, 므깃도는 요시야가 이집트 느고 왕과의 전투에서 전사한 곳이다. 이집트의 왕 느고가 앗수르 왕을 치고자 하여 유브라데 강으로 올라감으로 요시야 왕이 맞서 나갔더니, 이집트 왕이 요시야를 므깃도에서 만나 죽였다. 신복들이 요시야의 시체를 병거에 싣고 므깃도에서 예루살렘으로 돌아와 무덤에 장사했고, 백성들이 요시야의 아들 여호아하스를 데려다가 그에게 기름을 붓고 그의 아버지를 대신하여 왕으로 삼았다.

이스르엘 평지에 위치하여 청동기시대 이스라엘 도시로 3,000년이라는 오랜 세월 동안 팔레스타인에서 가장 전략적인 요충지 중의 하나였으며, 바로 인근 지역에서 수많은 결정적인 전투가 있었던 성경의 므깃도가 아랍의 마을인 레준(Lejjun)이라는 사실을 최초로 밝힌 학자는 14세기 유대 학자 하파리(Eshtori Haparhi)였다. 레준 옆에 있는 고대의 언덕인 텔 엘 무테셀림에 구약시대의 므깃도가 자리 잡고 있으며, 그 후에 생긴 마을이 아래쪽 지역에 자리 잡고 있다. 이곳은 1903~1905년에 독일 동양학회에 의하여 발굴되었다.

여선지 드보라의 이야기는 이 근처에서 시작된다. 드보라는 지휘관 바락을 설득하여 가나안 사람들과 대치하도록 하였다. 바락은 다볼 산에 진을 치고 우기에 전쟁 시기를 정하고 맞섰다. 가나안의 전차가 진흙 속에서 갈팡질팡할 때 맞부딪쳤다(삿 4 : 14-15). 가나안인들이 서부로 도망치자 기손 강의 물이 홍수로 범람할 때, 이스라엘은 다아낙에서 이들을 무찔렀다.

이스라엘 도시에서 밝혀지지 않은 것 중에 므깃도에 세워진 솔로몬의 마구간이라는 곳은 아합 왕에 의하여 건축된 것이다. 그 마구간은 장방형의 건물로 약 500마리의 말을 수용할 수 있으며, 마구간 뜰에서 물통의 흔적도 발견되었다. 므깃도는 북쪽 이스라엘을 위한 사륜마차의 중심적인 요새로, 대부분 마구간과 왕궁이 차지하고 있다. 유다 왕 아하시야가 반역자 예후에 의해 상처를 입고 도망가다 므깃도에서 전차 사고로 죽은 것은 그 뒤의 일이었다(왕하 9 : 27).

요시야는 유다왕국의 위대한 왕으로 기원전 640~609년에 예루살렘을 통치할 때, 유다왕국과 앗시리아에 의해 이미 산산이 분쇄되어 버린 이스라엘 북왕국과 화해하려고 시도했다. 당시 앗시리아는 국력이 쇠해졌고 메대와 바벨론이 강대해짐에 따라 시리아의 서쪽으로 피해 갔다. 이집트의 왕 느고(Necho)가 앗시리아 원정을 위해 609년 해변길인 비아 마리스(Via Maris)를 통해 북쪽으로 가는 이집트 군대를 봉쇄하기 위하여 므깃도로 그의 군대를 끌고 갔다. 이집트 왕은 요시야에게 사자를 보내어 막지 말 것을 권하였으나(대하 35 : 21), 요시야는 므깃도에서 싸우다가 활에 맞았고 예루살렘으로 돌아와 죽었다.

사실 므깃도는 이스라엘 백성과 여호수아가 성지에 들어가 얻은 가나안 땅이 아니다(삿 1 : 19). 므깃도는 기원전 1000년경 다윗의 시대에 처음으로 이스라엘 지역이 되었다. "이스라엘 자손이 강성한 후에야"(수 17 : 13)라는 말씀으로 볼 때, 므깃도는 다윗의 아들 솔로몬 때부터는 완전히 이스라엘 지역이 되었다. 솔로몬은 중요도시 중의 하나로 므깃도를 재건하였다(왕상 9 : 15). 솔로몬이 지은 므깃도의 인상적인 문은 하솔, 게셀, 단 등의 세 곳에서 발견된 솔로몬의 삼중 문과 동일하다. 길이 21m, 너비 17m의 므깃도 문은 이스라엘에서 발견된 것 중에 가장 크다.

므깃도 유적지에서 가장 먼저 눈에 들어오는 것이 솔로몬의 삼중 문이다. 그 규모가 엄청나서 마치 커다란 성읍에 들어가는 것 같은 착각이 일어난다. 왜 이런 문을 지었을까? 바로 그 삼중 문 앞 거리나 광장의 가장 잘 보이는 곳에 백성을 심판하는 재판석이 있기 때문이다. 솔로몬은 하나님께 지혜를 구한 왕으로 유명하다. 바로 그 지혜를 눈으로 볼 수 있는 곳이 성문 앞에 있는 재판석이다.

19세기 나폴레옹은 이집트와 팔레스타인 지방에 진을 치고 므깃도를 다시 전쟁터로 바꾸어 놓았다. 그것은 성지에서 튀르키예군을 멸망시켰던 사건이다. 1918년 9월 알렌비 장군이 이끄는 영국 군대가 팔레스타인에 있는 튀르키예군과 가진 전투는 므깃도에서 적군을 양분시켜 해변에서 처부수는 기병을 이용한 고대식 싸움이었다. 1948년 이스라엘 독립 전투에서 므깃도의 벌판은 다시 전쟁터가 되었다. 5월 30일 밤에 이스라엘 군대는 아랍에 의해 정복된 레준 마을을 공격하여 혈전을 벌였다. 오랜 전쟁의 역사를 치르면서 므깃도는 1964년 1월에 평화의 상징이 되었다.

　성지는 역사를 미리 알고 가면 더 많이 보인다. 므깃도 유적지를 올라가면 돌무더기뿐이니, 더욱 그렇다. 유적지에 올라가기 전에 먼저 충분한 시간을 가지고 전시실에 들러서 조형물도 체험하고, 벽면에 정리된 지도를 통해서 역사 공부도 하고, 박물관에 전시된 유물도 관찰하고, 다큐멘터리 영화도 관람한 후에 텔 므깃도를 탐방하는 것이 좋다.

므깃도에 건설된 솔로몬의 삼중 문

4. 여로보암의 인장과 드라빔이 발견된 우상숭배의 현장

므깃도는 요한계시록의 미래 아마겟돈(Armageddon)의 전쟁터

므깃도는 전쟁터로도 유명하지만, 성서 고고학적인 측면에서 많은 자료와 유물이 발굴되어 더 유명하다. 이곳에 3,000년 전에 건축된 수로시설, 므깃도 박물관과 솔로몬의 삼중 문과 계단, 도시의 북쪽 문(솔로몬 당시의 궁전과 성막과 성소), 여로보암 시대의 곡물 저장소, 솔로몬의 지휘소와 마병장, 다윗 왕 시대의 건물과 병거와 아합 왕의 마구간 등이 있다.

므깃도는 기원전 4000년으로부터 6세기에 이르기까지 이스라엘 최고의 요새로서 가장 많은 전쟁을 치렀던 도시이다. 이집트와 다메섹을 거쳐 메소포타미아에 이르는 해변의 길의 가장 중요한 통로로, 동서남북에 사통팔달할 수 있는 곳이어서 20회 이상의 국제 전쟁을 치렀다. 이 도시에 관한 최초의 기록은 이집트 카르나크 신전 벽면에 부조된 투트모스 3세의 승전 기록인데, 그는 기원전 1468년에 므깃도에서의 전투를 승리로 이끈 왕이었다.

므깃도에서 중요한 것은 솔로몬의 마병장이다. 솔로몬은 그 당시 군사력의 상징인 기병대를 육성하였다. 므깃도는 이러한 병거와 마병성의 하나였던 것으로 생각된다. 이곳에서 발굴된 솔로몬 시대의 성문은 그 이전의 구조와 다른 자형으로 설계되어 있으며, 이는 말을 사용하기 시작하면서 이에 맞는 성문을 고안해 낸 것으로 여겨진다. 또 이곳에서 발굴된 마병장에는 말들의 고삐를 매어 놓았던 구멍이 뚫린 돌들이 말구유와 함께 늘어서 있는 큰 장소가 발굴되었다. 약 450마리 정도의 말과 150대의 병거를 수용할 수 있는 큰 규모이며, 중앙에는 말에게 물을 먹이던 큰 물통도 있었다. 그래서 일반적으로 이것을 '솔로몬의 마병장'이라고 부른다.

솔로몬이 건설한 므깃도의 마병장

실제로 발굴된 지층은 솔로몬 왕 때의 주거 층이 아니라, 이보다 약 100년 후 아합 왕 때의 것이다(기원전 869-850). 므깃도는 시삭에 의해 파괴되었다가 아합 때 복구되었지만, 아합 왕 때의 마구간은 그 이전 솔로몬 때 건설된 것을 재건한 것으로 추정된다.

요한계시록의 아마겟돈 전쟁터로 유추되는 므깃도에서 발굴된 것 중에서 가장 흥미로운 것은 우수한 수로 장치이다. 큰 통로가 바닥까지 내려와 있고, 그 통로의 끝에서 바위 구멍을 뚫고 밖의 샘으로부터 므깃도 내부로 물을 끌어들였다. 밖의 샘 입구는 포위하고 있는 적에게 발견되지 않도록 흙으로 덮여 있다. 이것은 3,000년이 지난 오늘날까지 잘 보관되어 있다.

결정적인 전쟁터로서의 므깃도의 역사는 요한계시록에도 나타나 있다. 즉, '역사의 종국에 전능하신 이의 큰 날의 전쟁'이 아마겟돈에서 일어날 것이라고 하여, 므깃도가 이 아마겟돈이 아닌지 성경 학자들은 추론한다. 신약의 요한계시록에 므깃도가 헬라어로 음역되어 '아마겟돈'으로 등장하는데, 종말에 가장 치열한 전투가 벌어지는 곳으로 표현된 것(계 16 : 16)은 우연이 아니다. 므깃도가 아마겟돈 전쟁이 유래된 곳이므로 요한계시록 16 : 16에 묘사된 "세 영이 히브리어로 아마겟돈이라 하는 곳으로 왕들을 모으더라"라는 구절이 마음에 와닿는다. 왕들이 모여 일으키는 마지막 전쟁이 아마겟돈이다.

므깃도 요새에 거주하던 무장 군인들과 군마들을 위한 거대한 곡식 창고도 신기할 정도로 원형 그대로 발굴되었다. 가장자리에 놓인 계단을 따라 아래까지 진입할 수 있도록 설계된 곡식 창고를 뒤로하고 강력한 요새에서 오랫동안 작전을 수행하는 데 필수적인 수로를 통해 물이 공급되는 대규모 물 저장고도 장관을 이룬다. 순례객마다 북쪽 므깃도 전시실에서 입장하여 같은 길을 되돌아갈 것으로 예상하지만, 이 엄청난 유수지의 계단 아래로 내려가서 발밑에서 찰랑거리는 물을 모세가 홍해를 갈라 낸 길을 걸어가는 것처럼 통과하여 반대편 남쪽 가파른 계단을 올라가면 새로운 출입구를 만나게 된다. 므깃도의 수장고는 마치 선사시대의 거대한 동굴을 탐조하는 것과 같은 짜릿한 경험뿐만 아니라, 무더운 날씨 가운데 이스르엘 계곡의 시원함을 느끼게 해 주어 순례객마다 탄성을 자아내는 곳이기도 하다.

므깃도 유적지 정상에 올라가면, 산 정상이 두 동강이 나서 파헤쳐진 것을 볼 수 있다. 바로 처음 이곳을 발굴한 군인이 다이너마이트로 한순간에 유적지를 두 동강을 내서 발굴하였기 때문이다. 무식하면 용감하다고 어찌 유적지를 이런 식으로 발굴할 수 있을까? 그런데 거대한 텔의 겹겹이 쌓인 지층이 한꺼번에 드러나자 모든 고고학자의 관심이 집중되었다. 바로 여기서 여로보암의 인장도 출토되고, 각종 드라빔도 발굴되어 거대한 텔 므깃도가 가나안 정복 이후 시대에 왕성하던 우상숭배의 현장이라는 사실을 확인하는 계기도 되었다.

므깃도를 찾는 순례객이 가장 먼저 찾는 곳은 전시실이다. 전시실에 므깃도의 역사를 한눈에 알아볼 수 있는 텔 므깃도 조형물이 있는데, 버튼을 누르면 솔로몬 시대부터 요시야에 이르기까지 시대별로 단층 구조와 유적지의 건축물이 신기하게도 공중으로 솟아오른다.

5. 드루즈족과 아랍인 무슬림에 대한 선교적 접근
갈멜 산에서 엘리야에게 응답하신 하나님

"머리는 갈멜 산 같고"(아 7 : 5), "해변의 갈멜같이"(렘 46 : 18, 참고. 사 33 : 9) 아름다움을 노래할 때마다 등장하는 해발 482m의 갈멜 산은 이스라엘의 '거룩한 머리 산'이라 불리었다. 기원전 4세기의 헬라인들은 이 산을 '거룩한 제우스의 산'이라 불렀으며, 기원전 1세기 로마의 베스파시아누스는 이곳에서 제사를 지내기도 하였다. 로마의 역사가 타키투스는 이 산을 가리켜 '동상도 신전도 없이 오직 제단과 예배만 있는 산'이라 하였다. 갈멜 산은 이스라엘의 3대 도시 가운데 하나인 하이파가 있는 지중해로부터 시작되어 이스르엘 골짜기를 따라 남동쪽으로 길게 뻗은 약 25km 가량의 산맥으로, 종교적 의미를 많이 가지고 있으며 기원전 860년 아합 왕 때 바알과 아세라 선지자들의 우상숭배의 중심지였다.

열왕기상 18 : 19~40에 의하면, 엘리야는 온 이스라엘과 이세벨의 상에서 먹는 바알의 선지자 450명과 아세라의 선지자 400명을 갈멜 산으로 모아 아합과 대결하였다. 이때 엘리야가 모든 백성에게 "너희가 어느 때까지 둘 사이에서 머뭇머뭇 하려느냐 여호와가 만일 하나님이면 그를 따르고 바알이 만일 하나님이면 그를 따를지니라"라고 선포하고, "여호와여 내게 응답하옵소서 내게 응답하옵소서 이 백성에게 주 여호와는 하나님이신 것과 주는 그들의 마음을 되돌이키심을 알게 하옵소서"라고 간청하였다. 이에 여호와의 불이 내려서 번제물과 나무와 돌과 흙을 태우고 또 도랑의 물을 핥았다. 이때 모든 백성이 보고 엎드려서 "여호와 그는 하나님이시로다"라고 소리를 높이면서 회개하였다. 그 순간 엘리야가 "바알의 선지자를 잡되 그들 중 하나도 도망하지 못하게 하라"고 단호하게 선언한다. 그 후에 엘리야가 그들을 기손 시내로 데려가 거기서 모두 죽였다.

흔히 엘리야가 갈멜 산에서 하늘로부터 임하는 여호와의 불로 제단을 사르고 3년 6개월 동안 가뭄에 시달린 이스라엘 땅에 단비를 내리게 한 사건만을 기억하지만, 모든 불의 심판이 임하게 되자 우상을 섬기던 이방 선지자들에게 하나님께서 준엄한 심판으로 진노를 발하신 헤렘법 곧 진멸법으로 다스린 것을 확인하는 것이 더 중요하다. 갈멜 산의 사건은 하나님께서 악한 자들을 반드시 심판하신다는 사실을 보여 준다.

마르키온은 영지주의 이단을 신봉하면서 구약의 하나님을 열등하다고 생각하고 구약성경을 거부하였다. 그는 플라톤의 이원론을 받아들여서 영혼만을 중시하고 육체는 악하다고 생각하였다. 그러나 이는 하나님께서 가지고 계신 품성인 공의의 측면을 이해하지 못한 어리석은 생각이다. 엘리야가 바알과 아세라의 우상숭배를 척결한 것은 하나님의 의로우심을 통하여 하나님의 공의를 만천하에 드러낸 엄청난 사건이다.

예루살렘 성전이 가장 번창하였던 예수 당시의 제사장 숫자가 약 480명 정도였음에 비교한다면 기원전 9세기의 바알 종교가 이스라엘 내에서 얼마나 극성을 부렸었는가를 짐작할 수 있을 것이다. 이때 엘리야는 갈멜 산에서의 승리를 통하여 이스라엘의 새로운 종교 질서를 세웠으며, 종교적 위기로부터 구출하였다. 갈멜 산 꼭대기에는 1868년에 세워진 '므흐라카'(불의 제단)라 불리는 카르멜 수도원이 있다.

갈멜 산의 엘리야 기념교회에서 다소 긴 구절인 열왕기상 18 : 20~40을 읽으며 엘리야에게 임했던 성령의 불길이 한국교회의 민족 복음화 제단과 남북의 복음 통일을 이루고, 코로나19 이후에 정부에 의해 수시로 탄압을 받아서 교회 폐쇄와 주일성수 금지로 침체한 한국교회가 영적으로 다시 부흥하는 날이 오기를 사모하는 마음으로 기도하면, 엘리야 때의 불로 임하는 감동과 큰 은혜를 다시 체험할 수 있을 것이다.

봄이 되면 갈멜 산 지천으로 아네모네가 붉게 피어나서 샤론의 꽃으로 오신 예수의 십자가 보혈을 상기시킨다. 순례객들에게 잠시 버스에서 내려 사진을 찍게 했더니 한 손 가득 꽃다발을 들고 버스를 올라탔다.

갈멜 산 인근에서 아라베스크 문양으로 된 흔치 않은 청동 접시를 전시하고 있는 드루즈족이 운영하는 식당에 들러 점심을 먹고 나오면, 가끔 마을 장터가 열리는 것을 볼 수 있다. 오늘날 이스라엘 땅에서 드루즈족은 갈멜 산과 헤르몬 산 인근에 소수가 거주하고 있다. 갈멜 산 인근에 있는 이들의 장터는 비교적 규모가 크다. 제대로 차려놓고 좌판 위에 물건을 내놓고 팔기도 하지만, 갑작스럽게 와서 바닥에 물건을 내려놓고 손님을 기다리는 모습도 일반적이다.

갈멜 산에 있는 드루즈족의 벼룩시장

이스라엘에서 유대인에게 선교하는 것은 어렵지만, 상대적으로 드루즈인과 아랍인 무슬림에 대한 선교는 접근이 쉽다. 이스라엘에 선교사가 파송된 지 어느덧 30년이 넘었지만, 드루즈족에 대한 선교는 성과가 없는 편이다. 아랍지역에 4개의 교회를 개척하여 수십 년째 사역하던 김홍근 선교사는 엉뚱하게 2000년에 최바울이 주도한 인터콥에 의해 실시된 이스라엘 걷기 사역을 돕다가 그동안 쌓아 온 선교지를 잃어버리고 체류와 입국 그리고 아랍인 선교에 제약을 받아 이제는 미국과 캐나다 그리고 독일에서 후방 선교를 지원하면서 유대인에게 복음을 전하는 일을 하고 있다. 이런 때일수록 인터콥은 교회관을 올바르게 회복하고, 수십 년 동안 뿌리내린 중동지역에서 최정예 선교사들의 입지를 마구 흔들어 대는 공격적인 행동과 청년 대학생을 충동하는 즉흥적인 사역을 지양하고, 현지에 파송된 선교사들에게 진심으로 사죄해야 한다.

6. 나사렛에서 무슬림선교의 틈새를 열라
지금도 낙후된 갈릴리 지역의 나사렛(Nazareth)

나사렛은 갈릴리에 있는 성읍으로 요셉, 마리아, 예수의 제2의 고향이다. 성 가브리엘 교회 근처에 있는 샘물은 광장에 있는 '마리아의 우물'까지 흘러간다. 의심할 여지 없이 마리아는 이 우물물을 길었을 것이다. 누가복음 1 : 26은 천사 가브리엘이 이곳의 동정녀 마리아에게 나타나 놀라운 사실을 알려 주었다고 선포한다. 마리아가 예수를 베들레헴에서 낳고 그 길로 이집트에서 피난생활을 하였음에도 예수의 고향을 나사렛이라 했으며 (마 2 : 23), 제자들도 그렇게 불렀다(행 24 : 5). 예수께서 헤롯이 죽고 난 후에 다시 이스라엘로 돌아오셨지만, 유대에 남아 있던 아켈라오의 공포정치 때문에 나사렛에 정착했다(마 2 : 20-23). 누가복음에 기록된 예수의 어린 시절의 두 사건은 분명히 예수께서 나사렛에서 부모와 함께 살았다는 사실을 증거한다(눅 2 : 39, 51). 수태 고지 교회 주변의 주거단지 내에 있는 요셉의 목공소는 이 사실을 다소나마 뒷받침하고 있다.

30세에 공생애를 시작하기 위해 주님은 나사렛을 떠나 요단 강 쪽으로 가서 세례를 받고 광야로 들어가기로 작정하셨다. 나다나엘이 말한 나사렛은 요한복음 1 : 46에 나타나 있다. 빌립이 나사렛 예수를 만났다고 말했을 때 나다나엘은 "나사렛에서 무슨 선한 것이 날 수 있느냐"라고 대답하였다. 이것은 여러 가지로 해석할 수 있지만 갈릴리에서 선지자가 나지 못하리라(요 7 : 41, 52)는 그 당시 전통적인 생각을 반영한 것이고, 나사렛의 평판도 다른 고을보다 좋지 못했으며(눅 4 : 28, 마 13 : 58, 막 6 : 6 참조), 나다나엘은 자기 고향인 가나에 비하여 보잘것없다고 시기해서 한 말이다.

시험받은 뒤 예수께서 나사렛을 떠나 가버나움으로 가신 것은 이사야 9 : 1의 예언을 성취하시기 위한 것이었으며(마 4 : 13-16), 누가는 나사렛에서 예수에 대한 첫 배척이 있었다는 사실을 기록한다(눅 4 : 16-30). 이 말씀 속에 등장하는 낭떠러지는 지금도 나사렛에 두 곳이 있다. 하나는 전통적으로 절벽이었던 남쪽과 서쪽으로 이어진 '낙하의 언덕'(Hill of Precipitation) 또는 '도약의 산'(Mt. of the Leap)으로 불리는 곳이고, 다른 하나는 가까운 근처의 벼랑으로 고대에는 회당이 있었던 곳이다. 나사렛에서 예수의 두 번째 배척(마 13 : 54, 막 6 : 6)은 예수의 제2차 갈릴리 사역 중에 일어났다. 예수께서 회당에서 성경을 읽으실 때 사람들이 다시 그를 대적했다. 예수께서는 "선지자가 자기 고향과 자기 집 외에서는 존경을 받지 않음이 없느니라"라고 말씀하셨다. 마가는 또 다른 이유를 "거기서는 아무 권능도 행하실 수 없어 다만 소수의 병자에게 안수하여 고치실 뿐이었고 그들이 믿지 않음을 이상히 여기셨더라"(막 6 : 5-6)라고 기록한다.

요셉은 마리아가 만삭이 되었을 때 로마제국의 명령을 따라 호적을 등록하기 위해서(눅 2 : 1) 고향인 베들레헴으로 갔으며, 마리아는 그곳에서 예수를 낳았다(눅 2 : 4-7). 별을 보고 유대인의 왕을 만나려고 먼 길을 온 동방 박사들은 헤롯이 있는 예루살렘 왕궁으로 찾아갔다. 왕이 태어났다면 왕궁에 있는 것이 마땅하다고 생각했을 것이다. 이로 인해 정신적으로 매우 불안정하고 정적을 두려워했던 헤롯은 자극을 받았으며, 동방 박사들이 자신의 기대와는 다르게 다른 경로를 통해 고국으로 돌아가자(마 2 : 1-12), 베들레헴에 있는 두 살 아래의 모든 아이를 죽였다. 천사의 경고를 받은 요셉은 마리아와 아기 예수를 데리고 이집트로 피신했다가(마 2 : 13-18) 천사로부터 헤롯이 죽었다는 소식을 듣고 되돌아오게 되었다. 하지만 요셉은 베들레헴으로 되돌아가지 않고 갈릴리 나사렛으로 갔다. 성경은 그 이유를 "아켈라오가 그의 아버지 헤롯을 이어 유대의 임금 됨을 듣고 거기로 가기를 무서워하더니 꿈에 지시하심을 받아 갈릴리 지방으로 떠나가"(마 2 : 22)라고 말한다.

요셉이 두려워했던 아켈라오는 헤롯이 말다케에게서 얻은 장자였다. 그는 매우 잔혹하고 억압적인 통치를 일삼았다. 그러자 유대와 사마리아의 귀족들은 로마 황제 아우구스투스에게 대표단을 파견해서 아켈라오의 폭정을 알리고 반란이 일어날 것이라고 위협하며 아켈라오를 제거해 달라고 요청했다. 그 결과 아켈라오는 기원후 6년에 권좌에서 쫓겨났다. 이런 역사적 상황을 고려할 때 요셉이 아켈라오를 두려워해 유대 지역으로 되돌아가지 않고 자신과 마리아가 살던 나사렛으로 발길을 돌렸던 것은 지극히 자연스러운 일이었다.

지리적으로 나사렛은 하부 갈릴리 지방에 있는 도시로, 서쪽의 지중해와 동쪽의 갈릴리 호수 사이 중간 정도에 자리 잡고 있다. 나사렛의 동쪽과 북쪽에 가파른 언덕이 있으며, 서쪽에는 488m에 달하는 높은 산이 있고, 남쪽만 열려 있는 분지에 자리 잡은 고립된 도시였다.

지금도 나사렛은 낙후된 지역이다. 순례자를 태운 버스가 좁은 골목길을 곡예하듯 막힌 길을 빠져나가다 보면, 복음서에는 나오지 않는 로마식 대도시로 반드시 들러야 할 세포리스는 건너뛰고 일몰 시각에 쫓겨서 가나의 혼인 잔치 기념교회를 철문 틈새로 들여다보고 갈릴리 호수로 내달려야 하는 상황이다. 나사렛이 분지 형태이다 보니, 겨울 우기를 제외하고는 항상 찜통과 같이 푹푹 찌는 날씨이다. 예수 당시의 나사렛 절벽에서 돌을 주워 건축한 투박한 회당을 가려면 좁다란 골목길과 시장을 지나가야 하는데, 찾는 이가 없으니 관리인도 없어서 대부분 문을 잠가 놓는 경우가 많다. 그래도 베들레헴 다음으로 이스라엘 땅에서 기독교인의 분포도가 가장 많은 지역이 나사렛이다. 이곳에서 예수의 숨결을 찾아보면서 그 지역의 주민 대부분을 차지하는 무슬림선교의 틈새를 열어야 한다.

굳게 닫힌 나사렛 회당의 정문

7. '나자라'는 예수에게 붙여진 유일한 고유명사
'나자라 예수'는 경멸적인 언사인 '나사렛 사람'과는 다른 칭호

콘스탄틴 대제의 모친 헬레나는 4세기 무렵 나사렛에 첫 번째 성당을 지

었다. 이슬람이 중동을 지배하고 있을 때 나사렛도 많은 고통을 받았다. 그 후 나사렛은 1099년에 십자군에 의해 해방되어 벧산(Beth-Shan) 교구가 되었다. 1187년 사라센이 호른 근교에서 십자군을 무찔러 나사렛의 통치자가 바뀌었다. 1229년까지 프레데릭 2세가 통치했으나 34년 후에 맘루크 술탄 바이발스에게 넘어갔다. 튀르키예가 1517년 통치권을 획득했고, 1620년에는 프란시스코회가 성지 전역을 지도하게 되었다가, 1518년 영국이 튀르키예로부터 빼앗았다. 30년 후 이스라엘이 아랍의 파우지엘 카욱지에게서 나사렛을 빼앗아 지금에 이르고 있다. 이곳에 세워진 중동 전역에 걸쳐 가장 큰 교회인 수태 고지 기념교회(Church of the Annunciation)는 1966년에 완성되었다. 웅장한 이 교회는 비잔틴과 십자군 교회들이 세웠던 그 폐허 위에 재건되었다. 구리로 채색된 피라미드식의 둥근 지붕이 인상적이며, 아래층에는 수태 고지 동굴이 있다.

   예수의 부모 요셉과 마리아는 역사적으로 알려지지 않고, 지리적으로 매우 외졌던 나사렛에 살고 있었다. 마리아는 나사렛에서 천사 가브리엘로부터 수태 고지를 받았다(눅 1 : 26-33). 요셉은 천사 가브리엘의 명령을 따라 임신한 마리아를 데려와 함께 살았다.

마리아에게 예수의 수태를 말하는 가브리엘 천사상

천사가 마리아에게 예수 탄생을 예고해 준 장소에 세워진 교회가 나사렛에 세워진 다섯 번째 교회로, 1955년 건축을 시작하여 1969년에 완성되었다. 성지에 있는 교회로서는 최대 규모이며, 이태리 건축가 조반니 무치오가 설계한 것이다. 이 교회 안에는 한국을 포함한 세계 각국에서 보내온 성화가 진열되어 있다. 현재 교회의 지하층에는 예수 수태 고지 동굴이 잘 보존되어 있다. 교회 경내 북쪽에는 요셉 교회가 별도로 세워져 있다. 요셉 교회는 요셉의 목공소가 있던 자리라고 추정되는 곳에 세워진 교회로서, 현재의 교회는 1914년에 봉헌된 것이다. 이 교회의 지하층에는 예수 당시까지 소급되던 물탱크와 곡식 저장소가 있다.

마태가 선지자의 예언 성취라고 언급(마 2 : 23)한 대로, 나사렛은 예수에게 제2의 고향과 같다. 그러나 마태가 인용하는 선지자의 말씀과 문자적으로 병행되는 구절을 구약성경에서 찾아볼 수 없다. 그래서 학자들은 바로 '나사렛 사람'이라는 표현에 주목한다. '나사렛'이라는 지명은 여러 가지 의미로 해석될 수 있는데, 그중의 하나가 이사야 11 : 1에 나오는 '가지'의 의미이다. 즉, 학자들은 요셉이 헤롯 아켈라오를 두려워해 나사렛으로 방향을 돌림으로 나사렛 사람이라고 불리게 된 것이 바로 이사야의 예언 성취라고 해석했다. 그래서 많은 학자들이 나사렛 지명을 다양한 뜻으로 해석할 수 있음에도 불구하고 '가지'라는 의미를 선호한다.

예수는 이 나사렛에서 어린 시절을 보내셨고(눅 2 : 39-51), 세례 요한에게 요단 강에서 세례를 받고 공생애를 시작하면서 나사렛을 떠나 가버나움으로 이주하셨으며(마 4 : 13), 가버나움을 공생애의 전초 기지로 삼으셨다. 예수는 공생애 기간에 나사렛 회당에 가셔서 '주의 은혜의 해'에 모든 멍에에서 벗어나는 희년이 도래했음을 선포하셨다. 나사렛 사람들은 예수의 선포와 은혜로운 말씀에 놀라워했지만, 요셉의 아들이라는 것 때문에 예수를 영접하지 않았다. 그러자 예수는 선지자가 고향에서 환영을 받은 자가 없다고 말씀하시고, 그 예로 엘리야 시대에 가뭄을 피했던 유일한 사람이 사렙다 과부이며, 엘리사 시대에 유일하게 나병에서 깨끗함을 입은 사람이 나아만뿐이었다고 하면서, 오직 이방인들만 고통에서 구원을 받았음을 암시적으로 선언하셨다. 예수의 예는 엘리야와 엘리사 시대에 유대인들이 버림을 받았던 것처럼 예수의 복음을 받아들이지 않은 회당에 참석했던 나사렛 유대인들은 버림을 받게 될 것이라는 강력한 선언이었기에, 그들은 분노해서 예수를 동네 밖 산 낭떠러지로 끌고 가서 밀쳐 떨어뜨리려고 했다(눅 4 : 16-30).

신약성경에서 나사렛은 이런 지명 외에도 '나사렛 예수'라는 표현으로 많이 사용된다. 이는 예수가 나사렛 출신이라는 의미로 사용되었다. '나사렛 예수'라는 표현에 특이한 사건이 하나 있는데, 그것은 예수의 제자 빌립이 나다나엘을 전도할 때 벌어졌다. 빌립이 나다나엘에게 여러 선지자가 말했던 메시야(신 18 : 15-18 ; 사 9, 11, 53장)가 바로 "요셉의 아들 나사렛 예수"라고 말하자, 나다나엘은 "나사렛에서 무슨 선한 것이 날 수 있느냐?"며 나사렛을 경멸하는 투로 말했다(요 1 : 45-46). 이는 나사렛이 당시 사회적으로나 종교적으로 전혀 알려지지 않은 곳이었으며, 좋지 않은 평판을 가지고 있었음을 시사한다.

마태복음 4 : 13과 누가복음 4 : 16의 공통구절인 Q(독일어 Quelle는 '자료'라는 뜻)에서 간략한 단어인 헬라어 '나자라'가 유일하게 사용된다. 이 '나자라' 칭호는 예수에게 붙여진 고유명사이다. 예수의 지역적 특징을 나타내는 칭호로 그 당시의 유대인들이 예수를 '나사렛 사람'(히브리어로는 노쯔리, 마 2 : 23 ; 눅 1 : 26 ; 2 : 39, 51)이라고 부른 것과는 달리, Q공동체는 갈릴리에서 공생애를 시작하신 스승을 '나자라 예수'라고 부른다. 그러나 나자라 예수의 경우에는 나사렛 예수와 전혀 다르다. 오직 예수에게만 '나자라'라는 칭호가 붙여져서 다른 나사렛 사람과는 엄격하게 구별된다. 아직도 나사렛에서 대부분을 차지하는 아랍인은 나사렛 예수를 경멸하는 이들이 다수이다. 이들에게 구원의 희망이 되는 나자라 예수를 올바르게 전도해야 한다.

8. 다양한 이름을 가진 가나와 갈릴리 호수
예수께서 거니신 영원한 마음의 고향, 갈릴리 호수

가나(Cana of Galilee)는 갈릴리에 있는 마을이며, 예수께서 최초의 이적을 베푸신 장소로 유명하다. 곧 혼인 잔치 때 물로 포도주를 만들었던 곳이다(요 2:1-11). 예수께서는 다시 가나(Kanah)에 방문하셨다. 이 장소에 대한 유일한 다른 언급은 두로 근처의 가나와 구별하기 위하여 나다나엘의 고향인 갈릴리의 가나라 부른 것에서 나타난다. 여호수아 19:28에서 언급하고 있는 아셀 지파의 가나인 두로의 남동쪽 10km에 있는 레바논의 가나 마을과 요한복음에 기록된 갈릴리의 가나에 대해서 4세기에 제롬은 명백하게 구별하여 갈릴리 가나를 매우 특별한 마을로 인식하고, 예수의 첫 기적과 공생애를 시작한 곳이 나사렛에서 아주 가까운 갈릴리 지역이라고 덧붙였다.

예수께서는 갈릴리 가나에서 혼인 잔치 도중에 물을 포도주로 바꾸는 첫 표적을 행하셨으며(요 2:1-11), 왕의 신하가 찾아와 아들이 가버나움에서 아파 죽어 가고 있으니 함께 가서 고쳐 달라고 청하자 말씀으로 치유하시는 두 번째 표적을 행하셨다(요 4:46-54). 요세푸스는 로마에 대항한 첫 번째 유대 항쟁 동안 가나라는 이름을 가진 갈릴리의 마을에 한동안 머물렀다. 1881년 프란시스파에 의해 세워진 가나의 첫 기적 기념교회는 가나의 중심에 있다.

가나를 지나서 내륙으로 내려가면, 갈릴리 호수(Sea of Galilee)가 나온다. 갈릴리는 요단 강 서쪽의 평야와 산지로 이루어져 있으며, 갈릴리 지방의 남쪽에 나사렛이 있다. 예수의 제자 대부분도 갈릴리 출신이었으며(마 4:

18, 행 1 : 11), 갈릴리는 공생애의 중요한 무대였다(마 4 : 23).

갈릴리 호수는 레바논과 시리아를 접하고 있는 헤르몬 산기슭에 있는 세 곳의 발원지에서 시작하는 물줄기가 북쪽의 요단 강 상류로 흘러들어와 형성된 내륙 호수이며, 이스라엘이 사용하는 물의 1/3을 이 갈릴리 호수가 공급하고 있다. 갈릴리 호수는 남북의 길이가 21km이며, 가장 좁은 곳인 티베리아와 엔게브 사이는 너비 9km이고, 가장 넓은 곳은 13km이며, 전체 둘레는 52km이다. 갈릴리 호수는 해수면보다 212m 낮으며, 수심은 50m이다.

신약에서는 디베랴 바다(요 6 : 1, 21 : 1), 게네사렛 호수(눅 5 : 1), 그리고 바다(마 8 : 24, 막 2 : 13, 요 6 : 16-17)로, 구약에서는 긴네렛 바다(민 34 : 11, 수 12 : 3, 13 : 27)라고 불렸다. 예루살렘에서 북쪽으로 약 96km 지점의 저지대인 갈릴리의 동쪽, 곧 거대한 요단 계곡에 위치한다. 랍비들이 "여호와께서 일곱 개의 바다를 만드셨지만, 갈릴리 호수는 주님의 기쁨이다."라고 말할 만큼 검푸른 바다가 아름답다. 바다의 깊이는 얕은 곳이 24m로 알려져 있고, 평균 담수 용량은 4,562㎥(4,562,000L)이다.

호수의 해변에는 자갈이 많고 조그만 조개껍데기가 널려 있다. 해안에서 몇 개의 뜨거운 온천이 발견되었고, 그중에서 가장 유명한 두 개의 온천은 호수의 서북쪽에 있는 아인 에트 타브가와 디베랴의 남쪽 3.2km 지점에 있는 아인 엘 폴리에이다. 갈릴리 호수는 고도가 낮고 기온이 고원지대보다 더 높아 기후가 항시 덥다. 이와 같은 기후와 주위의 비옥한 평야로 인해 이곳은 농산물이 풍부하며, 특히 밀과 보리의 수확은 산간지대에서보다 1개월가량 일찍 진행된다. 또 이 지역에서는 무화과, 포도, 채소 등의 농산물이 풍부하며, 이 호수에서 잡히는 물고기는 22여 종이다.

호수 주변에 아홉 개의 도시(디베랴, 고라신, 벳새다, 히포스, 가버나움, 가다라, 긴네렛, 미그달, 거라사 등)가 있었으며, 특히 가버나움에는 적어도 1,500명의 인구가 거주했을 것이다. 호수의 해안에는 헬라인과 로마인들에 의하여 세워진 궁전, 경기장, 극장 및 목욕탕 등의 유적이 많다. 바다의 동편 지역에는 주로 이방인들의 거주한 데가볼리가 있었다. 해면 이하의 지역으로 동쪽과 서쪽의 600m의 높은 고지와 북서쪽 1,200m의 고지에서 수면까지 찬 공기를 가파른 아래로 몰아와 갈릴리 호수를 금방 폭풍으로 몰아세우기에 안성맞춤인 지형으로 형성되어 있다. 구약성경에는 이곳이 경계로만 언급되어 있지만(민 34 : 11, 수 12 : 8, 13 : 27), 이와는 대조적으로 신약의 사건 중에서는 가장 중요한 사역지 중 하나이다.

이 갈릴리 지방에서 행해진 예수의 사역 중심지는 가버나움이었다. 병을 치료하는 데 알맞은 광천수 덕분에 이 지역은 병약한 자들의 요양지로 변모되었고, 예수께서 33번 행하신 기적들(대부분이 병 고침의 기적) 가운데 10번의 기적이 갈릴리에서 행해졌다(막 1 : 32-34, 3 : 10, 6 : 53-56). 예수는 대부분의 시간을 가버나움과 디베랴 사이에 있는 호수의 북서쪽 지방에서 보냈다. 예수와 그의 제자들은 자주 게네사렛의 곡식밭 사이를 걸어 다니셨다. 복음의 메시지를 위한 많은 비유(곡식과 가라지, 씨 뿌리는 자의 비유, 사람 낚는 어부, 바다에 그물을 던진 일 등)는 이러한 환경에 영향을 받은 것이었다. 그리고 호수 근처에서 산상설교(마 5-7장)를 하셨으며, 해변에서 오병이어(마 14 : 13-21)의 기적을 보여 주셨고, 귀신 들린 자(막 5장)와 나병 환자(눅 5 : 12-16)와 호수에 일어난 풍랑을 꾸짖어 잠잠하게 하셨다(막 4 : 35-41). 70년 예루살렘 함락과 함께 유대인들의 학문은 갈릴리로 옮겨졌다. 그 결과 디베랴는 미쉬나(Mishnah)와 탈무드(Talmud) 편찬의 중심지가 되었고, 후에 히브리어 원문에 모음을 추가한 마소라(Masorah) 학자들의 본거지가 되었다.

성지에 가서 반드시 하룻밤을 머물러야 하는 곳이 갈릴리 호수이다. 새벽에 조용히 일어나서 호숫가를 거닐고 물새들의 소리를 들으면 저절로 시상이 떠오른다. 갈릴리 인근의 키부츠에는 세계 각국으로부터 자원봉사를 온 많은 청년이 있다. 이들이야말로 이스라엘 선교의 주 대상이다.

누구나 시인이 되게 하는 갈릴리 호수

9. 가버나움 기적의 이전과 이후
갈릴리 공생애의 중심지인 가버나움(Capernaum)

가버나움은 예수께서 갈릴리 선교 본부로서 3년 동안 공생애 활동을 하신 가장 중요한 지역이다. 마태복음 4:12~13은 예수께서 가버나움에서 사신 것을 기록한다. 예수께서는 요한이 잡혔다는 소식을 들으시고 갈릴리로 물러가셨다가 나사렛을 떠나 스불론과 납달리 지경 해변에 있는 가버나움에 가서 사셨다. 이는 선지자 이사야를 통하여 하신 말씀을 이루려 하심인데, 스불론 땅과 납달리 땅과 요단 강 저편 해변길과 이방의 갈릴리의 흑암에 앉은 백성이 큰 빛을 보았고 사망의 땅과 그늘에 앉은 자들에게 빛이 비친 것과 같다. 복음서의 여러 곳에서 가버나움을 '본 동네' 혹은 '집'이라 부르고 있다(마 9 : 1, 막 2 : 1).

예수 당시의 가버나움의 정확한 위치는 지금까지도 믿을 만한 증거가 나오지 않고 있다. 일반적으로 텔 홈(Tell Hum)이라는 곳을 가버나움의 최적지로 보고 있다. 이곳 폐허 중 팔방형의 건물이 베드로의 가정집으로, 이곳에 세워진 교회의 유일한 유적이다(참고. 마 8 : 14-15, 막 1 : 29-31, 눅 4 : 38-39). 그러나 이곳의 유적 중 그 무엇보다 유명한 것은 고대 회당 유적의 발굴이다. 385년에 실비아(Sylvia)가 쓴 "우리 주님께서 회당에 가까이 가시다"에 나오는 상세한 묘사의 기록이 놀랍게도 지금 이 텔 홈 지역에서 발견된 회당으로 올라가는 거리의 특징과 잘 조화되고 있다.

가버나움 회당은 그 길이가 약 19.5m이며, 높이는 2층이고, 하얀 석회암으로 지어져 있다. 회당의 구조는 그 설계나 특징들이 다양하여 화려하게 보이는데, 이 중에는 모세의 율법에 어긋나는 몇 가지 금지된 장식들도 있다. 회당의 건물은 2세기나 3세기 것으로 추정된다. 건물 기둥 중 하나에는 "알패오와 세베대의 아들과 요한의 아들이 이 기둥을 세우노니 그 위에 축복이 있으라"는 비명(碑銘)이 있다. 이로 미루어 이들 가족은 성읍 중에서 널리 알려진 사람들이었다(마 4 : 21, 막 1 : 19, 눅 5 : 10)고 볼 수 있다.

가버나움에서 발견된 네 개의 바퀴가 달린 법궤 부조

가버나움의 유적 가운데 아주 특이한 것이 법궤를 그린 부조이다. 법궤하면 네 명의 제사장이 어깨에 메고 가는 것을 상상하는데, 가버나움의 기둥에 그려진 법궤는 네 개의 바퀴가 달려 있어서 밀거나 끌고 갈 수 있다. 이외에도 회당의 문 옆의 은밀한 곳에서 만나를 넣은 항아리 하나가 발견되었다. 법궤 부조도 가버나움 회당에서 발견된 만나 항아리와 연관이 있을 것이다. 회당의 강대상에서 예수께서 설교하실 때 만나 항아리를 보시면서 생명의 떡에 관한 설교(요 6 : 48-59)를 하신 것을 상상할 수 있다.

복음서에 나오는 기록에 의하면 가버나움의 세관에 앉아 세금을 거둔 마태(마 9 : 9)와 신하의 집이 있었다(요 4 : 46). 주님께서 가버나움에게 던진 질문으로 "네가 하늘에까지 높아지겠느냐?"고 힐책하신 것은 주의 복음을 듣고도 회개하지 않고 교만했던 태도 때문인 것 같다. 주님께서 저주하신 말씀은 그대로 이루어져 가버나움은 원래 모습을 찾을 수 없을 정도로 황폐해져, 텔 홈 지역이 가버나움과 동일시되고 있을 뿐이다(마 11 : 23, 눅 10 : 15).

가버나움은 고대로부터 해변길(사 9 : 1)이라는 남북을 연결하는 매우 중요한 통로에 있으며, 헤롯 빌립과 안티파스의 경계로 많은 이방인을 포함한 사람들(군인, 상인, 여행자 등)이 왕래하는 길목으로 선교적 차원에서 중요한 곳이다. 예수의 사역 중에도 로마 백부장과의 만남이 보도되고 있다(마 8 : 5-13). 이 사실은 기원전 135년 하드리안 황제 때의 이정표가 발견되면서 가버나움 옛 도시 안에 세워져 있는 것으로 확인되고 있다.

예수께서는 가버나움에서 어부 출신인 제자들(베드로, 안드레, 야고보, 요한)을 '사람 낚는 어부'로 부르셨으며(막 1 : 16-20, 29, 마 4 : 18-22), 또 기적을 행하시며 비유로 많은 것을 가르치셨다. 가버나움 회당(마 8 : 5, 막 1 : 21, 눅 4 : 23, 7 : 1)과 베드로의 생가(마 8 : 14, 막 1 : 29)가 남아 있으며, 특히 중풍병자의 친구 네 명이 예수께서 가르치시던 집의 지붕을 뚫고 들어간 사건(막 2 : 1-12)은 유명하다. 이는 갈릴리 지방이 현무암 지대여서 그 돌로 집을 짓고 갈대나 종려나무 가지로 지붕을 덮는 형태의 가옥을 가지고 있었기 때문에 가능한 것으로 여겨진다.

예수께서는 나사렛을 떠나신 뒤 갈릴리 전도의 중심지로 가버나움을 택하신 듯하다. 가버나움은 어린아이를 통하여 겸손의 미덕을 가르치신 곳이다(마 18 : 1-5, 막 9 : 33-37, 눅 9 : 46-48). 인구가 많은 성읍이라는 사실 외에도 몇몇 제자의 집이 있었고(마 4 : 13, 13 : 1), 어부를 제자로 부르신 곳이 가깝고(마 4 : 19, 막 1 : 16, 눅 5 : 1), 마태를 제자로 삼으시고(마 9 : 9, 막 2 : 14, 눅 5 : 27 이하), 많은 이적을 행하셨다. 즉, 백부장의 종(마 8 : 5-13, 눅 7 : 1-10)과 신하의 아들의 병(요 4 : 46-54)과 베드로 장모의 열병(마 8 : 14-15, 막 1 : 29-31, 눅 4 : 38-41)을 고치시고, 회당장 야이로의 딸을 죽은 자 가운데서 살리신 이적(마 9 : 18-26, 막 5 : 21-43, 눅 8 : 40-56)이 일어난 장소이다. 예수께서는 이곳에서 더러운 귀신 들린 사람도 고쳐 주셨다(막 1 : 21-28, 눅 4 : 31-37).

누가복음 7 : 5에 언급된 대로 예수께서 가버나움에서 전도하신 바로 그 자리에 로마의 백부장이 세운 회당이 있다. 백부장의 하인을 고치신 기적 이후에 위에 열거된 대로 많은 유대인과 이방인이 고침을 받은 것을 중시할 때, 가버나움의 기적 이전과 이후가 극명하게 다르다. 가버나움에서 예수의 공생애는 유대인 선교에서 이방인 선교로 방향이 선회되었기 때문이다. 곧 예수께서 가버나움 이전에는 유대인 선교에 치중하시다가 이후에는 이방인 선교에 힘쓰신 것이다.

10. 교만의 상징인 모세의 자리
갈릴리에서 교차하는 유대인 선교와 이방인 선교

오병이어 기념교회가 있는 타브가는 4세기 이후부터 성지순례 장소 중의 하나로 등장하기 시작했으며, 7세기 중반에 한 순례자는 오직 폐허만을 보았다고 전하고 있다. 고고학의 발굴 결과로 기념교회가 4세기에 세워졌고, 5세기 중반에 재건축되었으며, 7세기에는 크게 파괴되었고, 아랍 시대를 거친 이후 잊혀진 것으로 보인다. 교회는 남북으로 56m, 동서로 약 30m 규모이며, 바닥은 사방 1cm 크기의 자연석을 잘라 맞추었으며 오병이어 모자이크가 새겨진 것으로 유명하다.

복음서에서 모두 보도하고 있는 유일한 기적 가운데 하나인 오병이어 사건(마 14:13-21, 막 6:30-44, 눅 9:10-17, 요 6:1-14)의 현장에 세워진 기념교회이다. 히브리어 명칭인 'Ein Sheva'는 '일곱 개의 샘'이라는 뜻으로, 일곱이라는 숫자와 관련이 있다. 일곱이라는 숫자인 헬라어 'hepta'도 물고기 '두 마리'와 보리 떡 '다섯 개'와 관련된 것으로 여겨진다. 누가의 보도에 따르면 예수께서 산에서 내려오사(눅 6:17) 여러 지방에서 온 무리에게 가르치신 후 '빈 들'(눅 9:12)에서 물고기 두 마리와 보리떡 다섯 개로 오천 명의 무리를 먹이셨다. 오천 명을 먹이신 기적은 유대인을 대상으로 하신 기적이고, 사천 명을 먹이신 기적은 이방인을 대상으로 하신 기적이다.

베드로 수위권 교회는 타브가의 오병이어 기념교회와 달리 고고학적인 유물이나 성지순례 기록에 나타나지 않는다. 이 교회는 예수께서 부활 후에 세 번째로 제자들에게 나타나 같이 아침식사를 하고 베드로에게 양들을 부탁한 장소로 기념되어 온 곳이다. 이 교회에 대한 자세한 유래는 알 수 없으며, 현재 교회는 1933년에 세워진 것이다. 로마 천주교에서는 베드로에게 수위권이 주어진 장소로 함께 기념되고 있다.

이곳은 부활하신 예수께서 갈릴리에 다시 오셔서 고기 잡는 어부로 되돌아와 있는 베드로에게 나타나 "네가 이 사람들보다 나를 더 사랑하느냐"고 물으시면서 "내 양을 먹이라"고 당부하시던 곳(요 21:1-23)으로, 작은 기념교회가 세워져 있다. 기념교회에서 작은 계단을 내려오면 하트 모양의 7개의 돌이 갈릴리의 모래사장에 묻혀 있어, 순례객의 발길을 인도한다. 4세기 후반에 세워진 비잔틴 교회의 벽면을 보존하면서 1933년 해변에 다시 세워진 이 교회 안에는 베드로와 함께 고기를 구워 잡수시던 바위가 보존되어 있어, 좋은 묵상과 기도처가 된다. 그래서 많은 순례객이 바위에 앉아서 고즈넉하게 주님을 묵상하는 광경이 자주 목격된다.

팔복 기념교회는 팔복 산으로부터 경사를 타고 내려오면 보이는 바닷가에 세워져 있으며, 5세기 비잔틴 시대의 교회 위에 1936년에 다시 세워진 로마 천주교의 성당이 있다. 팔복 산 내부의 바닥에 장식된 비잔틴 시대의 다양한 모자이크는 매우 유명하며, 갈릴리 호수 주변의 생물들을 새겨 놓은 것으로 당시의 생태계를 연구할 수 있는 매우 값진 유적이다.

팔복 기념교회에 관해 성경에는 따로 명칭이 나와 있지 않으나, 산상수훈을 설교하실 때 "예수께서 무리를 보시고 산에 올라가 앉으시니 제자들이 나아온지라"(마 5 : 1)라고 하였다. 바로 이 산을 일컬어 팔복 산이라 하였으며, 1938년 이탈리아 건축가 바루치의 설계로 이곳에 팔각형의 기념교회가 세워졌다. 교회의 바닥에는 라틴어로 여덟 가지 복에 관하여 모자이크로 새겨 놓았다. 이곳 비잔틴 시대의 교회 유적지 위에 1938년에 새로 건립된 팔복 기념교회는 이탈리아 프란시스 수녀회가 돌보고 있다.

고라신은 모세의 자리가 있는 회당이 있던 곳으로 예수께서 말씀하신 '높은 곳에 앉지 말라'는 가르침과 연결되는 유적지이다. 모세의 자리는 고라신 회당 출입문 오른편에 놓여 있는데, 회당 정면을 향해 있다. 회당 안에 하나밖에 없는 의자라, 순례여행으로 지친 사람들이 서로 앉으려고 앞다툼을 벌이는 곳이기도 하다. 왜 예수께서 앉지 말라고 하셨을까? 바리새인들의 교만을 드러내는 상징이기 때문이다. 현재 고라신 회당에 놓인 모세의 자리는 복제품이고, 원본은 예루살렘 박물관에 있다. 특이한 것은 복제품은 현무암인데, 예루살렘 박물관의 진품은 황톳빛 퇴적암이다. 그 아무것도 아닌 퇴적암을 놓고 자리 다툼을 벌이는 인생을 향해서 '교만의 상징인 모세의 자리를 탐하지 말라'는 예수의 준엄한 음성이 들리는 듯하다.

고라신 회당에 있는 모세의 자리

거라사는 예수께서 귀신 들린 자를 고치신 기적을 행하신 곳으로, 갈릴리의 맞은편이자 거라사인의 지방으로 언급되어 있다. 이곳은 우상을 숭배하는 중심지였음이 확인되었으며, 무덤이 많은 이방인 지역이었다. 이곳에서 고대 유적을 발굴하게 되었고 비잔틴 시대의 수도원이 있었던 자리라는 것이 확인되었다. 수도원 근처에 있는 언덕에는 작은 예배당에서 3개의 층으로 된 모자이크가 발굴되었다. 이것은 여러 차례의 파괴와 복구 작업이 있었던 것을 의미하며, 이 근처에서 돼지 떼들의 기적이 일어났을 것으로 추정된다. 아직 발굴이 이루어지지 않아서 한국교회가 이 지역을 발굴한다면 경이로운 유물을 얻을 수 있다고 확신한다.

예수의 가르침은 갈릴리 호수를 향하여 가르치시기도 하고(마 5 : 1-2), 갈릴리 호수에서 뭍을 향하여 가르치시기도 하였다(눅 5 : 2-3). 이렇게 서로 교차하는 모습처럼 갈릴리 호수의 북쪽은 예루살렘과 달리 유대인과 이방인이 함께 어울려서 서로 교차하며 살아가던 곳이다. 곧 유대인 선교와 이방인 선교가 교차하는 지역이다. 복음이 교차하는 곳에서, 사망의 음침한 곳에서 신음하는 백성들이 소망의 복음으로 덧입게 된다. 성지에 가면 쇼핑만 하려 하지 말고, 유대인과 이방인의 구원에 관한 꿈을 꾸어야 한다.

5부
이스라엘 III
Israel

5부
이스라엘 Ⅲ

1. 여호와의 눈이 항상 머물러 있는 예루살렘
유대교, 기독교, 이슬람교가 교차하는 성지

세계 3대 종교인 유대교, 기독교, 이슬람교 등이 서로 성지로 여기는 예루살렘(Jerusalem, יְרוּשָׁלַיִם)은 중동의 평화를 좌우할 만큼 분쟁이 많은 곳이다. 21세의 팔레스타인 총잡이가 홀로코스트 기념일인 2023년 1월 27일에 예루살렘의 회당을 공격하여 7명이 숨지고, 3명이 다치는 초유의 사태가 발생했다. 2021년 5월 10일에는 가자지구에 있는 하마스가 로켓 공격을 이스라엘에 퍼부음으로 양자 사이에 전면전 양상으로 치달았고, 서안지구와 레바논에서도 로켓포가 수천 발 날아들어 이스라엘과 팔레스타인 간의 사상자가 속출하였다. 다행히 11일 전투는 극적인 휴전 합의로 끝났다. 2017년 12월 6일에는 트럼프가 예루살렘을 이스라엘의 수도로 인정하고 미국대사관을 이전함으로써 예루살렘의 지위에 대한 국제적인 논란이 있었다.

예루살렘은 아브라함 시대에 언급된 살렘이다(창 14 : 18 ; 시 76 : 2). 후에 아브라함은 아들 이삭을 바치기 위해 모리아 산으로 올라갔는데(창 22 : 2 ;

대하 3:1), 그곳이 바로 솔로몬이 예루살렘 성전을 세운 그 지점이다. 후대 사람들은 모리아 산을 '여호와의 산'(창 22:14)으로 불렀다(참고. 시 24:3; 사 2:3; 슥 8:3). 691년에 이슬람교는 무함마드와 전혀 관계가 없는 모리아 산에 황금사원을 지었지만, 그 안에 있는 바위가 아브라함이 이삭을 제물로 바친 장소이다. 예루살렘 성전이라 불리는 솔로몬의 성전은 지금도 그 잔해가 남아 있는 모리아 산 위에 세워진 것이 아니라 고고학적으로 최근에 그 아래, 정확하게 말하면 다윗 성이 시작되는 정상 부근에 세워진 것이다. 모리아라는 이름은 히브리어 동사 '보다' 혹은 '준비하다'라는 단어와 연결된다. 그래서 창세기 22장에 아브라함이 이삭을 바치는 이야기에는 이런 단어가 반복적으로 나타난다. 그 결과 그 산의 이름이 '여호와 이레'(창 22:14)가 되기도 한다.

다윗 시대에 여부스족이 차지하던(수 18:28; 대상 11:4) 이름 없는 지역을 멸하고 예루살렘을 수도로 삼은 것은 통일왕국의 다윗이 이스라엘의 열두 지파를 통합하기 위해서였다. "예루살렘을 위하여 평안을 구하라 예루살렘을 사랑하는 자는 형통하리로다"(시 122:6)라는 말씀처럼, 다윗 이후에 예루살렘은 신구약성경의 주요 도시 중 하나가 되었다.

'다윗의 도시'로 불리기도 한 예루살렘

다윗의 평생 소원은 여호와의 전에 사는 것이었다. 그는 "내가 내 평생에 여호와의 집에 살면서 여호와의 아름다움을 바라보며 그의 성전에서 사모하는 그것이라"(시 27 : 4)라고 노래한다.

누가복음 9 : 51~62에서 예수께서 예루살렘을 향하여 올라가기로 굳게 결심하실 만큼, 예루살렘은 예수의 공생애에서도 차지하는 비중이 크다. "여호와께서는 그의 성전에 계시고 여호와의 보좌는 하늘에 있음이여 그의 눈이 인생을 통촉하시고 그의 안목이 그들을 감찰하시도다"(시 11 : 4). 여호와의 눈이 항상 거하는 장소는 예루살렘이다.

지중해에서 동쪽으로 약 53km, 사해에서 서쪽으로 약 23km에 있는 예루살렘은 서팔레스타인 중앙 능선의 산꼭대기를 지나는 주요 도로의 교차점에 있으며, 해발 770m의 고원에 건설된 도시이다. '평화(Salem)의 기초'라는 뜻이 있는 예루살렘은 세상에서 가장 중요하고 거룩한 도시(시 87 : 2-5), 하나님이 거처하시는 곳(왕상 8 : 13) 등으로 성경에 묘사되어 있다. 주님이 부활하셨고(눅 24장) 승천하신(행 1장) 이 거룩한 도시야말로 다윗이 점령하고 수도로 정한 이래 줄곧 유대인들의 정신적인 고향으로 여겨졌고, 지나간 4천 년의 역사 과정에서 흥망과 성쇠가 끊이지 않았던 역사를 안고 있는 고도(古都) 중의 고도이다(장영일, "다윗의 예루살렘 정복과 그 의미에 대한 연구", 『장신논단』 XX〈2003〉: 25-26쪽 참조).

2천 년 동안 나라를 잃어버린 채 살았던 유대인이 1948년에 이스라엘을 건국한 당시 동예루살렘은 팔레스타인 땅이었지만, 1967년 이스라엘이 6일 전쟁 이후에 빼앗았다. 그러나 아직도 요르단 국적의 아랍인들이 많이 살고 있다. 이들은 요르단과 이스라엘 이중국적자이기에 해마다 알렌비 다리를 건너서 두 나라를 왕래한다.

예루살렘 동쪽에 감람 산(Mount of Olives)이 있다. '기름틀'(Oil Press)이라는 히브리어 같세멘(Gath Shemen, נַת-שֶׁמֶן)에서 파생된 이름인 겟세마네

(Gethsemane) 동산은, 복음서에 예수께서 자주 오셔서 기도하신 동산으로 언급되어 있다. 예수께서는 배반당하시던 날 밤에도 최후의 만찬을 마치신 후 제자들과 함께 유월절 노래를 부르며 다락방을 나와 기드론 골짜기를 지나 감람 산으로 올라가셔서, 제자들에게 목자 없는 양같이 흩어질 것과 부활 후의 재회 등에 관하여 말씀하신 다음(막 14 : 32-42), 베드로와 야고보와 요한을 데리고 겟세마네 동산에 들어가 땀방울이 피가 되어 흐를 정도로 기도하셨다. 현재 이 동산에는 8일째 날인 주일을 상징하는 여덟 그루의 오래된 감람나무가 다른 새로운 나무와 더불어 서 있다.

유대교의 안식일은 제7일인 토요일이고, 이슬람교의 안식일은 제6일인 금요일이지만, 기독교의 안식일은 제8일인 주일이다. 저마다 예루살렘을 가장 중요한 성지로 생각하면서 경배하지만, 아직도 메시야를 기다리는 유대인에게 이미 메시야로 오신 예수를 증거해야 할 사명을 가진 많은 기독교인(메시야닉 유대인)이 예루살렘에 1만 5천 명 정도 살아가고 있다. 무함마드는 예수를 자기의 발아래 놓고 비하하지만, 많은 선교사가 아랍인들에게 복음을 전하고 있다.

예루살렘에서 유대인이 예수를 메시야로 고백하고 기독교인이 되는 숫자가 증가하고 있다. 코로나19가 전 세계를 휩쓸고 있는 상황에서도 이스라엘은 2021년 4월을 맞이하여, 가장 먼저 마스크를 벗고 경제 활동을 재개하였다. 이것은 새로운 복음의 기회이다. 이제 예루살렘에 성지답사나 유적지 발굴만을 위해 가는 것이 아니라, 장기적으로 예루살렘에 유학을 가서 직업을 얻고 살 계획으로 복음을 전하는 전문적인 선교를 준비해야 할 것이다.

이스라엘에 입국하려면 유학비자나 사업비자를 얻어야 한다. 과거처럼 여행비자로 3개월간 단기로 체류하는 비자 시대는 끝났다. 선교사 비자는 불가능하니 합법적인 체류를 위한 신분을 얻는 것이 중요하다.

2. 예루살렘의 동쪽 감람 산에서 강림하시는 메시야
이슬람이 두려워하는 예수승천기념교회와 황금문

　유대교, 기독교, 이슬람교의 성지인 예루살렘에서 2021년 5월 7일에 이스라엘 경찰과 팔레스타인 사람들의 충돌로 200명 이상이 다쳤다. 라마단(이슬람 금식성월)의 마지막 금요일 저녁 예루살렘에서 팔레스타인 주민 수천 명과 이스라엘 경찰이 충돌한 것이다. 이슬람에서 메카와 메디나에 이어 세 번째 성지로 꼽히는 알아크사 모스크(사원)에는 라마단 마지막 주 금요일을 맞아 무슬림 7만여 명이 이슬람 시위에 참석했다. 알아크사 모스크에서 벌어진 시위를 지지하며 가자지구와 서안지구와 레바논에서 하마스의 미사일 수천 발이 이스라엘을 포격했다.

　성경에서는 사무엘하 15 : 30에 처음으로 감람 산이 언급되어 있는데, 이 산은 예루살렘 동쪽에서 기드론 골짜기에 병행하여 뻗어 나간 산마루이다. 구약에서는 두 번째로 스가랴 14 : 4에서 감람 산이 언급되는데, 여기에는 메시야의 강림에 관하여 서술하고 있다. "그의 발이 예루살렘 앞 곧 동쪽 감람 산에 서실 것이요"라는 구절처럼 메시야의 강림과 연결된 구절이 있어서인지, 감람 산은 예루살렘에서 가장 높은 곳이다. 에스겔 11 : 23에 "여호와의 영광이 성읍 가운데에서부터 올라가 성읍 동쪽 산에 머무르고"라는 구절이 언급한 산도 감람 산이다.

　감람 산 남쪽으로는 여리고로 가는 도로가 이어진다. 남단의 꼭대기는 '범죄의 산'이라 불리는데, 솔로몬이 그곳에서 많은 이방인 아내를 위하여 이교적 산당을 세웠기 때문이다(왕상 11 : 7 ; 왕하 23 : 13). 백악기 석회암층으로 이루어진 감람 산은 그 길이가 평방 2km에 달하고, 해발 830m이며, 가장 높은 중앙 부분은 예루살렘보다 60m 정도 높다. 감람 산 동쪽으로는 약

24km 지점에 떨어진 요단 계곡과 사해의 웅장한 모습을 볼 수 있고, 남쪽과 남동쪽으로는 넓은 유대광야를 볼 수 있으며, 서쪽으로는 예루살렘의 아름다운 광경을 내려다볼 수 있다.

신약에서는 예수의 공생애 마지막 주에 감람 산이 언급되어 의미가 있다. 예루살렘 입성에 대한 기록에서 마가와 누가는 베다니와 벳바게와 감람 산(막 11 : 1, 눅 19 : 29)을 함께 언급하였다. 예수께서는 감람 산 꼭대기에 오르시어 거룩한 성 예루살렘을 바라보시고 우셨다(눅 19 : 41). 다음날 예수께서는 다시 예루살렘으로 가셨으며, 무화과나무를 저주하셨다(마 21 : 19, 막 11 : 14). 마태복음 21 : 21에 나오는 "이 산더러 들려 바다에 던져지라 하여도"라는 구절에서 '이 산'은 감람 산이다. 예수께서는 제자들과 함께 감람 산에 앉아 예루살렘의 멸망과 세상 끝에 될 일에 대하여 말씀하셨다(마 24 : 3, 막 13 : 3). 주님의 승천에 대한 증거가 끝난 후 제자들은 감람 산에서 돌아왔다(행 1 : 9-12 ; 눅 24 : 50).

감람 산 중앙 언덕의 남쪽 끝에 있는 동굴, 즉 예수께서 제자들에게 주기도문을 가르치신 동굴 자리에 예수의 말씀을 기리기 위하여 325년 콘스탄틴 황제의 모후 헬레나가 '엘레오나'(감람이라는 뜻)라고 불리는 건물을 지었지만, 614년 페르시아인들이 파괴하였다. 흥망의 변천을 겪은 후 12세기에 십자군에 의해 다시 세워진 교회 역시 후일 회교도에 의해 파괴되었으나, 1869년에 주기도문 교회가 재건되었다. 현재의 교회는 1875년 프랑스에서 로마 천주교의 카르멜파 수녀원과 함께 건립한 것이다. 이 교회 안에는 70가지의 다른 언어로 성소와 회랑의 벽에 주기도문이 걸려 있는데, 한글은 구역과 개역개정판으로 번역된 주기도문이 모두 있다. 교회 안에는 예수께서 기도하셨다는 기도굴도 있다.

주기도문 교회를 위해 라틴어의 두 단어(Paster Noster)를 따서 지은 이름은 '우리 아버지'라는 뜻이다. 이 세상 말기에 나타나는 징조들에 관하여 설교하신 장소도 이곳이다.

주기도문 교회의 벽면을 장식한 여러 나라의 주기도문

예수의 승천은 감람 산 꼭대기에서 이루어진 것으로 여겨진다. 예수 승천 기념교회는 감람 산 위에서 구름을 타고 하늘로 올라가신 그리스도의 승천을 기념(눅 24 : 50-51 ; 행 1 : 9)하여 세워진 교회로, 387년에 처음으로 팔방형 교회가 세워져서 지금까지 내려오고 있다. 십자군이 재구축하였으나, 1187년 무슬림에 의하여 사원 형태의 돔이 씌워져 기형적인 형태를 갖춘 흉측한 모습으로 서 있다. 본래는 천장이 없었던 건물이었으나 현재는 돔에 덮인 팔각형의 건물이 되었다. 돔 안에는 주께서 승천하실 때 이 지구상에 남긴 마지막 발자국이라 여겨지는 자취가 긴 팔방원의 대리석에 새겨져 있다.

예수께서 천사장의 나팔 소리와 함께 하늘 구름을 타고 다시 오신다는 것을 두려워한 이슬람은 예수 승천 기념교회의 천장을 돔으로 막았다. 손으로 하늘을 가리는 어리석은 인간이 제 소견대로 행한 것이다. 메시야가 예루살렘 동쪽 감람 산에서 오신다는 것도 두려워한 이슬람은 예루살렘 성벽의 출입문인 아치형 쌍둥이 황금문을 돌로 막는 기행을 저지르기도 하였다.

예수께서는 부활로부터 40일 후 승천하셨다. 복음서에서 예수의 승천에 관하여 유일하게 말하고 있는 누가에 따르면 "예수께서 그들을 데리고 베다니 앞까지 나가사 손을 들어 그들에게 축복하시더니 축복하실 때에 그들을 떠나 (하늘로 올려지시니)"(눅 24 : 50-51)라고 보도하여, 예수의 승천이 감람산인 것을 언급하고 있다. 동시에 누가의 저술인 사도행전에서도 승천 기사를 기록하면서 예수 승천 직후 "제자들이 감람원이라 하는 산으로부터 예루살렘에 돌아오니 이 산은 예루살렘에서 가까워 안식일에 가기 알맞은 길이라"(행 1 : 12)고 묘사하고 있다. 안식일에 제한된 거리(약 1km)만 걸을 수 있는 율법 규정으로 인해 예루살렘부터 승천하신 곳까지의 거리를 잘 나타내 주는 표현이다.

유대인은 아직도 메시야를 기다리고 있고, 이슬람은 메시야로 오신 예수께서 승천하신 후에 다시 오시는 것을 두려워한 나머지 예수 승천 기념교회의 천장과 황금문의 출입구를 막고 구세주를 모독하는 일을 서슴지 않으며 복음을 받아들이기를 거부하면서 버티고 있다. 이들의 공허한 마음에 복음이 울려 퍼지는 날이 속히 오기를 기도한다.

3. 예루살렘을 향해 눈물과 땀과 피를 흘리신 예수
멸망을 예언하시고 피가 땀이 되도록 기도하신 겟세마네 동산

누가복음 19 : 41~44에 의하면, 예수께서 예루살렘에 가까이 오사 성을 보시고 우시며 "너도 오늘 평화에 관한 일을 알았더라면 좋을 뻔하였거니와 지금 네 눈에 숨겨졌도다 날이 이를지라 네 원수들이 토둔을 쌓고 너를 둘러 사면으로 가두고 또 너와 및 그 가운데 있는 네 자식들을 땅에 메어치며 돌 하나도 돌 위에 남기지 아니하리니 이는 네가 보살핌 받는 날을 알지 못함을 인함이니라"라고 안타까워하셨다.

눈물교회는 감람 산에서 겟세마네로 내려오는 중간 지점에 있는 눈물방울 형태를 지닌 교회로서, 6세기경 비잔틴 양식의 작은 교회 위에 1955년에 건축한 프란시스코 교회(Franciscan Dominus Flevit Chapel)로, '주님이 우셨다'라는 뜻의 '도미누스 플레비트'(Dominus Flevit) 교회가 서 있다. 이 교회는 1955년에 건축가 안토니오 발루치(Antonio Baluchi)가 설계하여 건축한 것이다.

이곳은 성전산과 마주하는 곳이며 예루살렘의 동쪽에 해당한다. 메시야가 하얀 나귀를 타고 황금문(Golden Gate)으로 예루살렘에 들어올 것이라는 전승이 전해진다. 이 길이 바로 예수께서 성 안으로 들어갈 때 택하신 길이다. 눈물교회가 서 있는 곳에서 예수께서는 앞으로 다가올 도시의 비극적인 운명을 보고 우셨다(마 23 : 27).

예수께서는 예루살렘을 바라보며 그 무너짐이 크다는 사실을 예언하셨다. 마치 '암탉이 날개 밑에 병아리들을 모으듯이 나는 너희들의 아이들을 몇 번이고 모으려고 할 것이다'라고 한 말씀을 전하는 듯, 교회 제단에는 암탉이 병아리를 모으고 있는 모습이 새겨져 있다. 메시야를 거부한 유대인과 예수의 신성을 거부한 무슬림이 들어야 할 말씀이다.

눈물교회는 감람 산 중턱에 서 있고 황금문이라 알려진 예루살렘 성문과 갈보리 언덕을 정면으로 바라보고 있다. 이 교회 안에서 예배를 드리는 사람이 똑바로 눈을 들면 예루살렘 전체를 한눈에 바라볼 수 있다. 특히 눈물교회 정중앙에 있는 십자가 너머 스테인드글라스를 통해 예수께서 예루살렘에서 죽임을 당하신 골고다의 성묘교회가 정면으로 보인다. 이것을 기억하고 가서 확인해야 한다. 유대인과 무슬림이 손으로 하늘을 가리듯 성묘교회를 가리려 하지만 실패한다.

마가복음 14 : 32에 의하면, 겟세마네라 하는 곳에 이르신 예수께서 제자들에게 "내가 기도할 동안에 너희는 여기 앉아 있으라"라고 말씀하시고, 베드로와 야고보와 요한을 데리고 가시면서 심히 놀라며 슬퍼하셨다.

예수께서 잡히시기 전날 밤, 최후의 만찬 후에 기드론 시내 건너편 '겟세마네(기름 짜는 틀)라 하는 곳'(막 14 : 32), 즉 '예수께서 제자들과 모이시는 곳'(요 18 : 2)에서 잡히시기 전 마지막으로 기도하시던 동산(요 18 : 1, 마 26 : 36)에 세워진 기념교회가 하나 있다. 1919~1924년 세계 12개국의 모금으로 건축되었다 하여 만국교회(Church of the All Nations)라 불린다. 이 장소에는 379~384년 사이에 세워진 비잔틴 교회의 벽면이 남아 있으며, 744~745년 지진으로 파괴되어 1170년경 십자군에 의해 재건되기까지 폐허로 남아 있었다. 이 교회도 1924년 이탈리아 건축가 안토니오 발루치가 설계하고 건축한 것이다.

만국교회의 천장 옥상에 기도의 손을 본뜬 지붕이 경건한 마음을 불러온다.

천장 옥상에는 12개 나라가 보낸 헌금을 기도의 손으로 표현한 포개진 지붕이 양쪽으로 나누어져서 6개씩 12개가 위용을 드러내고 있지만, 감람산이나 예루살렘의 높은 곳에서 만국교회를 의도적으로 찬찬히 내려다보는 순례객의 눈에만 보인다. 이것을 알고 가면, 만국교회가 보인다. 성지답사를 하러 가기 전에 배운 만큼 보인다는 말이 이런 곳에서도 확인된다.

  천장이 높고 90여 평이나 되는 넓은 교회당 안에 전등불로 조명된 모자이크 벽화들이 아름답다. 교회당 전면 바닥에는 예수를 지켜본 넓은 바위가 원형대로 보존되어 있고, 그 뒤쪽 벽면에는 예수께서 바위 위에 앉아 기도하는 모습이 모자이크 벽화로 장중하게 그려져 있다. 그 주위에는 예수께서 제자들에게 설교하시는 모습도 있고 횃불을 들고 몰려오는 로마 병정들 속에서 간교한 생김새를 하고 있는 가룟 유다의 모습도 보인다.

  예수께서 기도하시던 장면에 대해서는 모든 복음서가 기록하고 있다. 밤에 제자들과 함께 이곳에 오신 예수께서는 돌 던질 만큼 떨어진 곳(눅 22 : 41)에 가서 무릎을 꿇고 기도하셨다. 그런데 "나와 함께 깨어 있으라"라는 당부를 들은 제자들은 잠을 자고 있었다. 그렇다면 아무도 예수의 기도하시는 모습을 목격한 자는 없다고 볼 수 있다. 그러나 예수께서는 "아버지여 만일 아버지의 뜻이거든 이 잔을 내게서 옮기시옵소서 그러나 내 원대로 마시옵고 아버지의 원대로 되기를 원하나이다"(눅 22 : 42)라고 기도하신 것이다.

  겟세마네에서의 마지막 '땀이 땅에 떨어지는 핏방울같이 되도록' 기도하신 고뇌의 반석(Rock of Agony, 눅 22 : 24)이 보존되어 있다. "내 마음이 심히 고민하여 죽게 되었으니"(막 14 : 34)의 번민하시는 예수의 모습을 교회 정면 벽에 황금빛 모자이크로 표현하고 있다. 교회 안뜰에는 예수께서 흘리신 눈물과 땀과 피로 계속된 겟세마네 기도를 지켜보고 지금까지 2천 년이나 살았다는 감람나무인 올리브 여덟 그루가 있다. 이 감람나무는 8일째인 부활주일 아침에 나타나신 예수 그리스도를 상징한다. 이새의 줄기에서 새싹이 돋아나듯이 메시야로 오신 예수께서는 죽은 그루터기와 같은 감람나무의 새순에서 나신 다윗의 후손이시다.

  예수께서는 유대인에게 예수아로, 무슬림에게 이싸로 불린다. 유대교든 이슬람교든 예수의 참모습을 알기 위해서는 복음서를 읽어야 한다. 이제 인터넷과 모바일 시대가 열렸으니, 유대인과 무슬림이 복음서를 통해 참된 예수의 모습을 알고 회개하기를 기도해야 한다.

4. 심판의 상징인 아마겟돈과 같은 기드론 계곡
공허한 꿈이 좌절된 현장에서 여호사밧 후손에게 임한 비극

감람 산은 기드론 골짜기로 이어진다. '어두운', '혼탁한'이라는 뜻을 가진 기드론 골짜기는 예루살렘 동쪽에 있으며 길이 약 5km이다. 예루살렘 성벽과 감람 산 사이에 와디 싯디 마리암(Wadi Sitti Maryam) 혹은 성 마리아 계곡으로도 알려져 있다. 이 계곡 사이로 간헐천인 기혼 샘이 흐르는데, 이 시내는 일찍부터 예루살렘의 식수를 공급해 주는 주요 원천이다. 이 기혼 샘 역시 오늘날 아인 싯디 마리암(Ain Sitti Maryam) 또는 마리아의 샘으로 불린다.

기드론 골짜기는 겨울에만 물이 흐르는 건천인 와디이다. 남쪽으로 기드론과 힌놈이 만나는 곳에 두 번째 샘인 엔로겔(En-Rogel)이 있다. 이 샘에서 예루살렘 성으로 통하도록 바위를 잘라서 만든 통로가 있는데, 성 안 주민들은 성 밖으로 나가지 않고 터널을 통하여 저수지 역할을 하였던 동굴로 들어갔다. 여기에 위로 약 12m 높이의 수직으로 난 통로가 있다. 그 위에는 두레박을 내렸다가 올릴 수 있게 대를 만들어 놓았다. 이런 급수제도는 여부스족이 사사기 시대부터 다윗의 시대까지 예루살렘을 점령하고 있었을 때부터 사용한 것이다. 이런 연유로 유대인에게 예루살렘은 처음부터 여부스의 땅으로 알려졌다.

후에 기드론 계곡의 샘물은 히스기야 통치 기간에 바위 통로를 통하여 실로암 못으로 흘러 들어갔다. 실로암 못은 2022년 12월 27일에 발굴을 시작한 지 두 달 만에 콘크리트로 덮어 두었던 실로암 진입로에 꽉 차 있던 흙더미를 걷어 내자 자리가 드러났다. 다윗 왕조는 기드론의 소유권을 갖고 있었기 때문에 왕의 계곡이라 불렀다. 다윗 왕은 압살롬을 피하여 기드론 시내를 건넜다(삼하 15 : 23). 솔로몬은 시므이에게 예루살렘을 떠나 기드론 시내를 건너는 날에는 정녕 죽임을 당할 것이라고 경고하였다(왕상 2 : 37).

기드론 골짜기에 있는 네 개의 망루 같은 건조물은 여호사밧과 압살롬과 작은 야고보와 스가랴의 무덤들로 밝혀졌다. 알패오의 아들 야고보가 작은 야고보로 불린 것은 세베대의 아들로 요한의 형제인 큰 야고보에 비해 나이가 적었기 때문이었을 것으로 추측된다. 참고로 큰 야고보의 무덤은 서바나인 콤포스텔라에 있는데, 산티아고(성 야고보) 가는 길에서 땅끝인 지중해 서쪽 마을이다.

기드론 계곡에 묻힌 여호사밧의 후손을 잠시 살펴보면, 몸서리가 쳐진다. 여호사밧이 죽은 뒤 그 뒤를 이어 장자인 여호람이 유다의 왕위에 오른다. 역대하 21 : 4에 보면, 그가 왕위에 올라 실권을 쥐자마자 모든 동생을 죽여 버렸다. 역대하 21 : 10~11은 "이는 그가 그의 조상들의 하나님 여호와를 버렸음이더라 여호람이 또 유다 여러 산에 산당을 세워 예루살렘 주민으로 음행하게 하고 또 유다를 미혹하게 하였으므로"라고 기록한다. 하나님을 섬기고 백성들에게 신앙의 모범을 보여 주어야 할 왕임에도 불구하고 아버지 여호사밧이 허물어 버린 우상들을 다시 세워 백성들이 하나님께 죄를 범하게 했다. 그 결과, 하나님의 심판을 받았다.

블레셋과 아라비아의 침략을 받아 왕궁의 모든 재물과 아내들을 빼앗기고 막내아들을 제외한 여호람의 아들이 죽임을 당했다. 역대하 21 : 18~20을 보면, 악한 행위를 일삼던 여호람은 하나님의 징계를 받아 겨우 팔 년밖에 왕위에 있지 못하고 죽었다. 그런데 죽는 것도 그냥 죽은 것이 아니라, 병에 걸려 2년 동안 고생하다가 창자가 빠져나와 죽었다. 이런 전승은 후에 가룟 유다가 아겔다마에서 자살하여 배가 터져 죽은 비극과 연결된다. 백성들이 그의 시신을 다윗 성에 장사하기는 했지만, 조상들의 묘실에 두

지는 않았다. 그만큼 여호람은 악한 왕으로, 조상들의 무덤에 함께 묻히지도 못할 만큼 악행을 저질렀다.

여호람이 이렇게 악한 왕이 된 이유를 아는가? 역대하 21 : 6에 보면, "그가 이스라엘 왕들의 길로 행하여 아합의 집과 같이 하였으니 이는 아합의 딸이 그의 아내가 되었음이라 그가 여호와 보시기에 악을 행하였으나"라고 기록한다. 여호람은 이스라엘 역사에서 가장 악한 왕이라고 일컫는 아합 왕의 딸 아달랴와 결혼했다. 여호람은 악한 아내 때문에 아합 왕을 위시하여 북이스라엘의 여러 왕처럼 우상을 숭배하고 하나님을 배반했다. 여호람을 아합 왕의 딸과 결혼시킨 장본인이 누구였는가? 아버지 여호사밧이었다. 여호사밧은 아들을 아합 왕의 딸과 정략결혼을 시키며 잘못된 관계를 맺게 함으로 비극을 자초했다. 우리는 공허한 꿈이 좌절된 우상숭배의 현장에서 여호사밧 후손에게 임한 비극을 거울로 삼아야 한다.

가난한 사람들은 성 밖의 간소한 무덤에 매장되었는데, 기드론 골짜기도 그중의 한 곳이었다(왕하 23 : 6). 이런 연유로 기드론 계곡은 아마겟돈 못지 않게 마지막 심판이 일어날 장소로 전해짐으로 인해 유대인과 기독교인과 무슬림의 거대한 공동묘지가 되었다. 메시야가 예루살렘 동쪽 감람 산에서 오신다는 신앙이 전해졌기 때문이다.

흔히 유대인과 이슬람의 무덤으로만 알려진 감람 산 인근의 기드론 골짜기에는 기독교인의 무덤도 많다.

기드론 골짜기의 동쪽은 고대로부터 오늘날까지 일반인의 매장지로 사용됐다. 이런 이유로 우상과 제단과 새긴 형상과 아세라 목상을 성전에서 끌어내어 이곳에서 불태웠는데, 이는 여러 왕이 시행한 개혁의 한 부분이었다(왕하 23 : 4-12, 대하 29 : 16, 30 : 14).

왜 기드론 계곡이 무덤으로 변질되었는가? 인간의 헛된 욕망과 비극이 하나님의 심판을 불러왔기 때문이다. 이슬람의 후예들은 무함마드가 아라비아 반도를 무력으로 통일한 이후에, 역으로 홍해를 건너가서 이집트의 콥트 기독교인 400만을 학살하고, 그 여세를 몰아 예루살렘을 함락시켰다. 예루살렘은 다시 로마 천주교에 의한 10차에 걸친 십자군 전쟁으로 몸서리를 쳤다. 그 후에 오스만 투르크가 500년을 장악하여 견고한 이슬람 세상이 되다가, 2차 세계대전 직후에 영국의 알렌비 장군이 승리함으로써 1948년에 이스라엘이 2천 년 만에 고토를 회복하여 오늘에 이르고 있다.

2023년 들어 얼마 지나지 않아서 팔레스타인의 무차별한 예루살렘 공격이 계속된 이래로, 이스라엘군의 보복에 의해 43명이 희생되었다. 2021년 5월 7일부터 두 주간 계속된 전면전으로 인하여 하마스 미사일이 5천 개 가까이 이스라엘 쪽으로 날아들었고, 이스라엘도 전투기와 탱크로 반격하여 이스라엘과 하마스 사이에 벌어진 2014년의 50일 전쟁보다 더 많은 사상자가 속출했다. 여호와의 눈이 이스라엘에 항상 머물러 있기에 예루살렘의 히브리 명칭인 예루샬라임에 평화가 깃들기를 기도한다.

5. 다윗의 별로 오신 예수의 최후의 만찬
시온 산에서 마주한 유대교, 기독교, 이슬람교

시온 산은 예루살렘 성벽의 시온 문(혹은 다윗의 문) 밖에 있는 산이다. 이곳은 제2성전시대에 예루살렘 위쪽의 도시 남단에 해당하는 지역으로 구약성경에서 자주 언급되고 있으며, 유대인에게 성지로 알려진 곳이다. 시온 산에는 다윗 왕의 무덤과 마가의 다락방 유적이 있다.

예루살렘 남서쪽 해발 765m의 언덕에 있는 시온 산은 어디서 보아도 잘 보이는 아름다운 장소이다. 히브리어 'Zion'의 어원은 유사 파생어인 '바위', '산성' 혹은 '건조한 곳' 등을 의미한다.

예루살렘 황금돔 좌측이 시온 산과 다윗 성이다. 이슬람의 모스크 바로 좌측이 원래 솔로몬의 성전이 있었던 자리이다.

예루살렘의 가나안 원주민이었던 여부스족이 머물던 시온 산성을 다윗이 빼앗았는데, 바로 '다윗 성'(삼하 5:7, 왕상 8:1)이다. 지형적인 의미에서 시온과 예루살렘과 성전의 산이 구별된다(미 3:12). 시온은 넓은 의미에서 예루살렘 전체를 지칭하며(사 2:3, 33:14, 욜 3:6), '시온의 딸'(사 1:8), '예루살렘의 여자들'(아 1:5), '시온에 거주하는 내 백성'(사 10:24, 51:11), '유대 백성'(사 51:16, 59:20), '성전산'(미 3:12), '시온에 거하는 하나님'(사 1:5, 시 20:2) 등 많은 파생어를 낳고 있다. 이 점에서 시온 산은 이스라엘 신앙의 상징이다.

이스라엘 역사에서 시온 산과 관련된 대전환점은 다윗 왕 때이며, 왕권의 형성과 성전의 건축으로 인한 종교제도의 확립을 통해 이룩한 변화이다. 이때 계약의 내용으로 허락한 것이 땅과 집이다. 이 계약이 행해진 곳이 예루살렘, 곧 시온 성이다. 다윗의 무덤과 역대 왕의 무덤이 바로 이곳에 묻혀 있는 것은 결코 우연이 아니다(왕상 2 : 10, 느 3 : 16, 행 2 : 29).

다윗 왕의 가묘는 석조 건물로, 큰 석실 안에 길이 2m와 폭 1m 정도의 붉은 빌로도 천으로 덮여 있다. 예루살렘에서 1층은 대부분 아랍인이 살아가는데, 다윗의 묘는 예외적으로 마가 요한의 다락방 1층에 있다. 천장 위에는 '이스라엘 왕 다윗은 살아서 여기 있다'라고 히브리어로 수를 놓았고, 유대교의 상징인 '다윗의 별'이 그려져 있다. 인접국인 이집트만 하더라도 파라오의 무덤으로 거대한 피라미드를 만들어 널리 기리던 것과는 대조적으로 이스라엘 왕들의 무덤은 업적이나 명성과는 상관없이 그 위치가 하나도 알려지지 않고 있다. 다윗 왕의 무덤이라고 불리고 있는 이곳도 사실은 실제 무덤이 아니라 10세기경에 그를 기념하기 위해 만든 기념묘이다. 실제 다윗 왕의 무덤이 어디 있는지는 알려지지 않았다.

마가 요한의 다락방이 있는 건물은 예루살렘에서 아주 특이하다. 1층에 유대교의 성지인 다윗 왕의 묘가 있고, 2층에는 예수께서 최후의 만찬을 하신 기독교의 성지가 있다. 3층에는 이슬람의 첨탑인 미나렛이 있다.

시온 산에서 예루살렘 성벽을 통해 시온 문으로 빠져나가 약 100m쯤 걸어가면 이슬람의 상징인 첨탑 미나렛을 포함하여 3층 석조 건물이 보이는데, 옥외로 난 돌계단을 올라가면 마가 요한의 다락방에 들어갈 수 있다. 수백 년 동안 줄지어 이곳을 찾는 성지순례객의 발길에 의해 닳아서인지 계단의 돌들이 움푹 패어 있다. 로마네스크식 건축물인 다락방 내부는 천장이 아치로 되어 있다. 방 가운데 3개의 기둥은 주위 벽에 서 있는 기둥들과 곡선으로 연결되어 아치를 이루며 천장을 받치고 있다. 밀라노에 있는 레오나르도 다빈치의 명화 "최후의 만찬"은 이곳에서 다윗의 별로 오신 예수께서 제자들과 마지막 만찬을 나누던 모습을 상상하여 그린 것이다. "그리하면 자리를 펴고 준비한 큰 다락방을 보이리니 거기서 우리를 위하여 준비하라 하시니"(막 14 : 15).

베드로 통곡 교회(Church of St. Peter's Galicantu)는 닭 울음(갈리칸투, Galicantu) 교회라고도 하는데, 1930년대에 시온 산 위에 세워졌다. 이 장소는 대제사장 가야바의 집으로 추정되는데, 내부 동굴에는 창문이 없는 감옥이 있다. 예수께서 체포당한 후 법정으로 가기 전날 밤, 몇 시간 동안 이 동굴 감옥에 갇혀 있었다. 호기심을 자아내는 교회 이름은 베드로의 부인 때문에 얻어진 것이다(마 26 : 69-75 참조). "그가 저주하며 맹세하여 이르되 나는 그 사람을 알지 못하노라 하니 곧 닭이 울더라 이에 베드로가 예수의 말씀에 닭 울기 전에 네가 세 번 나를 부인하리라 하심이 생각나서 밖에 나가서 심히 통곡하니라"(마 26 : 74-75).

예루살렘의 동쪽 성문 중의 하나인 스데반 문(사자문 혹은 양의 문)에서 성 내부 쪽에 있는 베데스다 못은 예수 당시에 성의 북쪽 벽 밖 가까운 곳이었고, 성전으로 들어가는 양문(느 3 : 1, 요 5 : 2) 곁에 있다. 이 못은 기원전 2세기 시몬이 대제사장으로 있던 때 세워진 길이 100~110m, 너비 62~80m, 그리고 깊이 7~8m의 두 개의 쌍둥이 못으로서, 성전에 물을 공급하기 위한 것과 더불어 종교적, 의학적 치료를 목적으로 건설되었다. 이곳은 치료의 효과가 있다고 해서 환자들이 모이는 장소였고, 예수께서 38년 된 병자를 고쳐 주신 장소로 성스러운 곳이다(요 5 : 2-9), 히브리어로 '베데스다'는 '자비의 집'이라는 뜻이다.

베데스다 못 경내에 안나 기념교회가 있다. 예배당 건물은 공명이 잘 되게 건축된 아름다운 곳이라, 이곳을 찾는 순례객마다 독창과 합창으로 아름다운 하모니를 만들어서 하나님께 영광을 돌린다. 안나는 시므온과 함께 노년에 메시야를 기다리며 예루살렘 성전에 머물러 있다가, 탄생하신 지 8일 만에 할례를 받으러 오신 아기 예수를 직접 뵙는 은혜를 누렸다.

예루살렘의 황금사원과 더불어서 시온 산과 다윗 성에 있는 다윗 왕의 가묘와 마가 요한의 다락방과 베드로 통곡 교회와 안나 기념교회가 있는 지역은 모두 과거 요르단에 속했던 영토이지만, 1967년 이스라엘이 3차 중동전쟁인 6일 전쟁을 통해 차지한 이후에 되돌려주기 곤란한 성지이다. 2021년 5월 이스라엘과 팔레스타인 사이의 전면전 때 바로 이곳에서 7만 명의 무슬림이 시위를 벌이자 이스라엘 경찰의 강력한 저지를 받기도 했다. 메시야로 오신 예수께서 평화를 주실 때, 이 화약고와 같은 예루살렘에 평화가 깃들 것이다.

6. 지구의 중심인 성묘교회와 비아 돌로로사
로마 천주교, 아르메니아인, 그리스, 콥트, 시리아, 에티오피아, 루터 교회의 성지

예수께서 예루살렘에서 고난을 당하시는 마지막 수난 주간은 베데스다 못 가까이에 있는 고난의 길인 비아 돌로로사(Via Dolorosa)에서 시작된다.

라틴어 'Via Dolorosa'는 '슬픔의 길'이라는 뜻으로, 빌라도 법정에서 골고다 언덕에 이르기까지의 십자가 수난의 길이다. 이 길은 예수께서 십자가를 지고 골고다로 향해 걸으시던 약 800m의 길, 곧 골고다에서의 십자가 처형에 이르기까지 전 과정을 간직하고 있다. 이 길은 복음서에 근거한 역사적인 길이라기보다는 순례자의 신앙적인 길로, 14세기에 프란시스 수도사들에 의해 확정되었다. 오늘날 순례자가 걷는 이 길에 마련된 14개 장소는 18세기에 이르러서야 확정된 것이며, 19세기 이후 고고학 발굴을 통하여 일부 검증되기도 하였다.

고난의 길 또는 십자가의 길이라고도 부르며, 예수께서 빌라도의 관정에서부터 십자가 처형을 당하신 골고다까지 걸어가신 길을 찾아서 오늘날에도 수많은 순례자가 이용하는 이 길은, 현대 예루살렘에 있는 '시온 자매

수도원'의 부근에 있는 소위 '에케 호모'(Ecce Homo, 이 사람을 보라!, 요 19 : 5) 교회의 아치문 옆에서 시작된다. 현재의 길은 골고다 길을 향해 도로가 나 있는데, 도중에 머물 곳이 열네 군데가 있다. 주님께서 십자가를 지고 가실 때 노상에서 일어났던 사건과 관련이 있는 곳이지만, 전설과 관련된 곳도 있다.

제1지점은 예수께서 사형선고를 받으셨던 곳인 빌라도 법정(마 27 : 26)인데, 본디오 빌라도의 재판정(마 27 : 11-14)에서 예수의 사형이 확정된 곳으로 헤롯의 친구인 마가 안토니를 위해 지은 안토니아 성채 내에 있다. 예수 당시의 로마 총독부는 가이사랴에 있었으며, 당시 총독 빌라도는 유월절 기간에 자주 일어났던 반로마 시위를 진압하기 위하여 예루살렘에 와 있었다. 제2지점은 예수께서 십자가를 지신 곳(가시 면류관을 로마 병정들이 씌우고 희롱했던 곳, 마 27 : 29-31)인데, 가시관을 씌우고 홍포를 입혀 희롱한 곳으로부터 골고다로 향하실 때 군중이 예수를 조롱하였다. 빌라도가 십자가를 지신 예수를 보고 "보라 이 사람이로다"(요 19 : 5)라고 한 곳에 135년 로마의 하드리안 황제가 세운 에케 호모 아치는 지금까지 남아 있다.

제3지점은 예수께서 처음 쓰러지신 전승이 있는 곳이다. 이곳에 1856년에 세워진 아르메니안 기념교회가 있다. 십자가의 무게와 모양에 관하여는 정확하게 알려진 것은 없다. 제4지점은 예수께서 괴로워하는 모친 마리아를 만나신 전승이 있는 곳이다. 제5지점은 구레네 시몬이 예수의 십자가를 대신 진 곳(마 27 : 32)이다. 시몬의 아들들은 '알렉산더와 루포'(막 15 : 21)로 알려져 있으며, 바울서신은 "주 안에서 택하심을 입은 루포와 그의 어머니에게 문안하라 그의 어머니는 곧 내 어머니니라"(롬 16 : 13)라고 언급하고 있다. 이곳에 1895년에 세워진 프란시스 교회가 있다. 이곳으로부터 비아 돌로로사는 비교적 가파른 경사지를 따라 올라간다.

제6지점은 베로니카가 예수의 얼굴을 닦아 드린 전승이 있는 곳이다. 예수의 얼굴을 닦아 드리고 돌려받은 손수건에 예수의 초상이 새겨졌다는 전승에 따라 1882년에 기념교회가 세워졌다. 제7지점은 예수께서 두 번째 넘어지신 전승이 있는 곳이다. 이곳에 1875년에 두 개의 예배당이 세워졌다. 이곳은 예수 당시 성 밖으로 이어지는 문이 있던 곳이다(히 13:12-13). 제8지점은 예수께서 예루살렘의 딸들에게 "예루살렘의 딸들아 나를 위하여 울지 말고 너희와 너희 자녀를 위하여 울라"(눅 23:28)라고 말씀하신 곳이다. 제9지점은 예수께서 세 번째 넘어지신 전승이 있는 곳으로, 콥트교회가 서 있다.

제10지점에서 제14지점까지는 목적지인 골고다 언덕 위로 성묘교회(Church of The Holy Sepulchre) 안에 있다. 제10지점은 예수의 옷을 벗긴 곳인 골고다의 전승이 있는 곳이다. 제11지점은 예수를 십자가에 못 박은 곳(눅 23:33)이다. 제12지점은 예수께서 십자가상에서 운명하신 곳(마 27:50; 막 15:37; 눅 23:46; 요 19:30)이다. 제13지점은 십자가에서 돌아가신 예수를 내린 곳(막 15:46; 눅 23:53)이다. 제14지점은 예수를 무덤에 장사한 곳(마 27:60-61; 막 15:46; 눅 23:53; 요 19:42)이다.

성묘교회는 예루살렘 내부의 서쪽 언덕으로, 예수께서 십자가를 지고 걸었던 비아 돌로로사의 끝 쪽에 있다. 이곳에서 예수께서 십자가에 못 박히고 처형을 당하였다. 성경에서는 예수께서 십자가에 못 박히고 묻힌 곳을 골고다(해골이라는 뜻)라고 표기하고 있으며, 기독교인들은 이곳을 제1의 성지로 삼고, 성지로 찾고 있다.

335년에 콘스탄티누스는 성묘교회를 지구의 중심으로 선포했지만, 1009년 아랍 파티마 왕조의 하킴(Al-Hakim)이 파괴하였고, 현재의 건물은 12세기 십자군 원정 시대에 복원된 건물이다. 성묘교회는 언덕을 포함하기 위해 2층 구조로 만들어졌고, 입구는 2개의 아치형으로 설계되었다. 교회의 관리는 역사적, 종파적인 이유로 복잡하다. 성묘교회의 내부는 로마 천주교와 아르메니아인의 교회, 그리스정교회 등에 의해 관리가 되고, 나머지 부분은 콥트교회, 시리아정교회, 에티오피아 교회 등의 여섯 종파가 분할 소유하며, 각각 다르게 예배를 진행한다. 성묘교회 바깥에 루터교가 개혁교회로서는 유일하게 골고다 인근에 교회당을 건축하여 지금도 예배를 드리고 있다.

콘스탄티누스는 사진 중앙에 보이는 회색 지붕 두 개로 이루어진 성묘교회가 지구의 중심이라고 선포했다.

예루살렘에 위치한 제1의 기독교 성지는 성묘교회이다. 예루살렘을 찾는 순례객마다 아무 생각 없이 이슬람 황금사원을 배경으로 사진을 찍지만, 사진의 각도를 절묘하게 찾아서 황금돔과 황금문 사이에 성묘교회가 중앙에 위치하도록 사진을 찍어야 한다.

7. 갈보리 산 위에 든든히 선 십자가
빈 무덤이 있는 골고다를 오르면 만나는 부활하신 주님

성묘교회는 고대 예루살렘의 교회로 그리스도께서 십자가에 못 박히고 매장되신 골고다 중심에 세워진 것으로 추정되는 기독교의 가장 위대한 성지이다. 예수께서 수난당하신 곳에 대하여 성경은 "예수께서 못 박히신 곳이 성에서 가까운 고로"(요 19 : 20)라고 기록하고 있다. 매장 위치에 대해서는 "예수께서 십자가에 못 박히신 곳에 동산이 있고 동산 안에 아직 사람을 장사한 일이 없는 새 무덤이 있는지라"(요 19 : 41)라는 언급이 있다. 이 새 무덤은 바위 속을 파서 만든 것으로, 아리마대 사람 요셉의 소유였다(마 27 : 60).

골고다에 있는 아리마대 사람 요셉의 빈 무덤

예루살렘에서 정원 무덤으로 알려진 곳은 골고다에서 멀리 떨어진 곳이다. 고대에는 무덤이 보통 성벽 바깥 지역에 있었는데, 현재 성묘교회의 위치가 성경상에 기록된 위치인지는 확인할 도리가 없다. 그 이유는 70년 로마군에 의하여 예루살렘이 멸망된 후 바 코흐바 혁명 때인 135년에 하드리안 황제에 의해 또다시 철저히 황폐해져 기독교인을 포함한 모든 유대인이 추방당했고, 또 예루살렘의 폐허를 평탄하게 고르고 그 위에 아엘리아 카피톨리나(Aelia Capitolina)라는 완전히 새로운 로마 성이 건축되었기 때문에 예수의 무덤이 있던 정확한 위치를 확인하는 것은 사실상 불가능하다. 성묘교회가 있는 자리는 2세기경 로마의 공회당 장소로 사용되었고, 이 지역의 서쪽 끝 지역에는 로마제국의 세 신인 주피터, 쥬노, 비너스를 위한 신전들이 세워졌다.

325년 니케아에서 기독교의 공식적 신조가 작성된 이듬해에, 당시 교회는 로마 황제 콘스탄티누스에게 이 예루살렘 지역에 있는 로마의 우상 신전을 헐어 버리도록 요청하였다. 마카리우스는 전통적으로 성묘의 자리로 알려지는 동굴 하나를 북쪽 성벽 내에서 찾아냈다.

콘스탄티누스 황제의 모친인 헬레나는 꿈에서 십자가를 보고 아들에게 기독교를 공인하도록 요구한 후에, 골고다에서 예수의 십자가까지 발견했다는 일화가 전해진다. 그 후 335년 골고다에 대성전이 세워진 이후에 오늘날까지 성묘교회는 기독교 최대의 성지로 이어지고 있다. 콘스탄티누스 황제는 십자가가 발견된 골고다에 기념교회를 짓도록 칙령을 내려 335년에 준공, 봉헌되었다. 그래서 성경의 성묘와 갈보리가 함께 골고다의 교회 안에 모두 수용되었다.

성묘교회는 '부활'이라는 의미의 '아나스타시스'(Anastasis) 부분과 동쪽의 커다란 회당으로 이루어져 있는데, 이 아나스타시스 부분은 주위의 바위를 파서 만든 무덤 위의 원형 지붕이 있고, 이 무덤으로 회당이 통하게 되어 있다.

성묘교회는 614년 페르시아의 예루살렘 정복 당시 크게 손상을 입었다. 629년에 잠시 보수되었지만, 638년에는 아랍군대가 성묘교회를 점령하고 앞뜰에 오마리(Omariyeh) 회교 사원을 세우고, 1009년에 이집트에서 카이로에서 온 칼리프 하켐(Al-Hakim)의 무리는 성묘교회뿐만 아니라 모든 유물을 파괴했으며, 골고다의 무덤으로 여겨지는 지역의 바위들까지 모조리 파내어 완전히 훼파하였다.

파괴되기를 거듭하던 골고다의 성묘교회는 1048년에 부활교회(Anastasis) 부분만 원상태로 복구되었는데, 이것은 동로마제국의 콘스탄티누스 9세인 모노마쿠스(Monomachus)가 자원함으로써 이루어졌으며, 결국 1149~1180년에 십자군의 지상과제로 여겨졌던 예루살렘 고토의 회복과 골고다의 성묘교회 재건이 성취되어 크게 환영받았다.

　기독교는 유대교나 로마 천주교나 이슬람과 달리, 시체나 무덤을 중시하는 종교가 아니다. 이 점에서 성묘교회는 순례객에게 예수의 무덤보다는 빈 무덤이 보여 주는 부활의 장소로 기억되는 것이 좋다. 로마 천주교는 사자 숭배와 성인 봉양의 성례를 하기도 하고, 십자가에 고상을 달아서 숭배하기도 한다. 또한 죽은 자들의 영혼을 위해서 이 땅에 있는 신자들이 기도하면, 사자의 영혼을 연옥에서 천국으로 옮길 수 있다고 주장한다. 이런 잘못된 신앙이 중세시대의 암흑기를 불러왔고, 면죄부를 판매하는 악행을 저지르게 하기도 했다.

　이런 잘못된 신앙을 추구하다 보니, 로마 천주교의 성당은 많은 이들이 묻혀 있는 무덤으로 변하고 말았다. 성묘교회는 빈 무덤이므로, 예루살렘을 답사하는 순례객은 골고다에 이르는 고난의 길인 비아 돌로로사를 걸어가면서 십자가를 묵상하는 것이 좋다. 큰 기대를 하지 않고 슬픔의 길을 걸어가는 일에 동참한 순례객에게 나중에 이스라엘 성지 가운데 가장 기억에 남는 곳이 어디냐고 물으면, 한결같이 비아 돌로로사를 꼽는다.

　지금의 비아 돌로로사는 아랍인들이 장사를 하고 있기에, 예수께서 십자가를 지시고 골고다를 올라가실 때 요란하던 모습과 별 차이가 없다. 새벽기도를 하는 셈 치고, 미명에 일어나서 갈보리 언덕 골고다를 올라가면서 십자가를 묵상하면 큰 은혜가 임한다. 빈 무덤이 있는 골고다 성묘교회를 오르면서 부활하신 주님을 만나는 일은 일생일대의 변화를 체험하는 뜻깊은 순간이다.

　돌아가신 지 사흘 만에 성경의 예언대로 부활하신 후에 예수의 십자가는 골고다의 채석장에서 발견되었다. 채석장은 헤롯이 예루살렘 성벽을 쌓으면서 필요한 바위를 캐내던 곳이다. 성묘교회 구석에 있는 채석장을 찾는 이가 별로 없지만, 넓은 광장이 있는 장소를 일부러 모색하면서 골고다를 찾는 단체 순례객이 함께 모여 찬송도 하고 말씀을 묵상하기에는 채석장이 최적의 장소이다. 채석장을 성스럽게 단장한 제단 위에 예수께서 십자가의 길을 걸어가신 비아 돌로로사를 재현해 놓았다. 십자가를 묵상하기에 안성맞춤인 영성의 길이다.

요즘은 목에 거는 십자가가 흔하지만, 원래 십자가는 어깨에 지고 가는 것이다. 그래서 성지를 찾는 단체 순례객이 십자가를 빌려서 교대로 어깨에 메고 비아 돌로로사 묵상하면서 걸어가며 은혜를 받고 감격에 북받쳐서 울기도 한다. 어떤 이는 어깨에 걸친 십자가를 감히 끌 수가 없다며 온전히 지고 걸어가기도 한다. 이런 경험들이 남은 생을 변화시키는 원동력이 될 것이다.

이슬람은 기독교를 반대하기 위해 태어난 종교이기에, 항상 십자가를 파괴했다. 성묘교회도 이슬람에 의해 대부분 파괴되었지만 복원되어 오늘날까지 전해진다. 이슬람을 회교라 부르는 이유는 성화에 회칠을 하고 십자가를 파괴한 전력 때문인데, 그들이 회개하고 주님께 돌아오기를 기도한다.

8. 유대교 통곡의 벽과 이슬람의 황금사원
원래 예루살렘 성전의 자리에서 옮겨진 곳

지중해의 휴양지 도심의 대규모 폭발 참사가 발생한 레바논에서 정권 퇴진을 항의하는 국민의 목소리가 점점 커지고 있는 상황에서 2021년 8월에 들어 15년 만에 헤지볼라가 이스라엘 미사일 공격을 퍼부었다. 중동에서 유일하게 기독교인 분포도가 많은 레바논 안에서의 뿌리 깊은 내분으로 일어난 미사일 공격이기에, 이런 이슬람 정부의 부정부패 자체에 국제사회가 관여해야 한다는 목소리가 커지고 있다. 레바논 문제는 인근 시리아까지 이어진다.

이스라엘이 독립을 쟁취한 1948년 이후에도 19년의 긴 세월 동안 요르단의 통치 아래에 있다가, 1967년 6일 전쟁의 승전으로 예루살렘을 되찾은 통곡의 벽(Hakotel Hamaaravi)은 예루살렘 성전 산에 자리 잡은 서쪽 벽으로서, 헤롯 대왕에 의해 축조된 제2성전이 70년 로마군에 의하여 파괴된 이래 유일하게 남은 유적이다. 첫 번째 성전 곧 솔로몬 왕에 의하여 세워졌던 성전 터는 원래 이곳이 아니라, 다윗이 모리아 산 앞에 세웠던 제사 장소였다. 그곳에 예루살렘 성전이 세워진 이유는 아브라함이 이삭을 하나님께 제물로 바치려 했던 곳이기 때문이다. 유대인들은 이곳에서 성전과 나라를 잃은 슬픔을 푸는 기도를 드린다.

통곡의 벽은 예루살렘을 둘러싸고 있는 성전 서쪽 벽을 일컫는다. 최고 14m의 길이와 400t이나 되는 돌을 비롯하여 평균 1~3t의 돌을 이용하여 쌓은 높이 16m의 이 성벽은 헤롯 대왕 때의 것으로, 그가 왕위에 오른 이후 건축이 시작되어 약 60여 년 동안 지은 것들이다. 이 헤롯의 성은 70년 로마에 의해 멸망할 때 지렛대로 돌 하나도 돌 위에 남지 않게(막 13 : 2) 무너뜨렸으나, 지금까지 남아 있는 통곡의 벽 아랫부분은 당시의 위용을 보여 주고 있다.

로마에 의하여 다시 135년에 진압된 유대인들이 바 코흐바('별의 아들'이라는 뜻) 혁명 이후에 추방된 뒤, 비잔틴 시대에 이르러 1년 중 성전이 파괴된 날 하루 동안만 이 성전 터를 방문하는 것이 허락되었다. 그러자 사방으로 흩어졌던 디아스포라 유대인들이 모여 그들의 비통함과 울분을 달랜 곳이라 하여 '통곡의 벽'이라는 이름이 붙여졌다. 로마 시대에는 유대인들이 들어오지 못하게 되어 있었으나, 비잔틴 시대에 일 년에 단 한 번 성전 파괴 기념일에 방문할 수 있도록 허용되었다. 유대인들은 그날 이곳에 와서 그들의 흩어짐을 슬퍼하고 성전이 폐허가 된 것을 통곡하였다.

이곳을 방문하는 이스라엘 시민은 이 꺼칠꺼칠한 벽돌을 어루만지면서 흐느껴 운다. 이 벽은 유대인의 가장 성스러운 전당의 유적이요, 영원한 국가의 상징이기도 하다. 지금도 기도를 적은 쪽지를 돌 틈 사이에 꽂아 놓고 간절하게 기도하는 이스라엘 백성들을 볼 수 있다.

이 벽은 헤롯이 기원전 20년에 개축한 제2성전 벽의 서쪽 부분이다. 서기 70년경 로마의 티투스 장군이 제2성전의 다른 부분은 모두 파괴하고 유일하게 이 벽만을 남겨 놓은 이유는 후세 사람들에게 성전을 파괴할 수 있었던 로마 군인들의 위대한 힘을 보여 주기 위함이었다. 골짜기로부터 4m 너비의 계단을 따라 올라가 성전으로 통하는 이 아름다운 문은 예수께서도 자주 드나드시던 문이 확실하다. 예수 당시의 많은 유대인이 절기 때마다 예루살렘을 찾아와 제사를 지내러 성전으로 올라갈 때 드나들던 문이었기 때문이다. 구약의 시편 120~134편의 열다섯 개의 시는 바로 '성전에 올라가는 순례자들이 부르던 노래'였다.

이스라엘에서 드물게 축복의 비가 내리는 날, 통곡의 벽

본래 예루살렘 성전의 서쪽은 골짜기가 지나가고 있어 성전과 윗도시와 연결하기 위해 헤롯은 골짜기 위를 지나는 다리를 설계하여 설치해 놓았

다. 소위 '윌슨의 아치'라 불리는 것으로, 성전 서쪽 벽에서 아직 흔적을 찾아볼 수 있는 문은 제1차 유대 반란 기간에 로마에 의해 파괴되어 성전 안뜰을 외부로부터 고립시켜 버렸다.

통곡의 벽 위에 있는 모리아 산 정상에 세워진 예루살렘 성전은 온데간데없고 지금은 황금돔인 반석의 돔(Dome of the Rock), 일명 '오마르 사원'이라고도 부르는 이슬람 사원이 있다. 이곳은 638년에 칼리프 오마르(Caliph Omar)가 예루살렘을 점령할 때 성전의 지성소 자리에 작은 이슬람교 목조 사원을 건축함으로써 그 역사가 시작되었다.

이슬람은 무함마드가 꿈에 백마를 타고 이 바위 위에서 승천했다고 하여 신성시하는 곳이지만, 그냥 꿈에 지나지 않는 곳에 황금돔을 세운 것이다. 그 후 오마르의 후계자 압드엘 말리크에 의해 오늘날의 황금돔이 있는 사원이 세워졌다.

원래 이 바위는 아브라함이 이삭을 하나님께 바치려 했던 바로 그 모리아 산의 바위로, 하나님과 유대 민족 간에 처음 믿음의 시험이 시작된 곳이기도 하다. 그 후 기원전 1000년 경에 다윗 왕은 이곳을 도성으로 정하고 하나님의 법궤를 이곳에 봉안했으며(삼하 6 : 17), 그 아들 솔로몬 왕이 이 자리 바로 앞 다윗 성의 끝자락에 하나님의 전을 세워 성전시대가 시작되었다.

그 후 솔로몬 성전은 바벨론에 의하여 파괴되었고, 느헤미야와 에스라 같은 선지자가 포로생활에서 돌아와 성벽을 재건하였다. 기원전 170년에 안티오쿠스에 의해, 또 기원전 54년에는 로마의 폼페이에 의해 파괴되었다가 헤롯 왕 때 재건되자마자 서기 70년에 또다시 로마군에 의해 파괴되었으며, 십자군 시대에 다시 기독교 성전으로 재건되었다가 1538년 튀르키에의 오토만제국에 점령되어 오늘의 사원을 짓고 이슬람교의 메카로 자리를 잡게 되었다.

유대교는 통곡의 벽 한 자락을 놓지 않고, 비가 오나 눈이 오나 매일같이 찾아가서 제3의 성전이 회복되어 다시 세워지기를 기도한다. 이슬람은 황금사원을 세워 아브라함의 모리아 산 정상을 독점하고, 건들기만 하면 중동의 뇌관과 화약고가 되어 아마겟돈 전쟁을 치를 기세로 살기가 등등하다. 2021년 5월 7일에 라마단 마지막 절기인 기도의 날에 황금사원에 모인 7만 명의 무슬림이 시위를 하다가 이스라엘 경찰에 의해 해산되자, 하마스는 5천 발 가까운 미사일을 이스라엘을 향해 발사하기도 했다.

6부 튀르키예
Türkiye

6부
튀르키예

1. 튀르키예 무슬림과 EU(유럽연합)의 갈등
유럽 지배의 악몽을 떨치지 못한 오스만 투르크

2023년에 84년 만에 7.8규모의 대지진이 강타한 튀르키예에 관해서 튀르키예 무슬림의 역사와 공화국 성립과 장기적 국가비상사태의 결정적 변수로 등장한 급진 이슬람 운동을 고찰하고, 튀르키예 선교 상황을 성경적 관점에서 평가하며, 미래 선교의 대안을 제시하고자 한다. 또한 신구약의 성지로서 튀르키예 전역에 걸쳐 있는 고고학적 유적지를 중심으로 형성된 선교적 교두보를 점검하려고 한다.

튀르키예는 국민의 99%가 무슬림으로 이란에 이어 세계 8위의 이슬람국가이지만, 1923년에 공화국을 수립하면서 정교분리를 채택하여 세속주의를 헌법에 명문화하였다. 이 때문에 서구 국가들은 튀르키예를 근대화의 모델로 간주한다. 그러나 중동의 이슬람국가는 겉으로는 아니라고 하지만, 속으로는 1453년 오스만제국 시대부터 약 500여 년 동안 유럽에 진출하고자 했다. 튀르키예는 세계에서 유일하게 아시아와 유럽 두 대륙을 보스포루스 해협으로 잇는 나라로서, 유럽으로의 확장정책을 추진해 왔다. 비록 튀르키예가 보스포루스 해협을 차지하고 있지만, 러시아가 지중해로 나오는 관문이고 그리스와 이란이 인접해 있기 때문에 국제법상 공해로 되어 있어 아쉽게도 통행료와 관세를 받지 못하고 있다.

유럽과 아시아를 잇는 유일한 보스포루스 해협의 대교

튀르키예공화국이 수립되면서 무스타파 케말 아타 튀르크는 유럽을 새로운 눈으로 보기 시작했다. 과거에 오스만 투르크가 유럽을 정복하려고 했다면, 케말은 튀르키예를 유럽화 하고자 했다. 튀르키예는 꾸준히 EU(유럽연합) 가입을 추진해 왔지만, 사형제도의 존속, 쿠르드 인권 문제, 독재정치, 장기적 비상사태의 선포 등의 문제가 있다. 지리적으로도 튀르키예 국토의 97% 이상이 아시아에 위치해 있으므로 유럽의 눈에는 튀르키예가 유럽이라고 보기 힘들다. 또한 유럽은 기독교 전통에 있는 EU 국가들과는 다른 튀르키예의 이슬람 체제를 받아들이기 힘들다. 더구나 오스만 투르크가 500년 동안이나 지중해를 지배했으니, 유럽 특히 인접 국가인 그리스가 과연 튀르키예의 EU 가입을 곱게 바라보겠는가?

특히 구브로(키프로스) 섬 문제와 관련하여 그리스는 튀르키예를 곱지 않은 시선으로 바라보고 있기에 튀르키예가 EU에 가입하기는 쉽지 않다. 튀르키예가 유럽 헌법이 규정하는 32개의 기준을 충족하기 위해서 넘어야 할 산이 많지만, EU에 가입하려는 것만으로도 기독교와 이슬람 간의 문명 충돌을 완화하는 계기가 될 수 있다. EU도 육로로 보스포루스 해협만 건너면 손쉽게 동방으로의 확장정책에 물꼬를 틀 수 있고, 유일한 초강대국인 미국에 맞서는 견제 세력으로 급부상할 수 있을 것으로 기대하고 있지만, 어디 쉬운 일인가? 나토를 견제하는 러시아의 눈치도 보아야 하고, 이란을 압박해야 하는 미국의 눈치도 보아야 하기 때문이다.

지중해 세계를 정복하여 절반이나 개종시킨 이슬람이 아라비아 반도에서 폭발적으로 활동한 것은 역사상 가장 특이한 현상이다. 기독교가 만난 최대의 위협은 7세기에 이슬람 세력이 돌발적으로 출현하여 급속하게 파급된 것이다. 전투적이고 공격적인 종교이기에 군사조직과 정치체제를 갖춘 이슬람은 '한 손에는 칼, 한 손에는 꾸란'을 들고서 기독교를 위협하는 최대의 적이다. 7세기에 이슬람 군대가 이집트를 공격하면서 400만 명에 이르는 현존하는 가장 오래된 기독교의 교단인 콥트 교도를 살해하고, 여세를 몰아 북아프리카를 휩쓸고 지나갈 때 기독교는 저항할 아무 힘도 없었다. 군대 장관 무함마드 후예들로부터 무자비한 공격을 받은 지 몇십 년이 지나지 않아 교회는 옛 영광의 흔적을 찾을 수 없을 만큼 완전히 사라졌다(J.허버트 케인, 『세계선교 역사』〈CLC, 1999〉, 69, 76쪽 참고).

기독교와 이슬람이 만난 또 하나의 사건은 로마 천주교에 의한 십자군 전쟁이다. 로마 천주교가 자행한 십자군 전쟁의 참혹한 결과는 이슬람 세계를 성지로부터 소외시켰다. 그러나 안타깝게도 로마 천주교가 성지 회복을 위해 이슬람처럼 폭력과 전쟁에 호소한 그 자체가 기독교 신앙을 부정하는 것이었다. 한때 기독교는 이슬람 세력에 의해 공격을 받은 희생물이었지만, 원수를 갚으려고 한 로마 천주교에 의해 대대적인 공격자로 변신한 것이다.

로마 천주교의 이러한 행동은 예수 그리스도의 가르침을 부정하고 '평화를 빌라'는 초기 교회의 복음 전도와도 정반대되는 모습이다. 로마 천주교가 십자군의 이름으로 자행한 전쟁 행위는 무슬림에게 잊지 못할 상처를 남겼다. 1099년에 예루살렘을 탈환한 로마 천주교의 십자군은 1,000명의 수비군을 몰살시키는 데 만족하지 않고, 7만 명의 무슬림을 학살하였다. 유대인도 회당에 몰아넣고 산 채로 화형에 처했다. 그 후 로마 천주교는 성묘교회로 몰려가서 전능하신 하나님께 승리에 대한 감사를 드렸다(토머스 머튼, 『십자군』〈루비박스, 2005〉 참고).

이런 문제도 튀르키예의 EU 가입을 어렵게 한다. 무슬림에게 십자군을 통해 악행을 저지른 로마 천주교가 겉으로는 교황이 사죄하고 용서를 구하였지만, 여전히 속으로는 튀르키예를 배제하려는 생각이 강하다. 오스만 투르크의 로마 천주교를 몰아내기 위해 피비린내 나는 500년간의 전쟁으로 유럽 특히 이탈리아를 지배한 악몽을 떨치지 못하고 있다.

한국과 형제의 나라인 튀르키예는 EU 가입에 선행하여 많은 기독교 순례객이 신구약의 유적지를 찾아서 튀르키예 전역을 답사하는 것을 존중하고, 그동안 튀르키예 안에서 흘린 순교자의 피가 헛되지 않도록 기독교의 예배와 전도와 사역을 보장하여야 한다. 유서 깊은 고고학적 유적지를 관광과 경제적 이유로만 개방하는 척할 뿐이지, 아직도 튀르키예를 여행하는 것은 많은 위험 부담이 있다. 언제 어디서든지 기독교 순례객에 대한 무슬림의 테러가 자행될 수 있기 때문이다.

2. 튀르키예의 민족주의와 이슬람 정당

튀르크의 영광 회복을 경계

튀르키예는 튀르크족을 위해서 세워진 나라이다. 튀르키예에서 사용되는 언어의 종류는 아직 정확히 파악할 수 없지만, 아랍공화국이 아랍어를 사용하는 것과는 달리 인구의 90% 이상이 튀르크어를 사용하고 있기에 민족국가로서 그 성격이 복잡하지 않다. 튀르키예는 튀르크족이 71.8%, 이란 메디아족이 21.1%, 아랍인 2.5%, 유라시아족 2.8%, 그리고 기타 1.8%로 튀르크족이 대부분인 민족국가이다(Roderic H. Davison, 이희철 역, 『터키사강의』〈1988〉 참조). 과거 일제시대의 한국처럼 민족주의가 강한 나라가 튀르키예이다.

튀르키예는 트레이스라 불리는 유럽의 동남부 모퉁이(3%)를 포함하고 있으나 튀르키예 국토의 97%는 보스포루스 해협, 마르마라 해, 다다넬스 등의 반대편에 있는 아나톨리아로 불리는 아시아에 위치한다. 차나칼레는 에게 해에서 유럽과 아시아를 나누는 마르마라 해로 들어오는 다다넬스 해협의 입구에 있는 이스탄불 해상교통의 요충지이다.

무엇보다도 튀르키예는 흑해와 지중해를 잇는 전략적인 위치 때문에 유럽과는 경제적으로 가까워지고 싶어 하고, 중앙아시아와는 이슬람 문화적으로 연결되어 있으며, 이란과 이라크와 발칸 지역의 코카서스 국가들과도 중재자 역할을 할 수 있는 나라이다.

로마 천주교 세계에서 십자군 운동은 거의 잊혀졌다. 하지만 그들의 더러운 행실에 대한 기억은 무슬림의 가슴에 오늘날까지 깊이 박혀 있다. 당시에 새겨진 증오가 900년이 지난 지금까지도 사라지지 않고 있다. 로마 천주교가 심은 증오의 뿌리가 기독교 선교사들의 목에 맷돌과 같이 묶여 있다.

튀르키예는 과거 오스만제국의 후손이라는 자긍심이 대단하지만, 500년 이상 유럽, 아시아, 아프리카의 3대륙을 모두 통치하면서 많은 약탈과 인명 살상으로 세계사에서 신뢰를 잃었다. 이로 인해서 튀르키예 선교의 가장 큰 장애는 이슬람과 민족주의이다. 인구를 통제할 정치적 수단으로 민족주의를 이용하는데, 스포츠도 아주 좋은 도구이다. 국제 축구경기는 민족주의의 시한폭탄이다. 스위스에 패하여 2006년의 독일 월드컵 진출이 좌절되자 관중들은 돌격대로 변했다.

튀르키예의 이슬람 운동은 1923년 공화국 선포 직후에 출현했다. 세속주의 개혁으로 종교기간이 폐지되자 직업종교인이 이슬람 운동을 주도했다. 이슬람주의자들은 1920년대와 1930년대에 세속주의 국가에 반대해 폭동을 일으켰지만, 대중적 지지를 얻는 데 실패해 당국에 의해 진압되어 1923~1946년에 걸친 독재 시기에 지하에서 활동하다가 1946년 복수정당제로 전환되면서 집권당인 중도 우익의 민주당(1950-1960)과 연대했다(21세기 중동이슬람문명권 연구사업단, 『중동종교운동의 이해』〈한울, 2004〉 참조).

1970년 1월 네즈메틴 에르바칸이 국가 질서당을 창당할 때까지, 이슬람주의자들은 중도우익 정당에서 보수파를 형성하고 최초로 자신들의 정견을 표출할 독자적인 정당을 가지게 되었다. 1973년 총선 이후, 국가 구제당은 여러 정당과 연립정부를 구성했다. 먼저 뷸렌트 에제비트가 이끄는 세속주의 정당인 공화인민당과 연정을 성립시켜, 관료로 진출해 내각을 장악하였다. 아울러 중등학교에 해당하는 이맘 하팁을 설립하여 친이슬람주의 성향의 학생들이 대학에 진학할 수 있게 되었다. 1983년 7월 19일 국가 구제당을 대신해서 알리 투르크멘이 복지당을 창당했다. 실질적 리더였던 에르바칸은 정치 활동을 규제하는 조치를 해제한 이후 정치에 복귀해서 이슬람 정당을 이끌게 되었다.

튀르키예는 중앙아시아의 투르크 국가들을 하나로 합칠 수 있기를 희망한다. 우즈베키스탄은 튀르키예보다 튀르크족의 분포도가 더 많은 89.9%에 해당한다. 키르키스스탄은 튀르크족이 82.8%이다. 카자흐스탄은 튀르크족이 63%이다. 튀르키예는 이들 나라로부터 매년 수백 명의 유학생을 받아들여 튀르키예어를 배우게 하고 대학에서 공부시킨다. 튀르키에 정부가 장학금과 생활비까지 전액 지원하는데, 투르크 국가들을 하나로 묶어 무언가 해 보려는 전략 중의 하나이다. 유학생은 오스만제국이던 동남유럽의 나라들과 중동의 나라에서도 온다. 튀르키예의 과거 오스만제국 시절의 향수와 중앙아시아 투르크 국가들의 발전과 유학생 본인의 기대가 함께 맞물려 유학생이 대거 몰려간다. 튀르키예는 이슬람 포교를 목적으로 중앙아시아의 이슬람화를 위해 수백 명의 유학생을 초청한다. 이렇게 튀르키예가 투르크의 영광을 되찾으려는 노력에 대해 유럽은 경계의 눈길을 보낸다. 미국도 이를 그냥 둘 이유가 없다.

튀르키예어에 아랍어와 페르시아어의 단어가 많고 튀르키예의 97%도 아시아에 있지만, 역사적으로 비잔티움과 콘스탄티노플과 이스탄불로 이어진 곳으로 오랫동안 유럽의 수도였다. 현재도 튀르키예 땅은 유럽에서 중앙아시아로의 관문이며 동시에 다리 역할을 해 오고 있다.

동로마제국 시대의 콘스탄티노플과 성 소피아 교회의 조감도

2000년 세계 역사의 흐름에 기독교가 있다. 튀르키예의 이슬람은 유럽과

극단주의 이슬람국가들 사이에서 경제적인 이득을 많이 누린다. 이런 계산은 한국에도 통한다. 대구 롯데백화점 지하층과 인천 신세계백화점 지하층의 케밥은 누가 먹을까? 물론 튀르키예인이다. 세계 곳곳에 있는 케밥을 튀르키예가 수출했듯이, 무슬림은 계속해서 할랄 식품을 공격적으로 소개하고 있다. 한국인에게 이슬람의 할랄 식품이 왜 필요한가? 로마제국 다음으로 세계를 가장 오랫동안 지배한 경험이 있는 튀르키예는 아직도 그 꿈을 버리지 못하고 있지만, 지중해를 공유하고 있는 유럽이 튀르키예를 경계하는 것은 우리가 상상하는 것 그 이상이다.

코로나19가 한반도를 강타하여 세계 181개국이 한국인의 입국을 금지했고, 우리나라도 141개국에 대해서 비자 협정을 제한했는데, 튀르키예도 해당된다. 이런 강경한 조치가 튀르키예인의 한반도 진출을 무력화시켰다. 하나님의 섭리는 참으로 묘하다. 할랄 식품을 앞세우고, 한반도를 이슬람화하려는 한국이슬람중앙회가 2020년을 그 목표로 삼았는데, 마침 코로나19 사태로 경제가 바닥을 치고 있는 상황에서 전염병 확산을 막기 위해 서로 국경을 봉쇄하는 강경조치가 내려진 것이다.

3. 온건한 이슬람과 누르주 운동
언제든지 9·11 테러와 같은 도화선으로 자랄 수 있다

튀르키예에서 가장 많은 대중적 지지를 받는 페툴라 귤렌이 주도하고 있는 온건주의 이슬람은 20세기 초 종교지도자인 사이드 누르시의 『빛의 신서(信書)』에 영향을 받은 누르주 운동으로 이슬람주의, 민족주의, 자유주의, 근대주의 등을 표방한다. 정확한 통계가 나오지 않고 있을 정도로 튀르키예 내에서조차도 비밀스러운 단체로 약 20만 명에서 400만 명 사이의 추종자가 있는 이 운동은 청년층, 의사, 교수, 교사, 전문직 종사자 등에게 많은

지지를 받고 있다. 튀르키예에서 저명 저널리스트들도 귤렌을 전폭적으로 지지하고 있지만, 이집트처럼 세계 최장의 국가비상사태를 선포하고 있는 튀르키예 군부는 귤렌 지지자들을 대거 숙청하였다.

누르주 공동체의 조직은 위계적이며 그들이 표방하는 자유주의적, 관용주의적 노선과는 달리 비민주적 요소가 많다. 귤렌은 이 운동을 이끄는 유일한 최고 지도자이고, 최상부에서 최하부에 이르기까지 수많은 '아비레르'(Abiler, 형들)가 유지되고 있다. 한 가족처럼 구성원의 서열 관계는 매우 엄격하지만, 하위서열의 아비(Abi, 형)는 상위서열을 알 수 없다.

몇 차례 튀르키예 단체여행을 인솔하면서 길거리마다 쏟아져 있는 무리의 대부분이 남성들이라는 사실이 놀랍다. 그것도 무리를 지어서 모여 있는 경우가 많아서 아주 위협적으로 느껴진다. 무슨 이야기를 하는지는 모르지만, 순례객인 우리 일행을 뚫어지게 바라보는 경우가 많아 만일의 상황에 대비하며 순례객에게 쳐다보지 말고 유적지로만 가라고 말한다.

소아시아 7대 교회 중의 하나인 두아디라의 아크히사르 운동장

누르주 공동체가 추구하는 이슬람 운동의 방향은 네 가지로 나눠 볼 수 있다. 첫째, 탈정치적 성향의 실용주의 노선 추구인데, 정당 결성이나 정치 참여를 철저히 배제한다. 다만 조직의 보호와 활동을 위해 보호막이 될 수 있는 중도우파 정당을 지원하며 목표를 달성해 나가고 있다. 누르주 운동은 1950년대 민주당을 창당한 아드난 멘데레스에게 강한 향수와 애착을 보인다. 이는 사이드 누르시의 이슬람 정신을 존경했던 멘데레스와 이슬람의 절대적 지원으로 아타누르크가 창당한 공화인민당의 일당독재를 종식했던 민주당의 이슬람 성향에 기인한다. 이 운동은 사이드 누르시의 사후에도 계승되어, 귤렌이 이끄는 누르주 공동체는 1960년대 이후에도 민주당의 정신을 계승한 중도우파의 정당을 지지해 왔다.

둘째, 귤렌의 공동체는 조직의 확산을 위해 교육을 가장 중시한다. 교육은 주로 사적 교육과 공적 교육으로 나뉜다. 사적 교육은 전국에 산재한 다양한 누르주 소그룹에서 직영하는 기숙사를 중심으로 이루어진다. 그들은 정기적인 모임을 통해 사이드 누르시의 『빛의 신서』를 탐독하고 현실 문제에 관해 토론한다. 그리고 지도부에서 나온 견해와 유권해석을 받아들여 민감한 문제에 대한 내부 의견을 조율하여 단합을 다지고, 통일된 견해로 이슬람의 가치를 보호하고 함양하는 데 크게 이바지하고 있다. 한편 귤렌의 공동체는 튀르키에 내에서 약 100여 개의 중고등학교를 운영하고 있다.

셋째, 대중매체를 매개체로 한 홍보 전략이다. 누르주 공동체는 일간지 "Zaman", TV방송국 Samanyolu, FM라디오 방송 등을 운영하고 있으며, 대중에게 오디오와 비디오테이프와 USB를 배포하고 있다.

넷째, 누르주 공동체에 대한 막대한 재정 지원이다. 이 지원이 비밀스럽게 이루어지고 있어서 아직 그 규모와 양에 대해서는 정확히 알려진 것이 없다. 누르주 산하에는 지역별로 경제인 연합회가 결성되어 있고, 지역 상공인들이 주축이 된 여러 형태의 재단(Wakf)이 존재한다. 이스탄불을 중심으로 결성된 자본가 총연합(ISHAD)이 있고, 각 지역에는 말라티야 상공인협회(MAKIAD)와 같은 경제단체가 있다.

온건주의 이슬람도 언제든지 9·11테러와 같은 도화선으로 자랄 수 있다. 9·11테러는 서구인에게 지금도 세상에는 이슬람을 위해 사람을 죽이고 죽을 용의가 있는 사람이 많다는 사실을 극적으로 가르쳐 주었다. 9·11테러 때 동시에 여러 대의 항공기를 무기로 활용하여 무고한 인명을 살상하는 정도를 넘어서 뉴욕 맨해튼의 무역센터 쌍둥이 건물에 여객기 두 대를 충돌시키는 것이 과연 종교로서 할 일인가? 이런 최악의 폭력은 한순간에 세계 모든 사람에게 이슬람이 단순한 종교가 아니라 국가정치이고 군사조직이라는 사실을 깨닫게 한 결정적인 계기가 되었다.

일부러 두 번이나 직접 연락을 하여 튀르키예 관광의 안내를 맡긴 어느 선교사는 튀르키예에서 제법 오랫동안 사역을 하였으면서도 항상 그만둘 때가 되었다고 생각하지만, 여전히 후배 선교사에게 도움이 되기 때문에 튀르키예에 머물면서 현재는 박사과정까지 공부하고 있다. 수십 년이 지나다 보니 이제는 모든 후원교회와 단체도 끊어진 상태라 자비량으로 학위 논문을 마치려니 여간 힘든 것이 아니라고 했다. 튀르키예에서 미혼 여성으로 선교사의 사역을 감당하는 것은 기독교 남성 선교사보다 훨씬 더 어려운 여건이다. 제자인 어떤 선교사는 튀르키예의 여러 지역에서 한류 바람을 이용하여 문화공연과 찬양집회를 기획하고 있다.

튀르키예의 온건한 이슬람 운동도 기독교의 선교를 보장해 주는 것이 아니다. 형제나라로 인식되는 튀르키예가 한국에서 누리는 자유로운 이슬람 포교 활동과 비교해 볼 때, 튀르키예에서 한국인 선교사는 신분을 숨기고 가족들의 생명의 위협까지 느끼면서 숨을 죽이면서 사역을 이어 가고 있다. 이 글을 읽고 감동되어 연이은 대지진에 국가비상사태가 장기화되고 있는 튀르키예에서 고군분투하고 있는 선교사들을 후원할 마음을 가지는 독자가 많아지면 좋겠다.

4. 과격한 급진 이슬람과 튀르키예의 종파 갈등
튀르키예가 풀어야 할 가장 긴급한 과제

튀르키예 급진 이슬람 운동은 이란의 이슬람 혁명에 영향을 받은 소수의 단체나 그 추종자가 무력을 사용하는 급진주의 성향의 이슬람 운동을 지칭한다. 급진 이슬람 운동의 주요 근거지는 튀르키예의 서부와 남동부지역이다. 서부지역에서는 급진 이슬람 운동을 이슬람 저항이라고도 부르는데, 이는 이란의 히즈발라에게서 이념적 영향을 받고 있다. 2023년에 대지진이 강타한 남동부지역에서는 주로 쿠르드인이 거주하고 있는 디야르바키르, 실반, 지즈레, 크즐테페 등의 빈곤한 도시를 중심으로 청년층과 실업자들이 가담하고 있다. 장기적 국가비상사태의 결정적 변수로 등장한 급진 이슬람 운동은 튀르키예에서 군부가 정치와 권력에 득세하는 빌미를 항상 제공하고 있다.

급진주의자들은 지역 무슬림지도자인 이맘의 가르침을 따르면서 급진 이슬람 운동과 관련된 간행물을 발간하고 있다. 이들은 1990년대에 본격적인 활동을 시작했고 이란의 과격한 극단주의 이슬람 지도자인 호메이니의 가르침에 영향을 받았다. 그들은 자신을 순수 이슬람 운동의 일부라고 가장하지만, 지역민에게는 튀르키예의 급진적인 히즈발라로 알려져 있다.

튀르키예 종파 갈등의 대표적인 예는 같은 이슬람을 신봉하는 수니파와 알레비파 간의 갈등이다. 이러한 종파 갈등의 관계는 이미 오스만제국 이래로 계속됐다. 그 근본 원인은 꾸란의 해석과 교리의 차이에서 비롯된다. 알레비파는 원래 꾸란이 하루 다섯 번에 걸친 기도, 모스크 참배, 메카 순례 등을 요구하지 않는데도, 수니파가 꾸란의 중요 구절을 잘못 해석하고 변형시켜 초기의 이슬람을 왜곡했다고 주장한다. 순나나 하디스도 이슬람에 대한 아랍 지배와 무슬림 지배를 위해 조작되어 만들어진 아랍인 지식층의 창작물에 지나지 않는다고 주장한다. 그 대신에 그들은 꾸란과 더불어 알레비파의 계율과 종교의식이 기술된 독자적인 책인 부이룩(Buyruk)을 매우 중시한다.

1923년 튀르키예공화국의 수립 이후, 수니와 알레비 간의 본격적인 대립은 1950년대 수니파 원리주의 세력의 성장과 더불어 시작되었다. 이 때문에 알레비는 자신들의 정체성을 강조했고, 평등을 중시하는 알레비의 이념과 유사한 마르크스주의적 입장에서 알레비주의를 재해석하면서 1966년 좌파 정당인 통합당을 출범시켰지만, 총선에서 성공을 거두지는 못했다.

현재 상황을 고려해 볼 때, 앞으로의 튀르키예의 급진 이슬람 운동에 대해 다음과 같이 전망해 볼 수 있다. 첫째, 과거 무장폭력에 의존해 왔던 히즈발라 일림파, 대동부 이슬람 전사 전선, 이슬람 청년 등과 같은 일부 급진주의 이슬람은 조직 밖에 있으면서 튀르키예 정부와 타협하지 않고 급진 노선을 계속 견지해 나갈 것으로 보인다.

둘째, 과거 무력투쟁을 전략으로 채택하지 않았던 급진주의 이슬람은 조직 안에서 도약을 모색하고 있는 원리주의 이슬람이나 이슬람 정당을 포함하는 이슬람주의자들과 연대를 도모할 것이다. 급진 이슬람의 상당수는 합법적인 수단을 동원해서 정치 권력까지 획득하려고 노력하고 있지만, 1997년 2월 국가안전보장회의 이후 정치적 이슬람 급진 세력에 대한 국가의 강력대응으로 사실상 일부는 정치 일선에서 후퇴하기 시작했다.

셋째, 제도권 내로 진입한 급진주의 이슬람은 정강 정책을 수정하고 좀 더 실용적인 노선을 채택하여 인권과 보편적 민주 규범을 중시하는 서구의 생각을 받아들이면서 기존의 정치권 내에서 활동해 나갈 것이다.

이런 급진주의 이슬람이 과격한 종파 갈등을 부추기는 상황에서도 튀르키예는 전체 국토의 3%가 유럽에 속한다는 이유로, EU와 같이 가려고 하는 자유분방한 사람들이 많다.

튀르키예의 어두운 이면에도 소아시아 7대 교회 중 가장 대표적인 에베소에 있는 전시장의 활기가 패션 산업을 달군다.

이런 경제 활동을 유럽에 기대려는 튀르키예의 노력으로 1997년 2월에 심지어 튀르키예의 군부도 급진 이슬람 세력의 활동을 봉쇄하려는 강력한 의지의 표현인 11조 계획을 발표한 후, 2001년 12월까지 대대적인 소탕 작전을 전개하여 히즈발라에게 결정적인 타격을 입혔다. 2002년 말에 튀르키예 정보부는 히즈발라의 무력화를 선언했지만, 도리어 2003년 11월에 급진 이슬람 세력은 자신의 건재함을 과시했다. 이런 무모한 행동으로 이스탄불에 있는 유대 교회당에 대한 폭탄테러, 이스탄불의 영국 영사관에 대한 폭탄테러, 영국 은행에 대한 폭탄테러 등으로 수십 명이 살해되었다. 이것이 튀르키예가 풀어야 할 가장 긴급한 과제이다.

테러를 감행하는 급진주의자들은 누구이고, 왜 그런 끔찍한 일을 저지르는가? 어째서 9·11테러 직후에 무슬림이 거리로 쏟아져 나와 기뻐하며 춤을 추었는가? 세계의 매스컴은 어리둥절하여 "그들은 왜 우리를 증오하는가?"라고 물었다. 그 답을 찾고자 세계인은 이슬람과 서방세계가 맺어온 오랜 역사를 살펴보기 시작했다. 이슬람주의자들은 로마 천주교의 십자군을 지목했다. 그들은 서방세계가 수백 년 동안 이슬람을 파괴했으며, 오늘날에도 그것은 변함이 없다고 주장했다.

한국이슬람중앙회 회장을 역임하고 한양대 문화인류학과 은퇴 후 성공회대 석좌교수가 된 이희수는 '오죽하면 무슬림이 이런 테러를 감행하겠는가?'라고 두둔하는 발언을 서슴지 않으면서 이슬람의 원죄를 로마 천주교의 십자군 전쟁에 돌리고 있다. 이런 주장은 이슬람의 폭력성을 미화하는 자기 오류와 진영 논리라는 프레임에 매몰되어 있다.

서로의 잘못을 속죄하는 마음으로 겸손하게 다가가서 닫힌 마음의 문을 향해서 열 때, 새로운 선교의 장이 열릴 것이다. 이슬람의 포교는 항상 너무나도 공격적이고 일방적이다. 자신들은 다른 나라에서 종교의 자유를 마음껏 누리면서도, 자국 내에서 기독교 선교와 무슬림의 개종은 철저히 막고 있다.

5. 튀르키예 이슬람 운동에 대한 대안
악조건 속에서도 뿌리를 내리는 튀르키예 선교사들

튀르키예에서 1988~1989년의 급격한 민주화 물결에 편승해 과거 금기시해 왔던 수니파와 갈등하는 알레비가 새롭게 대두되었다. 자유주의 성향의 지식인은 알레비 문제를 공론화했다. 알레비는 자신이 수니 원리주의 세력의 성장을 제어할 수 있는 반대세력이라고 여긴다. 알레비의 일부는 수니계가 독점한 이슬람 정당에 대항하기 위해 독자 정당을 창당하여 제도권 진출을 시도하고, 급증하는 원리주의 세력의 영향을 차단하기 위해 세속주의 진영과 온건파 수니교도와 연대를 시도하였다. 세속주의 진영 역시 급진 원리주의 세력의 성장을 막기 위해 알레비를 적절히 이용하고 있다. 그러한 목적으로 1997년에 대통령 쉴레이만 데미렐과 수상 메수트 율마즈는 알레비의 최대 종교행사인 하지벡타쉬에 참석하기도 했다.

튀르키예 이슬람 운동의 경우 원리주의 종파가 뚜렷한 이념 중심의 결집체라기보다는 지역성, 역사성, 지도자의 개인적 성향, 종족적 문제 등으로 복잡하게 얽혀 있고, 상호관계도 매우 가변적이기 때문에 하나의 틀 속에서 분석하기가 매우 어렵다.

승리의 니케 여신 앞에서 나이키 운동화를 신은 순례객들

튀르키예 이슬람 운동은 이미 앞에서 살펴본 대로 제도권에 진출하려는 이슬람 정당, 대중이 지지하는 온건주의 이슬람 운동인 누르주 운동, 이란과 연계된 급진주의 이슬람 운동 등 세 측면에서 이해해야 한다. 튀르키예

의 무슬림은 다른 지역과 달리 경제 논리로 관광지를 대거 개방해 놓고 있다. 가장 대표적인 곳이 에베소 유적지이다. 정신 차리지 않으면 쉽게 지나칠 수 있지만, 에베소에 있는 니케 여신의 부조가 가장 흥미로운 곳이다.

페툴라 귤렌이 주도하고 있는 누르주 운동은 전통적 가치를 부활시켜 튀르키예식 이슬람의 창출을 목표로 하며, 민주주의와 관용을 강조하면서 세속국가와 종교 사이에서 합법적 연계의 틀을 구축하려 한다. 그동안 귤렌이 추진해 온 이슬람 운동은 전통과 근대의 갈등 속에서 튀르키예 내 다양한 집단을 조화롭게 통합하는 데 어느 정도 성공했다. 하지만 튀르키예 내 일부 세속주의를 지향하는 지식인들은 귤렌의 이슬람 운동에 대해 큰 우려를 표하고 있다.

9·11테러 사태는 이슬람과 기독교의 대립에서 비롯된 무슬림의 극단적 민족주의가 빚어낸 대참사였다. 어떠한 경우도 이슬람이 여객기로 민간인을 무고하게 대량학살하는 일은 재현되어서는 안 된다. 종교 간의 대화가 절실히 요구되고 있는 현실에 비추어 볼 때, 관용과 민주주의를 표방하는 귤렌의 이슬람 운동은 새로운 대안으로 그 의미하는 바가 크지만, 여전히 좁은 이슬람 시각에만 머물러 있다. 이슬람을 지키기 위해 서방세계를 이용하여 경제적인 이득만을 취하고, 철저하게 무슬림의 개종을 막으면서 유럽을 포함한 세계 여러 나라에서 이슬람의 포교만을 내세우려는 튀르키예는 변화되어야 한다. 현재 튀르키예는 2011년 아랍권에 분 재스민 혁명 이후에 다시 군부가 실권을 잡고 국가비상사태를 선포하고 강압 중이다.

이런 일방적이고 배타적인 악조건 속에서도 튀르키예 내 선교사의 비율을 살펴보면, 12개국의 14개 단체에서 파송된 선교사가 140명 정도로 추정되고 있다. 이들은 악조건 속에서 뿌리를 내리는 튀르키예 사역자들이다. 주요 선교단체는 C.C.C., O.M, WEC, I.M, P.I, Youth With A Mission, HOPE 등이 있다. 주요 사역 내용은 난민 선교, 캠퍼스 선교, 교회 개척,

의료 및 전문인 선교, 어린이 선교 등을 하고 있다. 튀르키예는 전 국민의 99%가 무슬림이고, 현재 기독교는 0.32%이다. 절대다수 무슬림 국가인 튀르키예 입장에서 볼 때 기독교는 보이지 않는다. 오히려 과거 로마 천주교의 십자군에 대한 거부감으로 인해 아직도 튀르키예는 기독교 선교 자체를 보장하지 않는다. 이런 일방주의는 튀르키예가 국제사회의 일원이 되는 데 불리한 조건이다.

튀르키예의 한인 사역자는 총 17명이다. 지역별로는 이스탄불 12명, 이즈밀 3명, 앙카라 2명이다. 소속별로는 예장통합 4명, 합동 3명, 개혁 1명, 고신 1명, 기성 2명, 기타 평신도 선교단체의 6명이 있다. 신분별로는 목회자 9명과 평신도 8명, 성별로는 남자 13명과 여자 4명이 있다. 이런 통계는 튀르키예의 기독교 선교가 아직도 튀르키예 내 한인들을 상대로 하여 겨우 이루어지는 열악한 상황이라는 사실을 드러냈다.

튀르키예 선교지에서 지역별로는 이스탄불 7개 처소, 이즈밀 1개 처소, 앙카라 1개 처소 등 총 9개 처소에 약 390명 정도가 있다. 지역별 교회 수 및 교인 수는 이스탄불 1개소에 장년 35명과 어린이 20명, 이즈밀 1개소에 장년 20명과 어린이 10명 등에 불과하다. 이들 사역지는 모두 공식적으로 한인교회이다. 한인교회의 선교적 역할에서 한인 선교사역 후원 및 현지인 교회 지원(이스탄불 한인교회의 경우 연간 8,000불 지원), 선교 초임자의 부임 때 정착 후원 등이 필요하다. 튀르키예가 선교사의 무슬림선교를 허락하지 않기 때문에 한인사역을 중심으로 한류가 확산되는 상황에서 아주 미미하게 현지인을 위한 선교를 할 뿐이다.

튀르키예를 위시한 이슬람선교는 수년을 활동해도 결신자나 양육자가 눈에 보이게 나타나지 않는다. 혹시 선교가 활발하게 전개되면 선교사와 가족들이 위험에 처할 수 있고, 튀르키예인 중에서 기독교로 개종한 무슬림에게 명예살인을 가할 수 있는 위기의식이 만연하다. 현재 튀르키예에서 새롭게 전개되는 한인교회의 사역은 국경 근처로 몰려드는 시리아 난민 사역을 후원하는 일을 한다. 튀르키예 한인교회가 할 수 있는 제한적인 사역이기 때문이다. 이라크 국경지대의 쿠르드족을 위한 구제사역도 중요하다. 튀르키예 한인교회가 이 위험한 무슬림 사역을 감당하고 있지만, 국제사회의 도움이 필요한 상황이다.

6. 튀르키예 독일 선교사와 현지인 2명의 순교
선교사가 처한 열악한 환경

튀르키예의 제도상의 문제로 외국인이 자국민에게 전도를 하면 강제추방을 당하고, 개종한 자국민은 공직과 직장에서 추방당하며, 가족과 친구들로부터 고립을 당하고 명예살인까지 당할 수 있다. 사역 현장에서의 문제와 지하교회의 비밀선교 활동으로 만남이 제한되고, 개종한 형제자매들의 결혼 문제, 특히 자매들의 수가 적어서 형제들이 결혼하기 쉽지 않다. 이 밖에도 한인 사역자들 간의 갈등 및 부조화, 선교사와 본국 파송단체와의 갈등, 선교사 신분 노출 시 추방 또는 극우 무슬림의 테러 위협 등이 튀르키예에 도사리고 있다. 선교사 개인의 문제로는 언어의 장벽 및 자녀 교육 문제와 거주비자 취득의 어려움(단기 3개월-장기 1년)이 있다.

튀르키예에서 15년간 사역한 튀르키예선교회의 대표 김종일은 2007년 4월 18일 오후 1시 30분경에 말라티아에서 기독교인 3명이 참수당하여 순교한 사건에 애도를 표하고, 순교자 3명과 유족들과 튀르키예와 현지 기독교인을 위한 중보기도를 요청했다.

튀르키예의 수도 앙카라에서 동남부로 약 500km 떨어진 말라티아에 있는 기독교출판사인 '지르베 출판사' 건물 3층에서 성경공부 모임을 하고 있던 독일인 틸만 게스크 선교사(46세)와 현지 기독교인 형제들인 네자티 아이든(36세)과 우굴 유크셀(32세)이 무슬림 청년 5명에 의해 끔찍한 고문을 당한 뒤 참수당하는 사건이 발생했다. 십자가를 지시고 온 인류를 위해 대속적으로 죽임을 당하신 예수의 십자가를 온전히 따른 순교자 3인에게 경의를 표하며, 그 유족을 성 삼위일체 하나님께서 위로해 주시기를 기도한다.

비아 돌로로사 인근의 채찍 교회에서 십자가를 묵상하는 순례객

튀르키예 내 기독교인들뿐만 아니라 대통령과 수상, 국민 대부분은 야만적이고 무분별한 '기독교인 학살 사건'에 반대하고, 경찰이 이들을 보호하지 못한 데 유감을 표한다. 너무나 슬프고 가슴 저린 순교사건을 다 이해할 수 없지만, 이 일로 하나님의 사랑과 주님의 보혈이 더 많은 튀르키예인에게 전해지고, 현지 기독교인들도 담대하게 이 상황을 이겨 낼 수 있도록 기도를 부탁한다. 살해된 3명의 순교자는 2007년 1월에 무장 괴한의 총격에 숨진 아르마니아계 기독교인 언론인 흐란트 딩크에 이어 튀르키예 현대 기독교사의 순교자들로 기록되었다. 튀르키예인들도 이들을 복음을 위해 목

숨을 희생한 스데반과 같은 인물들로 기억해야 한다.

사건 당일 저녁 이스탄불 시내 광장에는 기독교 튀르키예인 150여 명이 '그렇습니다. 우리 모두는 기독교인입니다'라는 피켓을 들고 시위했으며, 이즈밀에서는 80여 명의 튀르키예인이 이들의 무고한 죽음에 항변하는 시위를 했다. 민족 감정과 종교심 때문에 이 사건을 저질렀다고 밝힌 무슬림 청년들은 테러리스트로 분류되어 구금되었지만, 이들의 나이가 19세에서 20세 사이로 어리기 때문에 엄중한 처벌이 내려지지는 않았다.

독일 선교사의 순교 직후에 튀르키예 방송을 통하여 게스크 선교사의 부인이 "내 남편을 살해했지만, 그들이 무지해서 한 행동이므로 용서한다."라고 선언했을 때 튀르키예 전역에서 큰 감동을 받았다는 선교지 소식을 듣고 화해의 선교가 이루어진 것에 눈시울이 뜨거워진다.

중세에 로마 천주교가 자행한 십자군 전쟁으로 인한 상처로 아직도 무슬림이 기독교를 거부하고 있다. 그러나 이런 상황은 핑계이고, 교육의 부재이며, 이슬람이 호전적 모습을 아직도 버리지 않고 있다는 증거이다. 양심이 있는 무슬림 지도자나 교사라면, 기독교에 일방적으로 저지른 무슬림의 죄악상을 낱낱이 가르치고 회개하게 해야 한다.

로마 교황이 십자군 전쟁에 대해 사죄하고 용서를 구했지만, 일회성으로 끝나면 안 된다. 계속하여 무슬림을 만나서 다시는 폭력을 가하지 않겠다고 다짐해야 한다. 튀르키예도 그동안 반복된 기독교에 대한 박해와 수많은 순교자에 대해 사죄하고 용서를 구해야 한다. 무슬림도 공격적인 성향을 내려놓고 거짓된 가르침에 속은 상태에서 놓임을 받기 위해 스마트폰으로 인터넷상에 공개된 복음서를 스스로 읽어야 한다.

예수를 이싸라고 부르지만 마리아의 아들로 비하하고, 기독교의 교리인 십자가와 부활을 모독하는 일을 서슴지 않는 튀르키예 무슬림은 회개해야 한다. 성경의 가르침에 의하면, 무슬림이든 기독교인이든 모든 인간은 하나님의 형상대로 지음을 받은 존재이다. 2019년 11월 22일에 튀르키예에서 한인 선교사가 피살되었지만, 가족들이 비탄 속에서도 사역을 이어 가고 있기 때문에 선교사의 이름이 아직도 공개되지 못하고 있는 안타까운 상황이다. 왜 무슬림은 '이교도의 목을 치라'고 주장하면서 기독교를 일방적으로 거부하는가?

현지 선교사들이 하나님의 형상으로 지음 받은 하나님의 자녀로서 서로 용서하고 이해하는 사랑의 선교관점을 갖고 있다는 소식이 들린다. 무엇보다 튀르키예 선교는 순교자들이 흘린 피가 헛되지 않도록 EU에 가입하려는 열망을 가진 튀르키예에게 종교의 자유를 보장할 것을 촉구하고, 계속해서 세계인의 일원답게 행동할 것을 요구해야 한다.

하나님께서는 튀르키예에서 흘린 순교의 피를 결코 헛되게 하지 않으실 것이다. 이 순간에도 온갖 박해와 순교의 위협 속에서도 온 가족이 튀르키예에 머물면서 선교사역에 정성과 눈물로 매진하며 희생하는 선교사에게 경의를 표하며, 기도와 물질로 후원하는 분들이 많이 생기길 기도한다. 하나님의 선교에 쓰임을 받는 일은 직접 선교 현장에 가는 방법도 있지만, 적은 물질이나마 간절한 기도와 함께 튀르키예 선교사를 후원하는 일도 너무나 아름답고 귀하다.

더구나 몇십 년을 튀르키예에서 무슬림을 상대로 사역을 한 베테랑 선교사가 은퇴했을 때, 젊음을 불태우고 헌신한 것을 기억해 주고 존중하고 희생적으로 수고한 것을 보상해 주는 일에도 관심을 기울여야 한다.

7. 튀르키예의 선교 전망과 한국의 선교 참여
힘든 여건 속에서 필요한 일들을 찾아야

튀르키예는 지리적 조건으로 아시아와 유럽의 연결고리로서 문물교류

활동으로 기독교 문화의 접목이 쉽다. 또한 정치적 조건으로 EU의 가입을 위한 대서방 유화정책의 목적으로 겉으로는 종교적 탄압이 감소하고 있고, 해외 유학생과 신교육 세대의 등장으로 인해 기독교에 대한 이미지 변화의 가속화, TV와 영화와 대중매체의 기독교 홍보물의 보급과 확산으로 관심이 더해지고 있다.

한국교회도 튀르키예 성지순례가 늘어나면서 선교에 대한 관심 고조나 선교사 파송이 점증하고 있지만, 선교 2세기를 향한 한국인의 세계 선교가 아직도 초기 단계 수준을 벗어나지 못하고 있는 가장 큰 이유 중의 하나가 이합 집산적인 단체들의 난립이다. 그러한 단체들이 경쟁적인 실적주의에만 관심을 보일 때 선교사는 소신 있는 사역을 수행하지 못한다.

튀르키예에서 가장 큰 문제는 이슬람에 의한 탄압도 심각한 상태이지만 한인 선교사 간의 갈등과 영역 다툼과 내분으로 발생하는 요인이 더 심각하다. 이는 개인적 소영웅주의와 이를 부추기는 파송기관의 분별없는 소치 때문임을 생각할 때, 그리스도 안에서의 겸손한 자세로 섬기는 것이 절대적으로 요구된다. 이러한 모습들 때문에 외국 선교단체는 한국인 사역자를 경원시할 뿐 아니라 팀에 소속된 경우 결코 지도자로 세우려 하지 않고 수동적인 역할만을 맡기게 된다. 또한 선교사나 단체가 숙지한 정보를 공유하려 하지 않고 독점하려 하기 때문에 현지에서 낭비되는 인적, 물적 자원이 적지 않다.

이제 파송기관과 선교사는 현지에서 자기가 소속된 단체에 구애됨이 없이 협력사역을 도모할 수 있는 정책적 대안을 제시하고, 선교가 선교사 개인의 명예나 단체의 유익을 위한 것이 아니라 하나님 나라의 확장을 위해 적그리스도와 싸우는 영적 전쟁이라는 사실을 인지해야 할 것이다. 이에 후원단체들은 선교사 개인이나 단체의 지엽적인 목적을 위한 투자의 관점에서 과감히 탈피하여 선교 현장을 잘 알고 있는 한인공동체를 위한 사역을 염두에 두고 지원하는 것이 바람직하며, 현지 사역자를 중심으로 공동체를 결성하여 집약된 의견과 정확한 정보를 수집하고 정책 결정에 제대로 반영될 수 있도록 해야 할 것이다.

한국교회의 이슬람선교를 위해 필요한 것들이 많다. 첫째, 현대 이슬람의 동향을 이해할 수 있어야 한다. 같은 지역에 있는 무슬림이라 하더라도 신앙생활과 가치관이 어느 이슬람 종파를 따르는가에 따라 서로 다르다. 가장 많은 지지를 확보한 온건주의 이슬람 운동인 누르주 운동과 몇몇 과격단체가 따르는 급진 이슬람 운동 중에서 선교사가 만나서 대화하려고 하는 무슬림이 어디에 가장 가까운지 파악하는 것이다. 또한 그들이 현대의 정보화 시대에 살면서 이슬람의 이상과 실제를 어떻게 인식하고 있는지도 배워야 한다.

둘째, 한국교회는 화해의 사역에 초점을 맞추어야 한다. 21세기 선교는 무엇보다도 화해의 선교여야 한다. 다양한 폭력과 고통은 치유와 화해의 사역을 요청하고 있기 때문이다. 화해는 치유를 이루기 위해서 오랜 기다림이 있어야 하며, 화해의 선교에서 중요한 것은 선교사가 화해를 이루는 것이 아니라 화해를 발견하는 것이다.

한국교회는 중세와 근대에 서구 기독교 선교가 주도하였던 기독교 세력화나 정복이라는 개념을 탈피하고, 역사적으로 로마 천주교가 십자군으로 자행한 것에 대해 이슬람의 피 흘린 상처를 치유하는 자로 무슬림에게 다가가는 것이 필요하다.

셋째, 한국교회는 이슬람권에서 무슬림을 한 형제자매로 만나고 영접하고 대접할 수 있어야 한다. 무슬림은 아브라함을 믿음의 조상으로 생각하지만, 이삭이 아니라 이스마엘의 후손이다. 그러므로 유대인과 마찬가지로 아브라함, 이삭, 야곱의 하나님을 믿는 기독교인에게 무슬림은 한 형제자매인 것을 기억시킬 필요가 있다.

튀르키예의 지방 공항에서 순례객을 맞이하는 현지 여행사 직원들

넷째, 튀르키예어를 배우는 것이다. 바울이 유대인이면서 당시 로마세계에서 통하는 헬라어를 사용하였듯이, 튀르키예에서 튀르키예어를 유창하게 하면 좋은 반응을 얻게 된다. 언어는 문화 이해에 교량적인 역할을 한다. 튀르키예어를 잘한다는 것은 튀르크 문화를 잘 이해한다는 말이다. 언어는 그 말을 쓰는 이들을 좋아하지 않으면 그들처럼 할 수 없다. 힘든 여건 속에서 가장 필요한 것은 튀르키예어와 튀르키예 문화를 배우는 일이다.

앞으로 튀르키예를 위한 새로운 선교를 전망하면서 각 신학교에 형제나라인 튀르키예에 한류 바람이 불고 있는 것을 통해 더욱 효과적인 무슬림 선교를 감당하기 위한 노력이 일어나야 한다.

교회는 선교 지향적 공동체로 항상 거듭나야 한다. 최소한도로 교회 재정의 51%는 선교로, 49%는 제반 경비로 기준을 정하고 목회 철학을 세울 때 교회는 선교적인 공동체라는 본연의 사명을 감당할 수 있다. 당회의 일원인 장로도 은퇴 후에 건강이 허락되는 한 해외여행보다는 자비량 선교사로 나가고, 평신도 단기선교를 하는 일이 일상화되어야 한다.

8. 소아시아 7대 교회의 흔적
바울과 사도 요한의 선교지

튀르키예의 가장 대표적인 기독교 유적지는 소아시아의 7대 교회이다. 이 중에서도 사도행전 18장에 아시아로 알려진 에베소가 가장 중요한 유적지이다. 소아시아에서 폐허가 되지 않은 채 유일하게 아직 현존하는 서머나 교회가 있는 이즈미르와 마찬가지로 관광객이 가장 많이 찾는 에베소 지역에서도 한인 사역자가 사역하고 있다.

에베소 교회는 사도 요한과 사도 바울의 선교지가 있던 곳이다. 누가복음과 사도행전을 기록한 누가의 묘도 있기에 에베소는 소아시아의 중심일 뿐만 아니라 당시 아시아로 불린 에베소는 신약성경의 3대 기자인 요한과 바울과 누가가 활동한 아시아의 영혼이다. 사도 바울이 대극장에서 전도할 때 에베소 사람들이 '마술하는 책'을 모아서 불사른 적이 있을 만큼 역사적으로 에베소 문서(Ephesian Document)는 세계 문화사에서 큰 주목을 받기도 하였다.

더구나 에베소는 요한계시록 2~3장의 7대 교회 중에서 첫 번째로 언급된 교회로 '첫 사랑'을 회복하라는 권면을 들은 교회이다. 사도 요한이 이런 권면을 한 이유는 에베소가 거짓 사랑인 아데미라는 풍요의 여신에 빠져서 이방 종교에 만연된 동성애를 통해 육체적 쾌락의 극치를 느끼면서 우상을 숭배하였기 때문이다.

아데미는 에베소에 세계 7대 불가사의로 기억될 정도로 거대한 신전에 있던 여신인데, 현재 기둥 하나만 남아 있어 고대의 아데미 신전 규모가 어땠을지 상상할 수 있다. 이런 엄청난 규모의 아데미 신전은 사데 교회의 유적지에도 비슷한 규모로 존재해 있다. 아데미의 모신은 키벨레 여신으로 고대 근동지역에 널리 퍼진 풍요의 여신이다.

에베소 박물관에는 아데미 신전의 공창들이 동성애를 즐기면서 자위를 하기 위해 에로스 신을 형상화한 자위 도구가 많이 전시되어 있다. 당시 에로스 신은 그리스-로마 문화에 만연된 소아성애의 상징이었으므로, 이곳에는 소아성애의 상징으로 발굴된 에로스의 유물이 전시되어 있다. 고대로부터 소아성애를 통해 소자를 넘어지게 하는 일들이 많았다. 플라톤의 『향연』을 보면 동성애가 등장하는데, 특히 남성 동성애는 여성을 혐오하는 것으로 나타난다. 여기서 남성 중심과 강자 중심의 그리스 문화가 발전했으며, 여성 결함을 노골적으로 비하한다. 이러한 남성 우월 의식이 이슬람 문화에까지 영향을 미쳐서 꾸란은 여성을 남성 아래에 내려놓았다.

이방 신전과 공창들의 숙소인 사창가로 이어진 셀수스 도서관 지하통로

성적인 타락과 동성애가 만연한 에베소에는 고대의 3대 도서관인 알렉산드리아와 버가모처럼 셀수스 도서관이 자리를 잡고 있는데, 도서관 오른쪽 지하통로가 건너편의 사창가로 이어지게 설계가 되어 있어서 많은 사람들이 낮에도 사람들의 이목을 피하여 공창들과 문란한 성행위를 즐긴 것을 확인할 수 있다.

알렉산드리아와 셀수스와 마찬가지로 고대의 3대 도서관 중의 하나인 버가모는 자주장사 루디아의 고향인 두아디라의 인근이기도 하다. 루디아는 사도 바울이 빌립보에서 기도처가 있는 곳을 찾다가 만나서 유럽의 첫 교회로 시작된 가정교회의 여집사이다. 그가 두아디라 출신으로 자주장사를 하게 된 배경은 그 지역에서 나는 조개에서 아주 소량의 자주색 염료를 얻는 고도의 기술 덕분이다. 자주색 옷감은 왕실에 납품하는 귀한 물품이었다. 이 지역에서는 양피지(Parchment)도 많이 나와서 버가모 도서관에 양피지로 된 문서가 대량으로 보존되었을 것이다. 이 양피지는 후에 이태리 명품 가죽 제품인 페라가모에게 영감을 주는 상표가 되기도 하였다.

특히 사도 요한은 버가모 교회를 향해서 '사탄의 회'라고 경고하기도 하였는데, 이런 말씀을 보여 주기라도 하듯이 버가모 교회의 폐허 위로 산 정상인 아크로폴리스에 제우스 신전과 아스클레피오스 신전이 자리를 잡고 있다. 발굴작업을 통해 나온 유물은 현재 베를린에 있는 버가모 박물관에 전시되어 있다.

목화성으로 알려진 파묵칼레에 라오디게아 교회가 있는데, '차지도 덥지도 않다'라는 책망은 온천수가 흘러내려서 미지근한 상태로 라오디게아에 전해진 것에 대한 비유적인 표현이다. 바울이 골로새 교회에 편지를 보내면서 라오디게아 교회의 편지도 읽으라고 권면한 것을 보면, 히에라볼리에 있는 빌립 교회-라오디게아 교회-골로새 교회는 마치 삼각지처럼 연결되어서 서로 편지를 회람한 지역이라 여겨진다. 특히 빌립이 세우고 그의 무덤이 발견된 빌립 교회는 그가 두 딸과 함께 순교한 곳이다.

빌라델비아 교회는 사도 요한의 기념교회로 기둥과 같이 쓰임을 받을 것을 권면한 교회답게 아직도 거대한 기둥 세 개가 남아 있다. 이 지역에서 나는 포도가 인근의 형제교회에 성만찬을 위해 공급될 정도로 빌라델비아 교회는 형제 사랑과 우애의 상징으로 사도 요한에게서 칭찬만 들은 교회이다.

이런 내용은 소아시아 7대 교회에 관한 권면이 아직도 유적지에 흔적으로 남아 있는 것을 일깨워 준다. 한인 선교사는 선교사 비자를 받지 못하는 이슬람권 지역의 특성상 이스탄불과 앙카라에 거점을 두고 여행사와 음식점 혹은 농장과 자영업을 하면서 자비량으로 선교를 해서 한인 순례객이 많이 찾는 7대 교회 인근 지역에 선교캠프를 두는 경우가 흔하다.

소아시아의 7대 교회는 서머나 교회만 제외하고 이슬람에 의해 파괴되어 돌무더기만 전해지고 있다. 예수께서 예루살렘 성전을 보고 하신 탄식이 절로 나온다. 지금도 튀르키예는 한국에 와서 자유롭게 이슬람을 포교하면서도, 일부 무슬림 국가에서는 꾸란이 말하는 '이교도의 목을 치라'는 미개한 무함마드의 가르침을 그대로 맹신하여 기독교를 박해하고 선교사를 살해하고 있다. 이슬람은 그 모든 죄를 회개해야 세계인의 일원이 될 수 있을 것이다.

9. 유서 깊은 신구약의 유적지
박해와 순교의 현장인 튀르키예의 모습

튀르키예에 있는 신구약의 유적지는 동부로부터 서부에 이르기까지 다양하다. 튀르키예의 유적지를 동쪽에서 서쪽으로 순서대로 열거하자면 아라랏 산에 머문 노아의 방주, 아브라함 시대의 흙집, 욥의 동굴, 수리아 안디옥 동굴교회, 실루기아 항구, 바울의 고향인 다소, 바울의 행전을 남긴 테클라 수도원, 이고니온, 루스드라, 비시디아 안디옥, 버가, 앗달리아, 갑바도기아, 파묵칼레, 소아시아 7대 교회, 밧모섬, 드로아 등이다. 이런 다양한 유적지에서 한인 선교사가 자리를 잡고 각자의 사역을 충실하게 감당하고 있다.

아브라함의 고향인 하란 인근에 있는 산르 우르파는 초기 교회에서 에데사로 알려진 지역이다. 베드로가 안디옥에서 동굴교회를 시작하여 구약성경을 기초로 유대 그리스도의 전통을 살린 초기 교회의 정통교회로 발전시킨 것과는 달리, 에데사에서는 마르키온이 구약성경을 부정하고 플라톤의 이원론을 기초로 영지주의 이단을 만들어 나갔다. 후에 에데사는 이슬람의 산르 우르파로 이름이 바뀌었다. 이곳은 아브라함이 이삭을 제물로 바치기 위해 장작불을 지폈는데 하늘에서 비가 내려 불이 꺼지고 장작은 팔뚝만한 물고기로 바뀌고 연못을 만들어 오늘까지 전해진다는 희한한 이맘의 전통을 수립하는 근거로 활용되고 있다. 이것이 이슬람이 성경과 다른 교훈을 하는 모습이다.

에데사는 마르키온이 떠난 후에 동방정교회의 첫 본거지가 되었으며, 알렉산드리아로 거점을 옮겨 콥트정교회가 그 뒤를 이어 나갔다. 오늘날 그리스정교회와 러시아정교회는 독자적인 노선으로 갈라졌지만, 여전히 에데사에서 출발한 동방정교회에서 현존하는 가장 오래된 기독교 교단인 콥트정교회가 이슬람의 박해를 이기고 이집트의 올드 카이로에서 그 정통성을 유지하고 있다. 에데사는 2023년 2월에 강타한 대지진으로 큰 피해를 입었다.

대지진에 이어서 3월에 폭우와 홍수가 강타한 산르 우르파는 고온 사막지대로 흙집이 많은데, 그 유래가 아브라함의 시대로까지 거슬러 올라가서 아브라함의 흙집이라 불리며, 아직도 사람들이 살고 있다. 이 흙집은 무더위를 이기고 전염병을 극복할 수 있는 최고의 가옥 형태이다. 이런 흙집과는 달리 욥의 동굴은 그 분위기가 음산하지만, 무더위에도 온몸에 한기가 느껴질 정도로 선선하다. 사람이 살아가는 모습은 그 형태만큼이나, 발상이 기발하고 생각이 지혜롭다.

안디옥 교회에서 바나바와 함께 이방인 선교사로 파송을 받은 사도 바울은 실루기아 항구에서 배를 타고 구브로로 간다. 바나바의 고향인 구브로에서 전도를 한 후에 다소에 간 바울은 지중해를 통치하기 위해 알렉산더가 전략적인 도시로 삼은 비시디아 안디옥을 지나 소아시아로 복음을 전하는 긴 여정을 보낸다.

비시디아 안디옥은 버가와 앗달리아를 잇는 거점도시이며, 튀르키에의 동서를 연결하는 요충지이기 때문에 거대한 유적지가 아직도 많다. 한 가지 특이한 점은 신들의 도시인 아크로폴리스가 산 정상에 있는 것이 보통이지만, 비시디아 안디옥에는 화강암 절벽을 깎아서 제우스와 아우구스투스 신전을 세웠다. 이것은 발상의 전환이다. 산꼭대기에 아크로폴리스를 세운 것이 아니라, 절벽 아래에 신들의 도시를 세운 것이다. 비시디아 안디옥에서 바울이 전도한 곳마다 교회가 세워졌다고 전해지는데, 비잔틴 시대의 교회 자리는 그 규모가 엄청나서 중앙제단이 삼위일체 하나님을 상징하는 아치 돔으로 형상화되어 있다.

비시디아 안디옥의 절벽 아래로 깎아 내려진 아크로폴리스가 보여 주는 발상의 전환

사도 바울이 비시디아 안디옥을 선교지로 선택하고 거듭해서 찾아간 이유가 무엇일까? 알렉산더가 지중해 세계를 제패한 곳에서 바울이 세계 선교의 꿈을 펼치려고 한 것이 아닐까? 후에 바울이 드로아 환상을 보고 무시아에서 복음을 전하지 않고, 마게도냐 사람의 손짓으로 유럽으로 건너가게 된 것은 알렉산더가 본거지로 삼았던 유럽의 첫 국가인 그리스의 매력과도 연결될 수 있다.

사도 바울이 이고니온에서 선교한 전승을 담지한 교회는 동굴 교회의 형태로 전해지고 있다. 이고니온과 루스드라에서 두 번 설교한 바울은 성공적인 전도여행을 계속한다. 특히 사도행전 14장의 루스드라 설교는 17장의 아레오바고 설교와 함께 플라톤 철학에 심취된 이방인에게 구약성경에 입각한 창조신앙과 예수의 부활을 증거한 이방인 선교의 이정표가 되는 설교로 평가된다. 바울의 행적은 테클라 행전에 기록되어 있는데, 바울의 겉모습이 테클라 수도원에 그려질 정도로 소중한 유물로 전해지고 있다.

비시디아 안디옥과 버가에서 유대인에게 배척당하여 매를 심하게 맞아 죽은 줄로 알고 성 밖에 버려진 사도 바울은 그 지역을 빠져나온 것에 안도하지 않고 자신에게서 복음을 듣고 여전히 그곳에 머물러 있는 형제들에게 힘을 북돋아 주기 위해서 다시 그 지역을 방문한다. 이것은 되짚는 선교이다. 마지막까지 교회를 굳게 세우려는 바울의 헌신된 마음이다.

사도행전 2:9은 오순절에 예루살렘에 모인 사람들이 '메소보다미아, 유대와 갑바도기아'에서 왔다고 한 것처럼, 사도 바울은 이런 여정대로 산르우르파에서 수리아와 갑바도기아로 전도여행을 다닌다. 그 후 골로새 교회와 라오디게아 교회에 보낸 편지를 회람편지의 형태로 써서 서로 읽으라고 권면할 정도이다.

튀르키예의 한인 선교사는 사도 바울과 사도 요한과 의사 누가가 에베소에서 당한 고난과 박해를 이긴 모습을 깊이 묵상하고, 어떠한 이슬람의 위협에도 굴하지 말고 담대하게 복음 사역을 감당해야 한다. 바울은 27년 동안 지중해 지역에 복음을 전하여 많은 교회를 세웠지만 이슬람의 공격으로 폐허가 된 그곳에서 한인 선교사들이 눈물로 다시 복음의 씨를 뿌리고 있다. 머지않아 '추수의 주인'이신 살아 계신 하나님께서 풍성한 열매를 허락하실 것이다.

10. 트로이 전쟁과 드로아 환상
아시아선교에서 유럽선교로

튀르키예의 서부 에게 해 해안에 있는 트로이는 드로아와 전혀 다른 이야기로 전해진다. 호메로스가 『일리아스』와 『오디세이』에 기록한 대서사시의 형태는 우리에게 그리스-로마 신화로 알려져 있다. 그중에서 트로이 성은 트로이 목마를 타고 견고한 성 안에 잠입한 병사들에 의해 무너져 내린다. 트로이 전쟁 이후에 그리스 도시국가는 통일되어 그 여세를 몰아 지중해 세계를 재편하는 계기가 되었으며, 알렉산더는 그리스 국경을 인더스 문명까지 넓히는 그야말로 파죽지세를 이루었지만 언제나 영웅은 잠시 있다가 사라질 뿐이다.

비록 신들의 이야기이지만 고대 도시국가에 살던 사람들의 삶과 사고를 이해할 수 있는 신화는 인간의 이야기이다. 트로이 전쟁은 지금의 튀르키예의 서부 에게 해 해안에서 이루어진 것으로, 유럽이 아시아로 와서 일으킨 전쟁이라고 평가할 수 있다.

사도 바울이 본 드로아 환상은 똑같이 지금의 서부 에게 해 해안에서 이루어진 것이지만, 성령의 인도하심으로 아시아에서 유럽으로 복음 선교의 축이 움직인 영적인 사건이다. 곧 드로아 환상을 통해서 아시아선교가 유럽선교로 이동하는 결정적인 계기가 된 것이다.

의사인 누가는 사도 바울이 드로아에서 환상을 보고, 아시아를 넘어서 유럽의 첫 성인 빌립보에 교회를 세운 바울의 행적을 빌립보 감옥의 간수가 개종한 사건과 더불어 흥미 있게 전한다. 드로아 환상은 바울이 아시아를 넘어서 유럽에 복음을 전하는 결정적인 계기를 만들어 내는데, 그 중심에서 예수의 영인 성령께서 마게도냐 사람의 손짓으로 시작하게 하심으로써 명실상부하게 유럽선교의 새로운 이정표를 세운 것이다.

그 후에 에베소는 소아시아를 넘어서 유럽선교로 이어지게 하는 중추적인 복음의 전진기지가 된다. 사도 요한과 누가가 복음을 전하기에 앞서서 먼저 교회를 세운 사도 바울은 두란노 서원에서 가르치기도 한다. 후에 요한은 에베소의 감독이 되기도 하지만, 마지막에 밧모섬에 유배되어 환상 가운데 요한계시록을 기록한다. 의사인 누가도 에베소에 와서 로마에 있는 성도를 위해 누가복음을 기록하고, 바울의 행전을 정리한 사도행전도 기록한다.

바울이 드로아에서 환상을 본 것은 기도할 때 이루어진 일이고, 빌립보에서 교회를 세우게 된 것도 기도처가 있는지 찾아보다가 자주장사 루디아를 만남으로 가능해진 일이다.

바울이 유럽에 처음 발을 디딘 새로운 도시라는 뜻을 가진 네압볼리

드로아 환상을 본 사도 바울의 선교는 기도의 응답으로 이루어진 것으로, 소아시아인 에베소의 경계를 넘어서 유럽의 첫 항구인 네압볼리를 거쳐 빌립보에 교회를 세움으로써 유럽선교의 서막을 올리게 된다.

튀르키예는 이스탄불을 오스만 투르크 시대부터 장악하여 튀르키에 전체 면적인 아나톨리아와 비교할 때 3%를 유지해 옴으로써 유럽의 한 모퉁이인 트레이스를 가진 유일한 아시아 국가이다. 이런 특이한 튀르키예는 향후 EU의 일원이 되고자 틈만 나면 가입하려고 열을 올리는 상황이다. 그러나 튀르키예의 EU 가입은 쉬운 문제가 아니다.

튀르키예가 갖게 될 EU 내의 영향력도 문제이다. 튀르키예 인구 8,665만 명(2023년 통계)은 EU의 의사결정에 있어 20%가 넘는 비중을 차지한다. 유럽으로서는 기독교와 전혀 다른 이슬람 문화와 종교적 배경을 가지고 있고 게다가 유럽보다 아시아 쪽에 있는 튀르키예가 독일 8,446만 명(2023년 통계)보다 높은 의사 결정력을 가지게 된다는 사실을 용납할 수 없다.

아직도 튀르키예에서 순교자들이 계속 나오고 있는 상황에서 현지인 중심의 협력 선교가 제대로 이루어지지 않고 있다는 현지 선교사(총회 파송 남충현, 이은희)의 보고를 들을 수 있다. 미미하게나마 선교사 간의 협력 선교가 시도되고 있으나, 전문적인 선교가 요청된다.

O.M 선교단체의 보고에 의하면, 소영웅주의적인 선교활동도 큰 장애가 되고 있다. 한인교회를 통한 협력 선교도 절실히 필요하다. 튀르키예의 문화와 언어에 경험이 풍부한 선교사들이 많아 나와서 바울처럼 드로아 환상을 보고 방언으로 튀르키예어를 유창하게 하면 더 좋겠다.

고대 트로이 전쟁이 유럽이 아시아로 고개를 돌린 인간의 사건이라면, 드로아 환상은 아시아에서 유럽으로 복음이 전해진 하나님의 사건이다. 이제 세계 선교는 유럽을 돌아서 미국에서 정점을 찍은 다음에 다시 아시아로 방향을 돌리고 있다.

서쪽으로 행진한 복음 선교는 원점인 이스라엘로 향하고 있다. 다메섹 도상에서 부활하신 예수를 만난 사도 바울이 안디옥 인근의 실루기아 항구에서 배를 타고 구브로와 다소와 비시디아 안디옥과 갑바도기아와 소아시아와 빌립보와 데살로니가와 아테네와 고린도와 로마를 거쳐서 유럽과 아프리카와 미국을 돌아서 아시아로 서진한 복음은 다시 이스라엘로 향하고 있는 것이다.

유대인이던 바울이 드로아 환상을 보고 유럽선교가 문을 활짝 연 것처럼, 우리도 세계 선교를 위해서 젊은이는 환상을 보고 늙은이는 꿈을 꾸어야 할 것이다. 20년 가까이 튀르키예에서 복음을 전하고 있는 최미언 선교사는 장로회신학대학교 성지연구원의 "예루살렘 통신"에 베흐난 코누트간(Behnan Konutgan)의 『아나톨리아 기독교 선교』라는 번역서를 보내면서 그동안 눈물로 일구어 온 이슬람권 선교에 관한 생생한 보고를 한 적이 있다. 이 책을 통해서 현지인이 전하는 아나톨리아의 상황을 이해하고 척박한 이슬람선교 현장에 많은 이들의 관심과 기도가 계속되기를 기대한다.

7부

이라크
Iraq

7부
이라크

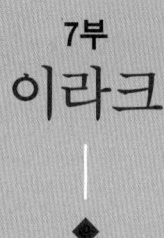

1. 메소포타미아 문명의 중심지
이라크 전쟁 이후에 찾아온 이슬람선교의 기회

아기 예수께 경배한 동방 박사가 출발한 장소인 이라크는 고대 4대 문명의 발상지 가운데 가장 오래된 메소포타미아에 자리를 잡고 있다. 아브라함 이전 대홍수 이후 노아의 후손들이 바벨탑을 쌓아 인간의 이름을 하늘에 닿게 하려는 지구라트가 아직도 남아 있을 정도로 그 문명의 규모가 엄청나다. 이런 오랜 역사에도 이라크는 내전과 테러로 국토 전체가 파괴된 상태이고, 이슬람의 극단주의가 팽배한 가운데 선교는 악조건 속에 있다.

아라비아 반도 북쪽에 있는 나라인 이라크는 2020년에 들어서 사우디아라비아가 5천억 달러의 규모로 주도하는 2030의 잠재력에 영향을 받을 수밖에 없다. 2003년에 미국과 영국은 이라크가 대량 무기를 보유하여 세계의 안보 환경을 위협한다고 판단하여 이라크 전쟁을 일으켰다. 독재자 후세인은 이라크에서 쿠르드족을 탄압하고 정적을 죽이는 압정을 저질렀지만, UN 사찰에도 대량 무기를 확인하는 일은 쉽지 않았다.

동방 박사의 출발지인 이라크

이라크가 쿠웨이트를 침공한 후에 거듭된 사찰 방해로 걸프 전쟁의 정전 결의인 UN 안보리 결의 687(앞으로의 어떠한 UN 안보리 결의 위반도 이라크에서 가장 어려운 결과를 부른다.)이 무색해질 정도였다. UN 안보리 결의 파기에 대한 마지막 경고가 진행 중일 때, 미국과 영국이 이라크를 중동의 위협이라고 단정하고 이라크의 무장 해제를 목적으로 전쟁을 시작했다. 프랑스와 독일은 새로운 UN 안보리 결의를 추가해야 한다고 주장했으나, 미국과 영국은 대량 살상무기가 위협이 된다면서 전쟁을 단행했다. 종전 직후인 2004년 10월에 미국 조사단이 "이라크에 대량 무기는 존재하지 않는다."라는 마지막 보고를 제출하였다. 전쟁을 시작한 근거가 된 대량 무기 정보의 신빙성이 희박한 것이 밝혀져 전쟁의 정당성이 크게 흔들리는 결과를 낳았다.

이라크에 우리 군이 파병됨으로써 우리의 삶에 아주 가까이 들어온 느낌이다. 이라크에 찾아온 평화로 인하여 새로운 선교의 대상이 된 나라이지만, 이슬람 근본주의를 가진 나라이기에 여전히 선교의 문이 닫혀 있는 상태여서 자료를 찾기 쉽지 않다. 선교 타임즈와 바울 선교, 중동선교에 대한 자료를 참고하고, 또한 인터넷을 통한 여러 저자의 자료가 이 연구의 바탕이 되었음을 먼저 밝혀 둔다.

이라크는 유프라테스와 티그리스 두 강 사이에 일어난 메소포타미아 문명과 선사시대 유적 곧 수메르, 바벨론, 앗시리아 등의 고대국가가 흥하고 망한 곳이다. 누가복음과 사도행전이 헌정된 데오빌로가 활동한 지역이기도 한 이라크는 7세기 중엽에 이슬람이 그 지역에 들어간 후 8세기 중엽에 이슬람의 중심 지역이 되었다. 11세기 중엽 이후에는 셀주크, 몽골, 티무르의 지배를 받았다. 1534년부터 제1차 세계대전까지는 오스만 투르크 제국의 속주가 되었다. 제1차 세계대전 후에는 영국의 위임 통치령이 되었다가 1932년 독립을 이루었다. 그 후 1958년 7월 군부의 쿠데타로 아랍공화국이 되었다.

현재 이라크의 인구는 4,253만 명(2023년 기준)으로 세계 36위이고, 면적은 약 43만㎢로 한반도의 1,985배이며, GDP는 약 2,244억 6,200만 달러로 세계 50위이다. 수도는 바그다드이며, 언어는 아랍, 쿠르드어 등이고, 종교는 이슬람이며, 주요 종족은 아랍인, 쿠르드인, 튀르키예인 등이다. 기독교인 수는 3%에 지나지 않기에 이라크는 미국과 영국의 연합군이 일으킨 전쟁 이후에 찾아온 이슬람선교의 기회의 땅이다. 이라크에 복음의 문을 열기 위해 이라크 지역의 지리적 배경, 역사, 정치, 경제, 사회, 문화, 종교 등을 살펴보고, 또한 이라크 내의 기독교의 상황과 선교의 현주소를 서술하며, 이라크선교 방법을 제시하고, 이라크선교에 대해 제안하고자 한다.

2. 다양한 6개국에 둘러싸인 이라크
전쟁 이후에 시리아 난민까지 몰려온 최악의 경제 상황

이라크는 구약 역사만큼 오래되었는데, 이는 많은 고고학적 자료를 통해서 잘 알려져 있다. 기원전 2400년경 셈족 계열의 아카드인들이 이라크 남부와 페르시아 만까지 이르는 수메르 지역을 정복하여 통일왕국을 이루었고, 1800년 이후 유프라테스 강 남부에서 바벨론이, 티그리스 강 상류 지역에서 앗시리아가 성립된 후 그 세력이 제국으로 확장되면서 전성기를 누렸다. 539년 신바벨론제국이 페르시아에 정복되면서 1,000년 동안 지배를 받았다.

천사처럼 다니엘을 섬긴 날개 달린 사자

이라크는 예나 지금이나 동쪽에 이란, 북쪽에 튀르키예, 서북쪽에 시리아, 서쪽에 요르단, 남쪽에 사우디아라비아와 쿠웨이트 등 무려 6개국과 국경을 접하고 있는 국제적인 나라이다. 그래서 자연스럽게 인구 이동이 활발하고, 교역이 발달했다. 이라크 중앙에 메소포타미아 문명이 일어났던 티그리스와 유프라테스 두 강이 흐르는 메소포타미아 평원을 고대 바벨론의 느부갓네살(단 1:1)이 지배하다가 갈대아의 벨사살이 죽고 메대 사람 다리오가 득세할 때(단 5:30-31) 사자 굴에 갇힌 다니엘(단 6장)의 용맹과 신앙의 기개가 서린 곳이 이라크이다.

사막의 저지대로 이루어진 이라크는 고도가 300m를 넘는 경우가 드물고, 450m를 넘는 지역은 전 국토 면적의 15%가 채 안 된다. 지형적으로는 이라크 중부와 남동부에 걸쳐 티그리스 강과 유프라테스 강 유역의 충적평원지대, 북부의 알자지라 고원지대, 서부와 남부의 사막지대, 북동부의 고원지대 등 4개 지역으로 나뉜다. 특히 국토의 1/3을 차지하는 충적평원지대는 자연 배수가 잘 되지 않고 진펄이 넓게 형성되어 있다. 대평야지대는 거대한 초승달 모양을 그리면서 티그리스와 유프라테스를 따라 지중해를 향해 고대 가나안 땅인 지금의 팔레스타인 해안가로 이어지는 그 출발점에 메소포타미아 문명의 발원지가 있다.

대평야 북쪽의 고원지대인 알자지라의 높이가 1,500m 이상인 신자르 산맥은 이라크 서부와 남부지역은 광대한 사막지대로, 국토 면적의 2/5를 차지한다. 서부 사막은 '와디야'라고 하며, 고도는 485m를 넘어선다. 남부 사막의 서쪽에도 와디, 언덕, 침강 지대 등이 있다. 동쪽에도 덤불 식물로 뒤덮인 모래사막이 있다. 국토의 약 1/5을 차지하는 북동부 고원지대는 대부분 산악지대와 저지대 사이의 점이지대로 이루어져 있다.

티그리스 강과 유프라테스 강 유역의 연간 강우량이 약 400㎜에 이르지만, 남서부 사막은 100㎜ 미만에 그친다. 일부 고원지대는 연간 강우량이 1,000㎜가량 되기도 하여 여름에 매우 덥고 다습한 기후이다. 삼림지대는 방목과 벌목으로 국토 면적이 1/20로 줄어들어 대부분 강 주변에 있다. 산악지대 남서쪽은 다년생 덤불과 키 작은 관목으로 이루어진 스텝 지대와 건조지대로 사막의 가시나무나 다른 내염성 식물이 자란다. 강 하류 부근의 알쿠르나 아래쪽에 있는 진펄에는 갈대, 키 큰 목초, 사초(莎草) 등이 우거져 있다.

이라크는 걸프전(1990-1991) 전인 1980년에는 세계에서 2위를 차지하는 석유 수출국이었다. 페르시아만 부근에도 유전이 있지만, 주요 유전은 북부지역에 위치하며, 천연가스도 상당량 매장되어 있다. 1932년 영국의 식민지로부터 독립왕국이 되었고, 1958년 쿠데타에 의해 공화국으로 바뀐 후 1979년부터 사담 후세인의 장기 집권에 의한 강압 통치를 받았다. 2003년 3월 미국의 침공과 이후 계속되고 있는 어려운 전후 상황으로 인해 현재까지 총체적 격동기를 보내고 있다.

미국은 대량 파괴 무기 보유를 구실로 이라크를 침공하여 후세인 정권을 무너뜨렸으며, 미군정 주도의 재건작업을 진행하였지만 미군정의 시행착오와 이라크 내 반미와 반외세 저항세력들의 계속된 테러 공격으로 혼란 정국은 지속되었다.

시리아 내전과 이슬람국가(IS)의 위협으로 많은 난민이 국경을 넘어 이라크에 난민촌을 만들어서 국제적인 구호의 손길만을 기다리고 있는 현장은 하나님의 선교가 미칠 수 있는 가장 절호의 기회이다. 전쟁 이후에 시리아 난민까지 이라크의 국경지대로 몰려와서 최악의 경제 상황에 봉착한 이라크는 코로나19 펜데믹이 장기화되어 국제선이 막힌 상태이다. 이로 인해 시리아-이라크 국경에 삶의 터전을 마련한 난민의 삶은 더욱 고달픈 가운데 있어 그 어느 때보다 관심과 기도가 절실하다. 아프리카 못지않게 절박한 도움이 필요한 곳이 이라크이다.

3. 세계 2위의 석유 수출국이던 이라크
바벨탑이 있는 시날 평지와 아브라함의 고향인 갈대아 우르

메소포타미아는 헬라어로 '강 사이의 땅'이란 뜻이다. 우르는 아브라함의 고향으로(창 11 : 28) 성경에 "갈대아 우르"라고 기록되었다. 갈대아 우르는 노아 홍수로 파괴되었다가 재건되었는데, 지구라트와 아브라함의 집터가 있으며, 아브라함 당시부터 크게 번성했다. 북쪽은 산지, 구릉, 사막지

대 등이 계속된다. 남쪽은 저지대로 광대한 습지대이다. 우리의 예상과는 달리 이라크의 산지에는 강우량도 많고 저지대에는 농경이 성한데 특산물로는 종려 열매가 많다. 동쪽과 북쪽의 산지는 유전지대이다.

고대문명의 발상지인 기름진 메소포타미아 유역

신 바벨론 시대의 느부갓네살 1세는 나라를 부흥시켰다. 바벨론은 바사에 의해 539년 점령당하고 벨사살 역시 그해에 사망했다(단 5 : 30). 바사는 바벨론제국을 무너뜨리고 지중해를 제패한 고레스가 통치하던 나라이다. 성경에는 고레스가 등장하기 150년 전, 곧 아직 이스라엘 백성이 바벨론에 포로로 잡혀가기 전에 포수기를 지나고 예루살렘으로 귀향하는 예언이 있을 정도이다. 하나님께서 하시는 위대한 역사는 가히 측량할 수 없다. 지금 이라크의 현실이 이러하다. 이슬람의 극단주의가 통치하고 있으나, 머지않아 하나님의 구원의 손길이 이라크에 임하실 것이다. 이 놀라운 비전을 상상하면서 이슬람선교를 꿈꿔야 한다.

이라크는 8세기 이슬람의 확장과 함께 749년 압바스 왕조가 바그다드에 수립되면서 동서무역의 중심지로 발전했으나, 1258년 몽골의 칭기즈칸에 의해 함락되었다. 1534년 오스만 투르크에 점령되었다가 제1차 세계대전 이후 영국의 통치를 받았다. 1932년에 독립한 이라크는 1958년 군부 쿠데타로 공화국이 되었고, 1979년 사담 후세인이 실권을 잡으면서 강력한 독재체제로 들어섰다. 후세인이 1980년 이란 남서부 유전지대를 선제공격하여 8년간 이란과의 전쟁을 통해 국력을 소모시켰고, 1990년 쿠웨이트를 침공한 걸프전에서 미국에 패한 이후 금수 조치와 고립 상황으로 내몰려 이라크는 세계에서 가장 낙후된 나라로 전락하였다.

2004년 4월 걸프전 이후 서부도시 팔루자에서 비롯된 유혈 진압 작전과 나자프를 중심으로 한 시아파의 무장봉기는 미군에 수많은 사상자를 내었고, 포로 학대 문제로 미군정에 대한 이라크 국민의 분노가 계속되는 와중에 재선을 앞둔 트럼프는 2020년 9월에 이라크 미군 감축을 선언했다.

이라크는 경제적인 악조건과 코로나19 창궐하는 상황 속에서 세계를 향하여 손을 벌리고 있다. 지금이 선교를 위한 절호의 기회이다. 코로나19 확진자가 발생한 현장에 있던 우리나라의 노동자들은 특별기 편으로 귀국한 상태이다. 지인에게 들은 바로는, 아직도 이라크에 남아 있는 한인 선교사가 굶주림에 허덕이는 시리아 난민까지 정성으로 돌보고 있다고 한다. 하나님께서 남몰래 흘리는 선교사의 눈물을 닦아 주시기를 기도하며, 이 글에 감동되시는 분의 동참을 바란다.

이라크의 모술에 니느웨로 가기를 거부한 요나의 무덤이 있다. 메소포타미아 강과 티그리스 강 유역에 있는 현재 모술에서 강을 건너 동편에 위치하고 있는 니느웨는 인류의 역사와 함께 세워진 장구한 역사를 지닌 고도이다. 성 주위에는 13km의 성벽이 있다. 요나 3 : 3에 니느웨 성을 도는 데 3일 길이라고 했는데, 220만 평에 달한다.

요나가 다시스로 가는 배를 타고 출발한 이스라엘 텔아비브 인근의 욥바 항의 기념물

니느웨가 성경에 처음 소개된 곳은 창세기이다. 노아 홍수 이후 후손이 세상에 흩어질 때, 함의 후손 니므롯이 출생한다. 그는 막강한 권력으로 여러 곳에 도시를 건설했는데 그 가운데 하나가 니느웨이다(창 10 : 8-12).

고대로부터 이라크는 노아의 후손이 바벨탑을 쌓기도 했다. 왜 요나가 니느웨로 가기를 거부했을까? 고대로부터 바벨탑을 쌓아 하나님을 대적하려고 했던 그야말로 인간의 교만이 머물렀던 땅으로 알려진 곳이라는 이유가 아니었을까? 그러나 하나님의 섭리는 바벨탑을 무너뜨리고 완고한 니느웨를 회개시켰다. 다시 이라크에 선교의 문이 열리면, 하나님의 은혜가 머물고 성령의 바람이 부는 은혜의 땅이 될 것이다.

4. 이라크의 정치와 경제 상황
이슬람의 남성 우위에 억눌린 여성 차별

이라크의 체제는 1970년에 공표된 개정 잠정 헌법에 기초한 아랍공화국으로, 이슬람을 국교로 사회주의에 기초한 경제 건설을 기본으로 삼아 왔다. 대통령은 최고기관인 혁명 지도평의회 의장과 3군 최고사령관을 겸했다. 아랍민족주의와 사회주의 이념을 표방한 바쓰당을 핵심으로 한 사담 후세인의 철권통치는 24년 동안 이라크에서 경쟁세력을 용납하지 않았고, 반대세력은 숙청되거나 국정 운영에서 소외되었다. 핵심권력은 사담과 그 일가친척으로 대부분 채워졌으며 국정 의결 권한도 바쓰당 혁명 지도평의회에서 주도했다. 국민의회나 각료회의는 형식상의 협의와 의결 과정만 이끌어 나갔다.

2003년 이라크 전쟁으로 후세인이 한순간에 막을 내린 후 그해 7월 미군정에 의해 25인으로 구성된 이라크 과도통치위원회는 그동안 독재 치하에서 소외되던 남부의 시아파와 북부의 쿠르드 세력의 정치적 입지를 강화해 주었으나 전후 이라크 재건 과정에서 대부분 망명 친미 인사로 이루어져 미군정의 눈치를 살펴야 했고, 국민의 절대적 지지를 얻지 못함으로 인해 순탄한 정치 일정을 이끌지 못했다. 3명의 과도통치위원이 암살되며 주권 이양을 앞두고 미군정과 갈등 양상도 보였다. 2004년 6월 이후 미군정의 정권 이양작업 또한 팔루자와 나자프에서의 유혈 충돌 사태, 이라크 포로 학대 문제 등의 악영향으로 인해 이라크는 아직까지 혼란 상태이다.

원유 수출을 수입원으로 하는 이라크는 1970년대까지만 해도 중동의 부국이었다. UN의 경제지표 자료만 보더라도 걸프전 이전인 1990년대에 이라크의 생활 수준은 중진국까지 유지되었다. 이후 계속된 전시상황과 UN의 장기 금수 조치까지 겹쳐 이라크 경제와 국민의 생활은 심각해졌고, 이를 해소하기 위해 UN의 오일-식량 프로그램이 도입되기도 했으나 2003년 걸프전까지 이라크의 1인당 국내 총생산은 1,400불을 넘어서지 못하고 빈부 격차도 벌어졌다. 거기에다 후세인의 독재적 정책 결정으로 합리적인 경제정책이 수립되지 못했고, 원유 수출에 따른 외화 수입도 궁전 건축이나 정치적 목적을 위해 대부분 전용되었다.

전쟁과 장기간의 금수 조치에 따른 산업 인프라의 붕괴는 이라크의 경제 상황을 후진국 수준으로 끌어내렸고, 그동안 조금씩 회복시켜 왔던 기초 산업시설도 대부분 파괴되었다. 물가 폭등 현상까지 겹쳐 소비생활은 위축되었고, 이라크의 전체 실업률은 60%를 웃돌고 있다. 농산물을 제외한 대부분의 소비재 생필품은 해외 수입에 의존하고 있다.

이라크는 아랍인, 쿠르드인, 앗시리아인, 아르메니아인, 튀르키에인, 이란인 등 여러 민족으로 구성되어 있으며, 그중 아랍어를 사용하는 아랍인이 80%, 쿠르드어를 사용하며 이라크 북동부 산악지대를 중심으로 분포된 쿠르드인이 17% 정도를 차지하고 있다.

전후 20년 동안 이라크는 다른 이슬람국가들보다 개방적인 모습들을 가지게 되었으며 특히 여성들의 사회 진출도 다소 늘어났지만, 여전히 위축된 상황이다. 전쟁으로 많은 가장이 전사함으로 인해 미망인이 속출하여 인력 수급을 위해 남성을 대신해 관공서를 비롯한 사회 각 분야로 여성의 진출을 장려하기도 했지만, 이라크도 여느 이슬람국가와 마찬가지로 남성 중심의 가부장적 사회로서 이슬람 문화에 따라 생각하고 행동하는 것을 미덕으로 여기며 여성은 여전히 남성우위사상 앞에서 행동을 조심하고 목소리를 낮추는 경우가 많다.

이슬람 사회에서 여성은 조선 시대의 주인 없는 꽃인 어우동과 남성 아래 억눌린 꽃과 같이 이파리가 무성해지기 전에 일찌감치 꽃을 피우고 진다. 꾸란에 '남성이 여성보다 위에 있다.'는 구절이 다수 등장할 정도로 이라크에서 여성의 지위는 실로 열악하다. 여성의 운전면허 금지는 물론이고 사회활동에 많은 제약을 두고 있다. 여성의 교육과 경제활동도 금지하고 있다. 게다가 일부다처제로 철저하게 여성의 인권을 유린하고 있는 나라가 이라크이다. 21세기가 여성의 시대라고 말하지만, 이라크의 억눌린 여성과는 아무 상관이 없다. 이라크의 여성들도 하나님의 자녀로서 남성과 동등

한 대우를 받을 수 있어야 한다.

꾸란에 '여성을 때리라'는 구절(꾸란 4 : 34)이 있어서인지 이라크에서는 여성이 남성에게 매를 맞고 죽임을 당하는 일이 비일비재하다. 특히 UN군이나 외국인과 만나는 이라크 여성의 뒤를 무슬림 남성이 따라가서 무참하게 살해하는 일이 종종 벌어진다. 그 어느 나라보다 시급하게 여성 인권 교육이 자리를 잡아야 할 나라가 이라크이다. 복음이 들어가서 하나님의 사랑 앞에 타고난 인권으로 만인이 동등하다는 기독교 신앙이 뿌리를 내리게 해야 한다.

이파리가 무성해지기 전에 꽃을 피우고 지는 중동의 식물

5. 오순절에 예루살렘에 온 아라비아인
누가복음 1장과 사도행전 1장에 언급된 데오빌로

이라크는 여름(6-9월)이 길고 날씨도 뜨거워 집 안에서 보내는 시간이 많

으며, 집 구조도 긴 처마를 가진 단층 위주로 지어진 건물이 대부분이다. 거리의 전통 아랍식 찻집에서 담소하며, 중산층 이상의 경우에는 별도의 위락시설이 마련된 회원제 클럽에서 여가를 보내는 경우가 많다. 단조로운 생활 구조에도 불구하고 결혼식과 같은 경축 행사가 있으면 남에게 과시하기 위해 화려하게 치르는 경향이 있다.

이라크는 일부다처제이지만 어려운 경제 사정으로 인해 한 명의 아내를 두고 있으며, 두 명 이상의 아내를 둔 경우는 시골로 가야만 볼 수 있다. 치안 불안으로 아랍식 여가 문화는 위축되고, 폭발적인 정보 욕구에 따른 인터넷, 위성 수신기, 모바일 등의 정보통신 장비 사용이 빠른 속도로 확산되고 있다. 도심에서는 술집이나 카페, 서구식 클럽 등도 있다.

이슬람 95% 중에서 시아파 무슬림이 60%, 수니파 무슬림이 35%이다. 나머지는 기독교(3%)를 비롯한 소수 종파이다. 중동선교는 19세기에 시작되었다. 먼저 사역을 시작한 것은 이집트의 콥트교회이다. 아직도 이라크에서 선교사들은 콥트교회가 주로 사용하는 콥트어를 배운다. 1945년에 발견된 고고학적 백미인 나그함마디 문서가 콥트어로 기록된 신약의 사본이기에 이라크에서 콥트어를 배울 수 있다는 것은 행운이지만, 중동에 있는 아랍공화국에서 기독교(이라크, 요르단, 팔레스타인, 레바논, 시리아, 이집트, 수단)의 역사는 100~150년 전후로 미미하다. 이라크의 기독교인은 주로 콥트교회와 천주교에서 온 사람이고, 이라크인이 교회에 나오는 일은 드물다.

이라크선교의 기원은 요나로부터 사도행전으로까지 역사가 깊다. 요나가 니느웨에 복음을 전한 지 수 세기가 지나서 성령 강림 사건에 기록된 아라비아인은 예루살렘을 방문했다(행 2 : 11). 바울은 회심 직후 아라비아에서 보냈기 때문에 열성적인 그의 선교가 아라비아 지역에도 영향을 주었을 것이다. 요나가 물고기 배 속에서 3일간 지낸 것과는 달리, 에베소 박물관에 전시된 유물은 에로스 신이 물고기의 등을 타고 논다.

요나를 연상시키는 물고기 등에 올라탄 에로스 신

바돌로메는 아라비아의 남부지방을 자신의 사역지로 삼고 거기서 힘야르족을 복음화시켰다. 225년에는 아라비아의 남서부 교구가 생겼고, 4세기 이후에 로마의 콘스탄티누스 황제는 데오빌로라고 하는 니코메디아의 한 부제를 로마 대사 한 명과 함께 힘야르 지역으로 급파하였다. 데오빌로에게 감화를 받은 힘야르 왕은 많은 신하와 마찬가지로 그리스도인이 되었다. 필자가 새롭게 제안하는 이론은 바로 이 데오빌로가 누가복음 1:3과 사도행전 1:1에 언급된 인물이라는 사실이다. 그렇다면 누가복음과 사도행전이 데오빌로에게 보내진 문서이기에 당시 제국의 수도인 로마를 거쳐 아라비아 지역인 이라크에 보내진 것이다. 처음에 데오빌로가 로마에 있었지만, 아라비아로 파견된 것에 발을 맞추어 누가복음과 사도행전도 로마를 거쳐 아라비아까지 전해진 것이다.

힘야르에 이어서 다파르, 아덴, 사나, 그리고 호르무즈 등에 교회들이 세워졌다. 교구는 4개로 늘어났고, 최소한 일곱 부족이 그리스도인이 되었다. 또한 콘스탄티누스 때는 아라비아 감독이 니케아 공의회에 참석할 정도로(325) 서남부에서도 기독교가 든든히 서 갔고, 567년까지 200년 이상

지속하였다. 아라비아 중앙 및 남부지역의 교회는 동방교회와 협력관계에 있었고, 셀루시아의 감독을 그들의 영적인 지주로 생각했다. 네스토리우스 이후 아라비아 교회는 로마 교회와 접촉을 했지만 네스토리우스 교회의 일부였다.

아라비아 반도 북쪽에 있는 이라크의 기독교 역사는 누가복음 1장과 사도행전 1장에 등장할 정도로, 데오빌로에게 두 책이 헌정될 정도로 특별하다. 이런 연유로 사도행전 2장의 아라비아인이 오순절에 예루살렘을 방문하여 베드로의 설교를 듣고 귀국하여 교회가 시작될 정도로 그 역사가 오래되었지만, 아직도 이슬람국가의 한계와 고질적인 정치인의 독재와 부패한 권력으로 인하여 이슬람 원리주의가 주도하고 있기에 이라크에서 하나님의 선교는 녹록지 않다. 이라크의 비자 발급도 원활하지 못하다. 정유공장과 건설 현장에 우리 노동자가 진출하고 있지만, 코로나19 사태로 모두 귀국한 상태라 그나마 기댈 수 있는 언덕도 사라진 상태이다. 하나님께서 이라크를 불쌍히 여기시고 다시 선교의 문을 속히 여시기를 기도할 뿐이다.

6. 구약 역사와 사도행전에 연결된 이라크
이슬람의 박해 속에서 무슬림의 가슴을 파고드는 십자가의 복음

이슬람의 전성 시기에 기독교인은 아라비아에 거주할 수 없었으며, 그 이외의 지역에서 일정한 조건으로 신앙을 유지하였다. 기독교인은 정치적으로 이슬람의 지배 아래 있었고, 종교적으로 조건부 생활을 하였다. 7세기에 이슬람의 등장으로 아라비아 내의 기독교는 수난을 겪었다. 수난 속에서도 콥트교회는 아라비아에서 선교에 큰 도움을 주었다. 오늘날 세계의 비기독교인 중에 그리스도에게 인도하기가 가장 어려운 사람이 무슬림이다. 현재 아라비아 내에는 기독교의 자취가 남아 있는 곳도 있지만, 교회가

이슬람사원으로 바뀐 곳도 있다. 아직 남은 교회는 소수의 가정교회로 명맥만 유지하고 있다.

이라크의 기독교 역사는 사실상 구약 역사까지 거슬러 올라간다. 아브라함의 고향이 이라크이고, 다니엘, 에스라, 학개 등과 같은 선지자가 목숨을 걸고 신앙을 지켰던 땅이기도 하다. 가나안에 정착한 아브라함의 후손은 이스라엘 열두 지파를 이루었고, 나중에 번성한 민족은 쇠퇴기에 앗시리아와 바벨론 제국의 포로가 되어 지금의 이라크 땅으로 잡혀 와 강제 정착하게 되면서 그 신앙공동체를 뿌리내리게 되었다. 나중에 포로 귀환이 이루어졌는데도, 본국으로 돌아가지 않고 남게 된 사람들은 이방 땅에서 초라해진 신앙공동체를 기독교 예배 공동체의 형태로 차츰 변화시켜 나가게 되었다.

30년경 오순절 성령 강림 기적(행 2 : 1-13)을 체험했던 메소포타미아(현재 이라크 땅) 사람이 척박한 땅으로 되돌아가서 초기 기독교의 불씨를 전했다. 70년 예루살렘 멸망 후 이라크 땅까지 흩어졌고(디아스포라), 누가복음과 사도행전은 로마에서 파송되어 이라크에서 부제로 활동하던 데오빌로에게 헌정된 책이다. 그렇다면 누가-사도행전의 수신자는 로마를 거쳐 이라크에 머물게 된 기독교인이다. 313년 로마제국의 기독교 공인은 당시 제국의 일부분이었던 이라크 땅에 머물렀던 많은 사람의 자발적 개종과 기독교화에 큰 영향을 미쳤다. 후에 중세교회 분열 과정에서 메소포타미아 지역으로 들어온 네스토리우스파의 영향으로 이라크 땅은 단성론자의 영향도 크게 받게 되었고 신자 수도 늘어났다.

이라크의 기독교 인구는 전 국민의 30%까지 성장했지만, 이슬람의 확장과 기독교인의 해외 이주로 현재 이라크에는 인구의 3% 정도만이 기독교인이다. 그중 로마 천주교 75%, 콥트교회 20%, 아슈리인(네스토리안) 5% 정도이다. 주로 바그다드와 북부 도시인 모술을 중심으로 많이 분포된 이라크 기독교인은 사담 후세인 정권하에서는 소수 종파 보호 정책에 따라 큰 핍박이나 박해 없이 자신들의 신앙을 지켜 올 수 있었는데, 인구의 절대다수인 무슬림 인구와 비교하면 상대적으로 소외된 가운데 자기들만의 신앙을 유지해 왔다.

현재는 바그다드의 복음주의 교회에 125가정, 아슈리인 교회에 35가정, 바스라 교회에 65가정, 모술 교회에 25가정, 키르쿡 교회에 70가정 정도이다. 걸프전 이후 계속된 UN의 경제 제재의 영향으로 많은 기독교인이 해외로 빠져나갔고, 남아 있는 교인의 신앙생활도 많이 위축된 가운데 명맥만 겨우 유지해 오고 있다. 전쟁 이후 일부 교인을 중심으로 새로운 기대감 가운데 교회 출석과 신앙생활에 활기를 되찾으려 하고 있다.

현지인 교회 지도자들을 중심으로 한 교회 개척 활동이 활발하게 이루어져 바그다드에만 4개 이상의 교회(교단별로는 침례, 장로, 순복음, 감리)가 있다. 이라크에서 전도하는 것은 허락되지 않는다. 이슬람이 기독교인에게 많은 박해를 가하는 상황이지만, 이런 열악한 상황에서도 외국인을 중심으로 한 교회 내의 신앙적인 활동은 가능하다. 바그다드 복음주의 교회가 가장 큰데, 2004년 5월 첫 주 부활절 예배에 1,000명이 참석하였다. 평소에는 200~300명이 참석한다. 바그다드에 앗시리아인을 중심으로 하는 교회가 하나가 더 있다. 바스라, 키르쿡, 모술(니느웨) 등에도 교회가 있다.

요나의 선교와 오순절 베드로의 설교로 이라크에 복음이 전해지고, 바벨론에 포로로 잡혀간 이스라엘 백성이 귀국하지 않고 터전을 이어 온 곳도 이라크이다. 누가복음 1장과 사도행전 1장의 데오빌로가 활동하였고, 아라비아인들이 오순절에 예루살렘으로 와서 복음을 듣고 고국으로 돌아가서 교회를 세운 곳도 이라크 기독교 역사의 오래된 자취이지만, 오스만 투르크 이후에 500년 동안 이슬람이 뿌리를 내린 이라크에 하나님의 선교를 어떻게 다시 시작해야 할까? 이슬람에 의해 십자가는 파괴되어도 교회는 절대 사라지지 않는다. 이슬람이 교회의 십자가를 파괴하면 파괴할수록, 예수의 복음은 무슬림의 마음을 더욱 강하게 파고들 것이다.

회회교라 불리는 이슬람교가 성화에 회칠한 것도 모자라 십자가를 파괴하여도 교회는 존재한다.

7. 이라크의 복음주의 신학교 현황
통신 과정의 열악한 여건 속에서 이루어지는 콥트 교도의 이라크 진출

이라크 기독교 역사는 1820년으로 거슬러 올라가서 영국 선교단체가 처음으로 사역한 이후 1836년 미국 개혁 교단이 이라크 북부 모술 지역에 교회 개척을 시작하였다. 1840년에 세워진 모술 교회는 아직도 그때의 모습을 간직하고 있고 현재 이집트인 목사가 맡아 목회를 하고 있다. 1882년과 1889년에도 복음주의 개혁 성향의 또 다른 기독교 선교단체의 선교사들이 이라크로 파송되었다.

걸프전 이후 이라크에서 해외로 빠져나간 교인이 이라크로 돌아간다면 그 숫자는 더 많아지게 될 것이다. 이라크의 다섯 교회가 모두 복음주의 교회라는 이름을 사용하고 있다. 지금까지 이라크의 교회는 주로 이집트 출신 목회자에 의해서 운영되고 있다. 이집트의 콥트교회가 운영하는 신학교가 카이로 복음주의 신학교이다. 카이로 복음주의 신학교 출신 이집트 목사가 이집트는 물론이고 이라크를 비롯하여 바레인, 쿠웨이트 등에 세워진 복음주의 교회들과 협력한다. 이라크의 기독교인은 크게 두 부류로 나눌 수 있다. 부모가 천주교 또는 콥트교회 신자인 신앙적 배경에서 본인이 복음을 받아들여 복음주의 교인이 된 경우인 CBB(Christian Background Believer, 크리스천 배경을 갖고 있는 신자)와 이와 대조적으로 무슬림 배경을 갖고 있다가 예수 그리스도를 믿게 된 자인 MBB(Muslim Background Believer)가 지하교회의 형태로 존재한다.

　MBB는 이슬람국가에서 볼 때, 불법자이다. 이슬람국가는 한결같이 헌법에 이슬람에서 기독교로 개종하는 것 자체를 불법으로 명시하고 있기 때문이다. 그래서 MBB는 지하교회에서 활동할 수밖에 없다. 물론 지역교회에 조심스럽게 참가하고 있는 기독교인이 있기는 하지만, 앞에 나설 수는 없는 형편이다. MBB는 신학교에 입학하여 공부할 수도 없고, 지역교회의 지도자로도 세움 받을 수 없다. 그러나 MBB로 이루어진 지하교회를 목회할 MBB 지도자들을 위한 신학교 교육은 통신 과정을 통해서 은밀하게 이루어진다.

　바그다드 복음주의 교회 성도의 숫자가 얼마 되지 않기에 신학생의 수가 그렇게 많지 않을 수도 있지만, 천주교와 콥트교회를 통하여 배출된 CBB를 바라보고 계속 탄생한 MBB까지도 잠재적인 학생들로 품어 본다면(통신 강좌를 통하여), 이라크 신학교의 저력은 대단하고 그 장래는 아주 밝다.

　1995년에 세워진 요르단 복음주의 신학교(JETS)의 온라인 통신 강좌를 통하여 이라크 역사상 최초로 이라크인 가운데 은밀하게 신학 학사, 목회학 석사, 신학 석사 등이 배출되었다. 이제 이라크인에 의해 진행되고 있는 신학교는 요르단 복음주의 신학교와 이집트 카이로 복음주의 신학교와 동역하는 상황이다. 이라크 복음주의 신학교는 현지 지도자를 양성하여 지하교회가 성장하도록 하는 데 목표를 두고 있다. 신학생을 엄선하여 졸업 후에도 사역을 하게 하는 것이 중요하다. 특별히 한국교회와 여러 신학교의 교수가 이라크 복음주의 신학교에 동참하려면 먼저 언어 문제를 해결해야 한다. 서로의 독특성을 인정하면서도 서로 간의 공통분모를 존중하고, 예수 그리스도께서 그 중심에 계신다는 한 마음과 한 목표를 가지고 협력해야 한다. 그래야 예수 그리스도의 교회가 굳건히 세워질 수 있다.

둥그런 보름달이 유프라테스 강변을 따라가는 것처럼, 기독교 선교사는 모술로부터 유프라테스 강변의 키르쿡, 바그다드, 바스라에 이르기까지 교회를 개척해 나갔다. 현재까지 이라크에 세워진 교회들은 1820년 이후로 개척된 것이다. 계속된 전쟁과 정치적 격동기, 그리고 교회 내부로 흘러 들어온 이단 사상 등의 영향과 서구 선교사의 철수 등으로 교회는 꾸준히 성장해 나가지 못했다. 또 초기 개척 선교사는 다른 중동국가에서 진행하였던 것과 달리 이라크인 지도자 양성에 효과적으로 투자하지 못했다. 초기 선교사가 직접 개척교회를 이끌어 나갔고, 이후에는 훈련받은 이집트인이 대체해 나갔으며, 콥트 교도가 이라크에 진출하여 오늘날까지 선교하고 있다.

고대문명의 발상지답게 풍요가 넘실대는 유프라테스 강변을 따라가는 보름달

이라크의 현재 선교 상황은 이집트에서 훈련받은 콥트 기독교인이 사명을 감당하고 있지만, 머지않아서 콥트 교도와 친분이 있는 한국인 선교사가 이라크에 진출할 날이 속히 돌아오기를 고대한다. 현재 이라크는 선교의 문이 닫혀 있지만, 이집트에서 콥트 교도와 사역을 하고 있는 한국인 협력선교사가 이라크에 진출할 수 있도록 준비하고 기도해야 하겠다. 또한 콥트교회와 선교를 협력하기 위해서 아랍어뿐만 아니라, 콥트어도 필수적으로 습득해야 할 것이다.

8. 이라크선교의 교두보는 어디일까?
겨우 숨통을 열어 주고 있는 미국과 불편한 관계에 있는 이란

아브라함의 고향인 갈대아 우르와 인류 최초의 창조설화가 기록된 바빌로니아의 점토판인 길가메쉬 서사시가 나온 이라크는 전쟁과 UN군 파병을 통하여 우리에게 익숙하면서도 여전히 낯설다. 이라크 전쟁은 2003년 3월 20일 미군과 영국군이 합동으로 이라크를 침투해 일어난 것으로 2003년 4월 9일에 이라크의 수도인 바그다드가 함락되었고, 12월 13일에 1979년부터 24년간 집권해 오던 사담 후세인이 체포됨으로써 끝났다.

그동안 여러 차례의 이단 사상 유입과 정치적 격동기를 거치면서 기독교인의 신앙을 식게 만들고, 전쟁과 금수 조치로 인한 힘든 시기로 인해 많은 기독교인들이 해외로 흩어졌다. 24년에 걸친 사담 후세인의 강압 통치와 12년간에 걸친 경제 제재 기간에 이라크에서 해외로 빠져나간 기독교인의 숫자는 실로 엄청나다. 경제적인 이유로 이라크를 빠져나갔지만, 어렵고 힘든 기간에 교회가 신앙적 성장을 제대로 이끌어 주지 못한 이유도 있다. 지하교회에서 이라크의 기독교인은 다른 소수 종파 사람들과 함께 일정한 보호막 가운데서 큰 신앙적 핍박 없이 지낼 수 있지만, 정상적인 복음 전파와 선교사역은 할 수가 없다.

선교단체의 활동도 허락되지 않으며 다만 이라크에서 정치적 목적으로 허가하는 종교지도자를 초청하는 세미나와 같은 산발적 기회를 이용해서 지하교회의 사정을 살피고 재정 지원이나 현지 지도자 발굴작업 등과 같은 제한된 사역만 한다. 대한성서공회에서는 아랍어 성경 반입을 추진하며, 어느 선교단체에서는 UN 요원이나 사업가, 학생 신분 등을 이용해서 현지인들에게 조심스럽게 사역을 한다.

이라크를 빠져나온 교인을 대상으로 인접국의 신학교에서 신학교육과 전도훈련을 시킨 후 본국으로 되돌려 보내는 사역도 있다. 2003년 이라크 전쟁이 끝난 후에는 한국을 포함한 외국 선교단체가 대거 이라크로 들어가서 선교사역이 다시 활기를 띠며 전후 복구와 관련한 사역을 펼쳤지만, 정국 불안과 유혈 사태로 인해 대부분 철수한 상태이다.

2020년 1월 8일 암호명 '순교자 솔레이마니' 작전을 개시해 이란의 이슬람 혁명수비대는 탄도탄을 서부 이라크 아인 알아사드 공군기지와 쿠르드 자치구의 아르빌 공군기지로 발사했다. 이 작전은 미국의 솔레이마니 제거에 대한 보복작전이었다. 이란은 이라크 정부에게 이런 공격에 대해 사전에 알렸으며, 이 공격은 상징적인 공격으로 보인다.

공격이 발발하기 이전, 이란은 미국이 솔레이마니를 바그다드에서 죽인 것에 대해 복수하겠다고 밝혔다. 바그다드 공습 이후 미국의 정보기관 및 잠입 요원은 이란의 미사일 연대에 대해 발사 준비를 하고 있었지만, 그들이 방어적 자세를 견지할지, 아니면 미군에 대한 공격을 개시할지에 대해 불명확한 상황이었다. 트럼프는 이란이 미국을 목표로 보복을 감행할 시, 이란에 있는 52개의 목표를 공격할 것이라고 경고하기도 했다.

이렇게 이란과 미국 사이의 틈새에서 이라크는 자국의 새로운 총리를 통해 긴장 관계 속에서 새로운 활로를 모색하고 있다. 이라크선교의 교두보는 어디일까? 미국과 불편한 관계에 있는 나라이지만, 아이러니하게도 이란이 이라크선교의 교두보가 될 수 있다.

이라크 전쟁이 종결되자 선교사역의 문도 다시 활짝 열려 지난 수년 동안 많은 종류의 사역이 이라크 내에서 새롭게 시작되었다. 그러나 치안 상황과 불안한 정국은 안정되지 않았고, 2004년 4월 서부 도시 팔루자에서 시작된 유혈 충돌사태를 계기로 상황은 더 악화하여 정상적 선교사역을 진행해 나가기 힘들다. 현재 이라크는 이슬람 근본주의 강경세력의 전면부상으로 인해 향후 선교적 접근과 전망이 어둡다. 팔루자 라마디를 주축으로 하는 강경 시아파 무슬림의 등장은 불안한 정국과 더불어 이라크선교의 문을 가로막고 있는 직접적인 원인이 되고 있다. 팔루자 지역은 그동안 이슬람 전체 세력 형성에 있어서 양대 세력인 수니파와 시아파 세력의 최전방이 서로 교차하는 지점이다.

중동지역에 흔한 향신료 가게에서는 대부분 남성이 장사한다.

흔한 향신료 가게에 손님이 없어서 한산한 것처럼, 전후에 이라크에서 여러 모양으로 시작되었던 선교사역은 코로나19까지 겹쳐서 소강 국면을 맞은 동시에 첨예한 이슬람 세력 대결의 진행 과정과 결말을 인내심을 가지고 지켜보는 상황이 되었다. 우리나라에도 이미 이슬람사원이 전국적으로 200개가 넘게 생겨서 그 영역을 넓혀 가고 있을 뿐만 아니라 세계 도처에 이슬람 포교를 공격적으로 행하고 있다. 다행스러운 것은 코로나19의 확산으로 국제선이 차단되어 이슬람 세력이 2020년에 한반도를 거점으로 세계로 확장하려는 이슬람 전략이 실패로 끝나고 말았다는 것이다. 이것을 거울삼아서 중동의 기독교 선교에서 향후 그 거점 중의 하나가 이란과 이라크라는 전망은 분명하다. 이라크를 복음화하는 것은 이슬람이라는 적지의 본거지를 뒤흔들 수 있는 매우 중요한 전략이다. 아직 숨통이 트여 있는 이란을 교두보로 바로 지금 이라크선교를 준비해야 할 것이다.

9. 미국과 이란 사이에서 고민하는 이라크
누가 이라크 국민의 마음의 문을 열 수 있을까?

하나님의 역사로 이라크와 이슬람권 전역에서 복음의 문이 열리기를 기도해야 할 때이다. 현재 이라크가 인접 이슬람권 나라에 미치는 영향이 지대하고 또 미국과 이스라엘을 공동의 적으로 보는 이슬람 근본주의가 민감하게 작용할 수밖에 없는 중동 전역의 최근 정세가 심각하다. 검문검색이 삼엄하게 펼쳐져서 관광객까지 눈살을 찌푸리게 한다.

이라크에서 필요로 하는 효과적인 선교사역에는 무엇보다도 그동안 진행됐던 것과 같이 전후 피폐한 환경을 복구하고 개선할 수 있는 민생지원 사역이 우선 고려될 수 있다. NGO 활동과 연계한 전후 복구사업, 구호, 대민지원 사역 등도 중요하다. 이 일을 통해 전쟁으로 어려움에 부딪힌 사람의 필요를 돕고 절망한 영혼을 위로해 주며 더 나아가 복음까지 접할 수 있게 해 준다면, 훌륭한 사역이 될 수 있다. 정국 안정이 최소한만 이루어져도 바로 시작할 수 있는 일마저도 이라크 내의 치안 상황 악화로 제대로 진행하기 어렵다. 다음 단계로 일반무역, 자동차 영업, 정비, 학원시설 운영 등과 같은 현실적 수요가 높은 비즈니스 사역을 비롯해 이라크 내의 콥트 교회와 협력을 통한 교회사역 지원과 개인과 가정 단위의 관계전도, 제자양육, 현지 지도자 양성 등을 통한 교회 개척도 가능할 것이다.

아랍공화국에서 관광지 어디를 가든지 가는 곳마다 거쳐야 하는 검문소

성급하게 일을 추진하다 보니 중복 투자와 사역자 간의 과잉경쟁 현상이 일어난다. 모두의 바람처럼 이라크에 자유민주 정부가 속히 출범하게 된다면, 다양한 종류의 사역이 어렵지 않게 진행될 수 있다. 개방된 이라크에는 이슬람 전역을 겨냥한 모든 종류의 선교사역이 필요하다. 정국 안정과 함께 현재 이라크에 머무는 강경 이슬람 근본주의의 득세가 좌절되고, 더 나

아가 그 뿌리가 뽑혀 나갈 때 이라크선교는 전환점을 맞이할 것이다. 지금은 인내심을 가지고 기도로 준비하며 이라크선교에 임해야 할 때이다.

후세인 독재정권은 기독교인을 비롯한 이라크 소수 인종에게 학살과 많은 고통을 주었지만, 2014년 여름에 이라크 팔루자에 이슬람국가인 IS가 등장하면서 기독교인과 소수 인종에 대한 박해가 후세인 독재정권보다 훨씬 심각한 수준에 이르렀다. 2003년 후세인 독재정권 당시 이라크의 기독교인은 140만 명 이상이었지만, 그 수는 계속해서 감소해 2015년에는 30만 명만 남았다. 현재는 5만 명에서 20만 명에 불과할 것으로 추정된다.

IS는 기독교 인구가 밀집된 도시인 모술과 같은 도시를 비롯해 여러 도시를 점령했으며, 그 후로 이라크 기독교인은 이슬람으로 개종하거나, 이슬람이 정복한 지역의 주민에게 부과한 인두세를 비싸게 내고 살거나, 아니면 고향을 떠나야 했다. 많은 이가 노예가 되거나 죽임을 당했다. 계속되는 내전으로 학교 대신 생계를 책임져야 하는 청소년 가장이 57만 5,000명이 되었고, 300만 명의 아이가 죽음과 성폭행, 유괴, 징집 등의 위험에 처해졌다.

바그다드 남부의 한 결혼식장에 자살 폭탄테러로 인해 최소 15명이 사망한 것처럼, 언제 테러가 일어날지 모르는 상황이다. 이라크에서 끊임없이 일어나는 IS와의 전쟁으로 340만 명이 고향을 떠나 난민이 되었으며, 그 가운데 1/5 가량은 기본적인 생활도 할 수 없다. 수만 명의 그리스도인이 IS에 의해 죽임을 당하고 수백만 명이 터전을 잃게 된 현재가 사담 후세인 때보다 더 심각한 상황이다.

이런 와중에 이라크 총리 알 카디미는 이라크 영토가 미국과 적대국 이란 사이의 결산 장소가 되지 않도록 하겠다고 천명했다. 중동지역의 안정과 평화를 지켜야 한다고 강조하면서 이라크는 절대로 어떤 인접국가나 우방국가에 대한 공격도 허용하지 않으며, 그런 공격에 이라크 국토를 이용하는 것도 불허하겠다고 말이다.

 이런 상황을 이라크선교의 비전을 키우는 데 활용할 수 있다. 이라크가 미국과 이란 사이에서 등거리 외교를 할 때, 제3의 국가가 개입할 수 있는 여지가 보인다. 그 당사국이 대한민국이 되고, 신실한 기독교 외교관이 이라크에서 신임을 얻게 되면 미국과 이란 사이에서 고민하는 이라크 국민의 마음을 등거리 외교로 기독교 선교사역의 새 장을 열 수 있다. 하나님의 마음을 가진 사람만이 이라크인의 마음의 문을 열 수 있다.

8부

인간 무함마드
Muhammad

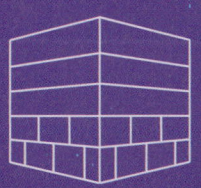

8부
인간 무함마드

◆

1. 무함마드는 꾸란의 저자가 아니다
자칭 예언자에 불과한 무함마드

우선 무슬림이 중시하는 마지막 예언자인 무함마드는 옛 유럽식 발음으로 실제 아랍식 발음이다. 요즘 영어권에서도 'Muhammad'로 표기한다. 무슬림은 무함마드를 보통 '라술 알라'(Rasul Allah) 혹은 '라술라'(Rasullah)—신(알라)의 사도—라고 부른다.

무함마드는 다음의 세 가지 방면에서 영향을 주었다. 첫째, 이슬람교는 세계의 약 20억 명 이상의 사람들이 믿는 종교이기 때문에 그 영향력이 막강하다. 둘째, 그가 시작한 운동은 20년이 채 못 되어 비잔틴제국과 페르시아의 사산왕조를 뒤흔들고 새로운 문명을 수립했으므로 역사적 영향력이 크다. 셋째, 이슬람은 종교인 동시에 군사와 경제와 문화의 조직체계이기 때문에 정치·사회적 영향력이 지대하다. 이 외에도 여러 면에서 무함마드의 행동기록(하디스)은 이슬람 신자가 준수해야 할 규범이 되기 때문에, 후세 이슬람교의 일상생활에 대한 견해에 강한 영향력을 미치고 있다.

무함마드가 말한 계시와 설교는 꾸란 제114장(수라)의 6,000여 절(아야) 속에 담겨 있으며, 이것 외에도 많은 전승(하디스, 준경전), 그리고 이븐 이스하크에 의한 전기, 알 와키디와 이븐 사드의 저작이 무함마드의 전기 자료로 되어 있다.

여러 가지의 기적 이야기를 엮어서 무함마드의 생애를 이상화하려는 시도는 일찍부터 있었다. 한편 19세기 이후의 이슬람의 근대주의자나 개혁주의자는 이슬람의 형이상학적·율법주의적 측면을 눈에 띄지 않게 하려고 무함마드의 인간상을 두드러지게 개성화하고, 정통파가 용인할 수 없는 교리상의 지위를 그에게 부여해 온 것이 사실이다. 예를 들면 영웅적 인물처럼 무함마드를 꾸란의 저자라고 추켜세우는 것이 그것이다. 그러나 이슬람의 기본적인 교리에 따르면 꾸란은 알라의 계시이고, 그는 신의 계시를 인류에게 전하는 자칭 예언자이며 전달자에 불과하며, 결코 초자연적인 인물이 아니다. 정통파의 이슬람 교도에게 무함마드를 꾸란의 저자로 보는 것은 용서할 수 없는 모독이다. 유럽에서 널리 사용되고 있는 무함마드교(Mohammedanism)라는 용어를 이슬람 교도가 거부하는 이유도 이 때문이다.

그러나 무슬림은 무함마드의 사후 얼마 지나지 않아 그를 이상화된 영웅으로 전기를 저술하기 시작했다. 전통적인 무함마드에 관한 전기 중에서 중요한 것은 이븐 히샴의 『신의 사도의 전기』이지만, 와키디의 『원정(遠征)의 서(書)』와 이븐 사드의 『대계급서』도 중요하다. 이것들은 모두 8~9세기에 저술되었다. 그러나 그의 생애에 관한 가장 중요한 역사자료는, 그 어떤 것보다 그가 알라의 계시를 받아 한 말을 기록한 꾸란이다. 꾸란의 편집은 그의 생전에 시작되어 이미 659년경에 현재의 형태로 확정되었고, 그 후 조금도 변경된 적이 없다. 하디스는 대대로 구전된 그의 언행을 전승학자가 수집하여 기록한 것인데, 후세에 위작된 것을 많이 포함하고 있어 꾸란보다 신뢰도가 낮다. 여섯 가지 하디스 중에 특히 인정받는 것은 9세기에 편집된 부하리와 무슬림의 하디스이다.

2. 무함마드는 쿠라이시 부족의 부족장이다
다신교적 초승달 신으로 유일신이 아닌 알라

처음에 메카에서 쿠라이시 부족장으로 군대장관이던 무함마드에 대한 즉각적인 반대가 일어나지 않았지만, 사실 그는 초기의 수년간은 가족과 친구 등 소수의 친한 동료에게만 가르침을 전하고 있었다. 그가 대중을 상대로 포교를 시작하자 메카 시민의 반대가 있었다. 그 이유는 경제적 문제 때문이었다. 왜냐하면 이슬람교가 사막의 유목민 사이에서 일어난 것이 아니라 도시, 특히 상업과 금융업에 대한 탐욕적인 관심이 특징인 메카에서 생겼기 때문이다. 아라비아 각처로부터 순례자들이 모이는 카바 신전은 메카에 이익을 가져왔고, 순례 달에는 상설시장이나 정기시장도 번창했다. 메카에서는 이렇게 상인공화국, 즉 가장 부유한 상인들로 이룩된 평의회가 지배하는 과두정치가 성장하고 있었다.

무함마드의 가르침은 이러한 메카의 금권 과두정치를 정면으로 공격하는 것이었다. 그에 대한 반대는 처음에는 조소와 끝없는 논쟁에 그쳤다. 그러나 곧 박해가 시작되고, 615년에는 박해가 더 심해져 그는 씨족의 보호를 받지 못하는 무슬림들을 인근 기독교 국가인 에티오피아로 피난시켰다. '애도(哀悼)의 해'라고 불린 619년에 무함마드는 카디자와 숙부 아브 탈리브를 잃었다. 메카 이외에서 피난처를 찾던 그에게 야스리브(후의 메디나)라는 도시가 원조의 손길을 내밀었다. 야스리브는 무함마드에게 융숭한 대접을 베풀었기 때문에 후에 '예언자의 도시'(madinat al-nabi)라는 이름으로 변경되었다. 현재의 메디나가 그곳이다.

615년에는 신도 일부가 아비시니아로 피신하여 기독교도에게 환영받았으나 무함마드 자신은 전부터 타협했었던 야스리브로 이주할 준비를 하고 있었기에, 622년 9월 24일 아부 바크르 등 70여 명과 함께 메카를 탈출하여 야스리브로 갔다.

메디나는 메카와 달리 광활한 오아시스에 위치해, 주민은 대추야자 재배를 업으로 하는 농민이었다. 이곳에는 서로 패권을 다투고 적대하는 아우스와 하즈라지 2개의 아랍 부족과 3개의 유대인 부족이 살고 있었다. 아우스와 하즈라지의 대립은 해결방안이 없는 처지가 되었고, 그 대립은 이제 쌍방 모두와 아무 관계가 없는 제3자의 조정이 아니고서는 해소되지 못할 것처럼 보였다. 한편 그로서도 상당한 수의 유대교도가 사는 메디나는 같은 유일신교를 추구하는 이슬람의 신자 획득 입장에서 볼 때 안성맞춤이었다. 메디나의 아랍인과 무함마드 사이에 은밀한 교섭이 진행되고, 그 결과 622년 아카바의 맹약이 체결되어 메디나의 아랍인은 무함마드에게 충성을 서약했다. 곧 메카의 이슬람 교도는 삼삼오오 떼를 지어 메디나로 이주하기 시작했다. 사태의 심각함에 놀란 메카의 대상인들은 그를 암살하려고 했으나, 그는 교묘하게 난을 피해 그해 9월 24일 무사히 메디나에 도착했다. 이것이 히즈라 곧 헤지라(성천〈聖遷〉, 문자 그대로의 의미는 '이주')이며, 이슬람 교도는 서기 622년 7월 16일을 이슬람력(曆)의 시발점으로 삼았다.

히즈라는 또한 무함마드의 생애에서 중요한 전환기였다. 메카로 돌아온 무함마드는 이제 메디나에서 정치가, 지배자, 군사령관이 되었다. 이슬람 최초의 국가구성법이라 할 메디나 헌장은 히즈라 후 얼마 지나지 않아 제정되었다. 당시 메디나에는 내분이 있었으나 무함마드는 정치적 지도자로서의 역량을 발휘하여 사태를 수습하고, 메카에 대항할 수 있는 군대를 양성하는 동시에 이슬람공동체인 '움마'(Ummah)의 모체를 만들어 냈다. 무하지룬 곧 히즈라에의 동행자 70명도 성문천사(聖門遷士)와 안사르(메디나에서의 협력자로 안착하도록 지원하고 포교를 도와주어 성문보사〈聖門輔士〉라는 뜻을 가짐.)가 그

중추를 이루어 이슬람 교도의 수는 계속 늘어났다. 메디나의 주민과 메카로부터 이주한 사람들을 통합하는 무함마드의 최초의 수단은 이주자와 안사르의 한 사람, 한 사람이 의형제 관계를 수립하는 것이었다. 그는 유대인들을 자기 편으로 삼기 위해 그들에게 유대교 신앙의 자유를 허용하고, 기도 시간에 예루살렘을 향하는 것을 비롯해 그들의 종교의식의 일부를 이슬람교에 받아들이기도 했다. 그러나 머지않아서 유대인들은 그를 예언자로 인정하기를 거부해 양자의 관계는 험악해졌다. 헤지라 후 2년이 못 되어서 예배 때 향하는 방향(qiblat)은 예루살렘에서 메카의 카바 신전으로 바뀌었다. 그와 동시에 이슬람교는 메카에 카바 신전을 건립한 아브라함의 유일신교를 강조하면서 유대교나 기독교보다 더 오래된 유일신교라는 교리를 확립하였다. 이런 주장은 연대기적으로 이슬람교가 유대교나 기독교보다 훨씬 후대에 만들어진 종교이기에 억지 주장이자 거짓된 선동이다.

   이슬람교를 추종하는 나라마다 다신교 배경 속에서 쿠라이시 부족의 신인 알라를 상징하는 초승달을 국기에 포함하고 있다.

3. 카디자는 무함마드의 최초의 신자이다
자칭 알라의 사도인 무함마드

   무함마드를 영웅시하거나 이상화하지만, 실상 인간 무함마드는 570년 4월 22일에 메카의 지배 부족이자 구약에 등장하는 아브라함의 아들 이스마일의 자손이라고 주장하는 쿠라이시 부족의 하심(Hashim) 가문에서 유복자로 출생했다. 명문의 일족인 하심 가문의 무함마드의 부친 압둘라(압달라, Abdallah)는 시리아 쪽으로 나가던 카라반의 상인으로 그의 탄생 직전에 사망했으며, 어머니 아미나(Aminah bint Wahb)도 그가 여섯 살 때 사망하여 어려서 고아가 되었다. 그 후 무함마드는 조부 압둘 무탈리브(압둘 무딸립, Abdul

Muttalib)에게 맡겨졌으나, 2년 뒤 조부가 사망하자 하심 가문의 새로운 가장이 된 숙부 아브 탈리브(아부 딸립, Abu Talib)의 보호하에 양육되었다.

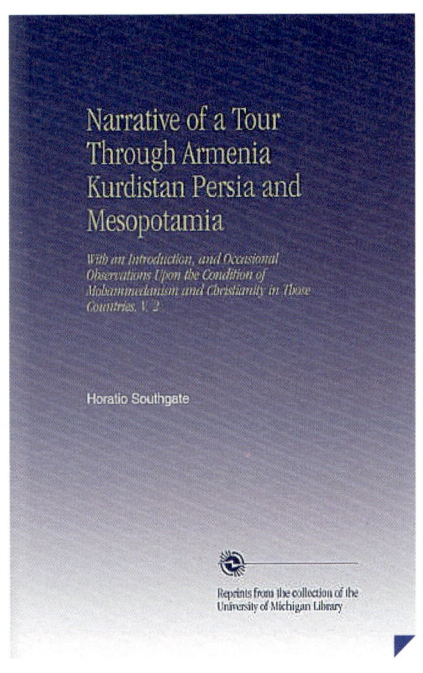

보기 드물게 무함마드교(Mohammedanism)라는 용어로 이슬람교를 부르는 학문적 입장을 잘 정리하고 있는 책이다.

어린 시절 양치기로 평범하게 성장한 무함마드는 청년이 된 뒤 시리아를 왕래하는 무역상이 되어, 부유한 미망인 카디자(Khadijah)의 대상에 고용되었다. 무함마드는 595년에 25세의 나이로 40세의 미망인 카디자와 결혼했다. 둘 사이에서 2남 4녀가 태어났다. 무함마드의 두 아들은 유년기에 사망했으며, 딸 중에서도 파티마(Fatima)를 제외하고는 모두 무함마드보다 먼저 사망했다.

카디자는 무함마드가 가장 신뢰하는 반려자였으며, 무함마드의 가르침을 믿고 이슬람 교도가 된 최초의 사람이었다. 이 점에서 이슬람교의 창시자는 무함마드이다. 서구 사회가 무함마드의 가르침을 카디자가 무조건 믿고 따른 것을 중시하여 처음부터 무함마드교라고 부르는 것도 이런 이유이다.

카디자와 결혼하여 생활에 여유를 얻게 된 무함마드는 쿠라이시 부족장이던 위치에서 40세가 된 610년에 세속적 생활에서 이탈하여 메카 교외의 히라 산(山)에 있는 동굴에서 수양생활을 했다. 그리고 그해 처음으로 천사 지브릴(가브리엘)을 통하여 알라의 계시를 받았다. 그 내용이 바로 꾸란 제96장(응혈)에 적혀 있다. 그 후에도 여러 차례 알라의 계시를 받게 되면서 그는 '알라 외에는 신이 없다'는 유일신 신앙을 갖게 되고, 알라로부터의 메시지를 전하는 '알라의 사도'가 되었다. 부인 카디자가 최초의 신자가 된 후에 종전까지 메카를 중심으로 한 쿠라이시 부족의 초승달 신에 불과하던 알라의 다신교적 배경을 부정하고 유일신으로 둔갑시켜서 알라만을 섬기라고 주장하게 되었으며, 처음에는 메카에서 경제적으로 어려운 하층민들과 중소상인 계층만 그의 가르침을 추종했다. 당시 그의 지지자는 극소수였으므로 대상을 중심으로 하는 지도층은 그의 포교활동에 무관심했으나, 점차 추종자의 수가 증가하여 메카 지배층의 이해관계를 위협하기 시작하자 613년경 포교활동 개시 후 처음으로 박해가 가해졌다.

1988년에 발매된 인도 출신의 영국 문학가인 살만 루시디의 소설『악마의 시』에는 무함마드를 비롯한 이슬람을 비하한 내용이 주를 이루어 이란에서 결석 재판이 진행되어 사형이 선고되었다. 그러나 결석 재판으로 진행되었고 살만 루시디는 이란 밖에 체류하였기 때문에 집행되거나 체포되지 않았다. 그러나 이 소설을 번역한 각 언어의 번역자들이 피해를 입기도 했다.

2006년에 덴마크 일간지『윌란스 포스텐지』에서 무함마드를 테러리스트로 비하하는 만화가 출시되자마자 시리아와 팔레스타인 등지에서는 우상숭배 반대 시위가 잇따랐으며, 유럽 대사관 건물에 불을 지르는 사건도 있었다. 이 사건은 표현의 자유가 어디까지 인정되어야 하는가에 대한 논쟁을 불렀다.

4. 메카의 카바 신전이 이슬람의 중심이 되다
자신의 쿠라이시 부족도 제거하는 무함마드

카바 신전이 자리 잡은 메카는 이슬람교의 중심이 되었다. 그가 메카 정복을 생각한 것은 당연한 일이었다. 무함마드의 약탈 행위에 진저리가 난 당시 메카에 살던 사람들은 맨몸으로 메카를 탈출하여 이주자로 살아갔는데, 이주자로서의 생활은 고달팠다. 무함마드는 무력으로 메카의 경제력을 약화하고 전리품을 획득함으로 자신의 수입을 도모하기 위해 메카에 남아 있던 대상(隊商)에 대한 습격에 나서, 624년 봄 바드르에서 최초의 대승리를 거두었다(바드르 전투). 메카 측은 무함마드 박해의 최선봉장이던 아부 자푸르가 전사한 후로는 아브두 샴스 일문(一門)인 아부 수피안이 부족장이 되어 반격의 기회를 엿보고 있었다. 이듬해인 625년에 복수를 다짐하는 3,000명의 메카 군이 메디나로 밀려와 우후드 산(山) 밑에서 메디나 측과 교전(우후드 전투)하여 이슬람 교도는 패배를 맛보았고, 무함마드도 부상을 입었다. 그 후로는 당분간 내정(內政)과 포교에 힘썼다. 이 무렵 이슬람 교도에 대한 협력이 기대되었던 유대인과의 관계가 악화되었으며, 메디나 측에 대해 대항하던 쿠라이시 부족이 무함마드의 명령에 따라 무참하게 살해되는 일 등이 있었다. 이로써 무함마드는 자신의 출신 부족인 쿠라이시 부족도 멸망시키고 자신만 살아서 피로 아라비아 반도를 통일한 군대장관의 전의를 불태우게 된다. 이로써 이슬람은 처음부터 피비린내 나는 '한 손에는 칼, 한 손에는 꾸란'이라는 모토를 강력하게 내세우는 보복의 종교로 역사상에 출현한다.

이슬람의 종주국인 사우디아라비아의 국기에 '한 손에는 칼, 한 손에는 꾸란'이라는 좌우명이 여실히 드러나 있다.

627년 봄 이권으로 유인한 유목민을 포함한 메카의 1만 대군이 메디나를 향했으나, 무함마드가 미리 파 놓은 도랑 앞에 속수무책으로 3주간 포위당한 끝에 굶주림으로 뿔뿔이 흩어져 메디나를 떠났다. 도시 주위에 큰 도랑(한다크)을 파 방어에 성공하였기 때문에, 이 전투를 한다크 전쟁이라고 부른다.

무함마드는 이 도랑 전투의 결과로 주도권을 회복했고, 이것을 협상 수단으로 이용했다. 메카와 메디나의 군사력은 이제 백중했고 메카인은 자신들의 통상을 파괴하는 싸움에 지쳐 버렸다. 옛날부터 이어져 내려오는 아랍인의 카바 순례를 존중할 뿐만 아니라 무함마드가 그것을 이슬람교의 중요한 의식으로 삼는다는 의도를 분명히 한 것도 그들의 적개심을 잃게 했다. 메카와 메디나의 통상 재개를 포함한 여러 가지 절충 끝에 무함마드는 제자들을 인솔해 카바 순례를 하기 위한 휴전을 성립시켰다. 그러나 이슬람 교도가 메카에 접근하자 무장한 기사들이 길을 가로막았다. 그들은 걸음을 멈추고 메카 교외인 후다이비야에 야영하면서 메카의 대표와 교섭을 가졌고, 무함마드는 다음의 세 가지에 동의했다.

첫째, 이슬람 교도는 그해의 순례는 단념하지만, 이듬해 3일이라는 기간을 정해 다시 순례할 것, 둘째, 무함마드를 흠모해 보호자의 허가 없이 메디나에 찾아온 메카 사람은 보호자가 요구하는 즉시 메카로 돌려보낼 것, 셋째, 앞으로 10년간 휴전하며 그동안 메카인과 메디나인은 자유로이 상대방의 영토를 통행하고, 만일 어느 쪽이든 다른 제3자와 싸울 경우에 서로가 중립을 지킬 것 등이었다. 이것을 후다이비야 조약(628)이라 한다. 이슬람 교도의 대다수는 무함마드가 지나치게 양보했다고 하여 이 조약에 불만을 품었다.

그러나 결과는 대성공이었다. 아라비아 반도 제일의 권세를 자랑하는 메카 시민과 쫓기듯이 고향을 버린 메디나의 이슬람 교도는 이제 대등한 입장에 섰고, 무함마드는 전투를 피하면서 완전히 메디나를 장악할 시간적 여유를 얻게 되었다.

메카 측과의 화약(和約)이 체결됨으로써(후다이비야 조약), 이듬해 629년에는 메카 시민들이 일시 대피한 가운데 메디나 측 시민의 카바(Kabah) 순례가 행해지기도 하였다. 630년 1월 무함마드는 메카로 군대를 진격시켜 10월에 메카에 도달하였다. 마침내 아부 수피안이 항복하고, 11월에 약간의 저항을 물리치면서 무함마드는 메카로 입성하여, 카바 신전에 안치된 많은 우상을 부수고 화상(畵像)도 지워 버렸다. 그때의 감격은 꾸란 제17장(밤의 여행) 가운데 있는 "진리가 와서 허위는 망해 없어졌다."라는 말에 나타나 있다. 무함마드의 메카 정복 이후 아라비아 반도 전역의 각 부족은 속속 이슬람교를 받아들여 이슬람공동체가 형성되었으며, 632년 3월에는 메카에서 기도를 드렸고, 무함마드 자신이 그 모든 메카 순례를 진두지휘하였다. 그 후 그의 건강은 갈수록 악화되어, 같은 해 6월 8일(이슬람력 11년 3월 13일) 애처

아이샤가 지켜보는 가운데 사망하였다.

5. 무함마드는 모든 성인을 비하한다
알라의 사도로 자처하여 초월적 존재가 된 무함마드

최근까지도 유럽의 반응이 그랬듯이, 옛날부터 유럽에서는 단테, 볼테르, 기번, 칼라일 등의 기독교적 입장에서 무함마드에 대한 상(像)이 이루어져 통용되었다. 이것은 "한 손에는 칼, 한 손에는 꾸란"에 나타나 있듯이, 호전(好戰)적인 무함마드가 이교도(기독교인)나 유대인을 가차 없이 멸망시키거나, 자기의 교리를 억지로 강요했다는 식으로 되어 있으며, 또한 그가 여러 여성과 관계하였다는 점을 들어 무함마드가 호색(好色)적인 인물로 평가되는 것들이었다.

꾸란에는 알라의 계시로 내려진 경전이 무려 114부에 이른다고 명시되어 있다. 그러나 그중 가장 중요한 경전으로 모세 5경, 다윗의 시편, 예수의 복음서, 무함마드의 꾸란 등 4부를 꼽는다. 이 4부 중에서도 꾸란은 알라가 인류에게 보낸 예언자가 총 12만 4천 명이라면서 그중 25명을 선별하여 거명하고 있다. 그러나 그중에서도 6명(아담, 노아, 아브라함, 모세, 예수, 무함마드)만이 경전을 가진 예언자라고 지목했으며 다시 그중 아브라함, 모세, 예수, 무함마드 4명만을 알라가 직접 파견한 사람(라술라, 성사-신의 사도)으로 우대한다. 또 이 4명 중에서도 무함마드를 마지막 예언자로 가장 우대한다. 이로써 무함마드는 꾸란에서 하나님의 아들이신 예수를 마리아의 아들이라고 비하하며 자기의 발아래 내려놓고 모독하기를 반복한다. 예언자들도 역할에 따라 이렇게 지위와 등급이 다르다.

이슬람 연구자들은 예언자 일반을 성인이라고 부르면서 성인들을 반열화하여 지성(至聖, 무함마드), 대성(大聖, 아담, 노아, 아브라함, 모세, 예수, 무함마드), 흠

성(欽聖, 313명), 열성(列聖, 그 외 성인들)의 4등급으로 나누기도 한다. 이렇게 무함마드는 모든 성인을 비하하며, 자신을 초월적인 존재로 강요한다.

무슬림들은 일상생활 중에서 하루에 다섯 차례 메카 방향으로 절을 하면서 기도를 올린다. 실제로 모든 아랍국가나 동남아시아의 이슬람국가에서는 사람들이 빈번하게 다니는 백화점이나 쇼핑센터 혹은 철도역이나 관공서, 심지어 국제선 공항에까지 기도처를 설치하여 하루에 다섯 번씩 기도를 강요하고 있다.

공항 기도처에서 메카를 향해 기도를 드리는 무슬림들

그런데 이런 기도의 습관이 무슬림에게 점차 최고의 신성을 부여함으로써 인간의 형태로 태어난 무함마드라는 사실을 강화하였으며, 그를 '살아있는 꾸란'으로 숭배하기에 이르렀다. 무함마드는 모든 예언자와 알라의 사자들을 자신의 형제라고 생각한다. 사실상, 무함마드는 인류 전체를 하나의 동포 관계로 생각한다. 알라의 눈에는 모든 남녀가 다 똑같이 소중하다는 말이다. 그러나 지독히도 이슬람교만을 배타적으로 중시하여 알라는 자신에게 철저히 복종하고 헌신하는 이들 위에 군림하게 되었다.

이에 머물지 않고 꾸란은 배타적으로 한 걸음 더 나아가서 모든 예언자가 이슬람 안에 있을 때만 유일한 깨달음의 길을 걸었다고 주장한다(꾸란 22:78). 가장 위대한 족장이었고 이슬람게 최초의 예언자였던 아브라함은 "나는 만유의 알라께 귀의한다"(꾸란 2:131)라고 말했는데, 이는 그가 복종을 통해 이 길을 찾았다는 것을 뜻한다. 노아 역시 "나는 무슬림 중에 있으라는 명령을 받았다"(꾸란 10:72)라고 증언하고 있다.

꾸란은 알라에 이르는 길이 이슬람밖에 없다고 기술하고 있다. 이슬람이 아니고서는 다른 어떤 길도 받아들여지지 않는다. 마지막 피난처는 알라와 인간의 합일에 근거하기 때문에, 이슬람의 문을 통과하지 않고서는 천상에 들어갈 수 없는 것이다. 인간이 자기 생각에만 빠져서 자기의 길을 고집하는 한, 결국 최종 목적지에 도달할 수 없다.

6. 이슬람이란 뜻은 평화가 아니다
이슬람에 대항하지 못한 유대교

아직도 그 정확한 뜻을 모르고서 이슬람이란 단어가 평화라는 어근을 가지고 있다고 추측하는 사람들이 있기는 하지만, 원래 이슬람이란 말은 처음부터 알라에 대한 복종이라는 의미가 있는 단어이다. 무함마드의 모델은 인간의 삶이 알라의 명령, 즉 시공을 초월한 정신과 그것이 인간의 육체를 통해 깃들인 개인적 영혼의 합일에 근거하고 있다. 인간의 영혼은 결국 그런 과정을 거쳐 알라에게서 오고 또다시 알라에게로 돌아가는 것이다. 이것이 바로 인간의 마음을 정화하고 진정한 깨달음을 획득함으로써 알라와의 합일을 기대할 수 있는 것이다.

이슬람에 대해서 다시 부연 설명을 한다면 이슬람이란 의미는 순종, 항복(Surrender)을 의미한다. 'Islam'이란 말의 뿌리는 'slm'에서 왔다. 이 'slm'은 평화와는 거리가 먼 단어이다. 오히려 '이슬람' 하면 신의 법에 항복하는 것이며, 그래서 완전하게 되는 것을 의미한다. 무슬림은 항복한 사람을 말한다. Surah 59 : 19는 "And be not like those who forgot Allah, so he made them to forget themselves", 알라에게 포기하는 자는 알라가 그의 인격을 완전하게 만들어 준다고 한다. 꾸란 22 : 78은 알라가 아브라함에게 무슬림이란 이름을 주었다고 한다. 이런 꾸란의 가르침을 보면 기본 상식 이하라는 평가가 나온다. 꾸란보다 먼저 기록된 구약성경과 신약성경을 부정하는 이런 발언은 무함마드가 정신이상자가 아닌가 하는 생각이 들게 한다.

아라비아 반도 메카에서 제창되고, 메카를 신앙의 중심으로 하는 이슬람교는 점차 유대교, 기독교와는 다른 종교라는 것을 명백히 밝혔다. 쿠라이시 부족의 한계에 갇혀 있던 알라의 다신교적 배경을 감추기 위하여, 무함마드는 처음에 유일신교 신앙의 본질적인 동일성을 늘 강조했다. 이런 사실은 예컨대, "신은 노아에게 알리신 것과 같은 종교를 그대들에게 정하시고, 아브라함, 모세, 예수에게 알리신 것과 같은 종교를 그대들에게 계시하셨다."라고 한 것처럼, 꾸란의 여러 곳에 기록되어 있다. 또 이슬람 교도는 계전(啓典)의 백성(곧 유대인)과 다투지 말고 다만 "우리는 우리에게 계시된 것을 믿고, 그대들은 그대들에게 계시된 것을 믿습니다. 우리의 신과 그대들의 신은 같으며, 우리는 이 신을 믿고 의지합니다."라고 말하라는 명령을 받고 있었다. 그러나 메디나 시대 초기부터 모세의 이름에 대한 온갖 호소에도 불구하고 유대인들은 이슬람 교도에게 마음을 주지 않고 오히려 메카인의 편에 가담했다.

유대인들은 일치단결해 무함마드에게 대항하지 못하고 각기 고립된 움직임을 보여, 두 개 부족은 메디나에서 추방되고 나머지 한 개 부족은 멸망했다. 무함마드는 후다이비야 조약을 맺은 뒤 유대인들이 사는 중요한 오아시스 촌락인 카이바르를 정복해(628) 아라비아 반도에서 유대인들의 세력에 큰 타격을 주었다. 유대인과의 관계에 비하면 기독교와의 관계는 대체로 양호했다. "신자(이슬람 교도)에 대해 가장 친밀한 애정을 가진 자는 '우리는 기독교인들입니다.'라고 말하는 사람들이다. 왜냐하면, 그들 중에는 사제나 수도사가 있어 오만한 행동을 하지 않기 때문이다."라고 꾸란에도 기록되어 있다.

이슬람의 예언자관에서 주목되는 것은 예언자 일반과 '성사'를 구별한다는 점이다. 기독교에서 말하는 예언자(선지자)는 예수 이전에 나타나서 예수의 강림과 하나님의 뜻을 예언한 사람을 말한다. 그러나 이슬람에서는 그 해석이 조금 다르다. 예언자란 알라의 계시를 인류에게 설명하고 해석하는 임무를 받은 사람으로서 미래의 일을 예측하는 사람은 아니고, 알라가 인간에게 파견한 사람, 즉 성사는 알라의 말씀을 인간에게 설명하고 해석하는 일 외에 그의 계시를 인간에게 전달하고 가르치며 그 실천을 인도하는 임무까지 부여받은 선택된 사람이다. 대표적인 예언자가 곧 모세와 예수이지만, 마지막 계시를 완성한 사람은 무함마드뿐이다. 따라서 이슬람교는 무함마드 이외에 완전한 예언자는 없다고 주장한다.

7. 기독교는 유대교와 이슬람교처럼 유일신교가 아니다

삼위일체 하나님을 고백하는 기독교

꾸란에는 반기독교적인 내용이 가득 차 있다. 예수를 이싸(Isa, 25회), 이븐 마리얌(마리아의 아들, 23회), 알 마시아(메시야, 11회), 나비(예언자, 1회)로 기록하고 있다. 성경과 꾸란의 예수 탄생 이야기는 비슷하지만 다른 구조로 되어 있다.

신학적 의견 차이
1. 이슬람은 삼위일체를 부정한다.
2. 알라의 유일성만 인정한다.
   그러므로 '예수=하나님' 혹은 '무함마드=하나님'을 부인한다.
3. 예수를 동정녀 수태와 이적의 주인공으로 인정하지만, 아브라함, 모세, 무함마드와 마찬가지로 4대 예언자(사도)의 한 사람이지 '신은 아니다'라는 신학적 차이가 있다.
4. 이슬람은 기독교에서 예수를 신격화한 것을 우상숭배로 본다.
5. 성령을 하나님으로 믿지 않는다. 이슬람에서는 주로 가브리엘이 성령 역할을 하고 있다.

다음과 같이 마리아는 예수의 어머니로 택함을 받았다는 계시가 주어진다.

"마리아여, 알라께서 너를 택하사 정결하게 하시고 모든 여인 위에 두셨다"(꾸란 3:42).
"천사가 말했다. '마리아여, 알라께서 말씀을 통해 기쁨의 소식을 너에게 주시나니 그 이름은 마리아의 아들 예수 그리스도이다. 그는 이 세상과 오는 세상에서 존귀한 자이며 알라 가까이에 있는 자 중 한 사람이니라'"(꾸란 3:45).

예수의 탄생 방식에 대해서는 복음서와 같이 성령으로 잉태하여 태어난 것이 아니라, 마치 아담의 창조처럼 '있으라' 하는 말씀으로 창조된 것으로 설명한다. "알라 앞의 예수는 아담과 같다. 알라께서 티끌로 그를 만들고 말씀하시기를 '있으라' 하니 그가 있었다"(꾸란 3:59)는 것이다.

꾸란은 삼위일체를 부정하고, 성령의 신성과 인격성을 인정하지 않지만, 마리아의 아들 예수에게는 특별히 성령이 강하게 임하였고 성령이 그를 보호하였다는 것을 인정하였다. "알라는 마리아의 아들 예수에게 분명한 증거를 주셨고 성령으로 그를 강하게 하셨다"(꾸란 2:253)고 하며, "알라는 모세에게 성서를 주었고 그 뒤로 예언자를 줄지어 보냈다. 또한 마리아의 아들 예수에게 분명한 증거를 주었고 성령으로 그를 보호하게 하였다"(꾸란 2:87)고 한다.

유대교와 이슬람교가 유일신교를 표방하지만, 기독교는 엄밀하게 말하자면 유일신교에 덧붙여서 삼위일체신교라고 말하는 것이 올바르다. 곧 성부와 성자와 성령 하나님을 믿는 것은 기독교인데, 이런 삼위일체 신앙은 기독교의 모태인 유대교에서 찾을 수 없다. 그러나 이슬람교가 퍼지고 기독교인들과 만남이 잦아지자 양자 교리의 기본적인 차이가 분명해져 불화를 피할 수 없게 되었다. 631년 예멘 나지란의 기독교 사절과의 종교 문답이 예수 그리스도의 성육신(成肉身) 교리를 둘러싸고 결렬된 것이 그 한 예이다. 실제로 이슬람교가 자기들과 마찬가지로 기독교를 유일신교라고 처음부터 이용한 것에 대해 기독교인들조차도 기독교를 유일신교라고 믿는 사람들이 많다. 그러나 기독교는 유대교나 이슬람교처럼 유일신교가 아니라 삼위일체신교로 성부와 성자와 성령 하나님을 고백한다.

몇 년 전 함께 성경공부를 하던 한 성도가 최근 이슬람에 대해서 관심을 끌게 되었다면서 이슬람이야말로 적그리스도라고 말하였던 기억이 난다. 그 이유가 바로 과거 기독교가 흥왕했던 곳들이 점차 이슬람화되어 간다는 우려 때문이었다. 그때의 기억이 스치고 지나가면서 최근에 일어난 여러 가지 이슬람국가들과의 사건들, 그리고 지금 무섭게 교세가 성장하고 있는 그들의 모습을 다시금 바라보게 된다.

무함마드에 대해서 여러 가지 책을 통해 공부해 본 결과 이슬람은 세계의 3대 종교임에도 불구하고, 기독교의 가르침들을 철저하게 왜곡하고 부정하고 더 나아가서 예수를 하나님의 아들로 오신 세상의 구주로 인정하지 않기에 역시 무슬림들은 선교의 대상이다. 무슬림들을 이해하고 사랑하고, 바르게 복음을 전하기 위해서는 이슬람교를 꼭 공부해야 한다.

"거짓말하는 자가 누구냐 예수께서 그리스도이심을 부인하는 자가 아니냐 아버지와 아들을 부인하는 그가 적그리스도니"(요일 2:22).

9부

꾸란
Koran

9부
꾸란

1. 꾸란은 인간이 노예, 신이 주인이라고 가르친다
예수 그리스도의 구원을 인정하지 않는 이슬람교

이슬람의 라마단 월(月)은 꾸란이 이슬람교의 창시자인 무함마드가 알라에게 받은 계시라고 주장하는 것을 기념하는 최대 명절이다. 처음부터 기독교를 반대하기 위해 세상에 얼굴을 내민 종교인 이슬람의 무함마드는 570년 무렵에 태어났다. 무함마드는 40세인 610년에 첫 번째 계시를 받는다. 무함마드는 스스로 알라의 사도라고 자처하며, 알라에게 선택되어 알라의 성스러운 소명을 받고 인류의 영혼을 구원하기 위해 예언자로 보냄 받았다고 주장한다.

이런 주장을 넘어서 무함마드는 기독교 복음의 중심에 자리를 잡은 예수 그리스도의 신성을 부정하고 인성만 긍정한다. 모세가 예언자이듯, 예수 그리스도도 예언자라고 주장한다. 예수의 인성을 더욱 강조하면서 무함마드는 자신이 예언자 계보의 마지막을 장식하기 위해 유일신 알라의 명령을 받은 최후의 예언자라고 주장한다.

꾸란은 무함마드가 맨 처음 계시를 받은 610년 무렵부터 그가 죽은 632년까지 22년 동안 알라에게 받은 계시이다. 꾸란이 말하는 대천사격인 지브릴(가브리엘)이 알라의 계시를 무함마드에게 전한 것으로 알려져 있다. 인간 무함마드는 이슬람공동체의 종교·정치적 지도자로, 메카와 메디나에서 활동한 인물에 지나지 않는다. 그러나 메카 인근의 다신론적 배경 속에서 초승달 신인 알라를 섬기던 쿠라이시 부족의 부족장이던 무함마드가 일으킨 이슬람교는 아라비아 반도를 무력으로 통일하면서부터 군사적으로 커다란 반향을 일으킨 후에 종교적 주도권마저 거머쥐었다. 미신과 사교(邪敎)의 소굴인 아라비아 반도를 무력으로 통일한 군대장관 무함마드로 인해 비로소 사람들이 아랍의 사막 종교인 이슬람에 눈을 떴고, 이슬람교는 중동 지역을 넘어서 무력으로 북아프리카를 점령하고 급기야는 동남아시아까지 진출하였다.

꾸란은 114장으로 구성되는데, 첫 장은 이렇게 시작된다. "은혜롭고 자비로운 알라의 이름으로 찬양하라. 알라 모든 세상의 주인이요 은혜롭고 자비로우며 심판날의 주재자이며, 우리가 경배하는 이가 당신이며 구원을 주는 이가 당신이라. 우리를 바른길로 인도하여 당신의 분노가 우리의 방황을 피할 수 있게 인도하소서. 당신이 축복을 베풀었던 이들의 삶 속으로 우리를 인도하소서." 이렇게 시작하는 꾸란의 장은 사원에서 예식을 행할 때는 물론이고, 중간에 꾸란 어디를 읽을 때도 항상 여기서부터 시작한다. 이슬람사원에서 매일 기도 시간마다 다섯 번 반복에서 이맘이 하는 꾸란 낭송도 항상 이 구절로 시작한다. 이는 무슬림들이 기도할 때 가지는 마음가짐의 모범을 나타낸 것으로 무함마드가 메카에서 받은 계시 중에서 맨 처음 것을 항상 상기하고자 하는 반복 교육이다.

꾸란에서 알라는 쿠라이시 부족의 다신론적 배경을 다 벗어 버리고, 항상 유일신으로 포장된다. 말하자면, "너희의 신은 오직 하나이니 그 외에는 아무도 존재하지 아니하니라"(꾸란 2 : 163).

이제 메카 부족 신의 다신론적 배경을 버린 꾸란은 알라 이외의 다른 신은 없다고 주장한다. 알라만 절대적으로 유일하다고 주장한다. 인간은 노예이고, 알라가 주인이다. 이것이 이슬람교에서 알라를 대하는 기본 자세이다. 이제 인간은 유일신으로 바뀐 알라의 노예로서 모든 것을 그에게 맡기고 따라야 하는 노예에 지나지 않는다. 하늘과 땅의 창조주까지 그 위상을 스스로 높인 알라에게는 배우자가 없다. 그러므로 어떻게 알라가 아들을 가질 수 있겠는가? 또 꾸란에 의하면, 알라는 모든 지식을 가지고 있다. "그 신이 너희의 주인이신 알라이니라. 만물의 창조주 그 외에 신이 없노라. 그러므로 그를 경배하라. 그리고 그가 모든 것의 수호자이시니라"(꾸란 6 : 102).

이런 주장은, 알라는 전지전능하고 천지 만물의 조물자이며 지배자라는 것이다. 알라의 힘은 그야말로 강력하면서도 보편적이다. 꾸란에 의하면 이 세상에 존재하는 그 무엇 하나도 알라의 힘에 의하지 않은 것이 없다.

이슬람교는 철저한 율법종교이다. 한 사람이 일평생 살아가며 한 행동에 따라 심판을 받고 천국에 갈 것인가, 지옥에 갈 것인가는 알라가 결정한다. 무슬림은 육신을 엄격히 지키며 살아야 한다. 무슬림은 하루 다섯 번 기도 시간을 엄수하며 생활한다.

이런 이슬람교는 그리스도의 구원을 거부하고, 기독교의 교리를 모독한다. 이슬람교는 하나님과 인간 사이의 막힌 담을 없애는 예수 그리스도의 구원을 인정하지 않는다. 알라만이 유일신이고, 다른 어떤 것으로부터 생겨나지 않으며, 다른 어떤 원리도 따르지 않는다. 더 나아가서 꾸란은 하나님의 아들로 오신 예수 그리스도를 부정한다. 이슬람교에서는 예수 그리스도를 모세와 같은 예언자로 간주하여 예수 그리스도를 한 인간으로 본다. 그러니 예수 그리스도께서 십자가로 이루신 구원과 부활도 부정한다.

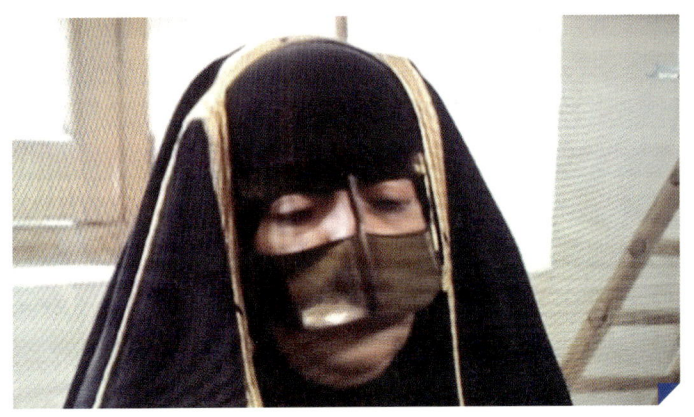

이슬람의 철저한 가르침대로 인간의 자유를 억압하는 복장이 여성의 인권을 유린한다.

2. 이슬람은 율법종교이다
무수한 규범을 지킬 것을 강요하는 꾸란

이슬람교는 율법종교로서 꾸란이 말하는 전통을 강요한다. 무슬림의 엄격한 일상생활은 지독한 율법종교의 맥을 이어 간다. 이슬람 문화는 사막인 중동국가나 적도인 동남아 국가를 넘나들며 그 상황과 날씨에 아랑곳없이 조건 없는 복종과 철저한 동맹과 숨길 틈 없는 융합으로 정서적, 정신적 기반을 다지며 무슬림을 모두 한 형제로 단결시킨다. 이로써 무슬림은 철저한 율법종교에 의해 움직이며 모든 생활양식이 율법과 밀착되어 있다.

꾸란은 전체 가르침을 통해서 아주 극단적인 인과응보를 반복하여 강조한다. 무슬림은 각자 자기 신앙과 행위에 따라 응징을 받기도 하고, 보답을 받기도 한다. 정의를 행하고 착한 일을 하면 좋은 보답을 받고, 죄를 범하고 부정을 하면 나쁜 보답을 받는다. 여기에는 엄격하고 무서운 인과응보의 법칙이 적용된다. "하늘에 있는 것도 땅에 있는 것도 모두 알라에게 속한다. 그러므로 악한 일을 하는 사람에게는 그것에 상응하는 벌을 주며 착한 일을 하는 사람에게는 최선의 보답을 준다"(꾸란 53 : 31).

알라는 인간에게 여러 가지 은혜를 주며 알라에게 복종하는 무슬림에게는 한없이 상냥하고 자비심이 깊다고 가르치기에 알라의 심판을 굳게 믿고 기대하며 벌을 받지 않도록 해야 한다. 알라는 복종하는 무슬림에게만 자비심이 깊고 의롭기 때문이다. 그러므로 이슬람교에서는 알라에 대한 신앙은 언제나 무슬림의 조건 없는 복종과 충성을 강요한다. 이 점에서 이슬람교는 철저히 인과응보의 윤리적 종교이다.

무슬림이 지켜야 할 의무 행위로는 샤리아법이 가장 우선적이다. 샤리아는 다음과 같이 다섯 가지의 규범으로 아주 강제적인 율법을 제시한다. 곧 샤리아는 내용에 따라 다섯 항목으로 분류된다.

1. 신조:알라, 천사, 경전, 예언자, 내세, 천명 등 육신(六信)
2. 도덕률:꾸란, 하디스에 천명된 성실, 알라에게 귀의하는 것, 겸양, 탈속, 만족, 관대, 인내 등 모든 도덕적 행동
3. 삼가 행함(謹行):신앙고백, 예배, 단식, 희사, 순례의 다섯 가지 행위(五行) 및 성전(지하드)
4. 화해:결혼, 이혼, 친자 관계, 상속, 노예와 자유인, 계약, 매매, 맹세, 증언, 재산 기증, 소송과 재판 등 인간관계 전반에 관한 규정
5. 형벌:꾸란 및 전통적으로 규정된 형벌

이렇게 샤리아는 무슬림이 반드시 지켜야 할 행위들에 대해서 무수한 규범을 구체적으로 강요한다.

이슬람은 이슬람교의 기본 원리인 유일신 알라를 믿고 그 제1경전인 꾸란을 믿는 것만으로는 충분하지 않다. 꾸란은 원리 원칙을 다루고 있고 무함마드의 세부 가르침은 하디스에서 다룬다. 꾸란에서 '정해진 대로 희사하라'고 하지만 구체적인 비율이나 액수는 명시되어 있지 않다. 거기에 대해서는 무함마드가 지시한다. 무함마드에게는 꾸란에 버금가는 권위가 있다.

하디스는 꾸란에 버금갈 정도로 중요한데, 무함마드 자신이 하디스가 무엇인지 지정하지 않았기 때문에 그 내용이 무한정이다. 꾸란은 114장인데 하디스는 100만 조항 정도로 분량이 많다. 꾸란의 명령은 신자들에게 절대적인 권위를 지니지만 그것을 실천하는 데는 하디스에 명시된 자세한 규칙이 필요하다. 신과 예언자는 무함마드가 사망한 뒤 꾸란과 하디스를 통해 구체적으로 명령을 나타냈다. 꾸란에 이어 하디스는 이슬람교 제2의 경전이다.

이슬람교의 제1경전인 꾸란과 제2경전인 하디스가 말하는 샤리아는 사회 정의의 기준이 되는 법적, 종교적, 윤리적 규범의 총체로 이바다트와 무아말라트로 크게 구별된다. 이에 대해서는 다음의 항목에서 차례로 다루고자 한다.

무슬림은 예수 그리스도의 신성을 부인하고 인성만 인정한다. 예수 그리스도를 예언자의 한 사람으로 본다. 그러나 이슬람의 주장과는 달리, 하나님의 아들 예수 그리스도께서는 죄에 빠진 인류를 구원하기 위해 성육신하여 이 세상에 오셨다. 예수 그리스도께서는 모든 인류의 죄를 대신 지시고 십자가에 못 박혀 죽으시고 부활하셨다. 하나님의 아들 예수 그리스도께서 성육신하여 인류의 죄를 대신하여 죽으시고 부활하신 사실을 믿음으로 고백하고 새 사람으로 거듭남으로 인류는 죄에서 구원받는다. 이 구원의 복음을 믿음으로만 인류는 구원을 받는다.

3. 이슬람은 이바다트(오행)를 강요한다
강력한 율법, 메카 순례

이바다트(오행)는 인간이 알라의 가르침을 믿고 의지하는 마음을 알라에게 직접 표현하는 종교 행위 전반을 아우르는 의례적 행위이다. 무슬림이 반드시 지켜야 할 종교적 의무 행위 다섯 가지가 있다. 이것을 오행이라고 한다. 이슬람교에서는 특히 신앙의 실행이 중시된다. 육신이 완전해도 오행이 이루어지지 않으면 그 신앙은 참된 것으로 인정받지 못한다. 오행은 특별한 때에 하는 것이 아니라 일상생활 속에서 이루어진다. 무슬림들은 날마다 오행을 실천함으로써 신앙을 한층 굳건하게 길러 나가고 그 가르침을 내면화한다. 이로써 삶 전체를 이슬람화한다.

첫째는 **신앙고백(샤하다)**이다. 이슬람교의 근본인 두 가지 원리(카리마)를 공개적으로 인정해야 한다. 이것을 끝낸 사람이 비로소 신도가 되며 이슬람교로 들어가는 문을 통과하게 된다. 제1원리는 알라 외에는 신이 없다는 것이고, 제2원리는 무함마드가 알라의 사도라는 것이다. 이슬람 교도는 하루에 다섯 번 기도 때마다 이 카리마를 읊는다.

둘째는 **기도(살라트)**이다. 무슬림은 의무적으로 하루에 다섯 번 기도해야 한다. 모스크(예배당)에서 기도할 때는 모두가 키블라(메카의 카바 신전 방향)를 향한다. 메카를 향해 선 기도자는 '알라후 아크바르'(알라는 위대하다.)라고 외치며 기도를 시작한다. 기도 동작이나 암송하는 언어는 정해져 있다. 기도가 끝날 때는 '앗살라무 알라이쿰'(당신 위에 평화가 깃들기를)이라는 말로 끝맺는다.

알라에 대한 복종과 감사는 반드시 어떤 형태로든 나타내야 한다. 그 대표적인 형식이 기도이다. 무슬림은 반드시 해뜰 때, 정오, 오후, 일몰, 밤중 하루 다섯 번 기도할 의무가 있다. 다만 아플 때와 여행 중에는 세 번만 해도 된다. 이슬람 교도는 일생 동안 이 기도를 계속하여 알라에 대해 흔들리지 않는 신앙을 지켜 나간다.

셋째는 **자카트(희사)**이다. 일정한 희사로 재산에 따라 일정액을 희사하는 의무이다. 의무이기 때문에 자선이 아니다. 자카트는 인간의 재산에 대한 신의 권리라는 뜻이다. 신이 인간에게 허락한 재산 일부를 신앙의 증거로 신에게 바치도록 신이 권리를 가지고 있다는 개념이다. 자카트는 공동체 구성원 가운데 어려운 사람, 과부, 고아 등을 돕는 데 사용한다.

자카트는 원래는 자발적인 희사를 의미했으나, 630년 이후 무함마드가 이슬람으로 개종한 아라부에게 가축과 대추야자를 강제로 일정 비율을 내도록 한 이후부터 제도화되었다.

> 일 년 이상 소유한 재산은 세율에 따라 자카트를 하는데, 그 세율은 다음과 같다.
> 1. 화폐:소유한 화폐의 2.5%
> 2. 가축:소유한 가축의 0.8-2.5%(가축 종류에 따라 세율이 다름)
> 3. 과일과 곡물:천수(天水), 유수(流水) 관개에 의한 수확물은 10%, 인력·가축 또는 특별한 관개 시설을 이용한 수확물은 5%
> 4. 상품:소유한 물품, 금은, 발견한 매장 재화 등을 상품이라 함. 그 세율은 금이 5%, 매장 재화는 20%이며, 그 밖에는 2.5%

넷째는 라마단 달의 **단식(사움)**이다. 라마단 달은 이슬람력으로 9월에 해당한다. 29일이나 30일 동안 매일 해뜨기 전부터 해질 때까지 식사를 중단한다. 이 시기에는 성욕도 억제하고 몸 전체를 깨끗이 해야 한다. 이것은 신을 위한 행위이기도 하고 의식적으로 굶주림의 의미를 알며 동포 가운데 곤궁한 자의 고통을 이해하라는 뜻이다. 단식이 끝날 때는 곤궁한 자를 위해 단식 끝의 희사가 의무화되어 있다. "오 너희 믿는 자들아! 너희 앞에 있었던 자들에게 규정되었듯이 너희에게 단식이 규정되었으니 그리하여 너희는 정의롭게 될 수 있느니라"(꾸란 2 : 183).

다섯째는 **순례(하지)**이다. 해마다 순례월인 12월이 가까워지면 신의 집으로 불리는 메카의 카바 신전으로 전 세계에서 무슬림이 모여든다. 1년에 한 번 순례하는 것이 의무이기 때문이다. 이 순례는 이슬람공동체의 국제대회이다. 복장을 통해 권력을 나타내면 안 된다. 남성은 두 장의 흰 평민복을 입고 여성은 흰옷을 입어야 한다. 이것은 신에 대한 겸허함과 평등함을 나타낸다.

세계 각지에서 모여든 순례자는 바느질하지 않은 두 장의 흰 천을 걸치고 메카로 들어와 카바 신전을 일곱 번 돈다. 이어 아라파트 언덕을 걸어서 오르는 정해진 코스를 정해진 방식으로 돈다. 이슬람 교도는 순례(하지)를 통해 국적과 인종을 초월하는 강한 종교적 연대를 형성하고 유지해 왔다.

이런 철저한 오행을 통하여 전 세계 무슬림을 장악하고 있는 것이 이슬람교이다. 그중에 가장 강력한 것이 하지라는 순례이다. "순례를 인간에게 널리 알려라. 저들은 걸어서 오거나 야윈 낙타를 타고 멀리 있는 길을 따라 내게 올 것이니라"(꾸란 22 : 27).

이런 율법종교의 강제 규율 때문에 메카의 카바 신전에서는 압사 사고가 끊이지 않고 있다.

4. 이슬람은 무아말라트와 육신(六信)을 강요한다
철저한 율법종교로 무슬림을 옥죄는 이슬람

무아말라트는 인간 상호 관계의 올바른 방법을 설명한 윤리적, 법적 규범으로 민법과 형법에 해당한다. 무아말라트는 이슬람공동체 인간 상호 관계의 올바른 방법을 설명한 윤리적 규범이다. 꾸란에는 믿고 올바른 행동을 해야 한다는 말이 되풀이되어 강조된다. 모세의 십계명을 연상하게 하는 내용이다.

다음은 무슬림의 윤리적 의무 조항이다.
1. 알라 이외에 다른 신을 두지 않을 것
2. 부모를 공경할 것
3. 근친, 가난한 사람, 나그네에게 마땅히 줄 것을 베풀 것

4. 낭비하지 말 것
5. 인색하지 말 것
6. 빈곤을 두려워하여 자기 아이를 죽이지 말 것
7. 간음하지 말 것
8. 부당하게 사람을 죽이지 말 것
9. 고아의 재산에 손대지 말 것
10. 계약을 지킬 것
11. 계량을 정확하게 할 것
12. 자기가 모르는 일을 하지 말 것
13. 잘난 체하고 걸어 다니지 말 것

육신은 다음과 같이 알라, 천사, 경전, 예언자, 내세, 천명이다.

알라는 과거, 현재, 미래를 통해 영원히 존재하는 절대 유일신이다. 알라는 만물의 창조주이고, 모든 사물과 현상의 근원이고, 무한한 자비의 신이며, 마지막 심판주이다. 알라의 유일 절대성은 꾸란의 곳곳에 나온다. 알라의 유일 절대성은 이슬람교의 근본 원리이다. 이슬람교는 알라 이외의 신을 인정하지 않는다.

천사는 알라가 빛으로 창조한 영적 존재로 알라와 인간의 중간 존재에 해당한다. 대표적인 천사는 지브릴(가브리엘)과 미칼(미가엘), 아즈라일, 이스라필 4대 천사이다. 지브릴은 가장 지위가 높은 천사로 무함마드에게 계시를 내리고 예언자로서 깨달음을 준 성령이다. 미칼은 지브릴과 견줄 만한 높은 천사이다. 아즈라일은 죽음을 맡은 천사이고, 이스라필은 종말의 나팔을 부는 천사이다.

이슬람교는 이 밖에도 많은 천사를 인정한다. 이슬람교는 천사와 대적하는 사탄(샤이탄)도 인정한다. 아담을 창조한 알라가 천사에게 아담을 숭배하라고 명령했을 때 사탄의 두목 이블리스는 신의 명령을 어겼다. 이블리스는 신의 노여움을 사 천국에서 쫓겨났다. 이블리스는 최후의 심판 때 벌을 받게 된다. 이블리스는 그 사이에 인간을 유혹한다. 이런 악으로부터 인간을 지키는 것도 천사의 역할이다.

경전(카타브)에는 무슬림이 절대적으로 귀의하고 믿는 꾸란이 있다. 육신에서 말하는 경전은 꾸란 외에 예언자를 통해 신이 내린 계를 의미하며, 무함마드 시대까지 140개의 경전이 있었다고 한다. 중요한 경전은 구약성경의 모세 5경과 다윗 시편, 신약의 복음서, 꾸란 네 종류이다. 가장 나중에 계시를 내린 꾸란은 알라의 말씀을 완전하게 전한 경전 중의 경전이다. 유일신교 신앙을 인류에게 전하기 위해 신이 노아, 아브라함, 모세, 예수에게 계시를 내렸다는 말은 꾸란에 여러 번 나온다.

경전이 꾸란만을 뜻하지 않듯이, **예언자(나비)**도 무함마드만을 가리키는 것이 아니다. 유일신 알라는 여러 예언자를 통해 가르침을 전했다. 꾸란에는 25명의 예언자가 나온다. 중요한 예언자는 아담, 노아, 아브라함, 모세, 예수, 무함마드이다. 이들 예언자는 모두 신의 계시를 듣고 사람들에게 전하려 했지만, 무함마드 외의 다른 예언자들은 편협한 당파 의식 때문에 계시를 올바르게 전하지 못했다. 꾸란에는 이스마엘, 롯, 야곱, 요셉, 다윗, 솔로몬, 욥, 요나 등 성경 인물이 예언자로 나온다. 이상할 정도로 모두가 예언자로 통용된다.

무함마드는 신의 부름에 응답한 신의 완벽한 사도이며, 모든 무슬림의 본보기가 되어 꾸란을 땅에 내려놓았다. 따라서 무함마드는 가장 위대한 예언자로 존경을 받고 있다. 그러나 무함마드는 존경은 받지만 신앙의 대상은 아니다. 오직 알라만이 신이다.

이슬람교에서는 최후의 심판 후에 천국과 지옥이 있다. 종말의 때가 오면 천사 이스라필이 종말의 나팔을 분다. 그때 땅 위에서 대지가 크게 흔들리고 산들은 가루가 되어 무너지는 천재지변이 일어나고 무덤에서 죽은 자들이 생전의 모습 그대로 일어난다. 이어 신의 최후의 심판이 이루어진다.

심판 후에 천국과 지옥과 연옥으로 나뉘어 **내세(아히라)**로 들어간다.

천명(카다르)은 사람이 천국에 갈 것인가, 지옥에 떨어질 것인가는 생전의 행동에 따라 결정된다는 것이다. 이슬람교에서는 여기에 천명(天命)이 있다고 가르친다. 인간의 행위를 포함한 모든 사물은 미리 신에 의해 정해져 있다는 일종의 숙명 사상이다. 무함마드와 계시를 집대성한 제1경전인 꾸란과는 달리, 무함마드의 언행을 집대성한 제2경전인 하디스에는 무함마드의 숙명론이 기술되어 있다.

5. 무슬림은 반드시 성전(지하드)을 실천해야 한다
기독교인들에 대해 지하드를 부추기는 수피즘이란 신비주의

성전이란 인간이 인간을 죽이는 것이 아니라 알라가 그 사명을 부여한 인간을 통해 적을 죽이는 행위라고 꾸란은 말한다. 적을 죽이면 칭찬을 받고 비난받는 일은 결코 없다. 그 행위는 신에게 부여받은 사명이며 신의 의지이기 때문이다. 꾸란은 실제 싸움에 대해서도 과격한 표현을 한다. "어디에서든 그들을 만나는 대로 싸우고 그들이 너희를 몰아낸 곳으로부터 그들을 몰아내라. 박해가 죽이는 것보다 더 나쁜 것이기 때문이니라. 그들이 너희에게 싸움을 걸기 전에는 신성한 사원 안이나 근처에서는 그들과 싸우지 말라. 그러나 만약 그들이 너희에게 싸움을 걸 때에는 맞서 싸우라. 이것은 믿지 않는 자에 대한 보복이니라"(꾸란 2 : 191).

꾸란에는 지하드를 다음과 같이 정의한다.
"너희가 그들을 죽인 것이 아니며 그들을 죽인 것은 알라였노라. 너희가 던졌을 때 너희가 던진 것이 아니라 던진 이는 알라였으며 그리하여 믿지 아니하는 무리들을 그가 정복하여 믿는 자들에게 그의 위대한 은총을 주었노라. 실로 알라는 모든 것을 들으며 모든 것을 아노라"(꾸란 8:17).

꾸란은 지하드에 대해 '죽여라, 싸우라'는 표현을 한다. 이것은 알라의 박해자에 대한 분노를 나타내며 동시에 전사의 용기를 북돋운다. 싸우면 반드시 죽는 것을 알면서도 용감하게 도전하는 전사가 있다. 용감하게 싸우면 내세에 천국이 약속되고 비겁하게 행동하면 내세에 지옥으로 가기 때문이다.

무슬림이 알라의 길을 위해 하는 전쟁은 지하드이다. 그러나 권력과 영토의 확대, 약소민족을 침략한 전쟁은 악마의 싸움이므로 무슬림은 이를 부정한다.

무슬림 전쟁은 신의 의지에 따른 것이며 무슬림을 위해서 뿐만 아니라 전 세계를 위해 필요한 싸움이라고 한다. 적은 알라의 길을 건설하는 무슬림의 앞을 가로막는 자, 이상 사회 실현을 탄압하는 자, 무슬림을 박해하는 자를 가리킨다. 지하드는 이슬람교 신앙을 위한 싸움으로, 무슬림이 이슬람 세계를 위해 이교도에 대항해 알라의 의지에 따라 행하는 싸움이다. 여기서 말하는 이교도는 이방인이라는 뜻이 아니다. 꾸란은 기독교인들을 이교도라고 정의한다. 곧 기독교인들에 대항해서 싸우라는 것이다.

수피즘은 이슬람의 신비주의를 가리킨다. 이슬람의 대표적인 종파로 수니파와 시아파가 있다. 수니파는 외면의 도를 따르고, 시아파는 내면의 도를 중요시 여긴다. 수피즘은 시아파와 비교적 공통점을 가진다. 수피즘은 종파를 초월하여 철저히 내면의 도를 추구한다.

이슬람은 샤리아에 기록된 알라의 정의에 기초하여 이상적 공동체를 만들고 장대한 번영을 추구하는 종교운동에서 출발했다. 전통적 이슬람은 형식주의와 율법주의의 폐해에 빠져들었다. 여기에 반대하며 개인적인 내면을 중요시하고 내면의 탐구로 신을 만나려는 움직임이 나타났는데, 그것이 수피즘이다.

수피는 율법적 이슬람의 입장과는 반대로 신과 직접적 교류가 가능하다는 믿음으로 현실 세계에서 벗어나 세속적 허식과 욕망을 모두 버렸다. 수피는 내면에 침잠하여 명상, 단식, 근신 등 엄격한 수행을 쌓아 마침내 신과 일체가 되는 도를 추구한다.

수피즘은 신과의 일체화를 방해하는 악의 근원은 자아의 존재라고 단언한다. 자아의 존재야말로 악의 근원이며 욕망, 슬픔, 고통 등 인간 고뇌의 근본 원인이라고 한다. 자아에서 벗어나는 유일한 방법은 자기 부정의 도와 자아의식을 없애는 수피즘의 수행이라고 한다.

수피즘이 신에게 이르는 여섯 단계의 수행이 있다. 참회, 율법 준수, 은둔과 독거, 청빈과 금욕, 마음과의 전쟁, 신에 대한 절대적 신뢰이다. 이러한 여섯 단계를 마치면 신에게 가까이 가기 위한 준비가 된 것으로 생각한다. 모든 신비 단계를 통과한 수피는 신에 의해 영적 지식과 진리라 불리는 한 단계 높은 수준의 의식에 오른다. 이런 수피즘이 성전을 강요하고 고취시킨다.

무슬림은 기독교 구원의 복음을 부정한다. 예수 그리스도의 구원 복음을 인정하지 않는다. 무슬림은 오직 알라만을 믿고 의지한다. 이슬람교 율법을 실행하는 삶으로 최후의 심판에서 천국에 들어가려 애쓴다.

인간은 연약하고 죄 많은 존재다. 아무리 인간 스스로 의로워지려 노력하고 애써도 의로워질 수 없다. 그리스도인은 무슬림에게 예수 그리스도의 값없이 주시는 구원의 복음을 전하고 성령의 구원 역사를 간구해야 한다. 그리스도인은 무슬림이 율법에서 벗어나 예수 그리스도의 은혜의 구원 복음을 믿을 수 있도록 선교해야 한다. 갈라디아서 5 : 4은 율법과 그리스도의 은혜에 대해 말씀한다. "율법 안에서 의롭다 함을 얻으려 하는 너희는 그리스도에게서 끊어지고 은혜에서 떨어진 자로다"

아랍 상점들과 무슬림이 가득한 비아 돌로로사(고난의 길)에서 십자가의 길을 따라가는 수도사와 성도들이 진지하다.

10부

이슬람 종파
Sects of Islam

10부
이슬람 종파

1. 다양하여 종파 간의 결투가 치열한 이슬람 종파
수니파 중에서 가장 강한 하나피 학파

이슬람에 많은 종파가 있으나 사우디아라비아를 종주국으로 하는 수니파가 동남아시아를 포함하여 세계 무슬림 인구의 85~90%로 압도적이다. 그 외의 군소 종파는 시아파에서 분리되어 나가는데, 이란을 종주국으로 하는 시아파 중에서 이마미파가 총 무슬림의 10~14%를 구성하고, 나머지 군소 종파는 모두 합쳐서 1% 정도이다. 따라서 수니파를 제외한 종파는 모두 군소 종파이다. 그런데 이슬람에서는 종파 간의 피비린내 나는 전투가 치열하다.

이마미 시아파는 이란(약 93%), 이라크(55%), 바레인(약 60%), 레바논(약 30%)인데, 이란을 제외한 시아파 다수 국가에서 수니파와 그 연합세력이 정권을 잡고 있어서 이마미파의 사회적 지위는 열악하다. 서로 죽이고 테러를 통해 상대를 무력화시키려 한다.

수니파는 정치와 밀착되어 왔고 군소 종파는 변방 지역에서 터전을 굳혔다. 군소 종파는 추종자 간의 독자적 교리를 움켜쥐면서 그 수를 확산시켰지만, 정통파는 국가 권력을 강요하여 율법적 기준을 표준화했다. 서로 정권과 군부를 장악하여 상대방을 타도하려 한다.

군소 종파는 중앙의 권력에 반항적이었고, 종교기구는 분산되어 있으며, 종교적 의례는 강했고, 그 종파의 사회·종교적 규율은 엄격했다. 수니파가 꾸란 구절을 글자 그대로 이해하는 것을 선호하는 것은 중앙집권적 권위에 종교적으로 적응하는 것으로 볼 수 있고, 군소 종파가 제명, 별거, 은총, 유보 및 뉘우침 같은 독자적 조치를 중요시하는 것은 소규모의 공동체에 적합한 것이다. 원래 시아파는 수니파의 교의와 권위에 반대하여 반란을 일으켜 집단화되면서 종파로 자리 잡은 것이며, 반란 특성을 살려 모스크의 집단 기도까지 결집력을 강화했다. 그 결과 시아파를 중심으로 한 군소 종파는 부와이흐조(Buwaih, 945-1055), 함단조(Hamdan, 905-1604), 파티마조(Fatima, 909-1171), 사파비조(Safawi, 1501-1732)와 같은 왕국을 세웠으나, 이란을 제외하고는 지속적이지 못했다.

이처럼 군소 종파는 다른 종파에 대해 포용적, 협동적이지 못해 영역 확장도 한정되었다. 대부분의 군소 종파는 중앙권력이 쇠퇴한 5~9세기에 나타났다. 여기서는 현시점에 살아남은 종파를 주로 다루며 교의와 행적을 다루겠다.

수니파는 예언자 무함마드의 가르침인 순나를 따르는 자(Ahl al-Sunnah wa'l-Hadith)라는 의미가 있고, 이슬람의 중심 세력에서 정치적으로 이탈해 나간 시아파에 대한 상대적 개념으로 '정통' 주류파의 의미가 있다. 그러나 수니파는 모스크의 권위에 대한 믿음과 복종을 의미하는 정통이라기보다는 공동체에 대한 소속과 충성심, 오랜 전통의 수용을 의미한다.

정통 이슬람교에서는 공회나 성직자, 통일된 교의의 공표는 찾을 수 없고 울라마(Ulama)라 불리는 이맘들이 교의를 해석하고 적용하는 일을 맡았지만, 성직 계층을 형성하지는 못했다. 수니들은 예언자의 순나에 바탕을 둔 전통에 대한 믿음에 배치되는 것을 비드아(이단)라 하여 배척하였다. 비드아는 종교적인 오류가 아니라 사회적인 오류에 해당된다. 종파 형성의 과정에서 시아파가 이탈한 것은 교리상의 문제보다는 정치적 분열 때문이었다. 정치적인 이해관계와 부족의 명분 싸움으로 시작된 종파 분열은 후일 자신의 집단 정체성을 강화하고 정통성을 부각하기 위해 차별화된 종교의례와 종교 개념의 다양한 수용을 통해 점차 종교적인 이론으로 발전되었다. 수니의 법학파는 9세기경부터 성립되었는데, 오늘날 이슬람 세계에서는 하나피, 말리크, 샤피이, 한발리 이 4대 학파를 수니의 공식적인 학파로 인정하고 있다.

먼저 하나피 학파부터 살펴보자. 8세기 아부 하니파(Abu Hanifa, 702-767)가 이라크에서 정립한 이 학파는 온전성과 합리성 때문에 전 세계의 무슬림들이 가장 많이 따르고 있다. 당시 이라크는 세계 문화와 사상의 집산지로 다양한 의견과 관습이 폭넓게 수용되고 메디나 중심의 관습과 관행으로 해결하지 못하는 수많은 현안이 발생하던 상황에서 이라크의 쿠파(Kufa)를 중심으로 매우 관용적이고 합리적인 법의 해석을 택했으며, 이 학파는 법규 제정과 사법적 적용에서 상식적이고 개인적 견해에 해당하는 이성을 폭넓게 받아들여 끼야스(법적 증거)의 운용에서도 포괄적인 태도를 보였다.

하나피 학파는 이라크에서 성립되어 이슬람제국 압바스조(750-1256)의 보호 속에 급속한 발전을 이루었고, 동방으로 전파되어 오늘날 IS(이슬람 무장세력이 세운 국가)의 근거지인 호라산 주(윌라얏 쿠라산)와 위구르족 일부가 계속 서진해 트란속시아나 지방에서 셀주크 투르크를 세우면서 획기적인 발전을 맞이했고, 이 지역이 하나피 학파의 중심지가 되었다. 11세기 몽골 침략 때까지는 부카라의 이븐 마자(Ibn Maza) 가문이 하나피 학파의 수장직을 맡았다.

하나피 학파는 오스만제국의 공식 종파가 되면서 이슬람 세계 전역으로 퍼졌으며, 오스만제국의 보호 아래 기존의 학파와 관계없이 하나피 지도자가 파견되어 공식적으로 인정받으며 이슬람 전역에 확산되었다. 오늘날 하나피는 사우디아라비아와 이란을 제외한 중동 지방과 근동 지방, 튀르키예, 중앙아시아, 중국, 파키스탄 등지에서 지배적인 학파가 되었다.

이렇게 이슬람 종파가 다양하다 보니 서로 갈등하는 것을 넘어서, 자폭 테러와 무자비한 공격을 서로에게 감행하고 있는 것이 이슬람 종파의 극단적인 폭력적 모습이다.

2. 서로 죽이고 테러를 저지른 이슬람
사우디아라비아에서 서로 충돌한 메디나와 메카의 두 종파

일반인들이 이슬람 종파를 왜 알아야 할까? 그들이 종파 간에 치열하게 대립하는 것을 넘어서 서로 죽이지 못해서 안달하는 양상을 보이기 때문이다. 단순히 이슬람이 하나의 종파일 것이라고 생각하는 것과는 달리, 사우디아라비아 안에서는 계보가 복잡하고 지역마다 달라서 지금도 이 지역에서 이슬람 종파들끼리 서로 죽이고 테러를 저지르며 무차별 공격을 가함으로써 상대방의 종파를 무력화시키고 있다는 것을 알아야 한다.

이슬람 근본주의는 이미 하디스의 후예를 자처하던 8세기의 메디나에서 출현하였다. 말리크 이븐 아나스(795년 사망)에 의해 성립된 말리크 종파는 이성을 배척하고 예언자를 재해석한 하디스 내용에 의존하여 이슬람법을 근본적으로 해석함으로써 매우 극단적이고 근본적인 모습을 보인다. 말리크는 특히 꾸란에 언급된 예언자의 언행을 중시하면서, 누구든지 꾸란과 배치되는 해석을 하고 예언자의 관행을 멀리할 때는 배척하였다. 이러한 보수적이며 근본적인 법체계를 담고 있는 것이 최초의 하디스인 『무와타』이다.

'표준적 길'이란 제목의 『무와타』는 말리크의 사상을 집약한 작품이다. 이 책은 오늘날 이슬람에서 통용되는 샤리아법의 기초에 해당하는 것으로서, 말리크 자신의 견해나 법률 해석을 담은 것이라기보다는 당시 대중들의 생각과 메디나 지방에서 통용되던 이즈마아(제3의 이슬람법 원천)를 포괄하고 있어 하디스를 집대성한 것과 같다.

극단적인 이슬람법을 제안한 말리크의 이론은 샤리아법으로 발전하지 못했지만, 이미 그 내용이 과격하여 무력과 군사력에 의한 압박을 통해서 이슬람법의 완고한 토대를 이루던 메디나 종파를 대표하고 있었다. 그 결과로 이슬람 이전의 아랍적 전통과 관습을 이슬람의 틀 속에 접목시켜 이를 체계화하는 근본적인 법체계의 업적을 남겼다.

말리크 종파는 메디나의 토착적인 내용을 중시하기 때문에 메카를 중심으로 한 무함마드의 전통과는 근본적으로 다른 점이 많다. 그러므로 『무와타』가 제각각인 이슬람법을 상호 비교하여 적용한 방식은 말리크가 당시 메디나에 있었던 토착적 전통과 관습에 영향을 크게 받고 있었음을 보여준다. 또한 말리크 종파의 저술로는 사흐눈이 편찬한 『무다와나』도 있다.

말리크의 또 다른 업적으로는 당시에 산발적으로 이슬람법을 주장하던 개별적 차원의 주장들을 하나로 묶어서 이슬람 최초로 법학이론을 정립한 것이며, 하디스의 정밀한 분석과 엄정한 비판을 통해 그 신뢰성을 고양시켰다는 점에서 오늘날 이슬람법을 체계화하는 데 중요한 역할을 하였다.

말리크 종파는 무력으로 자히르파를 제압하고 군사적 뿌리를 내리는 데 성공함으로써 북아프리카, 서아프리카, 스페인, 쿠웨이트, 바레인 등지의 무슬림이 이 종파에 속한다. 약 15%에 해당하는 이슬람의 인구를 이루고 있으므로 이슬람 종파로는 그 규모가 크다. 이들은 정통 메카를 중심으로 한 것이 아니라, 무함마드가 천도하였던 메디나를 중심으로 해서 오늘날 사우디아라비아로부터 무관심 속에 방치된 곳이다.

다음으로 샤피이 종파는 말리크의 제자 이븐 이드리스 알 샤피이(820년 사망)가 창설한 종파이다. 메카의 정통 쿠라이시 부족 출신인 샤피이는 독자적인 샤리아법과 전통관습의 조화로운 절충을 통해 합리적인 이슬람법 이론의 토대를 이루는 데 공헌했다. 샤피이는 이스티흐산을 받아들이지 않았다. 이스티흐산이란 이슬람 법학 용어로 이스티스하브(Istishab)와 동의어로 '선호'라는 의미이다. 기존 법률과 비교하여 명백한 우월성이 입증될 때 공익을 이유로 그 법률을 받아들이는 것을 말한다.

또한 샤피이는 하나피와 달리 끼야스의 적용에 명백한 규정과 한계를 두었다. 끼야스는 이슬람 샤리아법 중의 하나로, 이미 만들어져 있던 확실한 법률 속에서 유사한 상황을 찾아내어 적용하는 방법이다. 메카를 중심으로 한 샤피이 종파는 보수적인 메디나 종파인 말리크 종파와 비교적 개방적인 하나피 종파의 중간 견해를 따른다. 따라서 개방적이고 융통성이 있는 편이다.

꾸란과 하디스의 지식에 정통했던 샤피이는 정통 하디스의 권위를 격상시키는 데 공헌했으나 말리크나 하나피의 입장에 비해 상대적으로 샤피이 종파의 좁은 융통성은 확장된 근대사회의 변화와 문제점에 적절한 대안을 주지 못함으로 이를 해결하기 위한 수많은 이단적 변혁, 곧 비드아를 양산하게 되는 원인을 제공하게 되었다. 무함마드의 가르침에 반하는 것이란 의미의 비드아(일탈 혹은 이단이란 뜻)는 오늘날 흔히 이슬람이 서로를 이단으로 부르는 데까지 이르렀다.

이런 연유로 극단적인 말리크 종파와 진보적인 샤피이 종파 사이에는 긴 투쟁의 역사가 있었다. 이렇게 서로 가까운 지역에서 이슬람 종파 간에 있었던 투쟁이 사우디아라비아의 메디나와 메카 사이에서 존재하였다는 사실은 이슬람의 호전성을 일깨우는 대목이다. 왜 사우디아라비아의 국기에 꾸란 구절과 무함마드의 칼이 나란히 있는가? 이는 말리크 종파와 샤피이 종파의 투쟁으로 거슬러 올라가는 이슬람의 비극적인 역사를 입증하는 것이다.

3. 한발리 종파의 극단주의에서 나온 이슬람의 테러
원리주의의 출발인 사우디아라비아의 와하비 사상

오늘날 무고한 인명을 살상하는 끔찍한 테러의 온상인 이슬람의 극단적 원리주의는 어디서 출발한 것일까? 하디스의 원칙을 최초로 확립한 한발리 종파는 샤이반(Shayban)이라는 아랍 가문 출신으로 이라크의 바그다드에서 출생한 아흐마드 이븐 한발(780-855)에 의해 창설되었다. 꾸란과 예언자의 관행, 즉 순나에 전적으로 의존하기 때문에 4대 종파 중에서 가장 보수적이며 융통성과 개방성의 여지가 적어서, 이슬람 세계에서 샤피이 종파에 대립하는 가장 샤리아법의 원칙에 충실한 극단적인 공동체이다.

아랍어로 인간의 이성을 사용한다는 의미의 끼야스(유추)를 샤리아법으로 수용하는 문제에서 한발리 종파는 가장 배타적인 태도를 보인다. 꾸란과 순나 이외에 다른 법을 시인한다는 것은 개인과 사회의 삶을 알라의 계명 위에서 찾으려는 한발리 종파의 정통성을 위협하는 일이 되었지만, 꾸란이나 전승으로 해결되지 않은 수많은 현실 문제의 해결을 위해 제한된 인간 이성의 사용이 불가피해지자 이 종파도 끼야스를 부분적으로 추인하였다.

한발리 종파는 16세기에 오스만제국 시대에 들어서 극심한 배척을 당하여 세력이 크게 약화되었다가, 18세기에 아라비아 반도에 와하비(Wahhabi) 사상이 등장하면서 다시 부흥기를 맞이하는데, 특히 사우디아라비아를 장악한 사우드(Saud) 가문이 한발리 종파의 철저한 추종자가 되면서 아라비아 중부지방에서 크게 번성하고, 오늘날 이슬람 원리주의 운동의 이론적 토대가 되었다. 이븐 한발의 추종자들은 와하비 종파로 알려져 현재 사우디아라비아를 중심으로 가장 완고하고 극단적인 이슬람 종파를 형성하고 있다.

자히르 종파는 지금까지 열거한 수니파의 4대 종파로 분류되지 않지만, 이슬람법의 발전과 완성에 커다란 기폭제가 되었다는 점에서 매우 중요한 의미가 있다. 이 종파는 법 해석에서 꾸란과 순나의 언어적 의미에 크게 의존하면서 다른 종파의 견해를 전혀 참조하지 않는 고립되고 다소 편향적인 이슬람법 해석 태도를 취한다. 문자적 의미를 중시하는 자히르(Zahir, 외면)에서 파생된 이 종파는 다른 종파와는 달리 해석과 적용에서 개인의 이성적 견해인 이성, 유추(끼야스), 유효(Istishab), 모방(Taqlid) 등에 강력히 반대하였다.

처음에 이라크에서 다우드 이븐 할레프(Daud ibn Haleb)에 의해 창시되어 다우드 종파라고 불린 자히르 종파는 대표적인 학자인 이븐 하즘(Ibn Hazm)에 의해 스페인에서 성행하였는데, 이 종파의 이슬람법에 대한 해석이 국가법에 반영되어 실행된 경우는 스페인의 무와히드 왕조의 짧은 시기(1184-1199)였다. 자히르 종파는 이성과 유추의 사용을 배제하면서 아들에 의해 동쪽으로 세력권을 넓혀서, 꾸란과 순나의 언어적 해석을 금과옥조로 하고 부분적으로 합의 방식을 인정하는 자히르 종파의 이론적 체계를 확립하였다.

11세기에 이슬람 세계는 분열과 침략의 소용돌이에 휘말렸는데, 셀주크 왕조가 등장하면서 이슬람 세계의 정치적 헤게모니는 아랍인에게서 튀르키예인 중심으로 바뀌고, 11세기 말에는 십자군 원정이 시작되어 아바스 왕조의 수니파와 파티마 왕조의 시아 이스마일파로 양분된다.

한편 수니 교리는 형이상학으로 흘렀고, 울라마들에게 독점되고 샤리아를 거쳐 내세를 도모하는 수니파의 목표는 대중의 참다운 신앙을 유발하지 못했다. 이러한 배경에서 시아교도는 수니 울라마들의 인도가 잘못되었기 때문에 진리의 길로 돌아가야 한다고 주장하였으나, 시아파의 혁명 시도는 실패로 끝나고 시아파가 쇠퇴해 감에 따라 수피즘(Sufism)이라는 운동이 영향력을 더해 갔다. 수피라고 하는 종교적 고행자들은 세속적인 부와 권력을 초월해서 명상, 기도, 알라에 대한 끝없는 헌신을 통해 구원을 얻고자 했는데, 이를 수피즘 혹은 수피주의라 부른다.

수피즘은 개인적인 신비 경험에서 출발하여 대중 사이에서 광범위한 추종을 받는 사회운동이 되었다. 수피들은 아랍어로 타리까(Tariqa), 튀르키예어로 타리카트(Tarikat)라 불리는 종파로 조직되었다. 그들은 형식적인 교리 해석이나 법규의 준수를 통해서가 아니라 고행과 금욕을 통해 신을 만나고 신과의 합일을 이루려는 신앙의 길을 택했다. 그들의 신앙은 신비적이고 직관적이며, 종교의식은 열정적이고 몰아적이다. 그들은 수니들과 달리 음악과 노래와 춤이 알라와의 신비적 결합을 이루는 데 도움을 준다고 믿는다.

수니 울라마들은 몇 세기에 걸쳐 권력을 장악하고 기존 권위에 복종하도록 하는 관행과 교의를 발전시켜 왔는데, 가장 완고한 수니파인 한발리 종파의 비판과 반대라는 이러한 상황 속에서 중세 이슬람의 철학자인 알 가잘리에 의해 수피주의는 비로소 이슬람의 주류 속으로 유입되었다. 종래 수니파와 울라마들은 지식을 선행보다 더 우선적인 가치로 내세웠고 내세의 구원이 종교에 관한 해박한 지식으로 충분하다고 보았는데, 알 가잘리는 수피 사상의 개념인 할(Hal)을 도입해 종교 지식은 행동을 낳기 때문에 지식과 정서, 행동은 상호작용한다는 이론을 주창했고, 지식을 샤리아의 틀 속에 묶어 두는 이론화에 성공했다.

오늘날 이슬람의 수니파는 사우디아라비아가 종주국이기에, 시아파 종주국인 이란과 극단적인 대립각을 세우면서 이슬람 세계를 양분하고 있다. 이런 대립 속에서 시리아와 이라크는 사우디아라비아에 가까운 쪽은 수니파, 이란에 가까운 쪽은 시아파로 양분되면서 서로에게 테러를 일삼고 무고한 인명을 살상하는 폭력이 난무하고 있다.

무슬림의 치열한 종파 간의 갈등과 전쟁의 역사와는 달리 일반 무슬림은 다르다. 백화점에 진열된 현대적 감각의 히잡 풍의 옷들이 무슬림 여성들을 유혹한다. 반값 세일을 하는데 과연 누가 지갑을 열까?

반값 세일을 하는 백화점에 있는 무슬림 여인들의 모습이 흥미롭다. 정작 이들은 이슬람 종파에 대해 아무런 관심이 없다.

4. 국가를 장악한 시아파의 정교 일체 사상
종교라기보다는 군사집합체인 이란과 이라크의 시아파

이란을 중심으로 종주국을 형성한 시아파는 총 무슬림의 10% 정도지만, 그나마도 많은 분파로 나누어져 있다. 그러나 모든 분파의 공통점은 이슬람공동체의 종교적, 정치적 지도권인 예언자의 가문의 사람들(Al Bait)에게 속한다는 것이다. 그 명칭은 시아 알리(Shi'at Ali, 알리의 당파)라는 어휘에서 유래되었다. 무함마드도 예언자이면서 정치가였는데, 그가 세운 이슬람공동체는 정교 일체의 구성체로 정치, 군사, 종교, 권력의 집합체였다.

632년 무함마드가 세상을 떠나고 이들 파벌 가운데 두드러진 것이 하와리즈파, 시아파, 수니파였다. 이 세 파벌 가운데 중간노선은 수니파였는데, 시아파는 이맘/할리파위에 종교적 가치를 두었고, 수니파는 이맘/할리파위를 차지하려는 정치적 야망을 달성하려고 했다. 시아파는 네 사람이 만들었는데, 살만 알 파르시, 아부다르 알 믹다드, 이븐 알 아스와드 및 암마르 이븐 야시르이다. 예언자 가문 사람들의 핵심인 알리는 짧은 통치(656-661) 기간에 이슬람 영역을 부분적으로 다스렸는데, 그는 무함마드의 사촌인 동시에 사위였다. 파티마를 통하여 예언자의 혈손이 오늘까지 이어지고 있다.

시아파는 정치에서 심한 반발에 직면했으므로 그들의 정력을 종교에 쏟았다. 661년 쿠파에서 광신자 하와리즈파의 손에 살해당한 알리의 피보다는 그의 둘째 아들 후세인의 피가 곧 시아파의 형성 계기가 되었다. 무함마드는 신과 인간 사이에 중재자를 두지는 않았고 스스로 이 중재를 자처하지도 않았다(꾸란 18 : 110, 41 : 6, 17 : 93). 알라는 전지전능하신 절대 신이며, 꾸란의 계시는 창조된 것이 아니고 태초의 말씀이어서 영원하다는 믿음이 수니파의 신조인데, 시아파는 여기에다가 결점투성이의 불완전한 인간을 이끌 완벽한 지도자에 대한 믿음을 추가한 것이다. 즉, 무함마드가 신성 일부이기 때문에 그 추종자들을 영생으로 이끄는 지도자의 역할을 한 치의 오차도 없이 수행한다는 믿음을 첨부한 것이다.

시아파의 특성은 교리의 추상적 사색과 종교적 환상을 고취하는 데 있으므로 이즈마(Ijma, 합의)를 중시하는 수니파처럼 획일성을 이루지는 못했다. 결국, 시아파는 3가지 형태로 분파되었는데, 첫째, 알라가 무함마드의 몸속에 완전히 내재한다는 현현을 주장하여 그의 죽음도 인정하지 않는 극단 분파인 일곱 이맘파, 즉 이스마일파이다. 둘째, 이마미파인데 열두 이맘파라고 부르며, 이 파는 무함마드도 죽음을 면치 못하지만, 그의 몸속에 선천적으로 내재해 있는 신적 요소는 불멸이라는 부분적인 현현을 주장했고 혈연을 중시했다. 셋째, 이라크의 자이드파는 독립된 왕국을 차지하지는 못했지만, 할리파 제국에 영향력을 발휘하였고, 타키야(Taqiya, 임시변통적 위장이나 거짓 전술)나 키트만(Kitman, 은닉)을 더 많이 활용함으로써 이라크에 정착해 나갔다.

무함마드의 가르침과 이슬람 전통의 테두리를 뛰어넘은 굴라트(이단파)들은 개인의 창의력에 커다란 의미를 두었으므로, 그 양상이 다양하여 카르마트파, 이스마일파, 드루즈파를 비롯해 더 극단적인 누사이라파와 일라이파 등인데, 이 파들은 그들의 지도자를 정할 때 예언자와의 혈연관계를 중시하지 않았다.

740년에 자이드의 반란이 실패한 후 약 100년 이상이나 그의 세력은 압바시야조의 근거지인 쿠파 근처에 그대로 남아 있었다. 이들 가운데 정치적으로는 매우 전투적이지만 종교적으로는 온건한 일파가 열두 이맘파와는 다른 교리를 발전시켰는데, 그들은 이맘의 세습뿐 아니라 그의 완전 무결성(Ismah)도 인정하지 않았다.

그들은 할리파 알리와 예언자의 딸 파티마 사이에서 태어난 하산과 후세인의 자손으로서 누구나 어느 정도의 종교 지식과 의례법을 갖추고만 있다면 이맘을 차지할 수 있고, 신자들의 지지와 충성을 요구할 수 있다고 보았다.

이스마일파는 제6대 이맘 자파르 알 사디크(765년 죽음)의 장남 이스마일로부터 유래하며, 이스마일을 제7대이며 최후의 이맘이라 믿었기 때문에 일곱 이맘파라 불렀다. 이스마일파는 두 분파로 갈라졌는데, 순수 이스마일리야와 무바라키야이다. 전자는 이스마일은 죽지 않았으므로 언젠가 까임(Qa'im, 다시 일어날 사람, 마흐디)으로 돌아온다고 믿은 반면, 후자는 이스마일의 아들 무함마드(Muhammad ibn Ismail)를 이맘으로 인정했다.

이집트의 이스마일파는 차남인 무스타 알리(Al-Mustansir)를 계승권자로 인정했고 1171년 파티마조가 망하자 무스타 알리파는 예멘에서 그 명맥을 이어 나갔고, 16세기에 들어와서 인도로 이주하여 주로 구자라트(Gujarat) 주의 수라트(Surat) 지역에 살고 있다. 현재는 보흐라(Bohra)라는 이름으로 알려져 있다. 한편 니자리파는 1840년 이란에서 인도로 이주해 주로 인도와 파키스탄에서 살고 있으나 이란, 아프리카, 시리아 등에도 일부 남아 있다.

이런 종파 간의 대립에도 불구하고 이슬람의 최대 인구는 동남아시아이고, 그중에서 인도네시아가 대표적이다. 동남아 여성들이 히잡을 쓰고 무더위에 고궁을 탐방하고 있다.

이스마일파의 한 분파인 남부 이라크의 카라미타파의 지도자는 함단 카르마트인데, 재산과 여자를 공유하는 것을 내세워 일종의 종교적 공산주의를 표방했다. 이 분파는 9~11세기까지 이라크, 예멘, 바레인 등에서 활약했다. 그래서 지금도 이들 지역을 가면 방문객에게 자기 부인을 하룻밤 보내 접대하도록 하는 풍습이 있다. 과연 이런 야만적인 전통을 좋다고만 인정할 수 있을까? 자기 부인을 공유한다면 무슨 해괴한 짓이든 다 한다고 봐야 한다.

이처럼 이슬람 군소 종파는 그 수도 헤아리기 어렵고, 지역마다 종파가 다르다고 보는 것이 합당하다. 이런 현실이다 보니, 이슬람 종파 간의 분열과 갈등은 심각하고, 무슬림들이 서로를 향해서 적대심을 품고 테러를 일삼는 폭력성이 심각하다.

5. 이슬람 지역에서 정교 일체의 중심인 군소종파
종교라기보다는 군사집합체인 이란과 이라크의 시아파

이슬람의 정교 일체는 단순히 종교와 정치의 일체만이 아니라 군사와 경제까지 지배하는 구조로, 아무도 그 신적인 권세나 권력에 저항할 수 없다. 이슬람이 종파 간에 서로 저지르는 테러와 범죄자의 천당 입성의 교리가 정교 일체의 사상에서 나온다.

이슬람에서 정치적으로 독자적인 특정 칼리파나 이맘을 추종하여 종교 세력을 형성한 집단을 종파 또는 분파라 부른다. 이슬람 종파의 개념을 이슬람에 대입해 보면, 시아파와 카와리즈파는 분파 또는 종파로 간주하여야 하며, 무르지아파와 무으타질라파는 종파가 아닌 군소 종파로 불러야 한다. 이슬람에는 종교적 요소와 세속적 요소가 혼재되어 있는데, 칼리파(Khalifa)나 이맘(Imam)의 개념에도 종교적, 세속적 의미가 포함되어 있다. 시아파와 카와리즈파는 정치조직과 사회조직도 겸비하고 있으나, 무르지아파나 무으타질라파는 종교적 사상과 교리만을 연구하고 꾸란과 순나를 준수했으나 정치조직이나 사회조직, 특정 종교제도는 갖추지 못했다.

카와리즈파는 알라나 그의 사자가 금지한 것을 지키지 않은 중죄인을 공동체로부터 추방하였다. 이들 대부분은 나흐라완에 있었던 사람들과 유사한 교리를 보유하고 있었고, 그것은 쿠파의 한 모스크에서 주창되었던 '알라에 의한 심판 외에는 어떤 심판도 없다'라는 구호에 기초한 교리였다. 이 파의 지도자들은 도시 거주민이 아니라 사막 유목민이었는데, 이슬람적 근본을 지니고 있다는 점에서 사막의 종족들과 구분되었고, 이들은 추상적인 일반 죄악보다는 특정 지도자들의 특정 죄악에 중점을 두었다. 이러한 행동은 이들의 정치적 통합체가 꾸란의 원리원칙과 지침을 근거로 해야 한다는 믿음을 갖고 있다는 것을 암시하는 것이다. 이들의 기본 교리는 꾸란의 준수와 진실한 카와리즈적 믿음으로 구성된 정치체제의 확립이었다.

카와리즈파 운동의 교리와 역할을 살펴보면, 첫째, 중죄를 범한 모든 무슬림들을 공동체에서 추방하는 것이 사실상 불가능한 일로 판명되자, 이슬람공동체의 일원들은 믿음과 행위를 판단하는 최소한의 근거가 있어야 한다는 데 동의하였다. 둘째, 이 사상의 견해는 개인주의적 사고방식에 의해서가 아니라 공동체주의적 사고방식에 의해 정립되었다는 것이다. 천당과 지옥에 대한 언급은 카와리즈파가 궁극적 구원과 영원한 파멸을 이 파의 구성원 여부와 연관 지어 생각했다는 점을 암시하고 있다. 이 때문에 이 파는 오직 천당의 백성으로서의 합류와 지옥의 백성으로부터의 이탈에만 관심을 기울였다. 셋째, 카와리즈파의 공동체는 카리스마적 공동체로 불릴 수 있다. 이 공동체가 꾸란과 샤리아에 근거하여 설립되었기 때문에 구성원들에게 구원을 부여할 수 있을 정도로 막강한 힘을 소유한다.

이븐 알 아즈라끄의 종교적 교리는 집단의 결속과 연대 개념으로부터 많은 영향을 받는데, 그는 "알라에 의한 심판 이외에는 어떤 심판도 없다."는 슬로건과 꾸란에 근거한 정치체제를 인정하였다. 하지만 이 표어는 불신자들에 대항한 투쟁에서 적극적으로 참여하지 않고 편안히 앉아 있었던 자들을 알라의 명령을 위반한 자들과 동일시하여 결국 불신자들로 간주한다는 의미로 해석되었다.

이러한 해석은 진실한 무슬림이란 아즈라끄 진영에 소속된 신자뿐이라는 추론과 이슬람공동체의 보호를 받는 유대인들이나 기독교인들을 제외한 모든 사람은 합법적으로 강탈하거나 살해될 수 있다는 추론도 가능하게 하였다. 이러한 논리는 테러까지도 종교적으로 정당화되었다. 그 테러의 대상에는 비아즈라끄와 무슬림들의 부인들과 자식들도 포함되었다. 그들의 집단적 결속의 개념에 의하면 불신자들의 가족도 역시 불신자들이기 때문이다. 결국, 이러한 태도는 무슬림은 단순하게 누구든지 테러의 대상으로 삼을 수 있다는 근거를 만들어 낸 것이다.

카와리즈파의 교리가 이븐 알 아즈라끄와 그의 추종자들에 의해 극단주의적인 경향으로 흐르자, 아라비아 반도의 일부에서는 나즈다 이븐 아미르 알 하나피(Najda ibn Amir al-Hanafi)의 인도 아래 온건적인 교리가 확립되었다. 아라비아 반도의 중부지역인 알 야마마(Al-Yamama)로부터 카와리즈파의 지지를 얻은 나즈다는 686년 알 야마마의 카와리즈파 지도자로 재등장하여 아라비아만의 바레인 지역과 동부 오만 지역, 남부의 예멘과 하드라마우트(Hadramaut) 지역의 지도자가 되었다.

나즈다의 교리는 광범위한 지역에 대한 질서 유지의 책무를 바탕으로 확립되었고, 나즈다에게 있어 근본주의란 신과 예언자들에 대한 인지와 계시서들의 인정, 각 무슬림들의 생명과 재산의 신성불가침 인정 등이었으며 이에 대한 무지는 용서되지 않았다. 나즈다와 그의 추종자들은 아디리야(Adhriyya) 또는 '용서하는 자들'로 불리게 되었는데, 나즈다는 아즈라끄에 의해 주창된 원리원칙(전쟁 지역 Dar Al-harb)에서 이슬람을 고백한 사람들은 모두 알라에 의해 인정된다는 논리를 받아들이고 있었다.

이 논리는 우연한 범죄자들이 천당에 가게 된다는 논리인데, 나즈다는 가만히 앉아 있는 사람들을 불신자로 간주했던 이븐 알 아즈라끄의 견해에 반대하면서 이들을 위선자(Munafiqun)로 간주하였다. 그는 추종자들에게 살인을 범할 수 있는 적들 사이에 있을 때 진실된 믿음을 숨길 수도 있는 관행을 허용하였다. 결국, 이슬람의 천당은 범죄자들의 소굴이 되어 버리고만 것이다.

이슬람은 기독교를 철저하게 부정하려고, 예수께서 하늘로 올라가신 모습 그대로 다시 오실 것을 보여 주는 승천기념교회의 천장을 돌로 막아 모스크로 변경했다. 그들은 예수의 재림을 두려워한다.

6. 사우디아라비아와 이란이 서로 으르렁거리는 이유

자기만 정통이고 다른 파는 이단으로 보는 이슬람의 73개 종파

무슬림은 무수한 이슬람 종파에 대해서는 서로 무시하면서 언급을 회피한다. 그렇다면 어떻게 73개에 이르는 이슬람 종파가 중시하는 제2의 경전인 하디스가 무슬림 사이에서 인정될 수 있었을까? 각 종파는 자신만을 정통 '구원파'(Firaq najiya)의 일원으로 간주하기 위해 다른 종파를 지옥으로 가게 될 이단파로 주장한다.

무르지아파의 중심사상인 이르자(Irga, 심판의 연기)는 중죄를 중요하게 여기지 않으며, 중죄인이 처벌은 받되 공동체 추방은 지나친 처사라고 말한다. 이 종파는 인간이 우상숭배(Shirk)에서 알라와 다른 대상을 동일시하는 행위를 제외하고는 여전히 무슬림으로 존재한다고 주장했다. 심판 또는 결정을 연기한 사람에게 중죄인은 여전히 사회의 일원이고, 중죄인이 공동체의 일원으로 간주되는 한 범죄 행위는 믿음에서 배제된다. 이 견해를 제시한 무까틸 이븐 슐레이만(Muqatil ibn Sulayman, 767년 죽음)은 이만(Iman, 믿음)이 있으면 그가 우상숭배를 하지 않는 한 범죄는 처벌받지 않는다고 주장해서 도덕적 방종을 조장한다는 비판을 받았다.

무으타질라는 꾸란에 전적으로 근거하면서도 아랍 무슬림에 의한 꾸란의 독점적, 제한적, 배타적 해석을 반대하면서 이슬람의 근본인 꾸란을 이용할 수 없는 비아랍인 무슬림에 대해서도 논리적으로 공정하고 객관적으로 인정될 수 있는 범우주적 종교 평등사상을 추구했다. 이에 대한 시대적, 사회적 요구에 의해 이 종파는 알라의 정의를 근거로 인간은 그의 행위에 책임을 져야 하며, 이 책임은 도덕적, 사상적 이성의 인식이 가능하다고 주장했다. 무으타질라는 논리적 논쟁 능력을 바탕으로 무슬림과 조로아스터교, 마니교, 기독교인들도 인정할 수 있는 이슬람 순화를 이룩하여 종교논리를 범세계화, 범우주화하였다.

누사이르파는 신이 인간으로 구현되며, 그 최후의 구현은 알리 이븐 아비딸립이다. 또한 알리와 예수 사이의 유사성도 주장했다. 이들은 기독교의 삼위일체론과 유사한 교리를 주장했는데, 기독교 교리, 알 마주스(Al-Majus) 교리, 알 사비야(Al-Sabiyya) 교리, 그리스 철학의 이론들, 시아파의 일부 사상이 혼합된 형태를 띠고 있다. 또한 이 종파는 인도 철학과 사상으로부터 윤회사상을 전수하였다. 이 종파에서 순례는 우상숭배를 의미하고, 지하드(성전)는 적대자들에 대한 비방과 비밀의 누설, 알리에 대한 충성과 복종을 의미한다. 이들은 술을 허용하고, 술의 신성함과 고결함을 주장하며, 시리아와 레바논에 거주하고 있다.

이 종파는 전통적 이슬람 교리에서 이탈하여 왜곡된 바띠니적 교리를 주장한 분파이다. 드루즈파는 111통에 달하는 서신들을 통해 자신들의 교리를 전파해 나갔는데, 이 '지혜의 서신'들은 함자 이븐 알리와 알 무크타니흐 바흐 알딘과 같은 이맘과 연관이 있다. 이 파의 꾸란은 44개의 관행으로 구분되며, 267쪽으로 구성되어 있다. 교리는 전부가 알하킴 비아므르 알라의 신격화와 그에 대한 알라의 육체 구현 주장과 관련되어 있다. 이들이 주장하는 교리의 다른 특징은 종교의무를 철폐하고 샤리아법을 폐지했다는 점이다. 이 종파는 이스라엘의 정치사에 많은 영향을 끼쳤다.

바하이(Bahai)는 바하 알라(Baha Allah)로 알려진 이란의 바비(Babi, 아랍어로 문을 뜻한다. 수피는 밥의 의미를 '신자가 고통의 수단으로 들어가는 문'으로 해석하면서 저명한 셰이크들에게 이 용어를 적용하였다.) 미르자 후세인 누리(Mirza Hussein Ali Nuri)에 의해 1860년대 후반에 생겨난 종파이다. 이 파는 1840년대 시작된 바비 운동(Babism)으로부터 생성되었다. 이 종파에서의 알라는 초월적인 불가지의 존재이다. 또한 알라의 불가지적 본질이 알라 이외의 다른 사물에 대한 창조를 통해 밝혀진다고 말하고 알라의 존재나 개념에 대한 입증이 예언자들을 통해 특징화된다고 주장하였다. 인간에 관해서는 다윈의 진화론이 아닌 마울라나 잘랄 알 딘 루미(Mawlana Jalal Al-Din Rumi)의 진화론을 인정한다.

이 종파의 교리를 지지하는 신도들은 오늘날까지 펀잡, 아프가니스탄, 이란 등지에 거주하고 있다. 교리의 창설자는 1908년에 사망한 미르자 굴람 아흐마드였다. 그는 무함마드에 의한 계시 전달을 부정하고 샤리아법의 준수만을 주장하였다. 교리에서 예수의 재림에 대해 반대 견해를 표명하고 최후의 예언자인 무함마드 등장 이후 메시야가 속세로 다시 돌아오지 않는다고 믿는다. 이런 극단적인 메시야 배척사상이 예루살렘의 황금문을 돌로 막아서 메시야가 오는 것을 인위적으로 막으려는 오류를 범하기도 하였다.

메시야의 도래를 기다리는 유대인들의 무덤이 있는 감람 산에서 바라본 황금 문이 예루살렘 중앙의 모스크 오른쪽에 있는데, 이슬람에 의해 돌로 막혀 있다.

11부

로마 천주교의 십자군 전쟁
Crusades

11부
로마 천주교의 십자군 전쟁

1. 십자군 전쟁의 배경
로마 천주교의 폭력성과 이슬람의 대응

로마 천주교의 십자군 전쟁과 이슬람의 대응에 관해 알아보고자 한다. 더욱더 바람직하며 효과적인 이슬람권 선교를 위해서 차분하게 준비해야 할 일이 많이 있겠지만, 그중에서 가장 중요한 요소 중의 하나가 로마 천주교에 의해 자행된 십자군 전쟁에 대한 올바른 이해이다. 서구 기독교인에게 로마 천주교가 주도한 십자군 전쟁은 악몽이므로 그것에 대해 우리는 희미한 기억만을 가지고 있다. 그러나 이슬람에게 로마 천주교의 십자군 전쟁은 오히려 이슬람에 대한 로마 천주교의 증오를 분명히 드러낸 생생한 사건으로 역전되어 기억되고 있다. 이런 상황에서 이슬람이 로마 천주교에 대한 적대적 반감을 품고 항상 기억하고 있는 십자군 전쟁을 다루는 것은 당연한 일이다.

무함마드가 아라비아 반도를 무력으로 통일한 이후에 그 후예가 여세를 몰아 북아프리카에서 기독교가 가장 많이 뿌리를 내린 이집트를 침공하여 고대 콥트 교인들을 4백만 명이나 학살한 역사적 사실을 까맣게 잊고서, 오히려 이슬람이 로마 천주교의 이름으로 십자군이 저지른 잔학한 행위만을 마음에 간직하고 있는 것은 문제의 소지가 많다. 1099년에 예루살렘을 회복한 로마 천주교의 십자군은 1,000명의 예루살렘 주둔군을 몰살하고, 과거 이집트 콥트 교인 4백만 명을 학살한 이슬람의 만행에 비하면 그 숫자가 비교할 수도 없는 70,000명의 무슬림을 학살하고, 예루살렘에 생존한 유대인을 회당에 몰아넣고 산 채로 화형하였다. 그 후 로마 천주교의 십자군은 성묘교회로 몰려가 무너진 골고다를 재건하였다.

그때 십자군은 사실상 지금의 로마 천주교가 모집하여 파견한 군인들이다. 900년의 세월이 흘렀지만, 아직도 이슬람은 로마 천주교의 십자군 전쟁에 대한 기억을 지우지 못하고 있다. 우리는 그 한 예를 1981년 5월 13일에 로마 천주교의 교황을 암살하려 했던 튀르키예인 메흐메트 알리 아자가 쓴 편지에서 볼 수 있다. "나는 로마 천주교 십자군의 총사령관인 요한 바오로 2세를 죽이기로 했다."

오늘날까지도 로마 천주교의 잔학성과 복수심에 대한 뒷소문은 중동에서 사역하고 있는 기독교 선교사들의 목 주위에 연자 맷돌처럼 둘러져 있으며, 몇몇 아랍 작가는 지금도 기독교인을 십자군이라 부른다. 이런 현실에서 십자군에 대한 올바른 이해와 평가, 그것을 거울로 삼은 선교정책을 새롭게 수립하는 것은 아주 긴급한 과제라 하겠다. 이를 위해서 로마 천주교에 의해 자행된 십자군에 대한 이슬람의 대응을 중심으로 십자군 전쟁과 관련된 전반적인 사항들에 대해 살펴보기로 하겠다.

로마 천주교의 십자군 전쟁이란 무엇인가? 십자군은 로마 천주교의 수장인 교황의 호소로 조직된 천주교 교황주의를 지키려는 전통과 성향을 강하게 띤 군대를 가리킨다. 그러나 작은 의미로는 역사적으로 대부분 11세기부터 13세기까지 감행된 중세 서유럽의 로마 천주교 국가들이 중동의 이슬람국가에 대항하여 성지 예루살렘을 탈환하는 것을 목적으로 8차에 걸쳐 행해진 대규모의 군사 원정을 가리킨다. 여기에 참가한 기사들이 가슴과 어깨에 십자가 표시를 했기 때문에 이 원정단을 로마 천주교의 십자군이라 부른다.

이와 달리 큰 의미로는 직접 성지와는 관계없는 레콩키스타나 동유럽에 파견된 동방 십자군(8세기부터 15세기에 걸쳐 이슬람에게 점령당한 이베리아 반도 지역인 스페인과 포르투갈을 탈환하기 위하여 일어난 기독교의 국토 회복 운동), 발트해 연안의 에스토니아, 라트비아, 리투아니아 등과 러시아 서부와 북유럽의 핀란드, 스웨덴, 노르웨이, 덴마크 등에 원정을 감행한 북방 십자군(덴마크와 스웨덴의 기독교 국왕과 리보니아 검의 형제 기사단, 튜턴 기사단과 같은 독일인 기사단도 발트해를 둘러싼 지역의 이슬람을 점령한 십자군), 이단에 대한 알비주아 십자군(1209년에서 1229년까지 있었던 기독교의 십자군으로, 당시 로마 천주교가 이단으로 규정한 카타리파를 토벌하기 위한 십자군) 등이다.

이처럼 로마 천주교에 의해 십자군 전쟁이 일어난 원인은 여러 가지이며 복잡하다. 먼저 이들 지역에서 이슬람에 시달린 로마 천주교에게 닥친 경제적인 이유를 들 수 있다. 로마 천주교에 의한 십자군 전쟁이 있기 한 세대 혹은 그 전에 서유럽은 거듭해서 흉년에 시달렸다(970-1040). 그리고 1085~1095년에는 로마 천주교의 경제 사정이 극히 침체하였다. 그 결과로 위에 열거한 지역의 사람들이 경제적, 사회적 변화를 갈망하는 가운데 로마 천주교는 이슬람 세력을 제거하고 동방으로 진출하기 위한 해결책을 모색했다.

11세기가 끝날 즈음에 유럽 사회는 새로운 역동적인 힘으로 자극받고 있었고, 로마 천주교 세계의 변경은 어디에서나 점차 확장되어 나갔다. 로마 천주교의 중심지인 이탈리아의 도시들은 성장하여 동방으로 통상의 길을 모색하던 중에 십자군의 진격을 자신들의 통상로로 이용하려 했다. 개별적으로 어떤 야심에 찬 사람들은 로마 천주교의 십자군에 참여하여 모험심과 명예욕과 권력욕을 만족시켰다.

이런 상황을 되짚어 보면, 로마 천주교가 처음부터 끝까지 십자군 전쟁에 대해서 야망과 탐욕으로 연루되어 있기에, 이슬람은 서방 기독교에 대한 반감이 아니라 로마 천주교에 대한 적대심이라고 솔직히 인정해야 한다. 그러므로 이슬람의 기독교에 대한 적개심은 공허한 것이기에 이슬람 지도자들은 기독교에 대한 이슬람의 폭력성과 공격성을 이슬람 교도에게서 지우기 위해 심기일전해야 한다.

로마 천주교의 심장부인 바티칸 궁전에 십자군의 동방원정에서 가져온 풍요의 여신인 아데미 신상이 있는데, 이는 로마 천주교가 혼합주의에 근거한 종교라는 사실을 보여 준다.

2. 십자군 전쟁의 원인
셀주크 투르크의 공격에 시달린 로마 천주교의 동방원정

우선 로마 천주교의 십자군 원정은 정치적인 이유에서 그 근거를 들 수 있다. 처음부터 로마 천주교의 비잔틴제국의 황제들은 무슬림 셀주크 투르크의 공격에 대응하기 위하여 교황의 도움이 필요했다. 11세기에 비잔틴제국은 몰락의 위기에 처해 있었다. 이 위기가 시작된 것은 황제 바실리오스 2세가 죽던 1025년이었고, 영토를 확장해 세력을 뻗쳤던 마케도니아 왕조가 무너지던 1056년에 더욱 가속화되었다. 그 결과 내우외환이 겹친 비잔틴제국은 몰락 위기에 놓이게 되었다.

이때 노르만 민족이 오랫동안 비잔틴제국의 소유였던 남부 이탈리아를 정복했다. 게다가 북쪽에서는 야만족들이 콘스탄티노플의 성벽을 공략해 왔다. 그러나 보다 더 무서운 적은 셀주크 투르크였다. 이 튀르크족은 중앙아시아에서 기원하여 이슬람교를 받아들였고, 11세기에는 페르시아, 메소포타미아, 시리아, 팔레스타인 및 이집트 등을 포함하는 제국을 형성하였다. 바로 이들이 소아시아로 쳐내려왔고, 1071년에 아르메니아에 있는 비잔틴 군대를 격퇴했다. 1081년에 알렉시우스 콤네노스가 즉위하여 콘스탄티노플에 활기를 불어넣었고, 그의 계승자들은 크게 활동하여 영토들을 다시 찾기도 하였지만 비잔틴제국은 이미 기울어지는 추세에 놓였다.

셀주크 투르크가 동방교회 영역을 포함한 동로마제국을 점령했을 때, 동로마제국의 황제인 미카엘 7세는 서방교회인 로마 천주교의 교황인 힐데브란트(Hildebrand)에게 원조를 청했다. 그리하여 서방교회는 교회 재연합의 차원에서 5만의 군대를 파견하려 했으나 좌절되었고, 힐데브란트의 후계자인 우르바노 2세 때 동로마제국의 황제인 알렉시우스의 원조 요청이 있어서 1095년 군대를 파견함에 따라, 결국 예루살렘 전부를 이슬람의 손에서 건지려는 십자군 전쟁으로 확산되었다.

　무엇보다 로마 천주교의 십자군 원정의 가장 중요한 요소는 종교적인 이유이다. 이미 언급한 기근과 어려운 경제적 사정으로 신앙심이 일어났고, 경건과 종교적 열정이 생겼다. 성직 매매 금지와 성직자의 결혼 금지가 일어나면서 로마 교황청 내에도 개혁의 움직임이 있었다. 콘스탄틴 시대부터 행해져 온 성지순례가 경건의 조건으로 더욱 강조되었다. 특히 성지 가운데서도 예루살렘이 가장 성스러운 곳이었다.

　11세기 중엽에 이르렀을 때 순례의 빈도뿐만 아니라 순례자의 수도 절정에 달했다. 그러나 1071년 셀주크 투르크가 예루살렘을 정복한 이후 이 성지순례가 크게 방해를 받았으며, 11세기 말부터는 사실상 성지순례가 불가능하였다. 그리하여 십자군 운동은 팔레스타인의 여러 곳, 특히 예루살렘 성지를 되찾으려는 욕망 때문에 새로운 동기가 생겼다.

　로마 천주교의 십자군 원정의 또 다른 종교적 동기는 동방제국을 무슬림으로부터 보호해야겠다는 의무감이다. 로마 천주교가 그동안 불편한 관계 속에 있던 동방교회와의 관계 개선을 갈망했기 때문이다. 동방교회와 서방교회의 관계는 10~11세기에 악화되었다. 그리스정교회는 서방교회의 이단적 상황 곧 성상 숭배와 교황 숭배에 대해서 못마땅하게 생각했다. 즉, 그리스 쪽은 약한 교황의 행태, 군대를 거느리고 다니는 감독들의 행패, 로마 천주교인의 저조한 신앙에 대한 소식을 들을 때마다 로마 천주교를 경멸했었다. 그리고 서방이 지향하는 개혁 가운데 사제의 독신주의에 의견을 같이 할 수 없었다. 마침내 1054년, 양 교회에 분열이 찾아왔다. 로마 천주교의 교황은 이 같은 양 교회의 분열 위기를 극복하고 싶었고, 결국에는 분열을 극복하고자 하는 차원이 십자군 전쟁으로 표출된 것이다.

　비록 638년 이후로 예루살렘이 이슬람의 수중에 있지만, 잠깐의 단절이 있던 것 외에는 이슬람만이 성지를 독점할 수 없는 상황이었기 때문에 성지순례는 별 지장 없이 계속되었다. 여기서 한 가지 분명하게 짚어 볼 것이 있다. 사실 예루살렘이 이슬람의 성지라고 주장하기에는 꾸란의 근거가 너무나도 빈약하다는 것이다. 단지 무함마드가 꿈에서 말을 타고 예루살렘에 가 본 적이 있다는 내용만으로는 무슬림의 성지순례를 빈약하고 위태롭게 만든다. 그래서 이슬람의 성지순례가 아무 근거가 없는 예루살렘이 아니라, 메카 순례로 바뀌게 된 것이다. 그런데도 이슬람은 한 번 차지한 예루살렘에 황금 돔인 모스크를 짓고 아직도 빈약한 전승을 붙들고 있다.

이런 사실을 알게 되면, 기독교인들이 성지순례를 하러 가서 황금 돔을 중심에 놓고 사진을 찍는 것도 심각하게 고려해 보아야 한다. 왜 이슬람사원 앞에서 사진을 찍는가? 그 뒤에 있는 성묘교회의 십자가와 골고다를 가리고 있는 황금 돔을 가장자리에 두고 예수의 부활을 알리는 빈 무덤 교회를 중심으로 사진을 찍어야 하지 않을까? 성묘교회가 예루살렘의 중심이 되어야 하기 때문이다.

예루살렘 전경 우측에 있는 황금 돔 너머에 있는 회색 지붕이 이슬람이 그토록 가리고 싶어하는 예수께서 골고다에서 십자가를 지시고 고난을 겪으신 성묘교회이다.

3. 십자군 전쟁의 시작
예루살렘에 세워지는 로마 천주교의 새로운 영토

일반적으로 십자군 전쟁이 연대기적으로 기술되었기에 로마 천주교의 십자군이 집단으로 8차에 걸쳐 차례대로 이슬람 세계로 쳐들어간 것 같은 인상을 주고 있다. 그러나 실제적으로는 아프리카를 비롯한 서방의 기독교를 공격한 이슬람 군대에 대항하기 위한 로마 천주교 십자군의 원정은 끊임없이 계속되었다. 로마 천주교의 십자군 활동과 이슬람의 대응에 대해서 알아보기 위해서 첫 번째 자극을 살펴보자.

십자군 전쟁을 불러일으킨 첫 번째 자극은 동로마제국의 황제인 미카엘 7세가 교황 그레고리 7세에게 이슬람 셀주크에 대항하는 지원을 요청한 데서 비롯되었다. 이 요청이 동방교회와 로마 천주교의 재통합을 약속하고 콘스탄티노플에서 로마가 가장 높은 자리를 차지하도록 약속하는 것이라고 여겼던 그레고리는 1074년에 원정 계획을 작성하였다. 이 계획은 서임권 투쟁이 발생하여 좌절되었지만, 나중에 우르바노 2세에 의하여 부활하였다.

우르바노 2세는 여러 가지 면에서 그레고리 7세의 상속자였다. 자신의 바로 전임자보다 강력한 지도자였던 콘스탄티노플의 황제 알렉시우스 1세는 셀주크의 족장들 사이에서 일어난 분열적인 다툼에 대해서 공세를 취할 기회로 여겼다. 그래서 그는 잃어버린 소아시아의 영토를 회복하는 일을 도울 로마 천주교의 기사단을 모집하는 일을 지원해 달라고 우르바노 2세에게 호소하였다. 우르바노 2세는 1095년 3월 이탈리아 북부의 피아첸차에서 열린 공의회 도중에 비잔틴제국의 사자를 맞이했으며, 즉시 도울 것을 약속하였다. 그해 11월에 프랑스 동부의 클레르몽에서 열린 공의회에서 우르바노 2세는 로마 천주교의 십자군을 선언하였는데, 그의 호소는 거의 유래를 찾을 수 없는 결과를 낳았다.

그 선언 직후 제1차 십자군 전쟁은 1096년에 일어났다. 다시 말해서 십자군 전쟁은 교황 우르바노 2세가 1095년 11월에 프랑스의 클레르몽 총회에서 강론한 것으로 인해 일어난 것이다. 그는 "끔찍한 소식이 들려오고 있습니다. 하나님과 동떨어진 저주받은 인종이 로마 천주교의 땅을 침입해 칼로 로마 천주교인들을 살해하고, 약탈과 방화를 일삼고 있습니다. 저 사악한 종족들로부터 땅을 되찾읍시다." 회중들은 크게 감명되어 "하나님이 원하신다."라고 외쳤고, 이 외침이 로마 천주교의 십자군 전쟁에서 표어가 되었다(케네스 커티스, 『교회사 100대 사건』〈생명의말씀사, 2002〉 참조).

비잔틴 황제들로부터 이슬람 셀주크 투르크에 대응하는 데 필요한 원조를 요청받은 우르바노 2세는 서유럽의 로마 천주교인에게 동방교회의 형제들을 구출하러 가도록 종용하였고, 무슬림의 손으로부터 성지를 되찾아야 한다는 것을 역설하였다. 전쟁에 참여하는 자들은 '완전한 면죄'의 죄 용서를 받았고, 로마 천주교에 의해 자행된 십자군 전쟁에 참여하는 기사들은 십자가 상징을 달았다.

실제적인 제1차 십자군 전쟁은 유럽의 봉건 귀족들에 의하여 이루어졌다. 먼저 네 개의 부대가 모집되었다. 한 부대는 로레인의 공작인 고드프루아 드 부용과 그의 동생들이다. 북부와 서부 프랑스에서 온 다른 부대들은 플로랜스 백작 로베르와 영국과 프랑스 국왕의 형제들이 지휘하였다. 남부 프랑스에서는 툴루즈의 레이몽이 대규모 부대를 이끌고 왔으며, 노르만족이 지배하는 이탈리아 남부에서는 유능하고 야심적이며 파렴치한 타란토의 보에몽과 그의 조카 탕크레드가 잘 갖추어진 부대를 이끌고 왔다.

십자군 전체를 이끄는 단일 지도자는 없었다. 로마 천주교의 우르바노 2세는 르 퓌의 주교 아데마르를 교황 대리로 지명하였다. 아데마르는 콘스탄티노플을 십자군의 집결지로 지정하였다. 세 개의 다른 길을 취하여 그 세력은 1906년 겨울과 1907년 봄 사이에 지금의 이스탄불에 도착하였다.

그들은 처음에 지도자들이 황제 알렉시우스에게 충성을 맹세하기를 거부하였기 때문에 황제에게 적지 않은 어려움을 주었다.

1907년 5월에 십자군은 니케아를 포위하기 시작하였고, 그곳에서 이슬람 튀르크군은 6월에 항복하였다. 7월 1일에 도릴라이움 부근에서 튀르크족에게 결정적인 승리를 거둔 십자군은 소아시아를 가로지르는 통로를 열었다. 그 결과 이코니움은 기아와 갈증으로 격심한 손실을 본 후에 8월 중순에 함락되었다. 10월이 되자 십자군은 안디옥의 성벽에 도달했다. 어려운 포위 작전을 펼친 끝에 1098년 6월 3일에 그 도시를 함락하였다. 3일 후에 십자군은 그 도시에서 모술의 튀르크족 지배자인 케르보가에 의하여 포위당했다. 위태롭고 절망적인 그 순간은 십자군에게 큰 위기였으나, 6월 28일에 케르보가는 완전히 패배하였다.

십자군이 예루살렘에 육박한 것은 1099년 6월이었고, 예루살렘을 함락한 것은 7월 15일이었다. 예루살렘의 주민이었던 이슬람 교도와 유대인들은 무자비한 로마 천주교 십자군의 칼날 아래 희생당했다. 1099년 8월 12일 이집트 구원군이 아스칼론 근처에서 완전히 패배함으로써 십자군의 성공이 확정되었다.

원정을 완수한 후에 고드프루아 드 부용은 '성묘의 수호자'라는 별명을 얻었다. 그는 1100년 7월에 죽었고, 그보다 유능한 동생 보두앵이 그를 계승하였다. 보두앵은 그 전에 에데사에 로마 천주교의 백작령을 세웠지만, 이제는 예루살렘의 왕 보두앵 1세라고 불리게 되었다. 정복된 영토는 서방의 봉건적 양식에 따라 분할되고 조직되었다. 예루살렘 왕국 이외에도 안디옥 공령과 에데사 백령과 트리폴리 백령이 있었다. 이러한 봉토들은 잠깐이지만 실질적으로 예루살렘 국왕으로부터 수여된 독립적인 나라가 되었다. 로마 천주교의 전례에 따른 예루살렘과 안디옥의 총대주교들의 지휘 아래에서 전 영토가 8개의 대주교령과 16개의 주교령으로 구분되었다. 그 결과 무수한 수도원들이 로마 천주교의 새로운 영토 안에 세워졌다.

혼합주의의 상징인 로마 천주교의 바티칸 궁에 있는 트로이의 사제 라오콘과 그의 두 아들이 뱀과 싸우는 장면은 후기 헬레니즘 시대의 걸작품으로, 인간의 가장 고통스러운 표정을 보여 주고 있다. 로마 천주교의 십자군 전쟁에 대한 고뇌의 얼굴이라고 할까?

4. 이슬람 오스만 투르크에 의한 콘스탄티노플 함락

오스만 투르크의 반격으로 함락된 동로마제국의 수도

로마 천주교의 제2차 십자군 전쟁은 1144년 에데사의 함락이 자극제가 되어 일어났다. 에데사는 십자군의 왕국을 방어해 주는 요새들 가운데 하나였다. 그러나 이 십자군은 제1차 십자군의 광적인 열광주의를 거의 보여 주지 않았고, 소아시아에서 대부분 패배하였으며, 팔레스타인에 도착한 세력도 시리아에 도달하기 전에 무너졌고, 1148년 다마스쿠스를 함락시키려는 시도에서 완전히 실패하고 말았다. 이로써 사실상 십자군 원정은 실패했다. 십자군의 붕괴는 비잔틴제국에 대한 로마 천주교의 감정을 악화시켰고, 그 실패의 책임은 비잔틴제국의 영주들에게 돌아갔다. 베르나르의 경우에는 십자군의 붕괴를 로마 천주교의 범죄 탓으로 돌렸다.

내막을 들여다보면, 제1차 십자군 전쟁의 성공 원인 가운데 하나는 무슬림 내부의 분열이었다. 이슬람 지배자들 사이에서 서로 죽이는 분쟁이 벌어졌기 때문이다. 그러나 1169년에 유명한 쿠르드족 출신 장군인 살라딘이 이집트의 지배자가 되었다. 1174년에 그는 다마스쿠스를 함락시켰고, 1186년에는 로마 천주교의 영토인 남쪽과 북쪽과 동쪽을 자신의 영토로 포위하였다. 외교적인 수단을 통하여 만족스러운 평화 조건을 얻는 데 실패한 살라딘은 1187년 7월에 티베리아스와 예루살렘 사이에 있는 하틴 전투에서 로마 천주교의 십자군을 격파하였으며, 예루살렘과 대부분의 십자군 본거지들을 그의 손에 넣었다.

하지만 살라딘은 당시에 이상하게도 관대했다. 그는 대학살을 저지르며 예루살렘에 들어왔던 십자군을 학살하지도, 보복하지도, 약탈하지도 않고, 아니 전혀 큰 고통을 주지도 않고 평화롭게 예루살렘을 떠나도록 허락했다. 함락된 예루살렘에 포박된 9천 명의 로마 천주교 포로 중에서 7천 명은 금을 주고 풀려났고, 가난한 2천 명은 노예로 팔렸다(사무엘 마펫, 김인수 역,『아시아 기독교회사』〈장로회신학대학교 출판부, 2004〉 참조).

제3차 십자군 운동은 이슬람에 의한 이 재난에 가까운 소식을 들은 교황 그레고리 8세의 선포에 따라 1189년에 일어났다. 이 십자군은 다른 어느 때보다 더 공을 들여 마련되었다. 세 개의 군대가 참여하였다. 하나는 당대 최고의 군인이었던 신성로마제국의 황제인 바르바로사에 의해서 인도되었고, 두 번째는 프랑스 왕 필립 아우구스투스에 의해서 인도되었고, 세 번째는 영국의 사자왕인 리처드에 의해서 인도되었다. 그러나 바르바로사 황제가 소아시아에서 사고로 물에 빠져 죽으면서, 용맹스러운 지도자를 잃은 그의 군대는 능력을 거의 발휘하지 못하였다. 프랑스 왕과 영국 왕 간의 끊임없는 다툼과 자신의 정치적 계획에 따른 필립의 귀국은 원정 전체를 거의 유산시키고 말았다. 십자군이 세운 항구도시로 아주 중요한 악고는 회복되었으나, 예루살렘은 이슬람의 수중에 남았다. 리처드는 1192년에 유럽으로 돌아가기 전에 살라딘과 3년간의 휴전 조약을 체결하였고, 이로 인하여 로마 천주교는 가자와 아스돗 사이에 있는 로마 천주교의 해안 도시인 아스칼론에서 하이파 인근의 악고에 이르는 해안의 영토를 다시 소유하였으며, 성묘로 가는 교두보를 확보하였다.

성지 회복의 꿈은 살아 있었기에 1202년 제4차 십자군 전쟁이 일어났다. 중세 교황주의의 절정을 이룬 교황 이노센트 3세가 제4차 십자군 전쟁을 적극적으로 권장하였다. 제4차 십자군은 살라딘의 주요 거점인 이집트를 치기로 하였다. 우선 살라딘을 격파하는 것이 팔레스타인을 회복하기 위한 전략적 선결 요건이었기 때문이다. 십자군은 해상전을 위해서 베네치아에 의존했다. 베네치아의 힘을 등에 업고 십자군은 콘스탄티노플을 원정했다. 베네치아는 동방 지중해 세계에 대해서 통상적 관심을 가졌고, 그들은 자기 계통의 황제 후보자를 내세웠다.

로마 천주교의 십자군은 1204년에 콘스탄티노플로 쳐들어가서 노략질을 했고, 동방제국의 소유를 분배했으며, 보두앵이라는 자기 계통의 인물을 즉위시켰다. 그 결과로 베네치아는 엄청난 재산을 가져갔고, 상업의 요충지인 섬들을 차지하였다. 그리고 콘스탄티노플에는 로마 천주교의 대주교를 세웠다. 이리하여 당분간이나마 교황의 숙원은 이루어졌다. 로마 천주교의 두 진영은 로마의 교황 밑에서 통합되었다.

이런 연유로 동로마제국은 결정타를 맞아서 다시는 회복될 수 없었고, 결국 1453년에 오스만 투르크에 의하여 콘스탄티노플이 함락되고 말았다. 이런 와중에도 그리스정교회는 압도적인 로마 천주교의 십자군의 지도하에서 계속 살아남았다. 그리스정교회의 대중은 로마 천주교의 십자군에 대해 신물을 느꼈고, 로마 천주교와 그리스정교회의 양 진영 사이는 점차 벌어지게 되었다. 이후의 비잔틴제국은 니케아에 본거지를 두고 존속하였다. 1261년 콘스탄티노플이 다시 탈환되면서 로마 천주교는 불명예스러운 끝을 보여 주고 말았다(이형기, 『세계교회사』〈한국장로교출판사, 1996〉 참조).

비잔티움이 콘스탄티노플에서 다시 이스탄불로 이름이 바뀌면서 동로마제국의 찬란했던 성 소피아 교회의 운명이 쇠락해서 튀르키예에 의해 박물관으로 바뀌었어도, 과거의 영광을 어렴풋하게 보여 준다. 튀르키예는 이슬람사원화 된 성 소피아 교회를 복원해서 기독교에 돌려주어야 한다.

5. 십자군 전쟁의 결과
십자군 전쟁에 대한 유럽 기독교의 평가

로마 천주교의 제5차 십자군 전쟁은 교황 이노센트 3세의 제창으로 이루어졌다. 이 십자군은 악고로부터 이집트에 이르기까지 원정하여 항구도시인 다미에타를 포위하였다. 작전은 성공하였으며 이슬람 측은 다미에타와 시리아를 교환하자고 제안했다. 그러나 십자군은 이를 거절하고 카이로에 진격하였으나 나일 강 반대편에 진을 치고 있던 이슬람의 술탄 군대에 격퇴되어 십자군의 15~20%를 잃었다.

제6차 십자군은 신성로마 황제 프리드리히 2세에 의해 행해졌는데, 이제까지와는 다른 특징을 가진다. 프리드리히는 '세례를 받은 시칠리아의 술탄'이라고 불릴 정도로 아라비아의 풍습에 매혹된 황제였다. 그는 무력이 아닌 외교 수단으로 이슬람 측으로부터 예루살렘과 그 밖의 영토를 양보받았다. 그러나 그가 돌아간 뒤에는 시리아 주둔 십자군 사이에 내분이 격화되어 그 결과로 예루살렘도 잃었다.

그리하여 프랑스 왕 루이 9세가 이끄는 제7차 십자군이 결성되었다. 루이 9세는 키프로스 섬에서 이집트로 건너가서 다미에타를 또다시 점령했다. 이때도 이슬람 측은 다미에타와 예루살렘의 교환을 제안해 왔으나, 십자군은 5차 때와 마찬가지로 이를 거부하고 이집트에 교두보를 마련하고자 카이로를 향해 진군했으나, 만슬러 전투에서 대패하여 철수한 후에 퇴각로인 시리아에 잠시 머물면서 보잘것없는 항구와 요새를 탈환하였다.

십자군에 대한 저항운동을 주도하던 살라흐 앗 딘이 건설한 이집트의 이슬람 왕조인 아이유브 왕조가 사라지고, 그 후에 유목민의 피가 흐르는 백인 노예 병사에 의해 세워진 맘루크 왕조가 이집트를 지배하였다. 신사적이던 아이유브 왕조와는 달리 맘루크 왕조는 유목민의 게릴라전으로 십자군 요새를 하나씩 점령해 나갔다. 안디옥마저 이슬람군에게 함락되자 루이 9세는 최후의 십자군을 이끌고 출발하였지만, 튀니스를 공격하다가 그곳에서 죽었다. 그 결과로 시리아에서는 요새가 잇따라 함락되었고, 1291년 악고마저 빼앗기자 2세기에 걸친 로마 천주교의 십자군 원정은 비극적인 막을 내리게 되었다(조르주 타트, 『십자군 전쟁』<시공사, 1998> 참조).

이로써 로마 천주교의 십자군 전쟁은 실패하였다. 십자군 원정은 성지를 항구적으로 정복하지 못하였고, 이슬람의 진출을 저지하지 못하였다. 동로마제국을 돕기는커녕 콘스탄티노플의 붕괴를 촉진하였다. 십자군은 로마 천주교가 그리스정교회를 이해하는 것이 여전히 불가능하다는 사실을 드러내었고, 그들 사이의 분열을 더욱 확고히 했다. 십자군 이전에는 로마 천주교와 이슬람 사이에 어느 정도의 상호 존중이 있었으나, 십자군 전쟁은 그들 사이에 혐오감을 만들어서 서로 비타협적인 태도를 조장하였다. 더구나 로마 천주교의 십자군은 반셈족주의까지 드러냄으로써 오점을 남겼고, 그 이미지마저 손상되었다.

비록 로마 천주교의 십자군 전쟁은 실패로 끝났지만, 유럽 사회에 끼친 영향은 매우 컸다. 첫째로, 로마 천주교 교황의 주도로 행해진 십자군 원정이 실패함으로써 교황의 권위가 떨어지고, 천주교의 신앙심도 약해졌다. 둘째로, 원정에 참여한 제후와 기사단의 몰락으로 봉건 세력이 약화되었으며 그 대신 왕권이 강화되면서 중앙 집권적인 근대 국가의 기틀이 마련되었다. 셋째로, 십자군 원정으로 동방과의 교통이 열려 지중해를 중심으로 하는 동방무역이 활발해졌다. 이에 따라 이탈리아를 비롯한 서유럽 각지에서 상업과 도시의 발달이 촉진되었다. 넷째로, 십자군을 통하여 서유럽인들의 시야가 넓어지고, 동방 이슬람 문화와의 접촉으로 서유럽 문화에 새로운 기운이 일어나게 되었다. 여기서 '새로운 기운'이란 르네상스를 가리킨다(윌리스턴 워커, 송인설 역, 『기독교회사』〈CH북스, 1997〉 참조).

물론 지금도 로마 천주교는 십자군 전쟁이 물리적 이익 추구, 정치적 욕심, 무질서, 무지 등의 비윤리적인 요소를 포함하고 있기는 하지만, 최우선은 종교적 열정을 가지고 진행된 고토인 예루살렘을 회복하려는 명예로운 성지 탈환 운동이라고 간주한다.

그러나 중세의 로마 천주교는 기독교 성지가 있는 레반트(지중해 연안)와 기독교가 지배하는 유럽만을 그들의 영역으로 보았고, 그 이외의 지역은 자신들의 영역으로 보지 않았다. 또한 자신의 우위 지역에서는 타 종교를 절대 인정하지 않았으며, 특히 로마 천주교 이외의 다른 기독교 종파에 대하여 이단으로 간주하며 철저히 배척하고 잔인하게 탄압하였다.

기독교 발생 지역인 예루살렘과 최초로 기독교를 받아들인 지역의 이슬람에 의한 이슬람화는 십자군 전쟁 때 기독교로 하여금 이슬람에 대한 태도를 더욱 강경하게 만들었다. 또한 로마 천주교의 십자군 운동으로 인하여 당시 유럽보다 앞서 있던 동방과의 접촉과 교류는 유럽이 중세의 긴 잠에서 깨어나 유럽의 르네상스가 일어나는 계기를 만들었고, 유럽의 문명이 세계를 제패하는 근세의 기초가 되었다. 이와 같은 생각은 후일에 그 개념이 확대되어 이교도가 점령하고 있는 땅을 기독교도의 땅으로 만들고자 하는 모든 활동이 로마 천주교의 십자군 운동 또는 전쟁으로 간주하게 하였으며, 유럽 문명이 세계에서 승승장구하면서는 세계의 십자군 개념으로 퍼졌다.

로마 천주교의 십자군은 서구 문명의 전초기지라는 사고에 도전한 것은 식민제국주의의 한 형태이며 그 왕국들은 불안정한 서구 식민기지였다는 비판이 있기도 했다. 그러나 이러한 비판에도 불구하고, 유럽의 로마 천주교의 십자군에 대한 기존의 관념을 크게 바꾸지 못했고, 그대로 대다수 유럽인의 관념으로 유지되어 왔다.

성 소피아 교회 바로 뒤편에 있는 옛 비잔틴제국 때 세워진 첫 번째 교회인 성 이레네 교회는 아직 이슬람사원화가 진행되지 않은 채 남아 있는데, 튀르키예에 의해 더 훼손되기 전에 복원이 시급하다.

6. 십자군 전쟁에 대한 이슬람 세계의 평가
로마 천주교는 십자군 전쟁의 오류를 시인해야

이슬람 세계는 십자군 전쟁을 중세 유럽의 기독교 성지 탈환 운동으로 보기보다는 로마 천주교의 이슬람 세계에 대한 침입에 초점을 맞추고 있다. 그리고 로마 천주교 십자군의 침입을 레반트(지중해 연안) 지역에 한정하지 않고 유럽의 전 이슬람 세계에 대한 지속적인 침입으로 이해하려는 경향이 있는데, 이베리아 반도에서 일어난 기독 교도와 이슬람 교도 간의 전쟁까지도 로마 천주교 십자군 전쟁의 연장선상에서 보는 사람들이 있다. 십자군 운동은 레콩키스타(기독교가 이베리아 반도에서 이슬람을 쫓아내기 위한 해방 운동)이며, 국토 회복 운동이다. 8세기 초 이베리아 반도 대부분을 점령했던 무어인들(스페인계 이슬람 교도)로부터 영토를 되찾기 위해 중세 에스파냐와 포르투갈의 기독교 국가들이 벌인 일련의 전투도 근세 유럽의 이슬람 세계에 대한 로마 천주교의 십자군 활동으로 보는 사람이 많으며, 더 나아가서는 이슬람 세계에 대한 외부 세력의 모든 침입에는 로마 천주교의 십자군 운동이 개입되어 있다고 생각하기도 한다.

이슬람에게 로마 천주교의 십자군 전쟁이 침입으로 여겨지는 이유는 십자군의 행위에서 쉽게 찾을 수 있다. 십자군은 이교도의 존재를 원칙적으로 인정하려 하지 않았으며, 마지못해 그 지배 영역 내에 있도록 인정한 이교도에게 끊임없는 핍박을 가했고, 끝까지 그 지역의 국외자로 남아 주변 지역에서 싸움을 일으켰다. 십자군은 그들의 영토를 통과하는 대상들에게 거의 약탈 수준에 가까운 과세를 하거나 그들의 상품을 빼앗았다. 이러한 일들로 인하여 이슬람은 로마 천주교가 지배하는 지역 내에서 안정을 기대할 수 없었으며 적지 않은 고통을 당하게 되었다.

원래 중동의 이슬람 세계는 침입자가 외국인이라고 하여도 이슬람을 받아들이고 샤리아법을 인정하면 권한 행사와 지위에 있어서 어느 정도 먹고 살게 해 주는 사회였다. 이러한 경우가 십자군과 싸운 튀르크족에 해당된다. 처음에 성지를 탈환하려는 십자군은 중동에서 이방인이었으나, 이슬람을 받아들였고 중동의 제도를 인정하였다. 그래서 십자군이 중동의 아랍 주민들에게 지배권을 행사할 때 아랍 지배자들과 어떤 차이를 느낄 필요가 없었다. 그러나 시간이 지나면서 점차 로마 천주교의 십자군은 그들의 종교와 그들에 의해 자행된 침입을 상징하는 약탈, 방화, 파괴 등으로 이슬람에게 침입자라는 인상을 강하게 심어 주었다. 이로 인해 로마 천주교의 십자군은 침입자라는 오명을 얻게 되었다.

또한 유럽의 역사가들은 로마 천주교의 십자군 전쟁이 정치, 경제, 종교적 갈등 등 복합적 요인에 의해서 발생하였다고 보지만, 이슬람 사가들은 순전히 종교적 갈등 때문에 일어났다고 본다. 이슬람은 로마 천주교의 십자군 운동을 로마 천주교와 이슬람 사이의 분쟁에서 이슬람의 확산에 대한 로마 천주교의 최초 반격이며 침략이라고 생각하였고, 이 침략을 지하드(성전)로 물리쳐 나가려고 했다.

11세기 말 이슬람제국의 확장이 멈추면서 사실상 지하드의 이상은 영향력을 잃었고, 튀르크족의 소아시아와 이슬람 세계의 동쪽 변방 지대에서는 존재하지 않게 되었다. 그러나 로마 천주교 십자군의 침입이 레반트(지중해 연안)를 향하면서, 이슬람교는 12세기 중엽부터 십자군의 침입을 물리치려고 시도하는 가운데 십자군에 대한 반격을 조직화하면서 지하드 사상은 다시 영향력을 회복하여 이슬람의 주요 전략이 되었다.

스티븐 니일은 『기독교선교사』(성광문화사, 1990)에서 로마 천주교의 십자군 운동이 기독교 역사에 거의 지울 수 없는 오점을 남겨 놓은 것으로 평가하였다.

로마 천주교에 의해 자행된 십자군 운동은 서방교회와 동방교회의 관계에 영구적인 상처를 입게 하였다. 서방세계에 속해 있었던 로마 천주교의 십자군은 동방교회 감독들의 관할권 밑에 있던 시기에 처음에는 본연의 신분을 잊지 않았지만, 오래지 않아 십자군은 로마 감독에 예속하는 로마 천주교의 교구를 설치하였다. 이로 인해 안디옥과 카이로에 오랫동안 본거지를 두고 지내던 동방교회 주교들이 모두 분통을 터뜨린 것은 너무나 당연한 일이었다. 그러나 제4차 십자군이 그 본연의 목적을 이탈하여 1204년에 콘스탄티노플을 약탈하고 동방제국의 폐허 위에 로마 천주교의 제국을 수립함으로써 악감정은 끔찍스러운 극점을 맞았다. 6년 후 비잔틴 사람들은 반격을 가하여 로마 천주교를 쫓아내고 동방교회를 재건하였다. 그러나 무슬림과 끊임없는 항전으로 완전히 쇠약해진 동방교회의 콘스탄티노플이 1453년에 이슬람의 손에 함락됨으로써 로마 천주교의 십자군이 저지른 죄악은 그 분량을 다 채우게 되었다(앞의 책, 136-137쪽 참고). 그 결과로 500년 동안 이슬람의 오스만 투르크가 다시 로마 천주교를 무력화시키는 결과를 낳았다.

현재 이스탄불의 동로마제국의 궁정 자리에는 오스만 투르크의 권세를 보여 주는 토프카프 궁전이 그 위세를 떨치고 있다. 모든 기독교 교회는 파괴되어 모스크로 변형되었지만, 이슬람의 군사와 정치 권력의 상징은 5백 년의 영광을 그대로 간직하고 있다.

7. 거룩한 전쟁이 아닌 로마 천주교의 십자군 전쟁
이슬람의 지하드(성전)도 거룩하지 않다

스티븐 니일에 의하면, 로마 천주교의 십자군으로 말미암아 기독교인들과 무슬림 사이에 나타난 원한의 자국은 오늘날까지도 세계 정세에 영향을 미치고 있다. 무슬림에게 로마 천주교는 대침략자이다. 900여 년 전 서구는 로마 천주교의 이름으로 침략자의 역할을 고의로 자행하였다. 그 결과 지금에 와서 무슬림의 마음에 아직도 남아 있는 침략자의 영상을 바꾼다는 것은 지극히 어려운 일이다(앞의 책, 136-137쪽 참고).

물론 무슬림이 항상 온순하고 부드러웠던 것만은 아니다. 힘이 있고 기회만 닿으면 이슬람도 공세로 나왔다. 그러나 어떤 경우에도 그들은 평화의 왕자의 추종자인 척하지 않았다. 서구인들에게 있어서 로마 천주교의 십자군 전쟁은 대단히 오래된 옛일이며, 십자군은 조용한 로마의 천주교 묘지에 평안히 잠들어 있다고 생각할지 모른다. 지중해 연안에 사는 무슬림에게 있어서 로마 천주교의 십자군 전쟁은 그리 오래되지 않은 어제의 사건이며, 그 상처는 가까운 미래에 언제든지 다시 발진할 수 있는 것이라고 여긴다.

스티븐 니일이 지적한 것처럼, 로마 천주교에 의해 자행된 십자군 전쟁은 전체 기독교 세계의 도덕적 온도를 낮추었다. 북구의 이교도인 야만인들을 정복하기 위하여 로마 천주교의 십자군이 이용되었을 때, 십자군이란 말이 의미하는 바가 이미 예견되었다. 오래지 않아 이노센트 3세는 똑같은 원칙이 기독교 이단 운동을 억압하는 데도 사용될 수 있음을 보여 주었다. 시몽 드 몽포르의 시대에 프로방스를 황폐하게 한 만행들은 환경만 달랐을 뿐이지 로마 천주교가 예루살렘을 해방할 때 자행한 만행의 반복에 지나지 않았다(앞의 책, 136-137쪽 참고).

로마 천주교의 십자군 전쟁이 비록 고상한 헌신의 정신으로 시작되었다 할지라도, 이상에서 살펴본 바와 같이 십자군은 로마 천주교를 내적으로 뿐만 아니라 이슬람에 대해서도 씻을 수 없는 오점과 상처를 남겼다. 한때 역사가들은 1100년 이래로 계속된 유럽의 경제적 발전과 지적인 각성을 가져다준 가장 큰 영향력을 로마 천주교의 십자군에서 찾음으로 십자군의 오점을 덜어 주려고 하였다. 그러나 이러한 견해는 거의 지지될 수 없다.

이 점에서 2001년 교황 요한 바오로 2세는 그리스를 방문하여 과거 로마 천주교의 십자군에 의한 침략, 학살, 약탈 행위 등에 대해서 정식으로 사과했다. 로마 천주교의 수장인 교황도 십자군 전쟁의 오류에 대해서 분명히 시인한 마당에, 더욱더 바람직한 이슬람선교를 위해서는 십자군의 오류에 대한 바른 인식과 그 상처를 치유하고자 하는 마음으로 이슬람을 대하는 새로운 자세가 요청된다.

교황이 명령하고 축복하고 거룩한 전쟁이라고 명명한 로마 천주교의 십자군 정신은 서유럽 사람들의 정신 속에 깊이 뿌리내렸다. 그리하여 로마 천주교의 십자군이라는 이름은 팔레스타인에 있는 성지들을 재탈환하거나 그것들을 보호하는 원정에 국한되지 않았다. 서방 유럽은 로마 천주교의 십자군이라는 이름으로 이베리아 반도에 있는 무슬림들을 몰아내었고, 웬드족(발트해 인근의 슬라브족)과 프러시아인들을 공격하였으며, 카타리(13세기 영지주의 신비주의 이단)를 제거하였다. 결국, 로마 천주교의 교황이 신앙의 적이라고 판결을 내린 기독교인들을 못살게 구는 결과를 초래했다.

물론 동방교회가 성지 탈환 전쟁에 참여한 것은 십자군 전쟁에 유사한 측면이 있지만, 십자군 전쟁은 주로 로마 천주교, 즉 라틴 혹은 서방 측의 열매였다. 이는 로마 천주교의 행동주의적 기질의 한 측면이었다. 초기 교회는 전쟁을 정죄했다. 초기 교회의 다수가 군인으로 전쟁에 참여하는 것이 기독교적 이상과 모순된다고 믿었다. 그러나 훗날 전쟁이 정의로울 수 있다는 이론이 생겨났으며, 어떤 전쟁은 '거룩한 전쟁'으로 하나님의 목적을 실현한다고까지 믿었다. 그래서 로마 천주교 십자군의 전쟁 표어는 "하나님이 원하신다."였다.

    로마 천주교의 십자군 전쟁은 아우구스티누스식으로 말하면 '땅의 도성'의 방법과 도구를 가지고 '신의 도성'을 이룩하려는 것이나 마찬가지이다. 십자군 전쟁은 복합적인 원인을 가지고 있으나 로마 천주교의 경건을 많이 동원했다. 이 십자군이 정말 복음에 합당한 것인가를 의문시하고 이들의 잔인성, 부도덕성, 교만 등을 안타깝게 생각하는 기독교인도 많다. 하지만 서유럽의 대다수 기독교인은 이를 인정했으며, 이를 위해서 로마 천주교의 수장인 교황이 앞장섰던 것은 상당히 안타까운 부분이다.

12부

이슬람권 단기선교
Short-term Missions

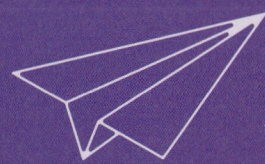

12부
이슬람권 단기선교

1. 이슬람 지역으로의 단기선교
타 종교로의 개종이 불허된 무슬림 선교의 특수성 직시

과거에 종종 발생하던 이슬람 지역 내의 피랍 사태를 계기로 위기에 처한 한국교회의 선교방법인 단기선교(Short-term Missions)를 되짚어 보고, 나아가 선교 대상 지역으로 초미의 관심지인 이슬람권 국가에서 이루어져야 할 단기선교의 방향을 제시하고자 한다.

분당 샘물교회 단기선교팀의 아프간 피랍 사태와 통합교단의 선교사(제주영락교회)인 박형규 목사의 순교 사건은 한국교회의 세계 선교에 작지 않은 파문을 불러왔다. 이 사건은 지금까지 한국에서 기독교에 대한 사회의 부정적 인식을 가중했을 뿐 아니라 세계 선교에 대한 교회의 열정을 식게 했다. 반면 이 일은 한국교회의 세계 선교에 대한 자성의 시간을 갖게 함으로 무분별한 그리고 경쟁적인 선교를 지양하게 하는 긍정적인 결과를 낳게 했으며, 타 종교로 개종이 불허된 무슬림 선교의 특수성에 대한 주의를 요청하는 계기가 되었다.

예수 그리스도의 성육신과 사도 바울의 헌신으로 시작된 기독교 선교는 주님이 오시는 그날까지 이루어야 할 교회의 과제이다. 어떤 난관과 시련이 있더라도 멈춰서는 안 되는 것이다. 그러나 하루가 다르게 변화하는 선교지 상황은 세계 선교에 대해서 우리에게 더욱 지혜롭게 다가가야 할 필요성을 인식시키고 있다. 특히 예수께서 하신 말씀대로 '뱀같이 지혜롭고 비둘기같이 순결한' 그야말로 전략적인 이슬람선교를 해야 할 시기이다.

단기선교에 관한 정의에 대해서는 사역의 기간, 사역의 심도, 사역자의 자격 요건 등을 판단 기준으로 삼아 기존의 몇 가지 정리된 것이 있지만, 선교단체나 교회마다 다양한 시도가 단기선교의 양태를 분화시키고 있기에 아직 분명하게 정리된 것이 없는 상태이다. 일반적으로 단기선교는 장기선교와 구별되는 개념으로 단기간에 이루어지는 모든 형태의 선교를 말한다. 구체적으로 단기선교는 1~2주 프로그램의 선교 탐방 또는 선교지 답사로 불리는 선교 여행, 선교지에서의 문화 적응 및 언어 습득을 위한 선교 훈련, 그리고 현지 적응 훈련 및 장기 선교사 보조 사역인 단기선교 사역 등으로 분류될 수 있다(신동우, "단기선교의 효율성을 말한다," 『월간목회』 334호 〈2004〉, 74-75쪽 참조).

첫 번째로 단기선교는 선교사 여권으로 입국할 수 없는 나라에 대체 비자로 방문할 수 있다는 것이 우선적인 매력이다. 현재 남아 있는 대부분의 선교지는 정치적, 문화적으로 선교에 대해 적대적이어서 선교사 비자로 들어갈 수 없거나 공개적으로 전도를 할 수 없는 나라들이다. 세계의 60%가 이 제한국가에 포함되어 있고, 10/40 창(10/40 window)의 미전도 종족들이 이곳에 살고 있다. 단기선교는 여행 비자로 이 나라들에 대한 접근이 비교적 쉽다(송재홍, "단기선교의 강점과 약점을 알고 떠나자," 『빛과 소금』 147호〈1997〉, 3-6쪽 참조).

두 번째로 단기선교의 필요 그 자체이다. 사역의 형태상 단기간에 많은 인력을 가지고 해야 할 과제가 선교지에 존재하고 있다. 단기선교는 장기 선교사와의 협력하에 이러한 필요들을 충족할 수 있는 역량을 지원할 수 있다.

세 번째로 단기선교는 장기사역에 대한 접근을 가능하게 한다. 단기선교 운동이 시작되었던 원인 중 하나는 제2차 세계대전 이후 미국 젊은이의 사고방식 전환이었다. 그들은 장기간 선교사로 헌신하는 것보다 단기간 일해 보고, 그 다음에 자신의 삶을 결정하는 실용주의적인 생각을 가지고 있었다. 이 때문에 단기선교가 하나의 선교 형태로 자리 잡게 되었다. 실제로 많은 선교 헌신자들이 단기사역 기간 선교 현장에서 일어나는 생생한 영적 체험을 통해 장기사역으로 이어 가고 있다.

단기선교에 존재하고 있는 사역의 다양성만큼 단기선교가 주는 유익 또한 다양하다. 단기선교는 선교에 관심 있는 자에게 선교의 문을 두드리게 하고 짧은 시간 동안 선교사역을 경험하게 함으로 선교사로서 헌신할 기회를 제공할 뿐 아니라, 교회 안에 선교에 관한 관심을 불러일으키고 부족한 사역자를 채울 수 있는 장점이 있다. 또한 선교 헌신자들에게 장기 선교사가 되기 위한 훈련의 장을 제공하고 장기 선교사를 지원하여 새로운 사역을 개척할 수 있도록 도울 수 있다. 로잔 한국위원회의 총무인 한철호는 단기선교가 주는 유익을 다음과 같이 분류하였다(선교한국 편집,『단기선교 핸드북』〈2004〉, 8쪽).

참가자	선교단체	선교지 교회와 선교사
삶의 현장에 대한 경험 선교적 삶 맛보기 다른 나라의 교회 경험 영적 성장과 성숙 사역적 경험 공동체 훈련 장기 선교사의 가능성 성육신적 삶을 통한 배움	선교사 동원 인력적 공백 보충 좋은 대외적 관계 새로운 후원 재원 잠재적 평생 동역자 확보	사역이 이루어짐 전도 폭발 사역을 나누어 짐 파송 교회와의 관계 형성 장기 선교사로 돌아옴

10/40 창에 대부분 위치한 이슬람권 나라들은 우리나라와 비슷한 위도상에 위치하기에 사실상 접근하기가 쉽다. 이 창에서 빠져 있는 나라가 이슬람 최대 인구를 가지고 있는 동남아시아의 인도네시아이다.

2. 이슬람 단기선교의 문제점과 방향성
'하나님의 선교'라는 큰 그림으로 접근해야 하는 이슬람선교

이슬람권에 대한 단기선교의 문제점은 생각보다 많다. 단기선교는 말 그대로 기간이 길지 않기 때문에 현지 이슬람 문화와 선교사역에 대한 이해 부족으로 오히려 오랫동안 고생하거나 은밀하게 자리를 잡은 선교사에게 부담을 주거나 장애가 될 수 있다. 무슬림의 문화적 차이를 인식하지 못함으로 현지 선교사를 존중하지 않거나 무례하게 굴어 그들에게 마음의 상처를 줄 수 있다. 또한 이 일로 인해 현지 선교사와 현지인의 관계를 어렵게 할 수 있다.

짧은 기간의 훈련, 목회적 돌봄의 부족, 이것으로 인해 빚어지는 현지 적응의 어려움 등은 단기선교 참가자에게 장기선교에 대한 부정적인 인상을 주고, 오랫동안 신자를 얻지 못한 선교사와 현지 교회에 대해서도 왜곡된 인상을 주게 한다. 짧은 기간 피상적으로 경험한 것을 선교 현장의 전부인양 착각하여 선교사의 사역을 성급하게 판단할 위험이 있다.

준비 미비로 인한 시간적, 재정적 낭비를 초래할 수 있고, 현지 선교사도 자신의 사역에 쏟아야 할 시간을 단기선교 팀을 안내하느라 낭비할 수 있다. 결국, 인터콥의 최바울이 지탄을 받고 있는 공격적이고 준비되지 못한 이슬람권 단기선교가 모두에게 짐으로 작용할 수 있다.

이처럼 단기선교가 가지고 있는 많은 유익에도 불구하고 전체적으로 단

기선교에 대한 평가는 긍정적이지 못하다. 그 이유는 한국교회 안에 단기선교가 보편화되면서 그 자체의 장점을 충분히 살리지 못하기 때문이다. 다시 말해 단기선교를 장기선교가 하지 못하는 일 또는 장기선교와 동반자적인 관계에서 이루어져야 할 하나의 체계적인 이슬람권 선교 전략으로서 접근하지 않기 때문이다.

이슬람 단기선교는 전문 선교사의 입국을 거절하는 나라들이 많아지고 그에 따른 장기 선교사의 부족을 메우기 위한 하나의 선교 전략적 차원에서 시작되었다. 하지만 이슬람권 선교에서 단기간에 이루어지는 선교사역이라는 특성상 장기적 선교 전략과는 무관하게 이루어져 온 단기선교는 교회나 선교단체가 하는 하나의 여행 프로그램으로 전락하게 되었다. 그 결과 이슬람 단기선교는 원래의 자리를 잃어버림으로써 현대 선교가 해결해야 할 또 하나의 문제가 되어 버렸다.

단기선교의 문제점을 극복함과 동시에 그것이 가진 장점을 극대화하는 것은 단기선교를 전략적 차원에서 생각하고 이를 이슬람선교 현장에 적용하는 것이다. 다양한 선교지의 상황에 창의적으로 다가갈 수 있는 전략적 선교방법만이 단기선교의 효과를 극대화할 뿐 아니라 선교에 참여하는 사람들에게도 이슬람선교에 대한 매력을 줄 수 있을 것이다.

선교 전략으로서의 단기선교를 말할 때 가장 먼저 생각해야 할 것은 선교에 대한 전체적인 모습을 그리는 것이다. 다시 말해 단기선교도 장기선교와 함께 이슬람선교에 대한 큰 그림, 즉 선교가 하나님의 선교(Missio Dei)라는 것을 인식해야 한다. 주로 단기선교가 개 교회나 선교단체 중심으로 이루어지기 때문에 선교가 하나님의 선교라는 큰 이해 없이 지엽적인 선교만을 강조하고 있다. 그렇다 보니 이슬람국가들 안에서 단기선교 활동을 하면서 이 활동이 그 나라 또는 그 민족 그리고 다른 사역자들에게 끼치는 영향을 크게 고려하지 않는다. 또한 하나님의 선교라는 관점에서 선교를 이해하지 않기 때문에 무리하게 선교활동을 함으로써 하나님께서 이루셔야 할 부분들이 인간의 노력으로 대치되고 있다. 그러므로 단기선교를 계획할 때 교회의 사역 또는 자신들과 연결된 선교사와의 사역만을 보는 좁은 식견을 탈피하고 하나님의 선교라는 더 큰 범주 안에서 이슬람권 선교 전체를 바라보는 것이 필요하며, 각 선교지가 요구하는 필요에 응답해야 할 것이다(강승삼, "단기선교의 문제점 진단과 그 대안," 『월간목회』 134호, 56-58쪽 참조).

자연적 인구 증가라는 출산정책으로 인해 지난 50년 동안 500%나 급성장한 것이 이슬람권이다. 그러므로 단기선교는 전략적으로 접근해야 한다. 이는 이슬람권 선교지 상황에 맞춘 선교방법의 특성화를 의미한다. 모든 선교지가 같은 상황일 수 없고, 특히 어느 특정 이슬람권의 한 가지 선교방법이 모든 선교지에 적합하다고 할 수 없다. 그러나 현재 교회나 선교단체에 의해 행해지는 이슬람국가들에 대한 단기선교의 형태는 천편일률적이다. 준비하는 기간이나 구성원들의 역량에 따라 할 수 있는 사역의 제한성 때문이지만, 이슬람권 선교지의 선교사 또한 단기선교에 대한 다양성과 전문성이 부족하기 때문이다.

미국의 경우 ACMC(Association of Church Missions Committees), NSMC(National Short-term Mission Conference), STEM(Short-Term Evangelical Mission) 등과 같은 전문적인 단기선교 전문기관들이 있다. 지역 교회의 단기선교 지도자들이 이러한 기관을 통해 쉽게 훈련받고 필요한 도움을 받을 수 있다. 전략적인 단기선교를 생각할 때, 그 지역에서 펼쳐지는 사역에 대한 보다 근본적인 연구가 필요하다. 이슬람권에 필요한 것이 무엇인지 살피고, 단기선교라는 틀 안에서 무슬림에게 효과적으로 다가갈 방법들이 큰 그림 속에서 모색되어야 할 것이다.

3. 이슬람권 원리주의의 발흥과 개방화
전문 선교사가 가지 못하는 지역에 대한 단기선교의 전략적 접근

제2차 세계대전 이후, 이슬람 지역을 담당하던 서구 세력이 물러갔음에도 불구하고 이슬람국가의 대부분은 친서방정책을 견지하였다. 1960년대까지 중동의 정치 지도자들은 석유 자원의 중요성이 증가하는 만큼 서구 국가에 팔아 막대한 혜택을 누리면서 부를 축적했다. 그러나 1970년 석유파동 이후 이슬람 원리주의가 그 경제력에 힘입어 급속하게 퍼지기 시작했다. 이전까지는 중동지역인 아랍에도 서구의 자유주의 가치관을 수용하여 근대화를 이루어야 한다는 목소리가 힘을 얻었지만, 오일 달러로 말미암은 경제력은 아랍인들의 자존심을 세우기에 충분했다. 그래서 '과거 이슬람' 또는 '아랍의 영광'을 재현하기 위해 꾸란의 가르침을 그대로 따라야 한다는 주장이 거세졌다(조정해, "최근 이슬람의 성장과 선교,"『선교타임즈』165호〈2001〉, 86-87쪽 참조).

그 예로 1979년 이란이 호메이니에 의해 근본 이슬람으로 복귀하면서 이슬람 원리주의가 살아나기 시작했고, 근본주의자들을 고무시켰다. 탈레반 세력은 아프가니스탄을 장악했고, 이라크에서는 사담 후세인이 그리고 레바논에서는 카다피가 이슬람 독재정권을 구축했다. 이후 이슬람 원리주의 운동은 레바논 침공과 9·11 테러로 말미암아 절정에 이르렀다. 이 사건 이후 이슬람국가들은 종교가 개인의 선택이라는 유엔 인권 헌장의 종교 자유를 거부하고, 종교는 집단적 선택이 되어야 한다는 이슬람의 샤리아법을 더 강조하게 되었다. 미국의 주도하에 일어난 아프가니스탄과 이라크 전쟁은 기독교에 대한 반감을 증가시켰고, 나아가 이슬람 원리주의자들을 옹호하고 지지하는 세력을 넓혔으며, 이슬람권 국가 안에서 기독교 선교를 더욱 어렵게 하는 원인을 제공하였다(전호진,『문명 충돌 시대의 선교』〈기독교문서선교회, 2003〉, 28쪽 참조).

    그러나 국제사회에서 이슬람이 원리주의만으로는 통할 수 없다는 인식을 확산시켜야 한다. 무고한 인명을 민간 비행기 몇 대로 수천 명씩이나 살상하는 비인간적 행위를 보여 준 이슬람 원리주의의 9·11 테러는 어떤 상황에서도 용납될 수 없다는 사실을 교육을 통해서 일깨워야 한다. 더구나 세계의 일원이 된 산유국들이 UN의 인권 선언과 여성 헌장과 어린이 권리 장전을 무시해서는 국제사회의 지도자나 일원이 될 수 없다는 사실도 집요하게 설득해야 한다.

    희망적인 여건도 있다. 이런 상황에서 전문 선교사가 가지 못하는 지역에 대한 사업과 관광이라는 단기선교의 전략적 접근이 더욱 필요해졌다. 이슬람 원리주의가 힘을 얻어 가고 있는 상황에서도 경제적인 이유로 이슬람국가들의 개방화 정책은 계속되고 있다. 1991년 걸프전을 계기로 중동국가들은 반미전선을 형성하고 있지만, 속으로는 대서방 개방정책을 표방하고 있다. 실례로 카다피는 혁명 30주년 기념을 빌미로 그동안 고수해 오던 반미 입장을 철회하고 서구에 개방적인 태도를 보이며 화해의 몸짓을 보내기도 했다. 결국, 2011년 이후 이슬람권에 불어닥친 민주화 물결로 인한 재스민 혁명으로 아랍공화국의 여러 나라에서 많은 이슬람 원리주의가 엄청난 타격을 입은 것이 사실이다. 이로써 아랍의 대의나 이슬람 형제애는 더는 이슬람권 정부의 공식적인 차원에서 강조되지 않고 있다.

    이제 베일 속의 여인으로 상징되는 이슬람의 폐쇄성은 지나간 말이 되고 있다. 여성의 사회 진출이 꾸준히 증가하고 있으며, 교육 혜택을 통해 정계에 진출하는 여성들도 나오고 있다. 비록 바깥에서는 검은색 천으로 휘감고 다닐지언정 집 안에서는 화려하고 멋진 옷들을 입고 산다. 이슬람국가들은 이제 석유만으로 잘 먹고 잘살 수 있다는 생각을 바꾸고 있다. 훗날 석유 자원의 고갈을 대비해 석유를 대체할 새로운 돌파구를 모색하고 있다. 경제 개방과 관광산업 증진이 그 대표적이다. 이슬람의 종주국인 사우디아라비아도 2000년부터 단체 관광만 관광 비자를 발급하고 있다. 경제적인 측면에서 많은 이슬람국가들이 외국 사업가들에 대한 스폰서 제도를 완화함으로 외국 자본을 끌어들임과 동시에 더 많은 사업을 유치시키려고 노력하고 있다.

이슬람권의 젊은이들은 의식적으로 그리고 무의식적으로 서구문화에 젖어 들고 있다. 예멘을 제외하고는 미국 기업의 상징인 코카콜라와 맥도날드가 없는 이슬람국가가 없고, 서구 음악을 스마트폰과 MP3를 통해서 중독되도록 듣고 있으며, 자동차 경주에 열광하면서 서구식 생활양식을 노골적으로 동경하고 있다. 그들을 제한하고 억압하는 이슬람 자체에 대해서 반항적이고 싫증을 느끼는 사람도 적지 않다.

이런 개방화는 이슬람권 젊은이들에게 복음을 전할 새로운 기회를 제공하고 있다. 일시적으로 무슬림의 삶을 제한할 수는 있지만, 세계적인 세속화의 추세에서 이슬람권이 원리주의로 회귀하기란 쉽지 않을 것이다.

전통 복장을 입은 이슬람 여성들의 좌담회

4. 이슬람권의 세속화와 부흥
방송 매체 활용과 한류 문화를 통한 단기선교

이슬람의 세속화는 급속도로 진행되고 있다. 서구에서 유입되는 TV 방송이나 미디어를 보면서 무슬림들은 서구는 타락한 국가이고 모든 서구의 영향을 세속화로 정죄하지만, 이미 이슬람권 안에도 세속화의 물결이 거세게 일고 있다. 몇몇 이슬람국가들은 위성방송 청취를 불법으로 규정하고 있지만, 중동지역을 여행해 보면 중동지역의 볼거리 중의 하나는 위성 수신용 접시이다. 위성방송을 통해 많은 무슬림이 포르노 방송을 시청하고 있다(김동문, 『이슬람 신화 깨기 무슬림 바로 보기』〈홍성사, 2005〉, 43-46쪽 참조).

방송 매체와 인터넷의 확산은 이슬람권 선교의 새로운 대안이다. 인터넷은 음란물뿐만 아니라 기독교 메시지와 성경과 복음서를 무슬림의 손에 쉽게 전달하는 통로이다. 이슬람에 세속화의 바람을 가져온 또 하나의 주인공은 서구 유학파들이다. 오일 달러의 힘을 빌려 중산층 이상의 젊은이들이 해외에서 공부하게 되면서 이들에 의한 서구화가 이루어지고 있다. 이들은 이슬람권의 여성에 대한 견해, 의복, 미신적인 이슬람 요소 등에 대해서 부정적인 반응이 보이며, 서구문화를 소개하고 있다. 아울러 무슬림의 세계 여행 증가는 이들에게 서구에 대한 그들의 인식과 삶에 적지 않은 변화를 일으키고 있다.

원리주의의 발흥과 정반대로 이슬람권의 부흥이 이제 전 세계적으로 확대되고 있다. 이라크와 미국 간의 갈등과 전쟁, 이스라엘과 팔레스타인과의 전쟁, 그리고 오늘날 세계의 석유시장을 좌우하는 중동의 자원문제 등 이슬람과 관련된 세계의 정치적 갈등과 경제 영향, 이슬람 문화에 대한 관심이 세계 곳곳에서 고조되고 있다. 이슬람의 부흥은 과거에도 있었던 일이지만 18세기에 이르러 나타난 현대 이슬람의 부흥은 서구 세력에 대항하는 운동이라는 점에서 특별하다(전재옥, 『아시아의 무슬림 공동체』〈예영커뮤니케이션, 1998〉, 8-9쪽 참조). 이슬람의 세계화는 다른 사상이나 종교와의 공존을 말하고 있다기보다는 모든 사람의 이슬람화를 말한다는 측면에서 이슬람 원리주의와 깊은 연관이 있다고 볼 수 있으나, 한편에서 이슬람의 부흥은 이슬람의 세속화에 기인한다.

　20세기 들어 이슬람권 국가들은 1973년 석유 파동 이후 막대한 경제력을 바탕으로 아프리카와 동남아 국가들에게 원조를 시작했다. 그 결과 그 나라 안에서 큰 무리가 이슬람교로 개종했다. 그 후 이슬람국가들은 이슬람을 믿는 사람에게만 장학생 등 각종 혜택을 줌으로써 젊은이들에게 이슬람으로 개종할 것을 권유하고 있다. 또한 중동과 아프리카의 서구 식민지였던 무슬림이 서구 여러 나라로 이민을 하게 되었고, 그 나라에서 자신들만의 공동체를 형성하여 그 나라 사람들에게 이슬람을 선전하고 있다(전호진, 『이슬람 종교인가 이데올로기인가』〈SFC 출판부, 2002〉, 126-132쪽 참조). 서구의 기독교 국가들 안에서 이슬람은 이미 자리를 잡았다. 1900년 독일에는 한 명의 무슬림도 없었지만, 지금은 약 3백만 명의 무슬림이 있다. 영국은 전체 인구의 3%가 무슬림이며, 프랑스에도 약 3백만 명의 무슬림이 있다. 그 결과 독일과 영국은 심각한 위기에 빠져 있다. 이미 이슬람의 테러가 빈번하게 발생하고 있기 때문이다. 유럽에서 이슬람의 부흥은 전통적인 기독교 국가에 대한 위협이다. 더구나 시리아 난민 사태로 인하여, 수백만 명의 이슬람 난민이 유럽에 직접적인 위협과 사회적 범죄의 양상으로 나타나고 있다.

　이슬람국가들은 1974년 사우디에서 열린 세계무슬림연맹 회의 이후 포교에 대한 적극성을 띠고 이슬람 이맘을 파송하고 있다. 최초의 대학이라고 하는 이집트의 알아즈하르 대학에서는 모든 학생에게 꾸란을 필수과목으로 이수하게 하고, 졸업한 후에는 본국으로 돌아갈 때 이슬람 이맘의 사명을 주지시키고 있다. 중동과 북아프리카에 훈련센터를 세우고 이슬람 이맘을 양성하는 한편, 책자와 TV, 컴퓨터 매체를 통해 포교하고 있다. 영국 전역에는 유럽의 지식인을 겨냥해 수십 개의 이슬람 이맘 훈련학교가 퍼져 있는데, 주로 영국 교회 건물을 사서 그곳에서 이루어지고 있다. 이들의 포교 전략은 초기에는 사회 노동자와 피해 소외계층을 공략하고, 이슬람을 믿는 사람이 전체 인구의 5%가 넘으면 사회 고위층을 상대로 물질과 힘으로 집단 개종을 시도하고 있다. 그 결과 영국에서 이슬람의 성장률(2.15%)은 이미 기독교의 성장률을 능가하게 되었다(공일주, 『아랍교회에 부흥 있으라』〈예루살렘, 2000〉, 93쪽 참조).

이제 유럽은 시리아 난민 금지법과 반무슬림법을 만들어서 자국민을 보호해야 한다. 유럽 여행지마다 소매치기가 극성인데, 그들 대부분이 유럽을 떠도는 난민들이다. 이들이 눈앞에서 버젓이 지갑과 여권을 가져가는데, 아무도 제지하지 못할 정도로 치안이 무너졌다. 심지어 무슬림 남성들이 밤거리를 떼 지어 다니면서 유럽 여성들을 성폭행하는 끔찍한 일이 자주 일어날 정도이니, 관광객에게 야간 금족령이 내려지는 일이 다반사이다.

이슬람의 세속화와 부흥은 동전의 양면과 같다. 모두 이슬람 원리주의자들이 서방 문화를 공격하면서 자신들의 내적 결속을 다지는 기회로 삼고 있다. 이것은 이슬람권 선교에 대한 기회이면서 반대로 어려움을 주는 여건이다. 정치·경제적인 이유로 무슬림의 집단적 난민 사태가 유럽에 위기감을 고조시키는 동시에 유럽 기독교인을 깨우는 기회가 되고 있다. 한국교회는 이런 상황을 예의주시하고 이슬람에 대비하는 전략을 철저하게 세우고 난민에 대한 법적 대비도 구체적으로 해야 한다.

요르단의 수도 암만에서 여경이 아침 출근길에 혼잡한 교통을 정리하고 있을 정도로, 이슬람권의 개방화는 빠른 속도로 이루어지고 있다.

5. 이슬람권의 상황화 선교 전략
이슬람 교도 선교의 최대 걸림돌은 문화 전략의 부재

이슬람의 세계는 매우 다양하다. 국가마다 그리고 나라마다 자신들만의 특색을 가지고 있다. 어떤 국가들은 아직도 이슬람 원리주의로의 회귀를 염원하고 있고, 또 다른 국가들은 적극적인 개방화를 시도함으로 국가 발전을 꾀하고 있다. 이런 다양성을 가진 이슬람국가들에 대한 근본적인 이해가 이슬람선교의 첫 전략이다.

우리에게 있어 이슬람은 비슷한 문화권이지만 아직도 많은 부분이 베일에 가려져 있다. 우리가 알고 있는 대부분의 이슬람에 관한 지식은 서구적인 관점에서 보인 것이다. 또한 이슬람을 종교에 한정해서 생각하려는 경향이 있고, 그런 경향이 결국 이슬람 세계를 너무 단순화해서 생각하게 한다. 빌 테일러는 오늘날 많은 사람이 선교에 있어서 남겨진 과업을 너무 가볍게 생각하는 것에 대해 우려하고 있다. 그는 선교할 대상과 국가에 대한 충분한 준비 없이 전통적인 선교방법으로도 얼마든지 해결할 수 있을 것이라는 축소주의를 경고한다. 그 결과 이슬람선교에 대한 충분한 이해와 준비가 이루어지지 않은 채 선교 현장으로 뛰어들고 있다.

중동선교에 디딤돌을 놓은 선교사인 김동문은『이슬람 신화 깨기 무슬림 바로 보기』(홍성사, 2005)에서 이슬람에 대한 우리의 무지에 대해 이렇게 말한다. 한국교회는 "이슬람 세계를 너무 단순화하거나 산술적으로 전급하는 어리석음을 과거 여러 차례 범하였다. 무엇보다 이슬람을 종교적, 교리적인 접근만으로 이해하려는 시도는 장점과 함께 큰 취약점을 가지고 있음을 주목하여야 한다. 안타깝게도 아직 한국교회는 이슬람의 실체를 모르고 무슬림에 대해서도 전혀 알지 못한다. 그런데 알려고 하지도 않는다"(위의 책, 169쪽). 한국교회는 스스로 만들어 놓은 하나의 허상과 같은 틀 속에 이미 만들어진 가상의 무슬림을 만나고 있고, 가공된 이슬람을 대면하고 있다. 문화의 옷을 입고 손짓하는 이슬람은 정작 자기의 실체는 숨긴다.

이슬람선교에 있어서 이슬람 자체를 이해하고 아는 것이 절실한 상황이다. 비록 사역이 더디고 열매가 없을지라도 이슬람 이해라는 선교의 첫발을 잘 내디딜 때 좀 더 그들에게 가까이 다가가 복된 소식을 나눌 기회가 주어질 것이다.

다른 종교에 대한 보수적인 견해가 지배적이었던 20세기 중반까지 복음을 위한 가교로서 다른 종교가 사용될 수 있는 것은 아무것도 없었다. 이슬람선교에도 이런 견해는 그대로 받아들여져서 이슬람의 그 어떤 것도 기독교 선교에 차용될 수 없었다. 그 이후 등장한 문화인류학과 종교 다원주의는 다른 종교에 대한 이해를 발전시킴으로 이슬람선교에 새로운 지평을 열어 주었다.

이슬람선교에 있어서 가장 커다란 장애물 중의 하나는 문화적 장벽을 극복하지 못하는 데 있다. 곧 문화 전략의 부재가 이슬람권 단기선교의 약점이다. 앞에서 언급했듯이 이미 이슬람 안에 존재하고 있는 문화적 가교들을 이교도적인 것으로 보고 배격하게 되면, 이슬람으로부터 개종한 신자들에게도 적지 않은 어려움을 줄 것이다. 반면 그것들을 적극적으로 활용하게 된다면 보다 다양한 방법으로 이들에게 복음을 전할 수 있게 될 것이다. 예를 들어 무슬림의 희생제사 중에 '쿠르반 바이람'(또는 이드 알-아드하)이 있다. 구약성경에는 아브라함이 이삭을 희생제물로 드리려 한 것이라 나오지만, 이슬람에서는 이날을 아브라함이 기꺼이 아들 이스마엘을 희생하려 했던 것으로 기억하며 수염소, 양, 소, 낙타를 죽이는 희생제사이다. 무슬림은 이 희생제사를 이스라엘 백성이 드리는 속죄제로 생각한다. 그러므로 '쿠르반 바이람'은 차이점이 많지만, 유대교와 기독교와 이슬람의 교량적 역할을 할 수 있다. 이외에도 이슬람의 다섯 기둥 가운데 하나인 라마단을 사순절과 연관시키는 것, 무슬림의 기도인 살라트(Salat) 등이 문화적 가교 역할을 할 수 있을 것이다. 예를 들면, 방글라데시에서 일부 선교사들이 무슬림의 금식과 살라트를 수용함으로써 많은 개종자를 얻었다.

상황화 전략은 이슬람선교의 문을 여는 핵심 전략으로 대두될 수 있다. 물론 아직 이 모든 것들이 신학적으로 정립된 것이 아니고 이슬람권 국가 안에서 어떻게 그것들이 이해되는지에 대해 구체적인 연구가 없으므로 섣부른 상황화는 오히려 혼합주의를 낳을 수 있는 위험성을 안고 있다. 하지만 그들의 눈으로 기독교를 보고 이해하려는 노력으로 상황화 전략을 적극적으로 활용하면서 이슬람선교에 대한 눈높이를 낮춘다면 지금보다 한층 더 열린 이슬람을 보게 되고 그에 대한 적절한 선교방법이 나오게 될 것이다.

새벽 미명에 운해를 가르는 비행기에서 바라본 이스탄불은 문화의 옷을 입고 이슬람의 실체를 가린 채 서구의 기독교인에게 성지여행을 오라고 손짓한다.

전통적으로 이슬람권으로 선교를 나가는 것과는 정반대로 돈이 많은 이슬람권의 부자들이 많은 돈을 가지고 세계 여행을 하는 추세이다. 이 점에서 국내로 찾아오는 이슬람권에 대한 전략적인 대비도 필요하다. 곧 해외 여행과 한류 문화의 확산은 과거에 단기선교를 핑계로 분별하게 이슬람권 여행을 다니던 관행을 재고하고, 이제는 한국교회가 홍대 거리와 동대문 운동장과 이태원 거리를 찾아오는 무슬림에게 전략적으로 접근해서 길거리 전도를 해야 한다. 이미 그곳에는 무슬림이 넘쳐나고 있는데, 해묵은 호기심만을 앞세우고 단기선교를 구실로 삼아 무작정 해외여행을 나가는 일은 재고되어야 한다.

6. 이슬람권에서의 교회 개척과 전문인 선교
무슬림의 거짓 포교 전술 대비

21세기에 들어서 세계는 예측불허의 변화를 보인다. 그 변화의 정점에 이슬람권의 변화가 있다. 9·11 테러 이후, 세계는 그동안 역사의 무대에 숨겨져 있던 이슬람을 주목하게 되었다. 이슬람은 지난 1,500년 동안 기독교와 더불어 하나의 거대한 종교 세력으로 자리매김하였고, 이제는 변화를 거듭하여 빠른 속도로 세계 곳곳에 침투하고 있다.

이슬람의 침투에 발맞추어 이슬람권에 대한 대안으로서의 교회 개척 운동(CPM)은 교회 개척의 한 모델로서 영적 수준이 낮은 평신도 지도자들에 의해서 영적 수준이 낮은, 작고 건물 없는 교회를 형성하는 하나의 운동이다. 교회 개척 운동은 이슬람국가에서 상당한 장점이 있다. 전통교회와는 다른 형태의 작은 가정교회라 유동적이기 때문에 무슬림들에게 쉽게 공격의 대상이 되지 않으며, 가족 중심의 전도 형태도 무슬림 전도에 유리하게 작용할 수 있다. 또한 작은 모임이 높은 재생산성을 보인다는 점에서 이슬람권에서 가장 잘 활용될 수 있다. 다른 이슬람지역보다 중동지역에서는 그 활동이 미비하나 적절한 모델 보완이 이루어진다면 새로운 이슬람선교 전략의 하나로 환영받을 것이다.

대부분의 이슬람권 국가들은 선교사 비자를 주지 않고 기독교 선교에 대해서도 매우 적대적이다. 그래서 이런 나라에 입국하기 위해서는 일반 직업이 필요하다. 소위 전문인 선교가 요구된다. 동시에 이슬람선교는 더욱 철저한 프로의식을 가진 전문적인 선교사가 필요한 곳이다. 직업을 가진 선교사는 그 어떤 역경이 와도 좌절하지 않고 계속해서 사역하지만, 아마추어 의식을 가진 선교사들은 그렇지 않다. 그들은 사역이 어려워지면 다른 지역으로 가거나 본국으로 돌아가고 만다(조용성, "21세기 이슬람 선교전망," *Hermeneia Today* 19〈한국신학정보연구원, 2002〉, 154-155쪽 참조). 이슬람선교는 긴 안목을 가지고 오랫동안 헌신할 전문적인 선교사를 요구한다. 마지막으로 이슬람선교는 그 지역의 전문성을 가진 선교사를 필요로 한다. 자신이 하려는 사역에 대한 전문성뿐만 아니라 그 지역의 경제, 문화, 종교, 그리고 종족에 관한 폭넓은 연구를 통해 전문성을 갖춰야 한다. 전문성을 키우는 것은 현장에서 선교 전략을 수립하는 데 있어 많은 도움을 준다(장훈태, 『이슬람 선교여행』〈기독교연합신문사, 2005〉, 167-168쪽 참조).

흔히 '이슬람' 하면 한 손에는 칼, 다른 한 손에는 꾸란을 쥔 아주 공격적인 성향을 가진 모습을 연상하기 쉽다. 최근 이슬람 원리주의자들에 의해 행해진 테러는 이슬람에 대한 이러한 입장을 더욱 분명하게 하고 있다. 하지만 이슬람국가에 사는 무슬림은 오히려 기독교의 공격성에 대해 말한다. 해마다 이슬람의 라마단이 시작되면 많은 수의 기독교인이 역 라마단 기도운동을 펼친다. 이 절기는 무슬림에게 있어서 성스러운 금식의 달인데 기독교는 그 때를 같이하여 이슬람을 위한 특별기도를 하며 이슬람선교에 대해 도전하고 있다. 기독교인의 눈에는 어떨지 모르지만 무슬림의 시각에서 보면 이 또한 공격적인 모습으로 비칠 수 있다.

이슬람에 대한 기독교 선교에 있어서도 공격적인 성향을 버려야 한다. 선교 자체가 공격적인 면이 없다고 볼 수는 없지만 좀 더 그들에게 겸손한 태도로 나가야 한다. 문화 침략자와 같은 정복자의 모습이 아닌 그들의 이웃으로 그들을 사랑하고 섬기는 선교 전략이 필요하다.

정부의 규제와 단속에도 불구하고 무슬림의 범죄와 탈선 현상은 더 심화되어 가고 있다. 심지어 이슬람권 국가 안에서도 매춘은 법적으로 금지되어 있지만, 음성적으로 행해지고 있다. 중동국가들의 개방에 힘입어 해마다 수많은 매춘부가 러시아와 중국에서 오고 있다. 라마단 기간이면 수많은 사우디아라비아인이 옆 나라인 바레인에 가서 매춘 행위를 하고 있다. 스마트폰과 인터넷 보급 역시 이에 일조하고 있다. 이슬람권의 정부들은 음란 사이트를 법적으로 차단하고 있지만, 젊은이들은 여러 방법으로 음란 사이트에 접속한다. 또한 인터넷은 젊은이나 여성에게 베일로 감춰져 있던 서방세계와의 접촉의 통로가 되고 있다(이현모, "최근 이슬람선교의 변화에 대한 분석," 『기독교사상』 334권〈2006〉, 241-244쪽 참조).

무슬림은 기독교의 사랑과 섬김과 인내를 악용하는 경우가 많다. 무슬림은 거짓 전술에 능하므로, 한국교회는 아랍과 동남아시아에서 국내로 온 무슬림 청년들의 애정 공세에 쉽게 속아서는 안 된다. 이슬람권에서는 다른 종교로의 개종이 불허하다. 그런데 국내에 와서 기독교를 받아들인 후 한국 여성과 결혼하여 아이까지 낳은 상황이 속출하고 있다. 이들이 다시 본국으로 돌아가면 모든 것이 끝난다. 한국교회가 지속해서 관찰하여 결코 부인을 동반하여 본국에 돌아가지 못하도록 하고, 여건이 되면 이곳에 찾아오는 무슬림에게 복음을 전하는 길거리 전도자가 되도록 영적으로 변화시켜야 한다.

7. 이슬람권에서의 새로운 선교 전략
정탐 선교, 기존 선교사의 재훈련, 제3국을 통한 전략

무슬림은 정작 다른 종교로의 개종을 철저하게 불허하면서도 여행산업을 육성하여 서구의 기독교인에게서 엄청난 이익을 취하고 있다.

해외로 파송된 한국 선교사 중 이슬람 지역으로 파송된 수는 10% 미만이다. 여전히 이슬람 지역은 미개척지이다. 상대적으로 적은 선교사의 숫자는 이슬람에 대한 무지를 반영하고 있다. 그나마 이슬람에 대해서는 그동안 서양 선교사들에 의해 제공된 것이 대부분이다. 이제는 서구의 관점이 아닌 우리의 관점으로 이슬람을 연구하고 이해해야 할 시기가 왔다.

선교방법으로서 한 국가나 종족에 대한 정탐 선교는 일찍이 단기선교가 할 수 있는 하나의 영역으로 자리매김해 왔다. 미전도 종족에 관한 관심이 고조되면서 종족 연구에 대한 많은 훈련 프로그램과 자료가 개발되어 있다. 소규모의 단기 팀을 구성하여 이를 적극적으로 활용한다면 장기 선교사에게 현지 선교에 관한 많은 정보를 제공할 수 있을 것이며, 정탐을 통해 얻은 자료들은 앞으로 그 나라나 지역에 들어갈 선교사들에게 좋은 자료가 될 수 있다.

정탐 선교는 한국교회의 선교 동원에 큰 도움을 줄 수 있다. 정탐 선교는 선교 관심자들에게 그 나라에 대한 보다 자세한 정보를 알게 함으로써 선교적 관심을 일으킬 수 있다. 그리고 정탐 선교의 결과를 한국교회에 홍보함으로 이슬람권 국가들을 섬겨야 할 선교적 필요를 알게 하여 한국교회를 이슬람선교의 장으로 끌어낼 수 있다.

이슬람선교는 장기적인 안목을 가지고 헌신할 때 보다 효과적인 전도를 할 수 있다. 무슬림이 가장 가치 있게 생각하는 것 중의 하나가 우정이지만, 외국인들에게 그들의 속마음을 보이기까지는 상당히 많은 시간이 필요하다. 이슬람권에서 단기선교를 경험한 사람들은 무슬림의 환대와 친절에 감

동한다. 한국 사람의 특성상 그들에게 쉽게 마음을 연다. 물론 상대방도 그런 마음으로 자신들을 대한다고 생각하기 쉽다. 하지만 무슬림들이 보이는 친절은 피상적이기에, 진심으로 마음을 열기까지는 상당한 시일이 걸린다 (유해석, 『이슬람이 다가오고 있다』〈쿰란출판사, 2003〉, 222쪽 참조).

무슬림은 공동체적 삶의 가치를 중요시한다. 학연과 지연같이 그들에게는 이슬람만의 공동체인 움마(Umma)가 있어서 외국인을 자신들의 공동체의 한 일원으로 받아들이기까지 많은 시간이 필요하다. 결국, 이슬람선교에서 가장 중요한 요소는 시간이다. 긴 안목을 가지고 인내하는 마음으로 그들에게 다가가기를 힘쓰는 것이 가장 전략적인 선교이다. 그런 점에서 이슬람권에서의 선교는 2~3주의 선교여행이 아닌 2~3년의 중단기 선교가 필요하다(J. Mack, L. Stiles, 『위대한 도전 단기선교』〈죠이선교회, 2003〉, 47-48쪽 참조).

이슬람선교에는 문화적 전략이 필요하다. 이스라엘과의 유사성 때문에 훨씬 더 접근하기 쉬운 부분이 있다. 그런데도 그 안에는 이교도적인 모습이 있어서 이에 대한 철저한 이해와 연구가 선행되어야 하므로 이슬람권에서 행해지는 단기선교 프로그램에 대한 재고를 요청한다. 그들의 문화를 이해하고 그들의 문화 안에서 선교의 접촉점을 가지고 접근하는 것은 단시간에 이루어질 수 없기 때문이다. 단기선교보다 좀 더 시간을 가지고 이들을 이해하고 지켜볼 수 있는 사역인 중단기 선교가 적절하다고 생각한다.

이슬람권에서 단기선교 사역으로 유용한 것 중의 하나가 선교사 재훈련이다. 최근에 이슬람권 국가에서 비교적 접근이 쉬운 국가를 선택해서 이슬람권 선교사들을 재훈련시키는 프로그램이 운영되고 있다. 제자 훈련이나 목회자 훈련을 목적으로 교수급 전문인력 팀이 단기간 방문하여 전문적인 지식을 가르친다면 상호 간에 좋은 교제와 지속적인 사역이 전개될 수 있다. 급작스러운 전염병이 유행하는 지역에는 전문인 의료 사역을, 홍수로 폐허가 된 지역에는 주택 재건을 위한 사역을 제공할 수 있다. 단기선교는 전문성과 기동성을 살려 이슬람권을 도우면서 장기사역을 위한 새로운 통로를 열 수 있는 유용한 전략이다.

13부
한반도를 덮친 이슬람의 실태
Situation

13부
한반도를 덮친 이슬람의 실태

◆

1. 꾸란이 성경을 인용하는 것을 어떻게 볼 것인가?
예수의 가르침과 기독교 교리를 거부하는 이슬람

꾸란에 성경이 인용되는 내용이 많으므로 많은 사람이 꾸란이 성경적 사실을 그대로 보여 주고 성경 이야기를 계승할 것이라고 막연하게 상상한다. 그러나 사실을 알고 보면, 전혀 아니다. 꾸란이 성경의 내용과 외관상으로 얼핏 보기에 연결되는 것 같지만, 사실은 전혀 그렇지 않다. 오히려 성경을 왜곡하고, 성경의 진리를 거부하며, 심지어 예수를 모독하고 비하하는 일을 서슴지 않는다.

복음서에 의하면, 예수는 인류의 구세주이시다. 그러나 예수에 관한 꾸란의 관점은 너무나도 상이하다. 복음서는 예수를 하나님의 아들로서 세상에 구원을 가져온 평화의 왕으로 계시한다. 그러나 꾸란은 예수를 '이스마엘이나 이삭과 같은 선지자'로 간주하여 최후 계시자는 무함마드라고 함으로써 예수를 무함마드 밑에 내려놓았다(꾸란 2:136; 3:84; 4:163). 과연 성경이 이스마엘과 이삭을 선지자로 부르는가? 이런 엉뚱한 기록 자체가 이슬람의 전형적인 교리가 거짓임을 입증하는 것이다.

흔히 기독교, 유대교, 이슬람 등의 뿌리가 아브라함이라고 생각하지만, 사실이 아니다. 기독교는 첫 아담에게서 출발하여 죄를 범함으로써 둘째 아담이신 예수께서 인류의 죄를 대속하시는 길을 열어 주신 것을 중시한다. 유대교는 십계명을 받은 모세의 종교이다. 이슬람은 위에서 언급한 하갈에게서 난 육체의 자식인 이스마엘에게 뿌리를 두고 있는 종교이다.

이렇게 근본적으로 뿌리가 다른 이슬람은 예수께서 십자가에 달려 죽지 않았다고 주장하며 기독교의 핵심 진리인 구원 교리까지 거부한다. 이것은 꾸란이 1세기의 그레코-로만 세계에 퍼져 있던 '의로운 자의 죽음'에 영향을 받은 것으로서, 혼합주의의 한계를 벗어나지 못하고 있다는 사실을 보여 준다. 이러한 행위들 중 많은 것은 이슬람이 들어오기 전에 존재했던 종교들로부터 받은 영향이다. 이미 그레코-로만 시대에 초기 기독교에 대한 타 종교의 폭력이 심화되었는데, 이른바 안티 기독교적 전통을 이은 꾸란은 기독교인들을 어리석은 이교도로 폄하한다.

꾸란은 기독교인을 거짓말쟁이로 단정 짓기 때문에(꾸란 18 : 4-5), 기독교인이 숭배하는 모든 신앙을 모두 배격한다(꾸란 109 : 1-6). 꾸란은 유대인이나 기독교인을 친구로 삼지 말라고 경고하며(꾸란 5 : 51), 심지어 알라를 믿지 않는 자들에 대항하여 싸우라고 강요한다(꾸란 9 : 29). 꾸란에 무더기로 발견되는 "이교도를 죽여라", "이교도의 목을 쳐라"라는 구절에서 이교도는 이방인을 가리키는 것이 아니라, 바로 기독교인들을 죽이라는 것이다.

꾸란(5 : 5)에 보면 무슬림은 기독교 여성과의 결혼을 허락하고 있지만, 이교도 여성과 결혼하는 것보다 이슬람 노예와 결혼하는 것이 낫다고 가르친다(꾸란 2 : 221). 반대로 기독교 남성들과 무슬림 여성들의 결혼은 허용되지 않는다.

꾸란은 예수에 관해 28회 언급할 정도로 신약성경의 영향을 많이 받고 있다(꾸란 2 : 87, 136, 253 ; 3 : 3, 45, 52, 55, 59, 84 ; 4 : 157, 163, 171 ; 5 : 46, 78, 110, 112, 114, 116 ; 6 : 85 ; 19 : 34 ; 33 : 7 ; 42 : 13 ; 43 : 57, 61, 63 ; 57 : 27 ; 61 : 6, 14). 그러나 꾸란은 예수를 '그리스도 예수'라 부르지만, 이것은 예수를 메시야로 인정하지 않는 유대교에 반대하기 위한 것이다. 이슬람은 예수를 그리스도로 인정하지 않고 단지 최후의 선지자인 무함마드를 위해 앞서 온 세례 요한과 같은 선지자의 개념으로만 이해한다. 꾸란은 그리스도의 의미를 왕, 제사장, 선지자의 삼중개념으로 인간 구원의 포괄적인 차원에서 이해하지 않고, 무함마드의 수하에 있는 일개 선지자로만 간주하여 기독교 정통교리에 엄청난 폭력을 가한다.

특히 꾸란은 이스마엘이 알라의 메신저와 선지자가 되었다고 주장하지만(꾸란 19 : 54), 성경은 이스마엘이 아니라 이삭이 약속의 자녀로서 아브라함의 유업을 이어 나갔다고 증거한다. 꾸란은 예수께서 단지 알라의 심부름꾼에 지나지 않는다고 깎아내린다(꾸란 4 : 157). 꾸란에 의하면, 예수는 스가랴, 세례 요한, 엘리야 등과 마찬가지로 한갓 '의인'에 지나지 않는다(꾸란 6 : 85). 꾸란에 28명의 예언자 중 예수뿐만 아니라 의외의 인물인 알렉산더 대제까지 등장시키는 것은 이슬람교의 혼합주의적 특징을 보여 주는 것이다.

이미 185년경에 오리게네스, 테르툴리아누스, 이레네우스와 같은 3대 교부들에 의해서 이단으로 규정되어 역사의 무대에서 사라진 영지주의 이단의 영향을 받아 7세기에 등장한 이슬람은 처음부터 예수와 기독교를 거부하기 위해 태어난 종교이다.

우리가 믿는 예수 그리스도는 꾸란이 주장하는 것처럼 인성만 가지신 예언자가 아니라 인성과 신성을 동시에 가지신 참 하나님이시며, 참 인간이시다. 영지주의 이단은 '육체는 영혼의 감옥'이라는 플라톤주의에 영향을 받았기 때문에, 이슬람교와 마찬가지로 예수께서 십자가에서 돌아가셨다는 사실을 부인하고 있다.

그러나 신약성경은 예수께서 모든 인류를 죄와 사망 가운데서 구원하시기 위하여 십자가에 달려 대속적인 의미의 죽임을 당하셨고, 죽은 지 사흘 만에 부활하셔서 영원한 생명과 구원을 그를 믿고 따르는 자들에게 성취하셨다고 분명하게 증언하고 있다.

골고다 언덕에 세워진 성묘교회 입구와 지하 채석장에 있는 십자가 부조

이런 비교를 통해서 분명해지는 것은 꾸란이 일부 성경의 내용을 알고 있다고 해도, 그것은 처음부터 성경을 거부하고 왜곡할 목적이 숨겨져 있다는 사실이다. 그러므로 우리는 이슬람의 포교가 일차적으로 기독교인에게 있다는 사실을 알아야 한다. 이슬람은 결코 기독교를 인정하지 않고, 오히려 기독교를 정면으로 부인하면서 영적 전쟁을 일으키고 있다. 이 같은 사실을 잘 파악하여, 대한민국 곳곳에 200여 곳이 넘게 세워져 있는 이슬람사원인 모스크가 기도처라는 명분에 따라, 성도를 향해 포교 활동을 벌이면서 책도 무료로 나누어 주고 직업도 알선해 주고 여성들에게 호의적으로 다가오는 일들에 속아서는 안 된다. 그들의 속임수 전략이다. 그들은 이슬람을 미화

하여 선전하기 위해서 어떤 거짓말도 서슴지 않는다.

이 점에서 한국교회는 이슬람의 실체를 바로 알고 깨어나야 한다. 특히 여성들의 상당수가 무슬림들의 애정 공세에 넘어가서 결혼하여 애를 3명이나 낳고, 10년 정도 지난 다음에 이혼을 당하여 비참한 상황에 처한 경우들이 많다. 이것은 꾸란이 여성을 비하하는 전통과 맞닿아 있다. 다음에 여성에 관한 이슬람의 태도를 자세히 살펴보자.

2. 꾸란, 여성을 비하하다
모든 여성을 경멸하는 이슬람

성경보다 700년 후의 기록인 꾸란이 여성에 관해 언급한 것을 마태복음과 비교해 보자. 예수께서는 여성을 낮추어 본 적이 없는데, 무함마드는 노골적으로 여성을 낮추어 본다. (이하에서 소기천 "기독교와 이슬람의 여성 지위와 역할에 관한 예수말씀의 연구," 『신학논총』 70호〈한국기독교학회, 2010〉, 5-20쪽을 참고한 것임을 밝힌다.)

마태복음	꾸란 4 : 34
"이는 요한이 헤롯에게 말하되 당신이 그 여자를 차지한 것이 옳지 않다 하였음이라" (마 14 : 4). "온 천하에 어디서든지 이 복음이 전파되는 곳에서는 이 여자가 행한 일도 말하여 그를 기억하리라"(마 26 : 13).	"남자는 여자보다 우위에 있다. 알라께서 서로 간에 우열을 가린 것으로서 또한 남자가 생활에 필요한 돈을 대고 있기 때문에 이러한 점에서 남자가 여자보다 우위에 있으며, 따라서 정숙한 여자는 남자에게 순종하고"(김용선, 『꾸란의 이해』, 375에서 재인용).

꾸란은 여성보다 남성이 위에 있다고 일방적으로 선언한다. 특히 알라가 서로 간에 우열을 가린 것이라고 밝힘으로써 이슬람에서는 남성이 영원히

여성 위에 서 있다(꾸란 4 : 34). 반면에 마태복음 14 : 4은 권력으로 여성을 차지한 헤롯의 잘못까지 지적하고, 마태복음 26 : 13은 향유를 부은 여성을 죄인으로만 간주하는 당시의 시각을 수정하면서 여인의 행동을 높이 평가한다.

유대인들이 모세 5경처럼 중시하는 미쉬나는 200년경에 여후다(Yehuda)에 의해 성문화되었다. 그는 하루에 세 번씩 하나님을 찬양하였는데, 그의 두 번째 찬양은 여성에 대한 편견을 그대로 드러내었다. 그러나 여후다보다 200년 전에 살았던 예수께서는 여성에 대해 호의적이었다. 서기관들과 바리새인들이 음행 중에 잡힌 여인을 예수에게 데려왔다(요 7 : 53-8 : 11). 그들은 모세율법이 간음한 여자를 돌로 치라고 했는데, 예수에게 어떻게 할지 간교하게 물었다. 예수께서는 남녀를 모두 죄인이라는 관점에서 동등하게 다루었기 때문에, 여성만 정죄할 수 없었다. "너희 중에 죄 없는 자가 먼저 돌로 치라"고 함으로써 모든 사람이 가지고 있는 선한 양심에 호소하였다. 그러나 이슬람 제2의 경전인 하디스에서는 사람들이 간음한 여인을 무함마드에게 데려오자 "배 속에 아이가 있느냐?"고 묻는다. 여인이 겁에 질려 "그렇습니다."라고 답하자, 무함마드는 "아이가 젖을 뗄 때 다시 데려오라."고 명령한다. 그리고 2년 후에 여인은 아이를 붙잡고 무함마드 앞에 다시 선다. 그러자 무함마드가 "간음한 여인을 골짜기에 데려다가 목까지 차오르도록 흙에 묻고 난 후에 돌로 치라."고 판결을 내린다.

꾸란은 간음한 남녀에 대해 백 대씩 때리라고 말하지만(꾸란 24 : 2), 사실상 남성에게 내리는 형벌보다는 대부분 여성에게 내려진다. 이슬람 사회를 지탱하는 법인 샤리아는 사랑과 용서보다는 형벌을 강화함으로써 남성이 여성보다 위에 있다는 이중적인 태도를 취한다. 남녀가 모두 지음 받은 존재라고 말하면서도, 꾸란은 남성에게 '여성을 보호한다'는 명목으로 "마음에 드는 여성 2명, 3명, 혹은 4명과 결혼해도 좋다"(꾸란 4 : 3)면서 일부다처제를 두둔한다. 이는 21세기의 일부일처제와 양성평등사상에 위배되는 이중적인 가르침이다. 구약성경에도 일부다처제가 등장하지만, 오늘날 이러한 전통을 따르는 유대인이나 기독교인은 없다. 하나님께서 창세기부터 일부일처를 말씀하셨지만, 선지자들이 이를 거역하고 다처를 얻었기 때문에 그 형벌로 그들의 삶에 고난이 많았다. 오늘날은 일부다처제가 문화적으로 현대성이라는 가치 기준에 비추어 볼 때 절대 타당하지 않기에 그대로 적용할 수 없다.

꾸란이 주로 여성에 관해 언급하는 제2장 암소의 장인 '바까라'와 제4장 여인의 장인 '니사'를 통해서 이슬람의 여성 이해를 살펴보자.

바까라에 남성에게 유리하고 여성에게 불리한 조항들이 있다. 무슬림의 결혼은 전적으로 남성 위주이다. 남성은 때가 되기 전에 결혼할 뜻을 혼인 절차로 굳혀서는 안 되고(꾸란 2:235), 여성에게 지참금을 주기 전에 이혼해도 죄가 되지 않는다(꾸란 2:236). 증인 채택에서 남성 한 명에 여성 두 명이 필요하다고 함으로써 여성을 남성의 절반에 해당하는 가치로 간주한다(꾸란 2:282). 여성 한 명이 잘못 증언하면, 다른 한 사람이 그 증언을 보충해 주기 때문이다. 이로써 여성의 증언 자체를 평가절하한다. 남성 한 사람에게 할당된 재산도 여성 두 명에게 할당된 금액과 같다(꾸란 4:176). 특히 '바보'에게는 재산을 분배해서는 안 되는데(꾸란 4:5), 바로 그 '바보'가 꾸란의 전후 문맥상 여성이라는 점에서 얼마나 무함마드가 여성을 경멸하는지 그 단면을 보여 준다. 꾸란은 여성에게 불리한 재산 분배 원칙을 이슬람법으로 못 박고 있다(꾸란 4:11). '바보'를 뜻하는 아랍어 '수파하'와 관련하여 922년에 죽은 알 타바리(Al-Tabari)가 남긴 꾸란 해석인 '타프시르'(Tafsir)에 의하면 "바보 중에 가장 바보가 여성"이라고 비하한다.

'니사'에 간음과 쾌락의 선이 모호한 가르침이 있다. 예를 들면, "쾌락으로 얻은 여성에게 소정의 보상을 하라"(꾸란 4:24)는 구절처럼, 자기 아내 이외의 여성과 간음한다는 비난을 받지 않고 정상적인 쾌락을 얻으려면 돈을 주고 그 쾌락을 얻을 수 있다. 더구나 재산이 부족하여 신분이 좋은 여성을 얻을 수 없을 때는 하녀로 대신할 수 있다(꾸란 4 : 25). 이렇게 남성의 간음에 관하여는 구제책을 제시하고 있음에도 불구하고, 여성에 대해서는 간음하지 말라고 단정 짓는다. 그 이유가 어디에 있을까? 여성은 조건 없이 남성에게 순종해야 하기 때문이다(꾸란 4 : 34). 아랍어로 부인이 남편의 권위에 항거한다는 뜻인 '누수즈'는 이슬람법으로 결코 용납될 수 없는 반역과 같은 불복종의 행동이다.

문화가 현대인에게 옷과 같은 것이라면, 종교는 인간에게 마음과 같다. 옷이 그 나라의 문화를 표현한다면, 마음은 한 인간이 가진 종교를 표현한다. 여성이 남성보다 옷차림에 민감한 것처럼, 남성보다 여성이 더 종교적이다. 옷이 문화라면 종교는 삶이기에, 남성보다 여성이 옷에 신경을 더 쓰는 것처럼 종교에도 더 열심이다. 근본주의 이슬람이 평화를 가장하고 문화의 옷을 입고 한국 사회에 다가온다는 사실을 기억하면서 우리는 이슬람이 여성을 비하하고 낮추어 보며, 더 나아가서 여성을 경시하는 문화가 깊이 뿌리 내리고 있음을 고발해야 한다.

현존하는 가장 오래된 성경 중에 하나로, 완벽하게 양피지로 보전된 성경 전체를 보존하고 있는 이집트 시내 산에 있는 성 카테리나 수도원 전경과 수도원 안에 전시된 예수의 초상

한마디로 이슬람은 모든 여성을 경멸한다. 그런데도 한국 여성들이 무슬림의 애정 공세에 넘어가서 3천 쌍이나 결혼하였다. 왜 결혼했느냐고 물어보면 결혼하면 남편과 시댁을 구원할 것으로 기대했다고 답을 한다. 그러나 속아서 결혼한 것이다. 한국 여성이 무슬림과 결혼하여 인권유린을 당한 사례가 너무나도 많다. 정신 차리고 이슬람의 거짓 실체를 깨달아야 한다.

3. 이슬람은 명예살인까지 동원하여 인권을 유린한다
UN 인권선언에 정면으로 배치되는 이슬람

로마 천주교가 주도한 십자군 전쟁으로 인해 역사상에 많은 무슬림들이 희생당한 후, 현대에 이르러서 이슬람 근본주의가 지하드의 형태로 9·11테러와 같은 끔찍한 사태를 일으켰다는 엉뚱한 주장도 있다. 그러나 이슬람의 오스만 투르크 군대에 의해 자행된 인권유린과 무자비한 폭력을 이루 말로 담기 어렵다. '목적 달성을 위해 수단이 정당화될 수 없다'는 만고의 진리 앞에서 이슬람은 겸허해질 필요가 있다.

이슬람은 지하드 곧 이슬람을 지키기 위한 전쟁까지 벌인다. 아랍어 지하드는 투쟁을 뜻하는데 '마음으로 나타나는 지하드', '글로 나타나는 지하드', '통치로 나타나는 지하드', '칼로 나타나는 지하드', '금융으로 나타나는 지하드', '위장 지하드'(Stealth Jihad), '사이버 지하드' 등 다수가 있다. 지하드는 주로 알라(Allah)를 위해서 싸우는 전쟁이기에 무슬림들은 성전이라고 불러 주기를 원하지만, 그렇게 부르는 것은 바람직하지 않다. 지하드는 원래 불신자들을 이슬람화하기 위해 칼로 싸우는 무슬림들의 의무사항으로서의 전쟁이지만, 이런 의미가 너무 혐오스러우므로 이슬람 쪽에서 만든 미화된 홍보용 자료를 보면 보편적으로 대지하드와 소지하드 둘로 나누는데, 대지하드란 내면의 전쟁, 소지하드는 무기를 들고 이슬람을 위해서 적들과 싸우는 육체적 전쟁을 의미한다. 테러와 전쟁은 이념과 군사력이 충돌할 때 일어나지만, 결코 종교의 이름으로 감행되어서는 안 된다. 일반적으로 서구 사람들이 가지고 있는 근본주의 이슬람에 대한 대표적인 이미지가 토마스 아퀴나스 이래로 "한 손에는 칼, 한 손에는 꾸란"인데, 9·11테러로 이런 이미지가 더욱더 고착되었다.

근본주의 이슬람이 극단적인 태도를 취하는 이유는 무엇인가? 우리는 그 이유를 꾸란의 극단적인 가르침에 근거하여 서구 문명을 적대시하려는 이슬람 원리주의자의 문화적 이해에서 발견할 수 있다.

이슬람 문화의 종교적 전통이 사랑과 평화와 자비보다는 비난과 폭력을 앞세우기 때문에, 이슬람은 평화나 진리라는 이념으로 무장한 정치집단처럼 행동하는 경우가 많다. 이슬람의 정치 집단적 의식은 무함마드가 출현할 당시에 유목민이 가졌던 가치관과 친족 중심의 연대의식이 지닌 부족 중심의 전형적인 집단지향성에서 기인된다. 이러한 내용은 이집트 정치가였던 하이칼(Muhammad Husayn Haykal)이 1933년에 쓴 『무함마드 전기』(The Life of Muhammad)에도 나타나 있다.

꾸란에 여성과 관련되어 많이 등장하는 주제가 결혼(꾸란 2 : 221, 230, 235, 237 ; 4 : 3-4, 6, 22-25, 127 ; 5 : 5 ; 11 : 78 ; 15 : 71 ; 23 : 6 ; 24 : 3, 32-33, 60 ; 25 : 54 ; 28 : 27 ; 33 : 37, 49-50, 52-53 ; 47 : 3 ; 60 : 10)과 이혼(꾸란 2 : 227, 229-232, 236-237 ; 33 : 4, 37, 49 ; 58 : 2-3 ; 65 : 1 ; 66 : 5)에 관한 것이다. 꾸란 4 : 22~23이 부적절한 혼인에 관해 나열하지만, 이미 이런 혼인은 이슬람 사회에서 빈번하게 일어나고 있다.

왜 꾸란은 이런 복잡한 혼인을 금지할까? 그 이유를 역으로 생각해 보면, 이슬람 사회에서는 이혼과 재혼이 손쉽기 때문이다. 꾸란 2 : 232의 "여자들이 지금의 남편과 결혼하는 것을 방해해서는 안 된다"는 원문에는 단순히 남편이라고 되어 있는데, 대부분의 번역본은 전 남편으로 괄호를 통해서 보충 설명을 하고 있다. 꾸란 4 : 19은 "이혼한 여성이 재혼하는 것을 방해해서는 안 된다"고 가르치지만, 사실상 무슬림 남성 위주의 이혼과 재혼이 가능하다. 아랍어에서 이혼이란 단어인 '탈락'은 모든 시대를 불문하고 이혼이 남성의 말에 의해 성사되어 온 것을 의미한다. 이런 이슬람의 이혼은 여성에 대한 인권유린이다. 과연 이혼이 남성 한쪽의 의견만 중시될 수 있는 성격의 일인가?

이것은 복음서에 나타난 예수 말씀과 정면으로 배치되는 내용이다. 예수께서는 이혼과 재혼 자체를 불가능하다고 선언하였다. 모세율법은 이혼증서를 써 주면 이혼할 수 있다고 가르쳤지만(마 19 : 7, 참고. 신 24 : 1-4), 마태복음은 모세가 이스라엘 백성이 완악하였기에 이혼을 허락한 것이라고 하면서(마 19 : 8) '음행한 이유 외에' 이혼과 재혼을 간음이라고 해석하였다(마 19 : 9). 그러나 본래의 예수 말씀에 의하면, 예수께서는 이혼과 재혼 자체를 철저하게 금지하였다(눅 16 : 18, 막 10 : 11-12). 예수께서 재혼과 이혼을 금지시킨 이유가 무엇일까? 그 이유는 당시 여성에게 불리한 남성 위주의 사회적 환경에서 열악한 여성의 권익을 보호하고 생존권을 지켜 주려는 의도였다.

이슬람 사회에서 자주 거론되는 명예살인도 여성을 철저히 유린한다. 근본주의 이슬람은 여성이 옷에 향수를 바르거나 남성이 모인 곳에 지나가는 것조차 창녀와 같다고 여긴다. 이러한 편견이 여성을 단순하게 속박하는 것을 넘어서, 여성 인권을 유린할 뿐만 아니라 이슬람법인 샤리아에 따라 명예살인도 벌이는 끔찍한 범죄로 이어진다. 이 점에서 샤리아는 21세기의 보편적인 가치인 민주주의와 인권 문제도 초월하기에 많은 비판에 직면해 있다. 꾸란은 "간음한 여인을 집 안에 감금하고 죽음이 그녀를 데려가든지 알라가 구원의 길을 열어 줄 때까지 감금하라"(꾸란 4 : 15), "나쁜 짓을 한 자는 임종의 순간에 회개해도 아무 소용없다"(꾸란 4:18)고 가르친다. 이는 예수께서 간음하다가 붙잡힌 여인을 대하는 이야기와 또 자신과 함께 십자가에 달린 한쪽 강도에게 자비를 베푸는 이야기와 너무나도 대조적이다.

이슬람은 인권을 짓밟는 종교이기에 21세기 문화와는 그 옷매무새가 다르다. 그런데도 이슬람은 문화의 옷을 입고 한국 사회에 다가오고 있다. 아라비안나이트와 밸리댄스 열풍으로 우리의 안방까지 위협하고 있다. 문화의 이면에 인권유린의 발톱을 감추고 있는 이슬람을 철저히 대비해야 한다.

이슬람의 공격을 받아서 폐허가 된 에베소의 요한 기념교회 입구에 있는 박해를 상징하는 문과 버가모에 있는 웅장했던 교회의 잔해

4. 이슬람은 문화의 옷을 입고 우리에게 다가온다
우리나라의 안방까지 침투한 이슬람의 실체

21세기의 이슬람 현실은 어떠한가? 이슬람 사회에서 이혼과 재혼이 빈번하게 일어나는데, 이는 꾸란이 가르치고 있는 잘못된 가르침과 큰 차이가 없다. 가정은 창세기 1~2장을 통하여 우리에게 주신 하나님의 창조질서로 세운 숭고한 정신 위에 든든하게 세워져야 하는데, 이슬람 사회에서는 남성이 여성 위에 군림하고 있어서 가정이 정상적으로 지탱되기 어렵다. 이슬람권에서는 꾸란의 이러한 잘못된 가르침을 그대로 추종하다 보니 아내가 남편에게 인격적인 존재로 인정받지 못하므로, 언제나 여성의 인권이

유린되는 일이 자주 발생한다. 이 점에서 성경에 나타나 있는 예수의 결혼과 이혼에 관한 가르침은 한 남자와 여성의 결혼이 결코 인간의 그 어떤 조건에 의해서도 나누어질 수 없는 창조질서에 기초한 것이기에, 그러한 예수의 가르침이 꾸란에 나타나 있는 대로 무함마드가 일부다처제를 주장하며 남성을 편드는 가르침보다 21세기에 더 중시되어야 할 인류의 보편적 선행가치를 간직하고 있다.

구약의 경우에는 성적인 범죄와 더불어 이혼을 불순종과 죄로 해석하고 있다. 결혼은 하나님이 정하신 거룩한 제도이기 때문이다. 신약의 경우에 예수께서는 더욱 보수적인 견해를 취하시고 이혼과 재혼 불가를 선언하시지만, 인간의 완악함과 시대적 변화와 더불어 불가피하게 요청되는 상황, 유대 사회에서 인간의 완악함 때문에 이혼을 허용하는 경우들이 발생하였음을 비판하신다. 바울은 예수의 정신을 이어받으면서도 이혼 문제와 관련된 당시 교회의 정황을 선교적 차원에서 접근한다. 즉, 결혼은 하나님께서 정하신 거룩한 제도이므로 부부가 간음죄를 범하지 말고 사랑과 화평 가운데서 거룩한 생활을 하되, 불신자인 배우자와의 관계에서는 그가 요구할 때 한해서 이혼을 허락하라고 권면한다. 그리고 이혼한 후에는 혼자 지내거나 다시 관계를 회복하는 데 힘쓰라고 권면한다.

요즘 핵무장을 치밀하게 준비한 이란이 근본주의 이슬람 세력과 패권주의의 상징이 되고 있다. 이슬람 원리주의가 '테러 지하드'를 통하여 세계를 정복하려고 한다. 이슬람의 세계 정복은 아프리카와 서남아시아와 유럽을 넘어서 미국과 동북아시아로 확대되고 있다. 이슬람의 한국 진출도 도를 넘었기에 극도의 주의가 필요하다는 지적이 자주 제기되고 있다. 한국 기독교가 '비전 2020'을 향해 범교단적으로 군복음화 선교에 박차를 가하는 마당에, 이슬람은 한반도를 거점으로 전 세계를 이슬람화하려는 전략을 은밀하게 진행하였다. 이슬람은 한국을 이슬람국가로 만든다는 대전제를 세우고 모스크 건립, 국제 이슬람 학교 설립, 이슬람 문화센터 설립, 꾸란 번역, 이슬람 대학 건립, 이슬람 관련 서적과 자료 출판(일명 '펜의 전략'), 결혼 전략 등을 추진하였다.

많은 이가 일부일처제의 전통적인 결혼제도를 지키며, 남녀가 한 가정을 이루는 한국인의 전통가치가 인류의 보편적 가치와 일치한다는 사실을 중시하면서 극단주의 이슬람 세력이 대(對)한국사회를 향하여 거세게 침투하는 것에 대비해 전략적으로 협력해 나가야 한다. 2007년에 방영된 SBS의 "신의 길 인간의 길" 4부작에 대해 비판한 CTS 기독교 TV의 "이슬람 한국 진출 이대로 좋은가?"에 대해 2007년 12월 18일에 이슬람중앙회가 언론중재위원회에 3차에 걸쳐서 제소하였다가 취하한 사건은 이 문제의 심각성을 한국 기독교에게 일깨워 준 단적인 예이다. 그 사건은 기독교 학자들이 학문적으로 이슬람의 폭력성을 경고한 내용에 관해 이슬람 측에서 스스로 시인한 결과라고 평가할 수 있다.

이슬람은 자신의 정체를 숨기고, 검은 돈인 오일 머니를 앞세우면서 문화의 옷을 입고 한국 사회에 깊숙이 침투해 들어오고 있다. 이러한 도전은 한국교회 안에 많은 다문화 가정이 침투해 들어오면서 더욱 위험한 양상을 보인다. 한국인처럼 외국 문화를 쉽게 받아들이는 민족도 드물다. 다이어트 열풍으로 한국 사회에 침투해 들어온 밸리댄스는 어느덧 우리의 전통문화인 국악한마당을 능가하였다. 주말에 동네 인근의 야산 입구에서조차 문화공연이라면서 배꼽을 드러낸 한국 여성들이 밸리댄스를 추는 어설픈 일도 빈번해졌다. 지금 동네마다 개설된 문화센터에 밸리댄스 무료강습과 아랍어 무료강좌가 다투어 선보이는데, 이런 배경에는 이슬람을 포교하려는 의도가 숨어 있으며, 여기에 이미 많은 문제점이 드러나고 있다.

문화의 파괴력은 심각한 위력을 가지고 있다. 수능시험에서 아랍어를 제2외국어로 선택하는 일이 해마다 늘고 있다. 학생들이 아랍어에 몰리는 이유는 수능 아랍어 문제의 난이도가 타 언어와 비교하면 매우 낮기 때문이며, 또한 표준점수제 때문에 20~30점 정도를 더 얻을 수 있기 때문이다. 교육과학기술부는 다른 제2외국어를 선택한 학생들에게 불이익을 줄 수 있는 불공정 관행을 속히 개선해야 한다.

이슬람의 여성 차별과 일부다처제는 혼인의 순결과 양성평등과 일부일처제의 가치를 중시하는 한국 사회가 결코 받아들일 수 없는 전근대적인 악습인데, 이슬람은 이것을 숨기고 문화라는 이름으로 교묘하게 우리 집 안방에까지 발을 들여놓으려 한다.

무슬림 여성들의 인권도 심각한 상황이지만, 아무도 그 문제를 해결하지 못하고 있다. 그들의 인권 상황이 개선되기 위해서는 이슬람 사회에서 여성이 의무적으로 교육을 받는 길이 열려야 한다. 앞으로 무슬림 여성의 인권 문제와 더불어 무슬림 남성과 결혼한 후에 자녀까지 낳았지만, 이슬람법에 따라 이혼당한 한국인 여성의 처참한 인권 상황에 관한 연구들도 많이 나오기를 희망한다. 한국에서 무슬림 남성이 한국인 여성과 결혼하여 자식을 낳고도 이혼과 재혼을 네 번까지 반복한다는데, 이런 변형된 일부다처제는 가정 파괴의 주범이며, 일부일처제라는 보편적 가치에 비추어 볼 때 반인륜적인 범죄이다.

이슬람 포교의 강력한 수단이 결혼을 통한 자연 출산율 증가라는 사실은 이미 확인되었다. 이슬람은 한국에서 종교의 자유를 누리지만, 이슬람권에 있는 많은 한국인 선교사들과 전문사역자들은 공적인 활동조차 보장받지 못하고 온갖 생명의 위협에 시달리고 있다. 이런 암담한 상황에서 많은 한국인이 처참하게 인권유린을 당하는데, 향후 이 문제에 관한 국제적인 동조와 연구도 병행되어야 할 것이다. 한국 사회는 깨어서 문화의 옷을 입고 애정 공세를 통하여 사회를 무너뜨리려는 이슬람을 철저하게 경계하여야 한다.

이슬람의 무차별적인 공격을 피하고자 암벽 위에 수도원을 만들어 놓고 신앙을 수호한 유적지와 프레스코화

5. 왜 우리나라가 이슬람 음식법인 할랄에 막대한 세금을 쏟아부어야 하는가?

이슬람 할랄에 대한 경각심을 높여야

이상하지 않은가? 왜 우리가 낸 세금으로 특정 종교의 음식법을 지원하는가? 국민 단 한 사람도 세금으로 이슬람을 지원하라는 동의를 해 준 적이 없다. 2015년 7월 10일에 윤병세 외교부 장관은 "이제 한국과 이슬람 세계와의 관계가 새로운 장을 열어 가는 것이 시의적절하다."라고 말했다. 윤장관은 이슬람의 금식 성월(聖月)인 라마단을 맞아 국내 이슬람 관련 인사들을 초청한 가운데 이날 서울 신라호텔에서 '이프타르'(Iftar) 만찬을 열며 이같이 강조했다. '금식을 깬다'는 뜻의 이프타르는 라마단 기간에 해가 진 뒤 하루의 단식을 마무리하며 먹는 첫 식사를 말한다. 왜 우리가 낸 세금을 운용하는 장관이 이슬람 인사를 초청하여 자기 돈 쓰듯 하는가?

외교부가 이름도 낯선 이프타르 만찬을 연 것은 벌써 12년째로, 주한 아랍외교단장인 무함마드 슈라이비 주한 모로코 대사와 이주화 한국이슬람교중앙회 이맘, 알 하스나 아람코아시아코리아 대표이사, 국내 아랍인 유학생 등이 참석했다. 왜 이런 대규모 정부 행사에 막대한 세금이 동원되고 혈세를 물 쓰듯이 하는가? 당시 윤 장관은 "올해는 6·25 전쟁에 참전했던 튀르키예군에 의해 이슬람교가 한국에 전파된 지 60주년을 맞는다."며 "60이라는 숫자는 한국에서 특별한 의미를 가진다."는 의미를 부여했다. 이것이 정부 당국의 안이한 태도이다. 특정 종교인 이슬람을 두둔하는 발상은 정부의 전폭적인 정책 결정과 지지가 없으면 불가능한 일이다. 그는 "단식을 통해 가난한 이들과 공감하고, 자카트(Zakat, 궁핍한 이들에게 재산을 희사하는 것)를 통해 자선을 베풀며, 관용과 평화의 가르침을 재확인하는 라마단의 행동과 정신에서 배워 나갈 수 있다고 믿는다."고 말했다. 이런 발언은 국민의 세금으로 월급을 받는 일개 장관이 이슬람으로 개종한 듯 무슬림의 교리를 대변한 것이기에 심각하다.

이 만찬에는 국립외교원에서 공부하는 외교관 후보생 7명이 직접 하루 동안 금식을 체험하고자 참여하기도 했다. 말하자면, 이것은 저들의 의도된 간증집회이다. 이미 장관이 특정 종교집회에 참석하여 세금으로 이슬람 음식법인 할랄을 지원하겠다는 정책이기에 문제가 너무 크다. 외교부 관계자는 "(이프타르 개최는) 기본적으로 이슬람 문화에 대한 이해를 위한 것"이라며 "제대로 알기 위해 (이들이) 함께 금식했다."고 전했다. 이런 발언은 저들이 문화의 옷을 입고 한국인의 밥상까지 노리고 있다는 것을 바로 보여 준다. 만찬에는 라마단 때 속을 달래기 위해 먹는 라반(중동식 요구르트)과 대추야자, 중동식 디저트 등도 나온 것으로 전해졌다.

정부의 이런 어처구니없는 일에 앞서서 2015년 3월에 중동 4개국 순방차 아랍에미리트(이하 UAE)를 공식방문한 박근혜 전 대통령은 한-UAE 비즈니스 포럼에 참석해 중동의 할랄푸드와 한식을 접목해 세계를 선도하는 식문화를 만들자는 의지를 밝혔다. 박 전 대통령은 5일(현지 시간) 오후 UAE 수도 아부다비에서 대한상공회의소와 아부다비 상공연합회 공동주관으로 열린 한-UAE 비즈니스 포럼에 참석해 축사를 통해 "할랄푸드로 대표되는 식품 분야도 협력 잠재력이 무궁무진하다. 공정이 엄격하고 식재료가 깨끗하게 관리되어서 전 세계적으로 웰빙 바람을 타고 인기를 끌고 있다."며 "양국이 믿을 수 있는 할랄푸드 인증체계를 공동으로 구축하고 양국 식문화에 맞는 메뉴를 함께 개발한다면 전 세계 식품산업을 선도해 나갈 수 있을 것이다." 하고 말했다. 이에 대하여 당시 청와대는 할랄식품 MOU를 통해 2018년 1조 6,260억 달러(약 1천 800조 원) 규모로 커질 것으로 예상되는 이슬람 문화권 먹을거리 시장에 진출할 수 있는 교두보를 마련했다고 설명했다.

이슬람 문양의 접시를 팔려고 열을 올리는 장사꾼과 각종 무료 시식 코너를 마련해 놓고 이슬람 음식법인 샤리아에 근거한 할랄을 선전하는 현장이다.

코셔란 식사에 관한 유대인들의 율법을 가리키는 말로, 코셔 인증은 음식으로 적합한 것과 적합하지 않은 것을 구분하기 위해 시작됐다. 유대인 율법에 따라 청결한 환경에서 재배되고, 철저한 위생 상태를 지켜 만들어진 식품 및 식품의 원료만이 코셔 인증을 받을 수 있다. 할랄은 유대인의 코셔를 반대하여 만들어진 식품이다. 『샤를리 에브도』 잡지에 대한 테러와 인근의 유대인 식품점 테러를 같이 이해하는 것이 중요하다. 이슬람은 유대인의 음식법을 정면으로 거부한 것이다.

국내에는 세계에서 그 유례를 찾을 수 없을 정도로 유대인의 회당이 하나도 없다. 그런 점에서 정부는 코셔에 대해 무관심하다. 그러나 무슬림의 할랄에만 온통 관심을 기울인다. 이 점에서 한반도는 할랄의 독무대이다.

카페베네는 카페베네 글로벌로스팅플랜트(경기도 양주시 백석읍)가 ISO9001, ISO14001, ISO22000, 해썹(HACCP)에 이어 국내 커피 프랜차이즈 업계로서는 최초로 할랄 인증을 획득함으로써 이슬람 문화권으로의 시장 진출 및 수출 확대 체계를 갖추는 계기를 마련했다고 2015년 7월 28일 밝혔다.

우리나라는 CJ제일제당, 풀무원 등 120개 업체가 430개 상품에 대해 할랄 인증을 획득한 상태이다. 이런 상황을 감안할 때, 우리의 먹거리와 안방이 한순간에 무너질 수 있다. 왜 이슬람 음식법을 우리 정부가 나서서 두둔하고 정책을 결정하고 막대한 세금을 지원하여 할랄 인증을 내 주는가? 정신을 차리고 대 이슬람국가 정책을 재고하도록 압력을 행사해야 한다.

이슬람 음식법인 할랄을 조리하는 기구와 차려진 한 접시를 보면 우리의 음식과 별 차이가 없어 보이는데, 이런 인증을 이슬람의 한국 진출 전략으로 삼는 것이 가장 큰 문제이다.

6. 이슬람의 기하급수적인 증가를 주목하라
동남아시아 무슬림 유입에 대한 국가적 대비가 필요한 시점

메카를 중심으로 한 작은 부족이던 쿠라이시 부족이 아라비아 반도를 장악하지 못하고, 메디나로 천도한 이후에 군대장관인 무함마드가 군사력을 결집하여 다시 메카를 점령하고, 핵심세력이던 이슬람이 7세기에 아라비아 반도를 무력으로 정복한 이후에 주위에 있던 부족들을 점차 점령해 나갔다. 9~10세기에 이르렀을 때 중앙아시아를 포함하여 이집트와 북아프리카 지역이 이슬람화되었다.

현재 무슬림은 전 세계 인구의 1/4에 해당하는 16억에 이른다. 최근에 미국의 외교 전문지인 Foreign Policy에 의하면, 세계에서 가장 빠른 성장률을 보여 주고 있는 종교가 이슬람이다. 그런데 충격적인 것은 이슬람이 전통적으로 기독교가 강력히 뿌리를 내리고 있는 유럽에까지 확대되고 있다는 사실이다. 이렇게 유럽에 이슬람이 확장될 수 있었던 이유는 무슬림 인구의 유입과 유럽의 저조한 출산율에 기인한다. 그러나 무슬림 인구의 다량 유입으로 인해 유럽에서 각종 사회문제가 유발됨으로써 프랑스, 오스트리아, 덴마크, 네덜란드, 독일, 영국 등의 유럽국가에서 반이민정책을 고수하며 이슬람을 경계하는 정당이 점차 힘을 얻기에 이르렀다.

이슬람이 위에서 언급한 지역들뿐만 아니라, 이슬람의 최대 인구 밀집 지역인 아시아의 인도네시아와 방글라데시와 태국과 인도에서 점차 그 세력을 확장해 나가고 있으며, 몇 년 전에 개최된 북경 올림픽을 앞두고 중국의 서쪽 지방 자치구에서 테러와 무력 행동이 수 차례 발생한 것을 놓고 볼 때 이슬람의 무장이 아시아에서도 점차 노골화되어 가고 있는 추세이다.

이슬람이 한국 사회에 처음으로 발을 디딘 것은 한국의 근현대사에서 개화기와 일제 점령기에 실크 로드, 아라비안나이트, 신밧드의 모험, 밸리댄스 등의 대중문화의 옷을 입고 침투해 들어온 것을 들 수 있다. 그러다가 한국전쟁 이후에 UN의 지원 아래 16개국의 연합군에 포함된 튀르키에 군대가 '형제의 나라'라는 미명하에 들어오면서 본격적으로 이슬람이 한국 사회에 침투하게 되었다.

최근에 발표된 "The Church around the World"에 의하면, 지난 50년 동

안 기독교는 47%의 성장에 그치지만, 불교는 63%나 성장하였고, 힌두교는 117%나 성장한 데 반하여, 이슬람은 무려 500%나 성장하였다. 이슬람의 성장에 가장 큰 요인으로 꼽히는 것이 자연적 성장인 인구 증가이다. 이슬람 인구가 출생률 증가로 전 세계에서 무서운 속도로 성장하고 있다.

이런 상황에서 이슬람식의 경제 침투에 속수무책이다. 2001년 9월 11일 뉴욕의 맨해튼에 있던 쌍둥이 건물인 세계무역센터가 무슬림들에 의해 납치된 여객기 2대로 인해서 처참하게 무너져 내렸고, 이어서 또 한 대의 여객기가 미국의 심장부인 워싱턴DC에 있는 국방부 건물인 펜타곤을 파괴하였으며, 마지막 한 대의 여객기가 땅에 곤두박질쳤던 그야말로 철저히 준비된 테러를 벌인 이후에, 지금 세계는 이슬람과의 대테러 전쟁을 수행하는 중이다.

그 후에 세계 경제는 걷잡을 수 없는 소용돌이 속에 빠져들고 있다. IMF 이후에 한국 경제가 되살아나는 듯한 분위기도 완전히 역전되어, 지금은 한 치 앞도 내다볼 수 없는 불확실한 상황이 계속되고 있다. 세계 경제를 주도하던 월가의 주식도 연일 하락하면서 고전을 면치 못하다가, 미국연방준비제도이사회(FRB)가 세계 최대 보험회사인 AIG에게 850억 불을 지원하고, 이어서 부시 행정부가 7,000억 불에 해당하는 사상 초유의 구제금융 법안 처리를 미국 하원에 요청하였지만 1차 표결에서 안타깝게도 부결되었다가 2차 수정안이 가까스로 통과된 일련의 사태는 이슬람과의 대테러 전쟁 중에 있는 세계 경제가 얼마나 어려운 상황에 부딪혀 있는지를 능히 가늠해 볼 수 있다.

한국이 IMF 직후에 많은 외자 유치를 위해 온갖 힘을 쏟을 때, 은근슬쩍 이슬람의 오일 머니가 한국 사회에 유입되었다. 이로써 한국에 이슬람 문화원과 이슬람 대학이 버젓이 자리 잡게 되었다. 당시 한남동에만 있던 이슬람사원이 이제는 전국에 걸쳐서 부산, 파주, 부평, 안산, 포천, 안양, 광주, 전주 등 8개에 이르고 있으며, 그 밖에 동암, 대구, 마천, 마석, 김포 등 전국에 걸쳐서 사원이 200여 개로 무질서하게 산재해 있다. 2023년에는 대구 주택가에 이슬람사원이 건축되어 주민들의 반발이 심각하다.

이렇게 한국 사회에 우후죽순식으로 이슬람이 자리를 잡게 된 배경은 IMF 이후에 많은 동남아시아의 불법 외국인 노동자들을 한국교회가 사랑으로 감싸 준다면서 보호해 준 것도 한몫했다. 이것이 오늘날 한국 사회에 엄청난 이슬람의 양산이라는 결과를 낳았다. 한때 3D 업종을 마다하지 않고 돈을 벌어서 본국에 송금한다면서 물밀듯이 들어온 동남아시아인들 중에서 인도네시아와 방글라데시와 태국에서 온 불법노동자 중에 상당수 무슬림이 섞여 있었으며, 그중에 철저히 훈련된 이슬람 이맘이 숨어 있었다.

이렇게 이슬람이 교묘하게 그 정체를 숨기고서 경제문제를 해결해 준다며 오일 머니를 대량으로 유포하면서 공식적으로 한국 사회를 파고들었고, 동시에 비공식적으로 불법 노동시장을 통해 한국교회의 동정까지 받으면서 침투해 온 것이, 이제는 한국교회뿐만 아니라 한국 사회까지 정신을 똑바로 차리고 심각하게 그 대책을 마련해야 하는 중대한 시점을 맞이하기에 이르렀다.

눈이 내린 중동 지방에 단단히 무장하고 서 있는 낙타

7. 이미 민간에 퍼진 이슬람 금융기법 수쿠크
수쿠크는 이슬람 침투의 치밀한 전략

2008년 10월 7일 마포에 있는 가든호텔에서 국내 최초로 이슬람 금융세미나가 개최되었다. 이것은 부산광역시가 후원하고 재단법인 한국혁신전략연구소가 주최하며 다산 자기관리 부동산투자회사와 넥서스 투자회사가 주관한 모임인데, 미국발 서브 프라임 모기지 사태로 촉발된 금융위기를 계기로 한국 사회에서 투자 패턴의 방향을 바꾸려는 시도 중 하나였다. 우리가 꾸란이 지시하는 대로 따르는 소위 샤리아 은행에서 주도하는 이슬람 금융을 경계하는 가장 큰 이유는 이슬람의 검은 돈인 오일 머니의 위력 때문이다.

왜들 이렇게 난리들인가? 과거 이슬람 금융세미나에서 허남식 부산광역시장과 이승일 한국은행 총재가 기조연설을 하였다. 이후에 송종찬 삼일회계법인에서 "이슬람의 금융, 회계 및 조세제도 소개"와 이슬람 금융센터의 로슬란 이사의 "이슬람 금융 시스템 및 이슬람 금융 상품 소개"가 있었다.

당시에 문제가 된 것이 향후 이슬람 금융을 한국 사회에 확장시키겠다는 계획이다. 발표와 행사를 주관한 사람들 모두가 한국에 이슬람 금융센터를 건립하여 은행, 금융, 증권, 보험뿐만 아니라 한국인을 대상으로 한 이슬람 펀드도 조성하겠다는 계획을 언급했으며, 더 나아가서 한국 내에 이슬람 금융 전문가를 양성하고 한국 기업들에 대해서도 직접 투자를 벌여 나갈 계획이라고 했다.

이러한 이야기를 들으면, 단순하게 생각할 때 한국 기업에 돈이 필요하니까 이슬람 금융으로부터 투자를 받는 것도 괜찮은 방법이라고 판단할 수 있다. 그러나 이것은 결코 단순한 문제가 아니다. 단순히 이슬람 채권이 몰려오는 것이 아니라, 이슬람법인 샤리아에 근거한 물량 공세를 통해 한국 사회에 이슬람이 침투해 들어오려는 치밀한 전략이 숨어 있다는 사실을 우리 모두 간파하고 있어야 한다. 머지않아서 한국 경제는 무방비 상태로 석유 자본으로 무장하고 있는 이슬람 채권인 수쿠크(Sukuk)에 굴복하게 될지도 모른다.

2001년 9월 11일 뉴욕의 맨해튼에 있던 쌍둥이 건물인 세계무역센터가 무슬림들에 의해 납치된 여객기 2대로 인해서 처참하게 무너져 내렸다. 왜 세계무역센터를 공격했는가? 칼빈이 주창한 장로교에 기초를 두고 있는 기독교식 자본주의를 거부하고, 이슬람식 경제제도를 세우기 위한 음모이다. 그 실체가 이슬람 금융기법인 수쿠크이다.

이슬람은 국가의 바탕을 세우는 데 필요한 실정법보다는 꾸란에서 가르치고 있는 종교법인 샤리아를 더 중요시한다. 인간사에 만연된 금융기법에 대해서도 샤리아법은 아래의 다섯 가지 항목에 대해서 금지하고 있다.

1. 이자 수수 금지
2. 도박사업 금지
3. 원금 보장 금지
4. 위험 부담과 불확실성 금지
5. 술, 돼지고기 등의 매매 금지

이런 원칙을 가지고 이슬람 금융 채권인 수쿠크는 단기적인 투자보다는 5년 이상의 장기적인 투자를 미끼로 한국 기업을 공략하려고 한다. 더구나 이슬람 금융 채권은 유럽이나 미국의 금융기관보다 약 1.5% 정도 더 싼 금리를 제공하면서도 담보 설정을 하지 않는 기법으로, 초기에 저렴한 자금을 막대하게 확보하려는 한국 기업의 정서를 교묘하게 파고들 책략을 세워 놓았다. 기업을 하는 사람치고 자산 규모와 담보에 대해서 신경을 쓰지 않는 사람은 단 한 사람도 없다. 이것을 간파한 이슬람의 수쿠크는 기업의 장래성과 사회에 대한 기여도와 공헌도를 중시하여 파격적으로 저렴한 금리의 금융을 지원해 주는데, 향후 많은 한국의 기업들이 여기에 넘어갈 것으로 예상한다.

대표적인 이슬람 금융기법인 수쿠크는 꾸란의 가르침인 샤리아법에 의거하여 이자나 담보를 받지 않고 자금을 조달하도록 설계된 채권이다. 예를 들면, 개인이 집을 살 때 원금과 이자를 대신해서 수수료로 상환을 받는 형식을 취함으로써 교묘하게 이슬람 법망을 넘어간다.

문제는 중소기업을 운영하는 자영업자들이 단돈 10만 원도 아쉬운 상황에서 대량으로 몰려오는 오일 머니의 물량 공세에 쉽게 손을 내미는 경우가 허다하다는 것이다. 이자가 없다는 말에 속아서 수쿠크 채권을 받아들이다가는 수수료로 부르는 것이 값이고 일정 기간 지나면 원금도 못 갚고 거기에 가중된 수수료가 더 얹혀져서 채무 부담이 눈덩이처럼 불어나는 현상이 생긴다. 그때는 후회해도 소용없다. 이미 걸려들어서 더는 발을 빼지 못하는 심각한 상황이 초래될 때, 신앙마저도 저버리고 이슬람으로 개종하는 일들이 일어나게 된다. 이 일을 누가 막을 것인가?

이미 한국의 민간 기업에 이슬람 채권방식인 수쿠크가 널리 퍼져 있다. 정신을 차려야 한다. 적은 이익에 눈이 멀어서 우리의 안방을 내주고 신앙을 팔아 버리는 일까지 일어나는 것으로 그치지 않고 이슬람 세력이 한국 기독교를 무너뜨리는 심각한 위협이 될 수 있다.

8. 꾸란은 이자 수수를 금지하지만 어마어마한 수수료의 속임수가 있다

하나님인가? 이슬람식 맘몬인가?

중소기업이든 대기업이든 사업 자금이 필요할 때 이자가 없다고 교묘한 속임수로 접근하는 이슬람 오일 머니에 대해 무방비 상태로 손을 내밀었다가는 큰코다친다. 별문제 없다고 방심하는 사이에 이슬람 채권 방식은 우리 눈앞에 그리고 이미 민간 업자들에게 널리 퍼져 있다. 그래서 다음과 같이 수쿠크가 발행되는 형태도 다양하다.

1. 무라바하(Murabaha): 이슬람 채권으로 집을 구입한 후에 채무자에게서 수수료를 받고 빌려 주는 형식을 취한다. 혹은 물건을 구매자에게 넘긴 후에 수수료와 원금을 나누어서 받거나, 아니면 수수료만 먼저 받고 만기일에 물건을 매각한다.
2. 무샤라카(Musharaka): 이슬람 금융기관과 기업이 사업에 공동으로 투자한 후에 일정 부분의 수익을 나누어 갖는 방식이다.
3. 무다라바(Mudaraba): 이슬람 금융기관이 기업의 사업에 투자한 후에 배당금을 받는 방식이다.
4. 이자라(Ijara): 이슬람 금융기관이 시설을 구입하여 임대료를 받고 설비를 빌려 주는 방식이다. 일종의 임대계약이라고 볼 수 있다.

이상의 다양한 수쿠크 금융 기법은 기존의 일상적인 이익 추구와는 달리 이슬람의 가르침에 근거하여 한국 사회에 침투해 들어온다는 점에서, 우리는 그 배후에 한국 사회를 이슬람화하려는 의도가 숨어 있다는 사실을 잊어서는 안 된다. 이러한 수쿠크 채권도 이미 인간사에 만연된 다양한 경제 기법의 일환이지만, 그 배후 세력이 이슬람이기에 경계해야 한다.

금융 정보 업체 딜로직에 따르면 2016년 1~11월 중동과 동남아시아의 무슬림국가를 제외한 비무슬림국이 발행한 수쿠크는 총 22억 5,000만 달러로, 20억 달러를 넘어섰다. 2015년(10억 달러)에 비하면 두 배 이상 커졌다. 2024년의 전 세계 수쿠크 규모는 3조 7,000억 달러에 도달할 것으로 예상된다.

문제는 당장 돈이 필요한 사람들에게 오일 머니는 달콤한 유혹이 될 수 있다. 더구나 "외상이라면 소도 잡아먹는다."라는 우리 속담이 있듯이, 한국 사람들도 과거에 외상값을 돈으로 갚는 대신 자기 집이나, 땅이나, 부인이나, 딸자식들을 종종 채권자들에게 넘긴 사례들이 빈번하였다. 이슬람 사회에서 당장 먹을 것이 필요한 사람들에게 거저 주다시피 막대한 돈을 대 주다가 기간이 만료될 때, 원금과 수수료를 갚을 길이 없으면 돈을 대신해서 부인이나 딸자식들을 강탈해 가는 이른바 인신매매 하는 일들이 비일비재하다. 더구나 이슬람은 일부다처제를 제도화하고 있어 수쿠크법에 따라 이자를 받지 않는 대신에 그보다 엄청난 값에 해당하는 인신매매를 마다하지 않는 일들이 버젓이 자행되고 있다. 처음부터 자기 부인이나 딸자식들을 내놓을 아비가 있겠는가? 그러나 수쿠크법이 이러한 것을 사실상 방조하고 있다고 볼 수 있다.

기업이 사업용 자리를 마련하면서 막대한 자금을 담보도 없이 사용하였다가 만기일에 사업이 어려워져서 모든 기반이 송두리째 이슬람의 손아귀에 넘어가게 되면, 그만큼 한국 사회에서 민족자본이 침식되는 악순환이 계속될 수밖에 없다. 일제 강점기에 왜 독립투사들이 왜인들의 돈을 마다하고 비록 영세해도 민족 자본에 철저히 의존하였는지 우리는 한국의 근현대사를 통해서 깊이 깨달아야 한다. 일제 강점기에 독립운동 자금의 대부분은 독실한 기독교인들에게서 나왔다는 사실을 잊어서는 안 된다.

인간이 돈에 매이는 것처럼 비굴한 것이 또 있을까? 우리 한민족의 문화적 가치와는 다른 이질적인 옷을 입고 다가오고 있는 것이 이슬람의 금융 기법인 수쿠크 채권이다. 당장 돈이 필요하다고 해서, 이슬람 채권에 손을 대서는 안 된다. 블룸버그 자료에 의하면, 전 세계적으로 이슬람 채권인 수쿠크가 전년보다 75%나 급증하였다. 이는 고유가 시대에 석유 자본이 상당수 그 위력을 행사하였다는 증거이다. 동남아시아의 여러 나라도 이미 이슬람국가가 된 지 오래이다. 인도네시아와 말레이시아와 같은 나라들은 아시아 국가들이지만, 중동 문화의 옷으로 갈아입은 지 오래되었다. 최근

3년 동안 아시아에서 수쿠크 채권의 3/4이 말레이시아에서 나왔다는 사실이 무엇을 말하는가? 일본도 재무부 국제협력은행과 같은 국책 기관에서 G7 국가 최초로 수쿠크 발행을 선언하기도 하였다.

예수께서는 사람이 떡으로만 살 것이 아니라고 말씀하셨다. 누구든지 하나님의 입에서 나오는 말씀으로 살겠다는 결심을 새롭게 하여야 한다. 돈을 사랑하는 것은 일만 악의 뿌리이다. 예수께서는 맘몬을 섬기든지 하나님을 섬기든지 선택하라고도 말씀하였다.

과거에 한국의 기독교는 공산주의와 맞서서 싸웠다. 이제 이와 함께 적그리스도의 세력인 이슬람과 맞서서 싸워야 한다. 이슬람은 예수 그리스도의 신성을 부인하고 예수의 십자가 죽음도 거부하는 이단적 정치, 경제 집단이다. 오늘 이 시대에 검은 돈인 오일 머니를 쥐고 있는 이슬람의 정체를 바로 알고서, 우리 모두 이슬람의 금융제도인 수쿠크 채권에 맞서야 한다. 진리는 삶 속에서 불의와 맞서서 진실한 힘을 발휘할 때 그 가치가 드러난다. 우리가 아는 대로 수쿠크법은 인신매매로 이어질 수 있는 악법이다.

로마 천주교가 주도한 십자군 전쟁으로 인해 역사상 많은 무슬림이 희생당한 후, 현대에 이르러서 이슬람 근본주의가 지하드의 형태로 9·11테러와 같은 끔찍한 사태를 촉발하였다는 측면도 있지만, '목적 달성을 위해 수단이 정당화될 수 없다'는 만고의 진리 앞에서 모두 겸허해질 필요가 있다. 이슬람은 지하드 곧 이슬람을 확산시키기 위해서 불신자들을 죽이는 전쟁을 정당화한다. 아랍어 지하드는 성전(聖戰)이라고 번역되기도 하지만 투쟁이라는 의미가 정확하다고 본다. 테러와의 전쟁은 이념과 군사력이 충돌할 때 일어나지만, 결코 종교의 이름으로 감행되어서는 안 된다.

서구 사람들이 가진 근본주의 이슬람에 대한 대표적인 이미지가 토마스 아퀴나스 이래로 "한 손에는 칼, 한 손에는 꾸란"인데, 9·11테러로 이런 이미지는 더욱더 고착되었다. 혹자는 이는 이슬람에 없는 사상이라고 미화시키기도 하지만, 사우디아라비아의 국기를 보면 "한 손에는 칼, 한 손에는 꾸란"이라는 구호가 그림으로 정확하게 표현된 것을 확인할 수 있다.

근본주의 이슬람이 극단적인 태도를 보이는 이유는 무엇인가? 우리는 그 이유를 꾸란의 극단적인 가르침에 근거하여 서구 문명을 적대시하려는 이슬람 원리주의자의 문화적 이해에서 발견할 수 있다.

이슬람의 파괴로 기둥만 남은 요한기념교회와 기둥들

9. 교회 내 다문화 가정이 한국 내 이슬람의 거점 전략으로 이용되고 있다

이슬람 문화의 파괴력에 대한 한국 사회의 대응

교회 안에 다문화 정책이 빈번한 상황에서 세계 도처에서 일어나는 오늘의 현실은 어떠한가? 이슬람 사회에서 이혼과 재혼이 빈번하게 일어나는데, 이는 꾸란이 가르치고 있는 방식과 큰 차이가 없다. 가정은 하나님의 창조질서로 세운 숭고한 정신 위에 든든하게 세워져야 한다. 이 점에서 성경에 나타나 있는 예수의 결혼과 이혼에 관한 가르침은 꾸란에 나타나 있는 무함마드의 가르침보다 21세기에 더 중시되어야 할 인류의 보편적 선행 가치를 간직하고 있다. 교회는 꾸란의 가르침에 따라 이혼과 재혼을 밥 먹듯이 하면서 이슬람이 한국에서 거점지역으로 교회를 이용하는 것을 경계해야 한다.

교회마다 다문화가정 프로그램을 통하여 지역에 은밀하게 일하는 외국인 노동자들을 지원하는 일이 오히려 불법체류자들을 한국 사회에 발을 붙이게 하는 온상이 되고 있다는 지적이 여러 차례 제기되고 있지만, 교회는 이 일의 심각성을 잘 모른다. 이슬람의 거짓 전략은 선한 의도를 가진 교회의 외국인 전도까지도 악용하여 저들의 포교 전략으로 삼고 있는 것을 예의주시해야 한다. 교회에서 도움을 받은 이슬람 형제들이 애정 공세를 펼쳐서 교회 여성과 결혼한 후에 애까지 낳고 몇 년 후에 본국으로 돌아간다고 한다면, 이는 제대로 기독교로 개종된 신자가 아니라고 판단해야 한다. 이슬람 사회에서는 기독교로의 개종 자체를 불허하기 때문이다. 결국, 교회의 여성 신자만 이슬람 남편의 본국에 돌아가서 철저하게 희생당하는 사례들이 빈번하다. 오히려 우리나라에 와서 예수를 믿게 된 이슬람 남성들을 본국에 돌려보내는 것이 아니라, 이 땅을 찾아오는 무슬림들에게 복음을 전하는 거리의 선교사들이 되게 하는 것이 교회마다 시행하는 다문화 프로그램의 목적이 되어야 한다.

거대한 신전 터 옆에 기대어 교회를 짓고 지역사회에 복음을 전한 고대 교회의 흔적들

이슬람은 종교집단이 아니라 정치집단이다. 이슬람은 모든 수단과 방법과 권모술수를 동원하여 한국을 무대로 전 세계를 이슬람화한다. 한 번 이

슬람화 되면 요한계시록 2~3장에 나타난 찬란했던 소아시아의 7대 교회처럼 모두 다 파괴되고 만다. 이슬람은 적그리스도의 영이며, 많은 사람에게 두려움과 공포를 주는 사탄의 세력이다. 신약성경은 이미 적그리스도가 그 활동을 시작하고 있다는 사실에 관하여 자세하게 설명하고 있다. 우리는 이 싸움이 영적 전쟁인 것을 올바르게 인식하여야 한다. 과거에 한국교회가 많은 이단과 사이비와 맞서서 싸워 왔는데, 이제는 교단마다 '이슬람대책위원회'를 별도로 세워서 이슬람의 음모에 반대하여 힘을 모아서 저지해야 한다.

통합교단도 2007년 SBS가 기획하여 방영함으로써 기독교를 모독한 프로그램인 "신의 길, 인간의 길" 이후에 한반도를 거점으로 한 이슬람의 음모와 포교 전략에 경각심을 갖고 67개 노회마다 이슬람대책위원회를 신설하여 대비하고 있지만, 아직도 22개 노회에만 설치된 것에 그치고 있을 정도로 무관심하다. 각 노회가 이슬람대책위원회를 두어서 활발하게 활동하기를 고대한다.

지금 시작해도 결코 늦은 것이 아니다. 신약성경은 우리에게 모든 악한 영을 예수 그리스도의 이름으로 대적할 것을 가르친다. 진리는 반드시 이긴다. 이슬람은 오일 머니와 거짓 교리와 이중성과 폭력성을 앞세워 사람들을 미혹하고 있다. 우리 모두 '길과 진리와 생명이신 예수 그리스도'의 좋은 군사가 되어 다시 민족 복음화와 세계 선교의 기치를 높이 들고 삼천리 방방곡곡과 온 세계로 나가야 한다.

이슬람에 의해 철저히 파괴된 찬란했던 버가모 교회 전경과 무너진 성벽 너머 위에 진을 치고 있는 "사탄의 회"인 이방 신전이 자리 잡은 아크로폴리스

14부

한반도 이슬람 대비 전략
Tactic

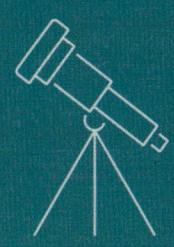

14부
한반도 이슬람 대비 전략

1. 어떻게 이슬람을 대비할 것인가?
신학교 필수과목과 신입생 입학 소개에 이슬람 대비 강좌 개설

'Islam'이라는 말은 아랍어로 '자기 뜻을 저버리고 전능한 알라께 복종한다'라는 의미이므로, 결코 평화라는 의미가 아니다. 그런데도 많은 이가 이슬람을 평화의 종교라고 상상한다. 목회자나 심지어 신학자 중에도 히브리어인 샬롬과 살렘을 상기하면서 이슬람의 어근이 평화와 연결된다고 말하는 사람이 있다. 이는 거짓된 주장이다. 이슬람은 아랍어 동명사로 '복종하기'라는 뜻이므로 평화와는 거리가 멀다. 철저하게 알라와 무함마드에게 복종을 강요하는 종교가 이슬람이다.

2015년 1월 29일 국민일보에는 "IS는 누구인가?"라는 이희수(한양대 문화인류학과)의 칼럼이 실렸다. 이희수는 기고문을 통해서 "도대체 IS는 어떤 조직이기에 이렇게 잔혹하고, 이슬람이라는 종교를 팔아 가장 반종교적인 만행을 일삼고 있는가?"라고 전제함으로, 이슬람은 마치 평화의 종교인데 IS(이슬람국가)만이 문제인 것처럼 묘사했다. 그러나 IS의 행동은 모두 꾸란에 근거를 둔 행위이며, 무함마드가 보여 준 행동 모범을 그대로 따르고 있는 가장 헌신적인 이슬람 집단인 것을 숨기고 있다. 그러면서도 한편으로는 미국의 이라크 침공, 아프가니스탄 전쟁, 시리아 내전 등으로 인한 20여 만 명의 민간인 희생, 이스라엘의 공격으로 2,500명에 달하는 인명 학살로 인해 생긴 복수심과 증오 때문이라고 했다.

그러나 이것은 사실이 아니다. IS가 어떤 합리적인 상식과 논리로도 치유되지 못할 트라우마와 강한 적개심을 갖게 된 것은 미국과 서방 세계 때문이 아니라, 이라크에서의 수니파와 시아파의 분쟁 때문이다. 이라크에서 사담 후세인이 장기간 통치하는 동안 기득권 세력을 누려 왔던 수니파가 사담 후세인이 제거된 후 시아파의 통치를 받게 된 것에 분노한 수니파 무장단체들이 시아파 제거를 기치로 내걸고 세력을 키워 나갔다.

이슬람은 혈통을 우선시하는 수니파를 중심으로 한 사우디아라비아와 전통을 우선시하는 시아파를 중심으로 한 이란이 종주국이 되어서 맹렬하게 세력 다툼을 벌이고 있고, 그 와중에 이슬람끼리 보복과 테러를 일삼는 무자비한 종교이다. 이와 관련하여 한국 내 이슬람 침투와 포교 전략을 분석하고 각각의 사례에 대해서 전략적으로 대처해야 할 구체적인 해결 방안을 제시하여 한국교회와 한국 사회가 이슬람 세력에 대해서 철저하게 대비하도록 해야 한다.

그리스도인이 이슬람의 포교 전략에 무관심한 안타까운 현실에서 이슬람 역사가인 자클린 샤비는 "무함마드와 관련한 역사적 지식은 매우 적다."고 전제하면서도 "이슬람교 경전인 꾸란에서 무함마드는 평범한 인간과 다르지 않다. 확대하여 해석하면 풍자의 대상이 될 수도 있다는 것"이라고 주장했다. 그는 "생전에 무함마드는 적대자들에게 '성불구자'라는 놀림까지 받은 적도 있다. 그의 아들 중 살아남은 사람이 아무도 없었기 때문이다."라고 덧붙였다.

서머나 교회의 순교자인 폴리캅은 화형을 당하면서 "우리 주님은 86년 동안 한 번도 나를 모른다고 하지 않으셨는데 내가 어찌 우리 주님을 모른다고 할 수 있겠는가?"라고 고백하였다.

이슬람은 치밀한 전략을 세우고 한반도를 세계 이슬람화의 거점지역으로 삼으려고 하는데, 한국교회는 아무 의식도 없이 지역교회가 당면한 문제에만 급급해 있는 상황이다. 이런 위태로운 상황을 무거운 현실로 받아들이고 목회자를 꿈꾸는 목회 후보생들이 신학교에 입학하는 첫 시간부터 신입생 오리엔테이션과 각종 기념행사에서 이슬람 대비특강을 접할 기회를 만들어 주어야 한다. 더 나아가서 통합교단의 각 노회에 이슬람대책위원회를 신설하고, 교육인적자원부와 협력하여 신학교육부와 공동으로 신학교에 청원하여 신학대학원 교과목에 이슬람 과목을 필수적으로 가르치도록 협조를 요청해야 한다. 이러한 정책은 한교연과 한교총의 협력 또한 필요하다.

이미 소아시아 7대 교회뿐만 아니라 그 찬란했던 지중해 지역의 교회들을 향해서 오스만 투르크가 무력으로 이슬람교를 팽창시켰을 때 모든 기독교 전통이 사라졌다. 이제는 소아시아나 지중해 성지를 가 보아도 고대 교회들은 자취를 감추고 돌무더기만 가득한 것이 현실이다. 한반도에도 130여 년 전에 복음이 전파되었지만, 이미 공산화된 북한에는 평양신학교라든지 장대현교회와 같은 찬란했던 교회의 흔적을 찾아볼 수 없다. 이제 팽창하는 이슬람이 가짜 난민 문제와 할랄과 수쿠크로 한반도를 위협하면서 기승을 부리는데도 신학교는 잠잠하다. 그러니 신학생들도 이슬람에 대해서 아무 문제의식을 느끼지 못하고 있는 현실이다. 이제라도 깨어서 신학교마다 이슬람 대비 교과목을 개설하여 철저하게 이슬람을 대비하여야 한다.

2. 출입국 관리를 철저히 하고 대테러 업무를 강화하라
한반도를 거점화하려는 이슬람의 전략

심심치 않게 발생하는 이슬람의 테러는 막을 길이 없다. 다만 예의주시하고 대비할 뿐이다. 프랑스 남부 보르도에 있는 이슬람사원의 이맘 타레크 우브루는 "(이슬람교에서는) 신에 대한 묘사만이 금지됐을 뿐이다."라고 지적했다. 그에 따르면 이슬람교에는 기독교의 '신성모독'에 해당하는 개념이 존재하지 않는다. 그런데도 우브루는 "이슬람교에는 리다 전쟁이라는 개념이 있는데, 이는 배교행위에 대한 전쟁을 뜻한다."며 "신 또는 예언자의 그림을 그려 비난하는 것은 신앙을 저버린 행위로 간주된다."라고 말했다. 이 논리대로라면 배교행위는 무슬림에게만 적용할 수 있다. 프랑스 주간지 『샤를리 에브도』 만평가를 살해한 것은 이슬람 교리에서도 정당화될 수 없다는 게 그의 설명이다. 그러나 이슬람의 테러는 기독교인들과 타 종교인들에게까지 확산되고 있다.

프랑스 주간지 『샤를리 에브도』 테러의 배후를 자처한 예멘 알카에다 아라비아 반도지부(AQAP)가 30일(현지 시간) 인터넷으로 유포한 음성파일을 통해 프랑스를 주적으로 지목했다. 이 파일에서 AQAP 고위간부 이브라힘 알루바이시는 "최근 수년간 미국이 약해지는 대신 프랑스가 이슬람과의 전쟁에서 미국을 대신하고 있다."면서 서방 중에서도 프랑스를 공격 대상으로 특정했다.

특별히 이슬람의 공격은 유럽에 있는 유대인들을 목표로 하고 있다. 수니파 무장단체 '이슬람국가'(IS)를 지칭하는 용어는 나라와 매체마다 다르다. 국내 언론과 영국 BBC는 'IS'라고 표기하는 반면, CNN은 'ISIS', 텔레그래프·USA투데이는 'ISIL'이라고 쓴다.

2004년 '유일신과 성전(聖戰)'이라는 뜻의 '자마야트 알타위드 왈지하드'라는 단체로 출발한 IS는 알카에다 이라크지부(AQI)로 변신했다. 그러나 2006년 지도자 아부 무사브 알자르카위가 사망한 뒤 새 지도자가 된 아부 바크르 알바그다디는 독자 노선을 걷는다. '이라크 이슬람국가'(ISI)로 개명한 후 2013년 시리아로 영역을 넓히고 '칼리프제국'(Caliphate)을 선포한다. IS는 이슬람의 예언자 무함마드 사후 건설된 칼리프 국가의 재건을 목표로 한 것이다.

이 무렵 시리아까지 영역을 확장한 IS를 이르는 말로 ISIL과 ISIS가 등장한다. 우선 용어를 정리해 보자. 두 이름이 혼용된 데는 시리아, 레바논, 요르단 지역의 옛 지명이 다르기 때문이다. 이 지역을 통틀어 '샴'(Sham)이라고 불렀다는 이유로 '이라크·샴 이슬람국가'라고 하는 경우에는 'ISIS'로, 이 지역(시리아, 레바논, 요르단)의 문화·역사적 배경을 가리키는 용어인 '레반트'(Levant)를 쓰면 'ISIL'로 칭한다. 2023년 2월의 대지진 와중에도 시리아 북부에서 활동하는 IS는 튀르키에 국경 지역의 난민들을 공격하여 비난을 받았다.

이미 유럽은 이슬람 인구가 10%를 넘어서면서 각종 테러가 빈번해지고 있다. 우리나라도 이슬람을 방치하다가는 머지않아 이슬람의 목표가 될 것이 자명하다. 이 점에서 출입국 관리를 철저하게 하고, 대테러 담당 전문 요원을 통해서 이슬람 테러분자들이 우리나라에 잠입하는 것을 막아야 한다.

2022년 10월에 국내에 체류하는 해외 이주 무슬림은 25만 9,102명으로, 전체 외국인(219만 9,460명) 10명 중 1명꼴이 넘는다. 불법체류 무슬림(2만 1,000여 명)과 한국인 무슬림 9만 7,000명을 포함하면 국내 무슬림은 모두 32만 명에 달한다. 문화부가 이슬람교를 아직 '기타 종교'로 분류할 만큼 타 종교에 비해서는 적은 숫자이지만, 한국이슬람교중앙연합회가 조직된 1965년 3,700명에서 50년 만에 86배 이상 늘어난 수치다. 외국인 밀집 지역인 안산을 비롯한 경기도에 3만 3,300여 명(30.5%)이 거주하고, 경상남도(14.4%), 서울(8.9%), 인천(6.6%) 등 공단을 중심으로 산재해 있다.

이들이 상당수 불법체류를 하면서 여러 가지 문제점을 일으키고 있으므로 정부는 출입국 관리를 철저히 하고 대테러 업무를 강화하여야 하는데, 제주 가짜 난민 사태가 보여 주듯이 정부가 이들을 감싸는 듯한 모양새를 취하고 있다. 그러므로 기독교는 강력하게 이 문제를 제기하여 제주도의 허점을 이용해 브로커를 거쳐서 무더기로 비행기를 타고 입국한 후에 가짜 난민 신청을 하는 이슬람의 교묘한 전략에 대비해야 한다. 한 번 이슬람화 된 나라에는 더는 교회가 존재하지 않는다. 이제라도 한국교회가 깨어서 이 무서운 이슬람 테러에 대비해야 한다.

3. 이슬람 난민은 샤리아법만 중시한다
한국에 왔으면 대한민국의 법을 지켜야

성경에서 난민은 직접 언급되어 있지 않지만 피난민, 거류민, 나그네 등으로 나타난다. 성경적으로 난민을 받아들이는 개념은 이스라엘의 율법을 받아들이고 하나의 집단으로 동화되는 것을 전제로 한다. 성경이 말하는 건전한 난민 정책의 원칙은 난민들이 대한민국의 법을 따르는 것이다. 불법 취업을 목적으로 한 가짜 난민, 극단적 이슬람의 유입 문제는 감성적 인권 문제로 봐서는 안 된다.

창세기는 3 : 23~24에서 성경에 나오는 최초의 난민에 관해 언급한다. 최초의 난민은 죄를 지은 결과로 에덴동산에서 추방된 인간이다. 하나님께서는 그를 용납하지 않으시고 단호하게 에덴동산에서 추방하심으로써 난민으로 살아가게 하셨다. 여기서 관계의 단절을 보게 된다. 즉, 하나님과의 관계 단절, 인간과의 관계 단절, 자연과의 관계 단절이다. 이것이 첫 번째 난민이 겪은 실존적 현상이다. 이 최초의 난민은 하나님께서 창조하신 아름다운 에덴동산에서 추방되어 더는 하나님의 보호를 받을 수 없고, 인간 자신의 힘으로만 살아가도록 내버려진 존재이다. 그리고 더 에덴동산에 오지 못하도록 두루 도는 화염검으로 길을 막으셨다. 그런데도, 하나님께서는 죄를 범한 인간을 추방하시면서 가죽옷을 지어 입히셨다.

창세기 3장에서부터 언급된 난민은 이사야 15 : 5에서 "내 마음이 모압을 위하여 부르짖는도다 그 피난민들은 소알과 에글랏 슬리시야까지 이르고 울며 루힛 비탈길로 올라가며 호로나임 길에서 패망을 울부짖으니"라는 구절을 통하여 철저하게 패망의 길에 선 '피난민'이라고 규정한다.

이러한 피난민과 유사한 상황에 있는 난민이 성경에서는 다수 거류민으로 등장한다. 분명히 피난민이나 난민과는 다른 특성이 있는 거류민에 대해서 성경은 22회 언급한다. 그 대부분의 기록은 레위기에 언급된 내용인데, 타지에서 온 거류민이라 할지라도 율법을 지켜야 할 것을 전제하고 있다(레 16 : 29 ; 17 : 8, 10, 12-13, 15 ; 18 : 26 ; 20 : 2 ; 24 : 16, 22). 여기서 거류민이 율법을 지키면 이스라엘 땅에서 보호받을 수 있다는 사실이 전제되어 있다. 이스라엘 땅에 거하는 거류민도 율법을 지켜야 한다는 가르침은 민수기와 여호수아에서도 계속된다(민 9 : 14 ; 수 8 : 35).

이렇게 거류민도 이스라엘 백성과 마찬가지로 율법을 지킬 의무가 있다고 언급하는 이유는 무엇일까? 그것은 그 거류민이 이스라엘 땅에서 살기 위함이다. 그러나 전제는 분명하다. 이방 땅에 살던 외국인이 거류민이 되어 이스라엘 백성과 함께 살 때는 저들의 종교와 규례를 버리고 이스라엘 종교와 법도를 지킬 때만 가능한 것이다. 이렇게 완벽하게 이스라엘 종교에 적용된 거류민에게는 같은 혜택이 주어진다(레 19 : 10, 33-34 ; 25 : 23, 35, 47 ; 수 20 : 9 ; 대상 29 : 15 ; 벧전 2 : 11).

이런 정신으로 성경에는 나그네에 대해서도 거류민과 같은 성격으로 48회 언급된다. 다시 말해서 이스라엘 땅에 많은 나그네와 거류민이 함께 지내는 일이 많았기에, 성경은 대체로 거류민이든 나그네든 함께 살아야 할 것을 교훈한다. 그러나 이 많은 거류민과 나그네에 관한 구절에도 불구하고, 거류민과 나그네는 분명히 난민과는 다르다. 거류민과 나그네는 자기들이 고향에서 섬기던 이방 신이나 우상이나 관습을 버리고 이스라엘의 신앙과 종교를 받아들이고 율법을 지킬 의무를 가진다. 그렇지 않으면 외국에서 온 거류민과 나그네는 잠시 이스라엘 땅에 머물 수는 있지만, 결코 이스라엘 백성과 동화될 수 없는 다른 부류의 사람들이다.

최근에 제주도에 불법 입국자들이 포함된 것으로 우려되는 예멘의 무슬림들이 인권을 앞세우며 자기들의 종교인 이슬람을 한국 내에 확산시킬 가능성이 크다는 사실을 경계하지 않을 수 없다.

한국교회가 무슬림의 거짓 속임수에 넘어가고 있다. 그들은 우리를 적당히 이용하고 자기에게 사랑을 느낀 한국 여성과 결혼하고 자녀까지 낳았음에도 5~10년도 되지 않아 이혼하고 다른 여자에게 간다. 이런 일이 끊임없이 반복하는 상황에서 이슬람의 실체를 정확히 바라봐야 한다.

무슬림 난민은 이슬람 율법에 따라 자신의 종교를 버리는 일이 거의 없기에, 다문화 사역을 하는 기독교인은 무슬림의 달콤한 말에 속아서는 안 된다. 무슬림이 한국에 들어오면 이슬람을 퍼뜨리는 데 앞장설 것이기 때문이다. 성경을 살펴보면 이스라엘 백성들은 고향에서 따랐던 신과 관습을 버리고 이스라엘 신앙과 종교를 받아들인 이방인들만 자신의 땅에 살게 해 주었다. 그러므로 꾸란에서 배운 사고방식을 버리고 대한민국의 법을 따르는 이들만 난민으로 인정해 주어야 한다.

앙상하게 보이지만 위용이 대단한 사막의 엉겅퀴

4. 사랑하지만 분별해야 한다
제주도에 불법 입국한 이슬람 예멘인들이 난민일까?

백상현 기자(국민일보 종교부)가 2017년 11월에 『가짜 인권, 가짜 혐오, 가짜 소수자』(밝은생각)라는 책을 냈다. 최근 한국 사회의 가장 뜨거운 이슈 중 하나인 '동성애'를 놓고 그 실체는 물론 동성애를 옹호하는 인권 문제의 허점을 다루었다. 동성애는 가짜 사랑이다. 그런데도 사랑해야 할까?

이런 동성애가 가짜 사랑인 것처럼, 난민도 가짜임에도 불구하고 사랑해야 하나? 제주 출입국·외국인청은 2018년 9월 14일 제주도 내 예멘 난민심사 대상자 484명 중 면접이 완료된 440명 가운데 영유아 동반 가족, 임산부, 미성년자, 부상자 등 23명에 대해 '인도적 체류 허가'를 결정했다고 밝혔다. 인도적 체류 허가에 부여된 체류 기한은 1년이다. 인도적 체류 허가자는 제주도를 벗어나지 못하게 하는 출도(出島) 제한 조치가 풀리게 된다.

예멘 국적자들은 제주도에 무비자로 30일까지 머물 수 있었다. 게다가 2017년 말레이시아 쿠알라룸푸르와 제주 간 저가 직항 노선이 생긴 것도 이들의 제주도 입국을 도왔다. 이 때문에 예멘인 561명이 제주도에 입국했고, 이 가운데 519명이 난민 신청을 했다.

예멘 난민에 대한 국내 여론은 부정적이다. 여론조사기관 리얼미터 집계에 따르면 제주도 예멘 난민 수용에 반대한다는 응답자는 전체의 49.1%로, 찬성(39%)을 압도했다. 청와대 국민청원 게시판에도 '난민법, 무사증 입국, 난민 신청허가 폐지 개헌' 청원에 40만 명이 넘는 국민이 동의했다.

왜 이들이 문제인가? 난민 신청자 상당수는 불법취업을 목적으로 브로커 등을 통해 난민을 신청하는 이른바 '가짜 난민'으로 알려졌다. 유럽에서 이슬람권 난민을 대거 받아 주면서 발생한 각종 부작용이 우리나라에도 알려지면서 난민의 망명에 대해 단순히 인권 문제나 감성적으로만 볼 것이 아니라 주권국으로서 자국민의 안전을 우선시해야 한다는 여론이 강하다.

요한2서 1 : 7~11을 보면, 철저하게 다른 교훈을 따르면서 그리스도의 교훈을 거부하는 자를 "집에 들이지도 말고 인사도 하지 말라 그에게 인사하는 자는 그 악한 일에 참여하는 자"라고 경계한다.

인간 내면의 믿음을 추구하는 종교의 자유는 누구나 누려야 할 자유이며, 기본적 권리이다. 우리나라 헌법은 제11조 제1항에서 종교를 이유로 한 차별은 금지한다고 규정하고 있다. 이와 함께 헌법 제20조에는 종교의 자유와 함께 국교 불인정 원칙과 정교 분리 원칙을 규정하고 있다. 문제는 이슬람의 꾸란이 타 종교 특히 기독교로 개종하는 것을 철저히 막고 있는 상황에서, 제주 불법 입국자인 예멘의 무슬림들이 인권을 앞세우며 자기들의 종교인 이슬람을 국내에 확산시키려 한다는 사실을 경계하지 않을 수 없다는 것이다.

성경에 등장하는 난민과 유사한 의미로 '피난민, 거류민, 나그네', '유배' 등의 개념이 있다. 레위기와 신명기 그리고 여호수아에서는 타지에서 온 거류민이 이스라엘 땅에 살아갈 때는 자신들의 종교, 관습, 문화 등을 버리고 이스라엘 종교와 법, 그리고 신앙적 전통을 따르도록 하는 의무를 주었다. 그러므로 이슬람 난민도 성경의 가르침대로 샤리아법을 버리고 입국한 당사국의 현지 법과 법도를 지킬 때만 공존할 수 있다. 그러나 이슬람 난민은 한사코 자기들의 꾸란 법만을 중시하기 때문에 난민으로 받아들여서는 안 된다.

대한민국은 전 세계를 장악하려는 이슬람 포교의 교두보가 되어서는 안 된다. 치밀하게 계획하고 들어오는 이슬람의 유입을 대한민국의 법으로 철저하게 막아야 한다. 더욱더 출입국 관리를 엄격하게 하여 테러분자들이 이 땅에 발을 붙이지 못하도록 해야 한다.

5. 세금으로 이슬람 문화원과 대학을 지원하는 것을 불허해야 한다
아랍어를 선택하는 수능생의 증가

국내 체류 외국인 200만 명 시대에 들어섰다. 이제 외국인들이 단순한 이웃 수준이 아닌 주택 시장의 메이저 플레이어(Major Player)가 될 수 있는 시대가 된 것이다. 실제로 외국인들의 주택 규모가 점점 확대되고 있다. 이는 외국인 노동자의 증가, K-팝(Pop) 등 한류 영향으로 한국 방문객과 체류 관광객이 급증하고 있는 현실에 따른 것이다. 한국관광공사에 따르면 2015년에 한국을 찾은 외국인 입국자는 1,724만 명에 이른다. 2006년과 비교하면 10년 만에 3배 가까이 증가했다.

장단기 체류 외국인도 약 219만 명으로, 전체 인구의 약 4%를 차지했다. 2006년(91만 명, 전체 인구의 1.9%)보다 배 이상 늘어난 것이다. 체류 외국인의 경우 아직 경제협력개발기구(OECD) 평균인 5.7%에는 못 미치지만, 본격적인 다문화 시대에 접어들었다는 분석이 나온다. 실제로 법무부는 향후 체류 외국인 규모가 300만 명(전체 인구의 5.8%)까지 늘어날 것으로 예상한다. 한국인과 외국인의 결혼도 연 2만 건을 넘어서면서 본격적인 외국인 식구(食口) 시대가 열리고 있다. 외국인이 인구 수나 주택 수요로 공식 반영되지는 않고 있지만, 이들 외국인이 머물러 살 주거공간에 대한 필요가 점점 증가하고 있다.

이런 상황에서 2015년 1월 15일 KBS 뉴스에서 보도될 정도로 고등학교 수능시험에서 제2외국어로 아랍어를 선택하는 수험생들의 숫자가 40~50%에 육박하고 있다. 이들 수험생은 상대적으로 어렵게 출제되는 다른 언어를 선택한 학생들에 비해 거의 만점을 받고 있어서 심각한 형평성과 공정성의 문제가 제기되고 있는 현실이다. 교육인적자원부와 입시 담당 공무원들을 통해 이런 문제점이 해결되도록 대책을 강구해야 한다.

박정희 대통령은 이슬람 중앙성원을 짓는 데 한남동의 시유지 1,500평을 희사했다. 잠시 대통령직을 감당했던 최규하 대통령은 1980년 5월 사우디아라비아를 공식 방문했을 때 한국에 이슬람 대학을 건립하는 데 적극 지원해 주겠다고 약속한 뒤, 한국 정부의 이름으로 용인에 있는 국유지 43만 제곱미터(약 13만 평)를 이슬람 대학 용지로 헌납했다.

특정 종교인 이슬람에게 과거 정부가 각종 특혜를 주면서 인천과 송도와 용인에 이슬람 대학과 인천에 이슬람 문화원을 건설하는 일을 도와준 것이다. 이는 명백한 종교 편향적인 정책이기에 정부 입안자들의 문제점들을 들추어서 상황을 예의주시하고 막대한 세금을 헛된 일에 쏟아붓지 않도록 해야 한다. 국민 혈세를 특정 종교에만 쏟아붓는 잘못된 정책은 시정되어야 하고, 중앙 정부와 지방 정부는 이슬람 문화원과 이슬람 대학의 지원을 불허해야 한다.

이슬람 문화권과의 교류를 확대하기 위해 2007년 문을 연 인천의 중동문화원이 있다. 아시아권 최초의 중동문화원으로 19억 원의 시 예산과 기업 협찬금을 모아 만들어졌다. 이런 어마어마한 계획과 프로젝트를 무분별한 이슬람 외자 유치라는 그럴듯한 명목으로 시장이 마음대로 결정하게 해서는 안 된다.

한국에서 이슬람의 중요한 특징을 요약하면, 이슬람을 포교하기보다는 변증하는 것에 치중한다는 것이다. 중고등학교 세계사 담당 교사들과 언론사 종교 담당 기자들을 초청하여 이슬람은 결코 테러 종교가 아니라 사랑과 평화의 종교라는 것을 강조한다. "칼이냐, 꾸란이냐?"는 서구 기독교가 이슬람을 비하하기 위하여 만들어 낸 말이라고 항변한다. 그래서 한국의 교과서에는 이슬람에 대한 부정적인 내용이 다 제거되었다. 언론 잡지에 왜곡된 이슬람을 바로잡는 매스미디어 모니터링 팀을 운영한다.

2007년 2월에는 한남동 중앙성원 인근에 이슬람 서점이 생겼다. 서점은 아라비아어와 한국어 대조 꾸란과 이슬람 포교전단지를 무료로 배포한다. 모스크에는 어린이 학교가 개원되었고, 2004년 카타르 정부의 지원으로 충주에 이슬람 공동묘지가 조성되었다.

이런 일이 한국에서 반복되면, 이슬람은 우리 청소년들에게 호감을 사는 종교로 자리매김하게 된다. 수능에서 아랍어를 선택하면, 자연스럽게 아랍공화국을 여행할 기회가 온다. 은근히 아랍어를 선택한 수험생에게 접근하여 장학금을 주기도 한다. 이들이 대학에 들어가면 얻게 될 갖가지 혜택을 보여 주면서 중동 유학을 부추긴다. 그런 끈질긴 유혹을 받다 보면, 가뜩이나 주머니 사정이 넉넉지 않은 대학생들이 오일 머니에 넘어가서 자신도 모르는 사이에 이슬람에 협조하는 상황이 오고야 말 것이다.

6. 법조계에서 이슬람 친화적 프로그램이 주도하는 세미나의 심각성
오일 머니에 현혹되고 있는 우리나라의 법조인들

이슬람교에는 이맘이 포교를 하지만, 성직자 제도가 없다. 이 점은 이슬람교가 기독교, 유대교, 불교 등의 종교와 구별되는 중요한 차이점이다. 이슬람교는 인간과 알라 사이에 어떠한 영적인 중간 매개체도 인정하지 않는다. 무슬림들은 중간 매개체를 거치지 않고 알라와 직접 대화할 수 있기 때문이다.

무슬림들은 성장 과정에서 이슬람교를 체계적으로 배우며, 이를 바탕으로 누구나 이맘이나 종교 교육자로 활동할 수 있는 자질을 터득하게 된다. 이런 연유로 이슬람교는 따로 종교 교육자나 성직자를 둘 필요가 없다.

이슬람교에서 이맘은 맨 앞에서 집회를 인도하는 사람을 일컫기 때문에 모든 무슬림은 이맘이 될 수 있다. 부자, 가난한 자, 젊은 사람, 나이든 사람, 학자, 배우지 못한 자, 여행자 등 누구에게나 이맘이 될 수 있는 자격이 부여된다. 이슬람교에서는 이맘의 지위를 취득하기 위한 성직 서임식이나 안수식 같은 특별한 예식도 필요치 않으며, 종교학교를 반드시 졸업해야 할 필요도 없다. 즉, 이슬람교에는 기독교의 성직자와 같은 특별한 영적 권위와 자격을 갖춘 사제 집단이 존재하지 않는다.

이런 현실에서 한국에서 이슬람교의 막대한 자금 지원을 받는 강사들이 법조인들에게 각종 이슬람 강연과 이슬람교를 알리는 데 혈안이 되어 있다. 이는 향후 판사, 검사, 변호사 등의 법조인이 이슬람과 관련된 법안을 다룰 때 친이슬람 편향적인 판결을 내리도록 우호적인 인사를 사전에 만드는 과정이라고 평가할 수 있다. 이런 일들은 공정한 법질서를 세워야 할 법조인들이 사전에 포섭될 수 있다는 점에서 경계해야 하지만, 많은 이슬람 친화적인 강연들이 법조계에 범람하고 있는 현실은 너무나도 우려스러운 일이다.

한국에서는 이미 이슬람국가의 법제도를 연구하는 법조인 모임이 2012년 6월 2일 출범되었다. 한국이슬람법학회(초대회장 배지영)는 서울 밀레니엄힐튼호텔에서 주한 쿠웨이트 및 아랍에미리트(UAE) 대사와 LG전자 부사장, 현직 판검사, 외교통상부 실무진 등이 참석한 가운데 창립되었다. 이 모임은 중동 지역 국가나 이슬람 문화권에서 근무하거나 유학한 경험이 있는 법조인들로 주축을 이루고 있다. 7년 전 사법연수원에서 젊은 법조인들이 이슬람 법제도를 연구하기 위해 만든 소규모 모임으로 부장판사인 사법연수원 박태동(사법연수원 13기)과 성수제(22기), 유승룡(22기) 등 중견 법관들도 회원으로 참여하고 있다. 현지에 진출한 기업 법무팀에서 근무하며 이슬람 국가의 법 제도를 직접 다루고 있는 회원도 상당수이다.

이뿐만이 아니다. 이보다 훨씬 이전에 카타르 재단(Qatar Foundation) 산하 이슬람 대학은 2008년부터 한국-카타르 상호 간 문화 이해와 학문 교류를 증진하기 위하여 우리 사법 연수생들을 매년 약 2개월간 초청하여 이슬람 법인 샤리아와 이슬람 금융인 수쿠크 등에 대한 연수프로그램을 제공하고 있다. 우리 법조인들이 이슬람 친화적이 될 수밖에 없는 현실이다.

지금은 이슬람이 한국 기독교를 감히 상대할 수 없는 상황이지만, 머지않아 어마어마한 오일 머니 지원을 받은 친이슬람 법조인들이 기독교-이슬람 갈등과 같은 첨예한 재판을 맡게 될 날이 다가올 것이다. 그때 이슬람법학회와 카타르 재단을 통해 연수를 받은 우리 법조인들이 대거 포진하여 이슬람 편향으로 재판을 이끌어 갈 것을 경계해야 한다. 향후에 이 문제는 더 심각해질 수 있으니, 기독교 법조인들이 솔선수범해서 대비책을 강구하여야 한다.

사법연수원에 가서 반이슬람 대책을 수립하는 학자들과 여러 반이슬람교 지도자들이 법조계에 가서 특강을 하도록 주선하고, 이슬람에 물든 법조인들을 다시 일깨우는 작업을 본격적으로 해야 한다.

7. 대한민국 법, 이슬람 샤리아법의 지배가 우려되다
이슬람 법률전문가에게 휘둘리고 있는 우리나라의 법조인

이슬람에서 모든 무슬림은 기도, 단식, 순례 등 종교적 의무를 수행해야 한다. 이들을 결속시키는 이슬람 지도자인 이맘도 이러한 의무를 당연히 수행한다는 점에서는 일반 무슬림과 마찬가지이다. 대체로 이맘은 그가 속한 모스크 사원의 구성원들로부터 추대받는다. 일반 무슬림들은 일상적인 직업 때문에 집회 시간에 항상 참석할 수 없지만, 이맘은 모스크에 고용되어 모스크 지기로 상주한다. 그렇지만 집회 시간에 모인 사람이면 누구라도 필요에 따라 이맘의 역할을 대신할 수 있으며, 모든 규정된 종교의식을 치를 수 있다.

이맘과 마찬가지로 이슬람공동체의 수장인 칼리파도 알라 앞에서는 평신도의 일원일 뿐이다. 이 점에서 중세 서구 기독교 세계의 황제나 교황의 지위와 이슬람의 칼리파의 지위가 사뭇 다르다. 칼리파의 권력은 절대권력이 아니다. 그는 이슬람공동체 안에서 종교 문제에 대한 총 지휘권을 가지고 있는 것이 틀림없지만, 그의 권력이나 권위가 알라와 직접 관련이 있거나 알라로부터 나오는 것은 아니다. 종교적 측면에서 칼리파는 공동체 구성원 중 한 사람에 불과하다. 무슬림은 종교의 수호와 정치력에서 그의 능력과 자질을 인정하고 충성을 서약할 뿐이다. 따라서 이슬람공동체의 칼리파 제도는 중세 기독교 세계와 같은 절대권력의 전제정치제도가 아니라 공동체의 구성원들로부터 충성의 서약을 받은 후 권한이 인정되는 계약에 의한 정치제도일 뿐이다. 이슬람공동체는 칼리파를 해임할 권한도 가지고 있다.

성직자 제도와 관련하여 이슬람에 대해 오해하고 있는 부분이 울라마로 알려진 학자 집단이다. 이들은 순수한 이슬람교 법학자 및 샤리아법 학자들로, 이슬람 초기 시대부터 자칭 마지막 예언자인 무함마드의 언행과 유산을 모아 정리하고 해석하여 이슬람법인 샤리아를 체계화한다. 이들은 문자 그대로 학문을 하는 사람들이다. 따라서 이들은 단지 이슬람교에 대한 가르침과 올바른 해석을 해 주는 지식인들일 뿐이다. 울라마가 되는 과정에서 어떤 성직 수여식이나 특정 종교의식이 행해지는 것은 아니다. 즉, 알라 앞에서 종교적 의무사항은 무슬림이면 누구나 똑같이 부여받는다.

울라마라는 칭호는 무슬림 대중으로부터 높은 학식과 고귀한 성품으로 존경받는 이슬람 법학자들을 통칭하지만, 그들 역시 평신도일 뿐이다. 즉, 알라의 말이나 이슬람법 연구에 종사함으로써 존경받는 호칭을 받기는 하나, 그들이 어떤 특별한 종교적 지위를 얻은 것이 아니며 단지 학자일 뿐이다. 그들이 쌓아 놓은 연구나 업적 때문에 종교적으로 다른 사람과 구별되지 않으며 어떤 영적 권위를 갖는 것은 더더욱 아니다.

이슬람법 수호자로서 이들은 간혹 중세 유럽의 성직자들과 비교되지만 사실상 둘 사이의 지위는 상당히 다르다. 울라마들은 성례를 비롯한 성스러운 의식을 주관하는 성직 수행자들이 아니고, 어떤 예식이나 절차를 밟아 울라마가 된 것도 아니다. 게다가 죄를 용서한다거나 파문을 선언하는 일 같은 초인적 지위에서나 행할 수 있는 그런 기능은 더더욱 갖고 있지 않다.

나아가 어떤 방법을 동원한다고 할지라도 알라와 인간 사이를 중재한다거나 둘 사이를 이어 주는 역할을 할 수 있다는 인식은 상상하지도 못한다.

이슬람에는 샤리아법 전문가 또는 이슬람법 학자인 파끼흐가 있고, 재판관인 까디가 있으며, 이슬람공동체 최고의 법률전문가인 무프티가 있다. 이들 중 파끼흐는 학자이며, 까디와 무프티는 국가에 의해 공식 임명되는 이슬람 사회의 법조인들이다. 이들 모두는 성직자 집단이 아니다.

이런 특이한 이슬람의 샤리아법 전문가가 무더기로 존재하는 상황과 이슬람의 이맘과 샤리아법 전문가가 한국법을 지배하려는 시도를 의식하는 사람은 없다. 그러나 현재 무서운 속도로 한국법을 무시하고 꾸란의 법인 샤리아를 중시하려는 움직임이 한국 내에서 진행되고 있다. 우리가 하찮게 여기는 사이에 이미 지난 60년 동안 이슬람 법률전문가가 오일 머니를 앞세워서 서서히 한국 법조계를 잠식해 왔다. 다수가 오일 머니에 현혹되어 중동에 연수를 다녀오고, 샤리아법을 연구하여 이미 국내 법조계에 잠입해 있는 현실이다.

왜 우리는 대한민국에서 대한민국의 법을 지키지 않고 이슬람 종교법인 샤리아를 중시하는 이슬람교의 포교 전략에 현혹되어야 하는가? 이미 많은 우리 법조인이 막대한 오일 머니에 잠식되어 이슬람 편향으로 재판을 유리하게 끌고 갈 단계에까지 진입하고 있는 현실을 대다수 기독교 지도자들이 의식하지 못하고 있다. 그러므로 국회의 절반 이상을 차지하는 기독교 의원들은 이슬람법 편향으로 기울어지는 법조계를 바로 잡을 수 있도록, 선제적으로 이슬람 대책 법안들을 제정하여 이슬람의 확산과 포교를 막아야 한다. 다시 말해서 아직 이슬람 인사들이 한국 사회나 국회에 들어오지 못한 상황에서 샤리아법을 우선시하지 못하도록 하는 법안을 제정하여 이슬람의 한국 사회에 침투하는 것을 철저히 막아야 한다.

8. 한국 내 이슬람의 포교 전략
철저히 재고해야 하는 교회의 다문화 프로그램

이슬람 자금과 연계된 돈이 학문의 전당인 대학에서 교수들에게 연구비로, 학생들에게 장학금으로 지원되고, 이들에게 해외 연수를 시키는 일이 지금 대학가에 만연되어 가고 있다. 이는 척박한 환경에서 학문하려는 많은 사람에게 달콤한 유혹이 되는 상황이다.

정 모 씨는 고등학교 1학년 때 친구를 따라 한남동 중앙성원에 들렀다가 무슬림이 됐다. 그 후 파키스탄 국제 이슬람대에서 공부했고, 자이툰부대에서 근무하기도 했다. 1999년부터는 중앙성원 근처에서 튀르키예 음식점을 운영하고 있으며, 지금도 독실한 무슬림으로 살고 있다.

박 모 씨는 2010년 4월 "한국인을 위한 이슬람"이라는 제목의 인터넷 카페를 만들었는데, 하루 평균 200여 명이 방문한다. 이어 2011년 1월에는 중앙모스크 근처에 이슬람 정보센터를 차렸는데, 하루 평균 20여 명의 한국인 젊은이들이 방문하고 있다. 이 가운데 최근 4개월 동안에만 40여 명의 한국인 젊은이들이 이슬람을 접하고 무슬림이 되었다.

이슬람 모스크인 사원은 한남동 중앙성원을 비롯해 전국에 15개가 운영되고 있고, 벌써 지회(枝會)도 42개소에 이르며, 크고 작은 기도처도 200여 개에 이른다. 한국의 무슬림은 대체로 극단적이지 않은 것으로 파악되고 있지만, 이는 한국에서 이슬람 종교인으로 활동하는 데 아무런 제약이 없는 데다 한류(韓流) 열풍 덕에 한국 사회에 대한 불만이 그리 높지 않은 편이기 때문이다.

그러나 모두가 방심하고 있는 사이에 동네마다 있는 문화센터와 구청의 지원을 받고 있는 공공장소에서 다이어트 열풍과 함께 예배당과 안방까지 침투되고 있는 밸리댄스 열풍은 사막의 천일야화와 같은 이슬람의 춤이 독버섯과 같은 것인데도 불구하고 어느덧 우리나라에 넘쳐나고 있다. 심지어 이슬람 승려와 순진한 처녀의 사랑을 그린 세헤라자데와 같은 음악은 김연아 선수가 피겨 스케이팅에서 신기록을 수립함으로써 우리에게 더욱 친근하게 되었는데, 이 곡을 장로회신학대학교 한경직예배당에서 서울 시향의 1000원의 행복이란 프로그램으로 연주한 것은 끔찍한 일이다. 이런 이슬람 음악과 알함브라 궁전의 추억과 같은 기타 곡이 여과 없이 교회에서 연주되고 있는 현실이 이슬람의 문화적 접근에 무방비로 놓여 있는 우리 사회를 바로 보여 주는 것이다.

기독교 100%의 유럽 국가들의 교회 건물이 이슬람성원으로 헐값에 팔리고, 프랑스 내 모스크가 무려 1,000개 이상 도달하는 시대가 되었다. 이로 인해 꾸란 교육이 성행하고, 테러가 횡행하여 유럽의 기독교 국가들의 치안이 위험한 지경에 이르렀다. 유럽의 다문화 정책이 실패하고 무너진 심각한 폐해를 한국 사회가 눈여겨보아야 한다.

2013년 법무부 통계가 보여 주듯이 당시 한국 내 거주 이슬람국가 출신 인구는 14만 명이다. 2015년 국내 무슬림은 24만 명에 이르렀고, 10년 뒤인 2025년에는 국내 무슬림 인구는 2013년에 비교할 때 7배가 늘어난 100만 명이 넘게 될 것으로 우려된다.

미국 CIA 보고서에 따르면 한 국가에 무슬림 인구가 1% 내외일 때는 평화를 사랑하는 그룹으로 위장하여 이슬람 세력이 잠복하고 있다가, 5% 이상일 때 본격적으로 포교 전략을 시행한다. 20% 이상일 때는 폭동이 끝난다. 이미 그 사회가 이슬람화되었기 때문이다.

국내 이슬람의 포교 전략 중 하나는 결혼으로 "한국 여자들을 임신시켜라."라는 내용이다. 한국 여성의 평균 출산율은 2007년 이후부터 지금까지 0.8명이지만, 무슬림은 평균 4.1명이다. 자체 출산으로 이슬람교도 늘리기, 불법체류자, 외국인노동자들이 한국 여성과 결혼해서 강제 꾸란 교육, 폭행, 범죄 사례가 폭증하고 있다.

한때 국회의원이었던 이자스민의 '이주민보호법'은 불법체류자들이 한국에 와서 아기만 낳으면 영주권을 주고 복지, 의료, 교육 등 한국인과 똑같은 혜택을 주자는 제안이었다. 그러나 아기를 낳는 순간 해외 추방을 시킬 수 없게 되고, 이로 인해 그들의 가족들이 몰려와서 불법체류자와 외국인노동자가 구름떼같이 한국 사회에 체류하게 되면 연간 43조 원의 막대한 세금이 필요해지면서 국민 혈세의 부담이 그만큼 커진다.

국가인권위원회까지 나서서 제주도에 난입한 이슬람 불법 난민까지 한국에 체류할 수 있는 길을 터 주고 있기에 더욱 이슬람 대비가 심각한 고비를 맞이하고 있다. 이제 웬만한 교회마다 진행하는 다문화 프로그램을 재고해야 한다. 교회가 나서서 이슬람을 환영하는 형국이기 때문이다. 꾸란은 절대로 무슬림들의 기독교로의 개종을 허락하지 않는다. 만약 무슬림들이 교회의 도움을 받아 생활하는 동안에 기독교로 개종을 하였다면, 본국으로 돌아가게 해서는 안 된다. 한국에 남아서 이슬람국가에서 오는 그들의 형제에게 복음을 전하는 거리의 선교사들이 되게 해야 한다. 그렇지 않고 본국에 돌아간다면, 가짜 개종자들이다. 그들이 본국에 돌아가서 기독교 신자로 살아간다면 명예살인을 당할 것이기에 절대로 돌아갈 수 없다.

9. 이슬람 대비 전문가 양성의 필요성
무슬림 포교 전략에 취약한 한국교회

초등학교와 중고등부 독서보고서를 유도하는 독후감 목록 중에 상당수 책이 이슬람을 미화하고 찬양하는 책들로 선정되어 있다. 이런 목록들을 자세히 검토하여 이슬람교가 순진무구한 우리 어린 자녀들의 영혼을 훔치는 일이 없도록 해야 한다. 심지어 『이슬람 정육점』(문학과 지성사, 2010)이라는 책은 고등학교의 독후감 필독 지정 도서이다.

　이런 상황에서 상당수의 이슬람 인사들이 교회에 가서 설교도 하고 특강도 하는 일이 벌어지고 있다. 심지어 이들이 예배를 마치면서 축도 요청까지 받는 현실은 우리 목회자들이 이슬람에 무방비로 노출되어 있다는 우려마저 들게 한다.

　이희수는 이슬람에 관한 꽤 유명한 인사이다. 한남동 중앙성원의 회장을 역임한 그는 한국의 대표적인 이슬람 학자로 알려졌는데, 이슬람국가인 튀르키예에서 역사학 박사학위를 받았고, 10년간 이슬람 여러 지역에서 이슬람 문화를 연구해 왔다고 말한다. 또 오랫동안 대학교수로 재직하였으며, 한국 이슬람학회 회장이었다.

　그는 2007년 타슈켄트가 이슬람 문화 수도로 결정되면서 열린, 이슬람 세계국제회의에 한국 대표로 참석하기도 하였다. 그의 저서도 이슬람을 소개하는 책들이 많다. 그러므로 그는 30여 년을 이슬람을 위해 살아온 셈이다.

　그는 2006년 1월 9일 오마이뉴스와의 인터뷰를 통해서 자신은 "이슬람 대중화를 위해서 목숨을 걸고 뛴다."라고 말했다. 또한 그는 한국의 교과서 심사위원으로 활동하면서 "이슬람은 한 손에는 칼, 한 손에는 꾸란"이라는 구절을 완전히 없애 버렸다고 승리 선언을 한 사람이다. 사우디아라비아 국기에서도 명백히 선포하고 있는 폭력적 이슬람 사상을 평화의 종교로 바꿔 놓은 장본인이다.

　그는 강연 때마다 "이슬람과 적대세력인 서구의 눈으로 이슬람을 보지 말고 우리 눈으로 봐야 한다."고 한다. 여기서 그가 말하는 '우리 눈'이란 무슬림의 눈을 말하는 것이다. 그는 이슬람을 일방적으로 두둔하고 미화해 왔다.

　심지어 2015년 2월 13~15일 주말 사이에 이슬람의 집중적인 테러들이 동시다발적으로 일어났다. 몇 년 전의 『샤를리 에브도』잡지사 테러 사건과 관련된 인터뷰에서도 그는 "무함마드를 풍자하는 것을 영적 살인으로 느꼈을 것"이라고 말하는가 하면, "무슬림들이 프랑스에서 차별대우를 받아 극도로 분노가 쌓였기 때문에 일어난 현상"으로 평가하면서, 일방적으로 테러범을 두둔하는 발언을 했다.

이렇게 이슬람의 무자비한 폭력까지 왜곡하고 두둔하는 무책임한 발언에 대해 어떤 대책을 수립해야 할까? 먼저 무슬림들이 꾸란의 내용만 알고 있는 점을 잘 이해하고, 그들에게 꾸란보다 600년 전에 기록된 신약성경의 복음서의 내용들을 체계적으로 소개해야 한다. 더구나 이들의 지적인 이해 정도가 다양하기 때문에 잘 살펴서 체계적인 전도 계획을 수립해야 한다.

마크 가브리엘이 지은 『예수와 무함마드』(지식과 사랑사, 2009)라는 책은 인류 역사에서 가장 영향력이 큰 두 인물—20억 명이 믿는 기독교의 창시자 예수와 13억 명이 믿는 이슬람교의 창시자 무함마드—에 대한 사실적인 분석을 제시한다. 마크 가브리엘은 예수와 무함마드의 탄생부터 죽음에 이르기까지 그 두 사람의 생애를 따라간다. 독자들은 두 사람 모두 어린 시절에 예언을 받았고, 사촌의 지지를 받았으며, 고향에서 배척을 받았고, 열두 제자의 조력을 받았다는 사실을 발견하게 될 것이다. 이 책은 무조건 이슬람을 비난하고 배척하는 것이 아니라, 이슬람의 꾸란이 얼마나 성경을 왜곡하고 있는지 일깨워 주는 역할을 한다.

다음으로 한국교회에서 이슬람을 연구하는 연구소와 전문가를 양육하여 전략을 극대화해야 한다. '테러와의 전쟁'을 선포한 프랑스 정부가 '반(反)테러·반(反)지하디스트(이슬람 전사)'를 내세운 공식 홈페이지를 개설했다. 영국 일간지 『가디언』은 "최근 연쇄 테러 사건을 겪은 프랑스가 홈페이지를 통해 강력한 반테러 캠페인을 벌이고 있다."고 2015년 1월 29일 보도했다. 28일 문을 연 홈페이지 '스톱-지하디즘'(Stop-djihadisme)에는 이슬람 극단주의 무장단체 '이슬람국가'(IS)의 폭력성과 잔학성을 고발하는 동영상과 함께, IS에 참여한 외국 대원들의 열악한 실상을 보여 주는 내용이 올려져 있다.

노벨상을 받은 파키스탄의 10대 여성 인권운동가 말랄라 유사프자이(17세)는 2012년 10월 파키스탄 북서부 스와트 계곡에 살고 있었다. 말랄라는 학교 수업을 마치고 버스로 귀가하던 중 탈레반 병사에 의해 총상을 입었다가 간신히 목숨을 건졌다. 2007년 이곳을 장악한 탈레반은 모든 여성의 외부 활동을 금지하고 여학교를 강제로 폐쇄하는 등의 조치를 취해 왔다. 그들에게는 먼 거리에 있는 다른 지역 학교에 열성적으로 다니는 말랄라가 눈엣가시 같은 존재였다. 이 배경에는 이슬람 원리주의(근본주의)가 자리 잡고 있다.

이것이 우리와 아직 상관없는 먼 나라의 일로 여겨서는 안 된다. 이미 우리나라도 심각한 위기에 직면해 있다.

10. 극단적 테러의 온상인 이슬람 원리주의 와하비즘
발톱을 숨기고 위장해 문화로 접근하는 이슬람

최근 들어서 테러와 참수, 인종학살 등 과격주의를 정당화시키는 도구로 이슬람 원리주의가 동원되고 있다. 지구촌의 최대 안보 위협이 되는 시리아와 이라크의 '이슬람국가'(IS)는 '철저한 이슬람 원리주의 적용'이라는 명분을 내걸고 세력을 확장해 오다가 몇 년 동안 미국과 러시아의 강력한 제재로 무력화되고 있다.

도대체 이슬람 원리주의가 어떻게 이런 반인륜적인 행동들을 정당화시켜 주는 도구가 된 것일까? 원리주의를 태동시킨 와하비즘(Wahhabism)을 그대로 받아들인 IS는 자신들의 주장 배경에 "와하비 스승들의 가르침인 와하비즘이 있다."고 공개적으로 밝히고 있다. 와하비즘은 사우디 출신 신학자인 무함마드 이븐 압둘 와하브(1703-1745)가 창시한 이슬람 사상이다. 핵심은 이슬람 원리주의로 돌아가자는 것이다.

와하브는 13세기 이슬람 학자인 이븐 타이미야(1263-1328)의 원리주의를 발전시킨 인물이다. 십자군 원정과 몽골의 침략으로 자존심에 상처를 입은 무슬림 사회가 이슬람 창시자인 무함마드 시절의 원리주의로 되돌아가 금욕적인 생활을 하고, 또 이슬람 이외의 외부 체제를 배격해야 한다는 게 이븐 타이미야의 핵심 주장이다. 와하브는 무함마드 이외의 우상숭배 및 외부 정치체제 배격, 음주, 도박, 간통 등의 금지, 여성의 외출 및 사회활동 제한, 엄격한 종교적 생활 등을 구체적 덕목으로 제시했다. 오사마 빈 라덴의 알카에다와 아프가니스탄의 무장단체 무자헤딘이 대표적인 와하비즘 추종자로 알려져 있다. 와하비즘은 보코하람 등 아프리카의 이슬람 무장단체와 IS와 알카에다 등의 중동지역 무장단체, 그리고 파키스탄과 아프가니스탄의 탈레반 등의 세력에게 여전히 강력한 지배 사상으로 영향을 미치고 있다.

무슬림들의 나라와 지역은 수니파와 시아파가 다른 것처럼 그들이 지향하는 이슬람의 특성이 다양하다. 저들의 특성을 치밀하게 연구해야 한다. 혈통을 중시하는 수니파 무슬림들은 사우디아라비아를 종주국으로, 전통을 중시하는 시아파 무슬림들은 이란을 중심으로 뭉쳐 있다. 이들은 앙숙으로, 목숨을 걸고 서로를 향해서 테러를 자행한다.

그런데 우리나라에서 수니파와 시아파가 갈등하는 모습이 비친다면, 누가 이슬람교에 관심을 기울이겠는가? 우리나라에 체류하는 무슬림의 대부분이 세계 최대 이슬람국가인 인도네시아와 말레이시아 출신들이다. 그래서 저들은 이슬람은 군사와 정치를 앞세우기보다는 그들의 발톱을 숨기고서 문화의 옷을 입고 접근하고 있다. 무슬림 증가와 함께 이슬람 문화는 우리 사회 곳곳에 파고들고 있다. 저들이 문화적으로 공략하는 방법들을 간단하게 정리해 보면, 이미 우리나라는 이슬람교의 밥이 되어 버린 지 오래라는 사실에 치가 떨린다.

(사)제주이슬람문화센터 이사장 김대용은 아랍지역 대학에서 이슬람법(샤리

아)을 전공한 국내 학자 중 한 명으로서, 이슬람 지도자(셰이크)의 지위에 있으며 말레이시아 정부의 수상 부속기구인 RISEAP(동남아, 태평양 이슬람선교 평의회)의 부총재이기도 하다. 김대용은 "할랄 인증을 위한 컨설팅과 인증 절차를 제주도 내 기업들에 신속하고 체계적으로 제공할 수 있게 되었다."고 밝혔다.

아워홈은 충북 제천 공장에서 김치를 생산한다. 회사 측은 "국내 유일의 공인 할랄 인증기관인 한국이슬람교중앙회의 엄격한 심사를 거쳤다."고 설명했다.

한국관광공사가 최근 발간한 무슬림 관광객 유치 안내서에 따르면 무슬림 친화 레스토랑이 서울 63곳을 비롯하여 전국에 140곳이 형성되어 있다. 롯데·신라·하얏트 등 전국 32개 호텔에서는 무슬림 관광객을 위한 기도용 카펫과 나침반, 할랄 메뉴, 기도 방향 표시 등을 서비스하고, 서울대병원은 무슬림 환자를 위한 기도실과 할랄식(食)을 제공한다. 우리나라를 찾는 이슬람권 관광객만 해도 2010년 30만 명에서 2013년에 62만 4,000명에 달할 정도로 폭발적인 증가세이다.

무슬림의 출산율 증가는 세계 최대이다. 이미 우리나라에도 무슬림 인구가 기하급수적으로 증가하고 있다. 무슬림 자녀 비중이 높은 경기도 안산의 학교들은 급식 때 무슬림이 먹지 않는 돼지고기를 뺀 식단을 마련하고 있다. 또 한국인과 외국 무슬림 간 결혼이 늘면서 자녀들이 코슬림(Koslim)이라고 불릴 만큼 늘어나고 있다. 3,000여 쌍의 한국인 여성이 무슬림과 결혼하는데, 주례를 서고 장소를 제공한 목회자들을 찾아서 현재 어떤 실상에 처해 있는지 사례조사를 해야 한다. 우리가 신경 쓰지 않는 틈에 무슬림과 결혼한 한국인 여성들이 고통을 당하고 있다.

몇 년 전에 도입될 뻔하였다가 실패한 수쿠크 채권이 이미 민간에 많은 샤리아 은행의 형식으로 퍼져 있다. 당장 이자 수수를 면하기에 좋아하다가 얼마 지나지 않아서 이자 대신에 수수료가 원금에 덧붙어서 눈덩이처럼 불어나고 있다. 그런데 이 수쿠크 채권의 대부분이 동남아의 산유국인 말레이시아에서 국내에 도입된 것이다.

무슬림들은 이슬람 문화원을 세워 우리나라를 문화적으로 공략하고 있다. 이슬람 문화원처럼 우리도 기독교 문화원을 만들어서 저들의 문화적 접근에 대비해야 한다. 장세원은 "한국은 종교의 자유가 보장되고, 무슬림에 대한 호기심이 크다 보니 이슬람 문화가 쉽게 전파되고 있다."고 말했다. 이제 막아야 한다. 나라가 순식간에 이슬람에 넘어갈 위급한 지경까지 와 있다.

11. UN의 세계인권선언을 가지고 비신자를 이해시켜야 한다
이미 세계 이슬람 포교의 거점지역으로 교두보가 된 한국

이슬람을 대비하는 정책이나 전략은 다양하게 마련될 수 있는데, 그중에서 기독교인의 숫자보다는 비신자의 숫자가 다수를 차지하기 때문에 비신자를 위한 대책도 서둘러야 한다.

비신자들은 성경과 기독교에 관심이 없다. 그러므로 1945년에 제정된 세계인권선언을 가지고 얼마나 이슬람과 꾸란이 인권 특히 여성의 인권을 짓밟고 있는지 연구하여 비신자들을 설득해 나가야 한다. 지금 양성평등과 여성의 사회적 참여가 UN 산하 대부분 국가에서 일반화되고 있는 현상에 역행되는 것이 이슬람의 여성 차별 문제이다. 이슬람은 여성들에게 전통의상을 착용하게 하여 여성의 사회적 참여를 막으려고 한다. 부르카의 경우에는 짐을 싸는 보자기나 포대라고 할 정도로 여성의 신체를 과도하게 제한한다.

총회 교육인적자원부는 이슬람의 실체를 정리해 주는 성경공부 교재를 시급하게 개발하여야 한다. 이미 자녀들의 교과서에 이슬람에 관한 내용이

상당한 부분 발견되는데, 이런 공교육을 받은 아이들이 이슬람에 대한 잘못된 인식을 가질 수 있기 때문이다.

한국교회의 38개 범교단과 공동연대를 구축하여 이슬람을 대비할 수 있는 법안을 만들고, 이슬람 포교를 막을 수 있는 전략들을 구축하는 작업을 공동으로 해 나가야 한다.

2014년 5월 우리나라 당국에 적발되어 국외로 추방된 '다와툴 이슬람 코리아'는 세계 여러 나라와 연계된 조직으로, 국내에 이슬람 교두보를 마련하기 위하여 원리주의 세력의 독자적 세력화를 시도했던 것으로 밝혀졌다.

다와툴 이슬람 코리아의 회장으로 활동하다 강제 출국된 N(27세) 씨는 방글라데시의 자마이티 이슬람당의 중앙위원으로, 국내에 들어온 뒤 국내 이슬람인 체류자들의 친목단체인 다와툴 이슬람 코리아를 자마이티 이슬람당의 한국지부로 삼아 이슬람 세력을 구축하려 했다. 국정원은 이 같은 움직임이 포착된 N 씨 등 핵심조직원 5명을 경기도 안양과 서울 등지에서 검거해 강제 퇴거시켰다.

자마이티 이슬람당은 방글라데시의 이슬람 근본주의 정당으로 반미 성향을 지녔다. N 씨는 2000년 8월 안양에 있는 이슬람사원의 '이맘'으로 추대된 뒤 다와툴 이슬람 코리아의 회장직을 겸임하면서 독자적 세력 구축을 위해 인천, 수원, 안산, 파주, 포천 등 수도권 11개 지역에 지부를 마련했다.

한국에서 입지를 다져 가는 무슬림이 최근 IS 관련 국제 테러 조직으로 알려지면서 새삼 주목받는 게 사실이다. 접촉 기회가 늘어나면서 무슬림과 한국 사회가 새롭게 겪는 갈등도 동시에 불거지고 있다. 한국에서 무슬림은 부정적 이미지로 각인되어 있다. 2001년 9·11테러 이후 서방의 부정적 시각이 담긴 사건 위주의 뉴스가 그대로 전달된 것도 큰 이유다. IS 같은 무장단체의 극단성은 전체 이슬람 사회의 특징으로 바뀌어 나타나는 일반적인 현상이다.

사우디아라비아의 한 기자가 1988년 한국의 올림픽을 취재한 후 귀국해서 칼럼에서 "한국은 차기 이슬람국가가 될 것이다. 한국은 동아시아 지역 이슬람화의 전초기지로서 그만이다."라고 설명했다. 그리고 그의 말대로 치밀한 전략 아래 한국은 이슬람에 대해 손 한 번 쓰지 못하고 무슬림으로 잠식되어 버렸다. 이슬람 포교에 대한 경고가 잇따라 나오고 있지만, 이슬람에 대한 이해는 낮은 수준이어서 대책 마련이 시급한 실정이다. 군사와 종교집단으로서의 이슬람을 넘어 이슬람의 실체를 바로 알아야 한다는 목소리가 교계에서 커지고 있다.

◆ 마무리말

한국교회여,
이슬람을 대비하라!

신학교에서 신약성경을 가르치는 교수가 이슬람 대책에 관심을 기울이는 이유가 무엇일까? 한마디로 말하면, 이슬람화되면 기독교나 교회가 그 자리에 설 수 없기 때문이다. 요한계시록 2~3장에 나오는 소아시아 7개 교회에 가 보라. 다 무너지고 주저앉고 돌무더기만 가득하다. 이것이 이슬람의 실체이다.

우선 이슬람 대비는 언어 싸움이다. 성경 대 꾸란이기 때문이다. 왜 이슬람을 회교 혹은 회회교라고 부르는지 그 이유를 아는가? 나무위키의 설명에 의하면, "회흘(回吃, 현재 중국의 신장 위구르족 자치구 행정구역) 지방에서 건너온 종교라는 뜻으로 추정되며, 명나라 때 회흘 지방에서 건너와 중국에 정착된 종교"이다. 그래서 지금도 위구르 자치구에서는 이슬람 종교가 중국대륙을 끊임없이 위협하고 있다.

이슬람을 평화의 종교라고 생각하는 사람들이 많다. 심지어 신학자와 목회자들 가운데 원어를 들먹거리면서 샬롬이나 살렘과 어근이 같으므로 이슬람은 평화라는 뜻을 가지고 있기에 소위 평화의 종교라고 생각하는 사람들이 많다. 이는 어리석은 생각이다.

이슬람이란 무엇인가? 아랍어 동사 '아슬라마'(복종시키다)의 동명사인 이슬람은 '복종'을 뜻한다. 사전적 의미를 보면, '알라가 무함마드에게 내려준 종교'(아랍어 사전)이고, 또 '알라와 그가 준 율법에 복종하는 것'(꾸란 어휘사전)이다. 한국에서는 '평화와 복종과 순종, 알라가 선지자 무함마드에게 계시한 알라의 가르침과 인도를 완전히 받아들이는 것'(한국이슬람교중앙회)이라고 정의되어 있다.

이런 정의에 의하면, 이슬람이란 뜻은 이슬람의 창시자 무함마드에게 전적으로 복종하는 종교란 의미를 내포하고 있으므로, 평화란 의미와는 전혀 다른 뜻이다. 이런 복종을 강요하는 종교가 이슬람이니, 세계 곳곳에서 무자비한 복종을 단숨에 가져오기 위한 지하드 곧 성전이 자행되고 폭탄테러와 자폭테러가 만연하다.

오늘날 교회가 직면한 가장 중요한 이슈 중의 하나는 이단이다. 이단은 초기 기독교가 발생하기 시작할 때부터 집요하게 정통교회를 뒤흔들고 나온 사이비 집단이다. 이단은 처음에는 성경을 가지고 말하고 정통교회의 전통에 편승하는 것같이 하다가 점차 본색을 드러내서 자기들의 주장을 펴기에 이른다. 그래서 처음에서 정통교회와 같은 것 같다가 마지막에 다른 것이 이단의 특징이다. 이슬람도 성경을 들먹거리면서 기독교인에게 포교하려고 안간힘을 쓴다.

이슬람을 이단으로 보느냐 아니면 타 종교로 보느냐 하는 것은 그들의 신 알라(Allah)를 기독교의 삼위일체 하나님과 같은 신으로 보느냐 아니면 다른 신으로 보느냐 하는 시각의 문제에서 풀어 나가야 한다. 즉, 같은 신으로 본다면 이단이 맞다. 그러나 다른 신으로 본다면 타 종교라고 해야 맞는 것이다. 이단이라는 것은 처음은 같은데 끝이 다르다는 것을 의미한다. 그러나 이슬람은 섬기는 신의 속성과 율법과 경전의 기본 교리가 성경과는 처음부터 달라서 이단이 아니라 타 종교로 보아야 한다.

그래서 오늘날 이슬람은 세계 종교인 기독교, 불교, 유교로 불리는 4대 종교 중의 하나로 사람들에게 인식되고 있다. 그러나 엄밀하게 말해서 이슬람은 기독교 이단인 영지주의에 그 뿌리를 두고 있는 사이비 종교이다. 초기 교부 중에서 유명한 알렉산드리아의 클레멘트는 우리에게 영지주의 종파들에 붙여진 여러 가지 이름들에 관해 체계적인 분석을 하였다. 그에 의하면, 인물들(Valentinians, Marcionites, Basilidians 등)은 창시자의 이름을 따서 지어진 것들이고, 어떤 것들은 발원지(Peratikoi)나 국적(Phrygians)을 따서 지은 것들이다. 몇몇 다른 경우는 그들의 행동(Encratites, 절제하는 사람들)이나 교리(Docetists, Haimatitoi), 그들의 열광과 경배의 대상(Cainites, Ophites), 혹은 그들의 비도덕적인 관례(Simonians는 그들의 난잡하고 무차별적인 관습 때문에 Entychites 라고 불려지기도 했다.)와 같은 것들에서 얻은 이름들도 있다. 이렇게 이름들이 다양한 것은 종파들 간에 나타나는 특징들이 다양하기 때문이다. 이러한 이해를 바탕으로 한스 요나스(Hans Jonas)는 이슬람을 영지주의 이단의 한 분파로 간주하기도 했다.

이러한 증거들은 영지주의 이단의 한 분파인 이슬람의 문헌들이 아랍어로만 되어 있지 않고 그리스어, 콥트어, 아랍어, 시리아어, 페르시아어, 튀르키예어, 중국어 등의 다양한 언어의 표현 속에 있다는 것을 의미한다. 영지주의에서 말하는 가장 근본적인 '지식'(Gnosis)은 특별히 종교적이거나 신비적인, 초자연적인 의미가 있다. 이 지식은 계시적인 경험과 밀접한 관계가 있기에, 이상적인 철학의 지식이나 지적이고 이론적인 종류의 어떤 지식을 목표로 하지 않았다. 그뿐만 아니라 그 지식이 인간 자신의 연구에 머물러 있는 것이 아니라 하늘의 명상에 머물러 있다는 점에서 우선 종교적이다. 그러한 지식은 계시에 의해서 주어지며 그것을 받을 수 있는 선택된 자에게만 가능하다. 따라서 이것은 비밀의 특징을 가지고 있다.

이 점에서 이슬람이 말하는 최후의 예언자인 무함마드는 무슬림들에 의해서 모든 비밀스런 계시의 종결자라고 추앙받는다. 이러한 계시는 다분히 주관적이고 절대적이다. 이러한 교리로 무장한 이슬람 교리는 절대적인 권위를 가지고 있어서 무슬림들에게 막강한 위력을 행사한다.

그러나 이슬람이 주장하는 계시는 신구약성경과 직접 연관이 있으므로 반드시 그 진위를 따져 보아야 한다. 그 이유는 기독교보다 600년 후에 등장한 이슬람이 주장하는 교리가 신구약성경과 정면으로 배치되기 때문이다. 더구나 이슬람은 처음부터 기독교를 반대하고 기독교 신앙을 따르는 기독교를 물리치기 위한 목적으로 등장한 종교이기 때문에 너무나도 호전적인 종교이다. 결론을 먼저 정리하여 단 한마디로 말하자면, 꾸란이 성경을 들먹거리고 다수의 성경인물을 묘사하지만 면밀히 검토하면 성경과 전혀 관계없는 거짓이다.

한국교회여, 이슬람의 실체를 알고 대비하라! 한국교회도 이슬람을 막지 못하면 그 찬란하던 동로마제국의 상징이던 성 소피아 교회처럼 역사의 무대에서 쓸쓸히 퇴장하고 말 것이다.

동로마제국의 상징인 비잔티움의 기독교를 무너뜨리고 심지어 성 소피아 교회의 찬란한 성화 위에 회색 칠을 해서 덮어 버린 블루 모스크가 서로 대비된다.

2020년 10월에 프랑스에서 이슬람 극단주의 추종자들의 테러 공격이 잇따라 발생하면서 마크롱 대통령이 도전에 직면했다. 무함마드의 탄생일이기도 한 10월 29일에는 휴양도시인 니스의 노트르담 대성당에서 발생한 참수 테러로 3명이 목숨을 잃었다. 리옹에서는 긴 칼로 무장한 20대 아프가니스탄 국적 테러 위험 인물이 트램에 올라타려다가 체포됐다. 이뿐만이 아니다. 사우디아라비아의 항구도시 제다에 있는 프랑스 영사관에서는 40대 남성이 휘두른 흉기에 영사 경비원이 다쳐 병원으로 이송됐다.

이런 일련의 사건이 발생하기 2주 전에는 프랑스 파리 근교의 한 중학교 교사인 사뮈엘 파티(47세)가 언론의 자유와 가치를 가르치면서 무함마드를 풍자한 프랑스 주간지 『샤를리 에브도』의 만평을 보여 주다가 참수당했다. 이보다 앞선 9월에는 『샤를리 에브도』 옛 사옥 인근에서 흉기 난동이 벌어져 흉기에 찔린 2명이 병원으로 옮겨진 바 있다.

유럽 내 이슬람 테러로 인한 사망은 2019년에 70%나 급감했고, 서유럽에서는 이슬람 테러 사건이 2012년 이후 가장 적었다. 유로폴 보고서에 따르면, 2020년에 유럽연합(EU)에서 이슬람 지하디스트(이슬람 성전주의자) 음모는 21건 발생했다. 그중에서 4건은 실패했고, 14건은 저지됐으며, 3건만 시행됐다. 참고로 이슬람 지하디스트 음모는 2019년의 24건, 2017년의 33건에 비해 감소했다. 이는 2015~2016년의 유럽에서 이슬람 극단주의자들이 권총과 트럭을 이용한 잇따른 테러 공격으로 수백 명의 희생자를 냈던 것에 비하면 급감한 것이다.

이런 추세와는 달리, 프랑스에서 2019년에 지하디스트 테러로 인한 체포가 유럽 전체의 절반 수준인 200건에 도달했다. 현재 프랑스에서는 8천 명이 이슬람 극단주의자로 변모할 위험에 처해 있는 것으로 추산되고 있다. 2012~2017년 체포됐던 이슬람 급진주의자들의 석방이 임박한 점은 프랑스에서 이슬람의 추가 테러 문제가 증가할 수 있다는 우려를 낳고 있다.

문제는 니스 흉기 테러 용의자가 북아프리카 튀니지 출신으로 이탈리아를 거쳐 프랑스로 넘어온 21세 청년이라는 것이다. 중학교 교사 참수 용의자와 『샤를리 에브도』 옛 사옥 인근 흉기 난동 용의자도 각각 체첸과 파키스탄 출신의 18세 이민자였다. 이들의 공통점은 이슬람 샤리아법 학자와 포퓰리스트 정부의 영향으로 이슬람화와 반서구주의가 심화되고, 서구의 공교육의 시스템이 무너진 상황에서 발생했다는 사실이다. 불법 이민자들의 종착지인 유럽에서는 이슬람 이민자들의 게토화가 심화되고, 무슬림들의 자기방어로 이슬람에 더 심취하게 되면서 폭력을 생산하고 있다.

『세계 이슬람을 읽다』(경진, 2020)라는 책에 의하면, "무슬림 이민자들이 정착한 유럽 사회에 불만을 느끼게 되고 반사회적 행동을 표출하는 원인에는 이들에 대한 광범위한 사회적 배제에서 찾을 수 있다. 유럽의 무슬림들은 '경계 밖에 머무르는 자'들로서 주류 사회로부터 모든 형태의 사회적 배제 대상으로 존재한다."(82쪽)라고 한다. 이에 대하여, 유럽인 역시 피해 의식과 공포감이 있다. 이는 '유라비아'라는 용어로 설명할 수 있다. 유라비아(eurabia)는 유럽(Europe)과 아라비아(Arabia)의 합성어로, 유럽의 이슬람화를 뜻한다. "결국은 유럽이 이슬람의 영향을 받는 이슬람국가로 전락할 수 있다는 우려와 공포가 함축되어 있다"(93쪽).

어떠한 경우에도 폭력이 정당화되어서는 안 된다. 그런데 마하티르 모하맛(95세) 말레이시아 전 총리는 프랑스 식민 시절의 대량학살을 언급하며 "무슬림은 프랑스인을 죽일 권리가 있다."라고 프랑스 테러를 옹호하는 트윗을 날렸다. 니스 노트르담 성당의 참사 직후, 수사당국이 현장에 도착했을 때 무슬림 테러 용의자인 아우사위는 "알라후 아크바르"(알라는 위대하다.)를 외치고 있었다고 하는데, 이 말은 극단주의 무장조직인 IS 조직원들이 테러 직후에 외치는 말이다. 그러나 세계 어느 종교가 인간에게 잔인한 증오와 테러를 하라고 가르친다는 말인가?

아직도 이슬람 사회에서는 명예살인이 존재한다. 이슬람이나 무함마드를 욕되게 하면 누구도 가리지 않고 살인을 해도 살인죄에 해당되지 않는다는 것이 명예살인이다. 그래서 이번 프랑스 테러와 같은 무서운 범죄가 일어나도, 이슬람 사회는 한결같이 동조와 지지를 보내는 것이다. 그러나 어떤 상황에서도 인종 증오와 테러가 다시 일어나서는 안 된다.

문제는 이런 증오와 테러가 이슬람 극단주의자들에 의해서만 일어나는 현상인가? 그렇지 않다. 이슬람은 겨우 말을 배우기 시작한 어린아이에게 꾸란을 가르친다. 무조건적인 암송이 그들의 교육방법이다. 그런데 꾸란에는 반복적으로 '이교도의 목을 치라'는 끔찍한 구절이 반복된다. 꾸란이 말하는 이교도는 누구인가? 바로 기독교인이다. 다시 말해서 무슬림은 어려서부터 기독교인에 대한 증오와 보복을 훈련받으면서 자라난다.

해법은 무엇일까? 두 종교 사이에서 참된 평화를 모색하고 서로 공존하기 위해서는 사랑하는 훈련을 해야 한다. 증오는 서로를 무너뜨리지만, 예수의 사랑은 서로를 이해하고 함께 살아가는 길을 알려 준다. 간음하다 현장에서 잡혀 온 여인을 보고 무함마드는 가서 애를 낳고 오라고 하고는 2년 후에 돌로 쳐서 죽이라는 판결을 내린 것을 보면 평화와는 거리가 멀다. 그러나 예수께서는 정죄하지 않으시고 다시는 죄를 짓지 말라고 새 삶을 보장해 주셨다. 예수의 사랑은 죄인을 용서하고 새 생명을 부여하는 은혜의 삶을 보여 준다.

이 책을 통해서 성지답사 가운데 만나게 되는 이슬람의 얼굴에 대한 이론적 내용뿐만 아니라, 중동 성지의 꽃 중의 꽃인 이스라엘을 포함하여 이슬람권 국가들을 지역별로 나누어서 이슬람선교에 필요한 기본 내용과 특수 내용을 살펴보았다. 이렇게 국가별로 나누어서 연구한 목적은 성지답사를 통해 경험하게 될 낯선 문화와 종교인 이슬람권이 지역별로, 나라별로 그 상황이 복잡하고 다양하기 때문이다. 또한 무함마드와 꾸란에 대해서도 새롭게 이해하면서 이슬람권을 향한 단기선교 여행의 의의와 대책도 다루며 한반도를 거점으로 한 세계 이슬람 포교의 실체를 파악하면서 이슬람 대비 전략을 다양하게 점검해 보았다.

이러한 노력이 단순한 성지답사로만 부푼 꿈을 꾸다가 단지 성지여행을 다녀오는 것으로 끝나는 것이 아니라, 중동의 이슬람국가들과 영감의 땅인 성지를 답사하면서 좀 더 구체적인 이슬람권 선교에 눈을 뜨고 하나님께서 위로부터 부르시는 소명에 눈을 뜨는 분들이 많아지기를 소원한다.

성지답사와 이슬람
단기선교 안내서

초판인쇄 2023년 4월 7일
초판발행 2023년 4월 14일

지 은 이 소기천 편저
펴 낸 이 박창원
발 행 처 한국장로교출판사
주　　소 03128 / 서울시 종로구 대학로3길 29, 신관 4층(연지동, 총회창립100주년기념관)
편 집 국 (02) 741-4381 / 팩스 741-7886
영 업 국 (031) 944-4340 / 팩스 944-2623
홈페이지 www.pckbook.co.kr
인스타그램 pckbook_insta　　　　카카오채널 한국장로교출판사
등　　록 No. 1-84(1951. 8. 3.)

책임편집 정현선
편　　집 이슬기 김은희 이가현　　**본문 디자인** 남충우　　**표지 디자인** 김소영
경영지원 박호애　　　　　　　　　**마케팅** 박준기 이용성 성영훈

ISBN 978-89-398-4475-9
값 35,000원

※ 이 출판물은 저작권법에 의해 보호를 받는 저작물이므로 무단전재와 무단복제를 할 수 없습니다.